江溶 朱良志 主编

真水无香

朱良志 著

北京大学出版社
PEKING UNIVERSITY PRESS

图书在版编目(CIP)数据

真水无香/朱良志著.—北京:北京大学出版社,2009.8
(美学散步丛书)
ISBN 978-7-301-15557-8

Ⅰ.①真… Ⅱ.①朱… Ⅲ.①美学理论 Ⅳ.①B83

中国版本图书馆 CIP 数据核字(2009)第127572号

书　　名	真水无香 ZHENSHUI WUXIANG
著作责任者	朱良志　著
责任编辑	艾　英
标准书号	ISBN 978-7-301-15557-8
出版发行	北京大学出版社
地　　址	北京市海淀区成府路205号　100871
网　　址	http://www.pup.cn　　新浪微博:@北京大学出版社
电子邮箱	编辑部 wsz@pup.cn　　总编室 zpup@pup.cn
电　　话	邮购部 010-62752015　发行部 010-62750672 编辑部 010-62756467
印 刷 者	北京宏伟双华印刷有限公司
经 销 者	新华书店 730毫米×1020毫米　16开本　23.5印张　400千字 2009年8月第1版　2024年4月第11次印刷
定　　价	99.00元

美学的散步（代总序）

宗白华

散步是自由自在、无拘无束的行动，它的弱点是没有计划，没有系统。看重逻辑统一性的人会轻视它，讨厌它，但是西方建立逻辑学的大师亚里士多德的学派却唤做“散步学派”，可见散步和逻辑并不是绝对不相容的。中国古代一位影响不小的哲学家——庄子，他好像整天是在山野里散步，观看着鹏鸟、小虫、蝴蝶、游鱼，又在人间世里凝视一些奇形怪状的人：驼背、跛脚、四肢不全、心灵不正常的人，很像意大利文艺复兴时大天才达·芬奇在米兰街头散步时速写下来的一些“戏画”，现在竟成为“画院的奇葩”。庄子文章里所写的那些奇特人物大概就是后来唐、宋画家画罗汉时心目中的范本。

散步的时候可以偶尔在路旁折到一枝鲜花，也可以在路上拾起别人弃之不顾而自己感到兴趣的燕石。

无论鲜花或燕石，不必珍视，也不必丢掉，放在桌上可以做散步后的回念。

目录

Contents

目录

Contents

目录 Contents

目录

Contents

引言

乾隆年间的一个冬天，“西泠八家”之一的蒋仁与友人在西湖边的燕天堂相聚[1]，他们吟诗，饮酒，不知不觉喝到了黄昏。走出庭院，当时正是一场快雪之后，雪后初霁，一抹夕阳余晖照着白色的世界，显得格外澄明通透。蒋仁按捺不住激动的心情，伴着酒意，裹着雪情，援石奏刀，刻下一枚印章，印章上有阳文四个字：“真水无香”。

[清]蒋仁 “真水无香”印并款

〔1〕在“真水无香”的印款中，蒋仁并没有明言朋友浸云的燕天堂就在西湖；史料中已很难寻找到此宇所在的地点。但蒋仁是杭州人，长期在西湖边活动，我以为它在西湖周边的可能性较大。

西湖在中国诗人、艺术家的心目中，可以说是绚烂绮丽的代名词，那是一个香世界：十里荷花，香气氤氲，荡着小舟穿行其中，沐浴着一片香雾，就连小船也染上荷花香气。月光下的西湖弄影，更令人难忘，一叶小舟，泛泛中流，手弄澄明，目对岸上迷离的景色，耳听丝竹之声，月影天光与游船灯火相融合，如同进入一片香梦中。

然而此时蒋仁和朋友们所见的西湖，则是另外一个世界。雪覆盖了一切，荷风淡荡的湖面不知踪迹何处，周围的绿树丛林也顿改颜色，没有了姹紫嫣红，没有了繁弦急管，没有了湖光潋滟，没有了山岚轻起，一切都在空茫中。

在蒋仁乃至中国很多艺术家看来，在两个不同的西湖中，绚烂的西湖其实是虚幻的，只是一种表面的真实。并不是说雪后西湖比荷风四面美，而是他们看到，停留在物质上的迷恋，是表相的；更不是说声色的世界不存在，而是强调对世界的执著是没有意义的；人随物转，就会被世界“沾滞”——如同一只被蜜粘住的蝴蝶，飞不了了，感官所带来的快乐究竟是短暂的，不能给人以深层的心灵安慰。唐代太湖边有一位船子和尚，整日乘小舟闲荡于五湖三泖间，他有诗道：“别人只看采芙蓉，香气长粘绕指风。两岸映，一船红，何曾解染得虚空？”徐渭曾画一墨荷赠友人，并题诗道：“若个荷花不有香，若条荷柄不堪觞？百年不饮将何为？況直双槽琥珀黄。”船子在满眼风荷的世界中看出了虚空，文长则将一池荷香淡化为墨色，在黑白世界中置入浪漫的期待。

真水无香，反映的是中国艺术家对真实意义世界的追求，极富象征意义。中国美学和艺术观念中的大巧若拙、以丑为美、从幻境入门、叩寂寞求音等等思想，都与这一观念妙然相通。中国艺术家力求创造一个无香的世界，一个寂寞的天地（无声），一片大白若黑的境界（无色），一个虚幻的宇宙（非真），等等，都是为了寻找真实的意义世界，寻找生命的安顿之所。前人有咏梅诗说得好：“以月照之偏自瘦，无人知处忽然香”，中国艺术的梅花，在清冷的世界中，不动声息地绽放。

金农在一幅墨梅花图上题句云：“损之又损玉精神。”他从老子“为学日益，为道日损，损之又损，以至于无为”中概括出的“损”

道，的确是攸关中国艺术的大问题。两宋以来的中国艺术从总体情况上看，真可以说以“损”道来进行艺术创造，用今天的话说，就是“做减法”。荡去一切形式上的束缚，从“香”的世界逃离开去，逃到无香的天国。这个无香的天国，就是艺术家所说的充满着“天趣”的真实世界，它是法尔自然的，在中国艺术家看来，这样的世界才是决定生命意义的根本，才是安顿人心的灵囿。

明代园林艺术家计成说：“虽由人作，宛自天开”，这八个字可以说是中国艺术的一个纲领。它与“真水无香”所表达的思想是一致的。它含有三层意思：一切艺术都是人所“做”的；“做”得就像没有“做”过一样，不露任何痕迹；“做”得就像自然一样。这三层意思有两个要点，一是以自然为最高范本，二是对人工秩序的规避。而这两个要点又是相互关联的，它可以归结为一句话，这就是：在师法自然原则下规避人工的秩序。这是决定中国美学特色、决定中国艺术面貌的带有根本性的问题。

艺术是人的创造，却要规避人工的痕迹。因为，在中国艺术家看来，“人工”是与“天趣”相对的范畴，人工痕迹露，天然趣味亏。人工反映的是人类理性的秩序，带有一定的目的性，容易受到技巧的控制，难以摆脱既成的法度的限制，还会受到人的情感欲望等的影响，等等，艺术家在如此状态中的创造，是一种不自由的创造，不自由的创造，只能破坏人的内在生命平衡。所以，中国艺术强调由人工返归天然，即从人工秩序中逃遁，归复于自然的秩序。“无香”的“真水”所反映的秩序，就是一种自然的秩序。

从人工秩序中逃遁，是一篇中国美学的大文章。本书就是围绕这一问题而展开论述的。全书分前后两编，前编侧重从中国美学的相关命题中，谈规避秩序的问题。后编则选择一些典型的艺术形式和审美生活，分析天趣与人工之间复杂而饶有兴味的关系，它是上篇问题讨论的延伸。我的看法是不成熟的，欢迎读者诸君有以教我。

前编

本编选择七个基本理论问题，讨论中国美学和艺术观念中的师法自然、规避人工秩序的思想。一、时人看一朵花如梦幻而已，存在的状态，流动的感觉，其实是一种幻象，真实的世界是对幻象的超越。二、人们的美丑观念是一种知识的分别，天地有大美而不言，超越美丑的分别，方能追求真正的美。三、生灭是一种粘滞的观念，水不流花不开的寂寞世界中，原来具有盎然的生意。四、人工机巧会割裂世界，最高的巧是拙，是不巧之巧，是天工开物之大巧。五、没有规矩不能成方圆，然而规矩法度又是艺术创造的阻碍因素，在萧散的境界中，才有轻云飘荡。六、何夜无月，何处无竹柏影，有一种贴近生命的态度，才能发现世界的意义。七、师法自然，不是尊重外在世界、模仿外物，而是对心源——原初真实（性）的还原。

第一章
由幻境入门

清画家戴熙论画每有惊人之语，他说："佛家修净土，以妄想入门；画家亦修净土，以幻境入门。"这个"以幻境入门"，为画道一大因缘，也是中国艺术的一大关键。它反映了中国艺术独特的思想，这一思想至今仍然有价值。它和西方艺术史中讨论的幻觉是不同的（如贡布里希），后者主要指人的感觉中出现的虚假现象，是一种心理现象，而传统哲学和艺术论中的"幻"则是一个有关存在是否真实的问题。

佛教从幻相、幻有、幻化三个方面看"幻"的特点。从性上说，一切法（包括可见的事象和大脑中的概念）都无实体性，都是由因缘和合而生，又由因缘离散而灭，所呈现的是假相，这叫"幻相"。故幻是与真相对而言的。从存在形式上说，万事万物以及人们的心念，都是幻的存在，不是真有，而是假有，佛教称此为"幻有"。幻有是相对于无而言的。从万事万物的产生过程看，一切显现的现象，都是幻象，就像魔术师点化一样，所以称"幻化"。从这个意义上说，幻是虚，是相对于实而言的。这种幻化现象，既是一种"乍现"——刹那刹那，忽生忽灭，都无暂住；又是一种"诈现"——以不真实的面目来迷惑人。如辽代僧觉苑《演密钞》卷四说："幻者化也，无而忽有之谓也。先无形质，假因缘有，名为幻化。又幻者诈也，或以不实事惑人眼目，故曰幻也。”

这三个方面，幻相侧重于假而非真，幻有侧重与无而非有，幻化侧重于虚而非实，反映了佛家哲学在幻方面的重要思想。本文讨论中国艺术观念中的幻问题，就想以此为线索，来展示中国艺术家在其中的独特思考。不是理出一个像佛学的思路，而是以佛学此方面的观点为线索，对中国艺术论这方面已然形成的观点作一整理。

弘一法师　对联

一、幻化：关于变幻的思想

中国哲学强调变化，宇宙即大化流行，生生不息，变化无穷。天地间就是一个气场，一切都在这气场中浮沉。

变化的思想是儒家哲学的精髓。《易传》将《周易》古经中的朴素变易观，上升为一种贯彻天地人伦的至理，所谓“《易》者，易也”——《周易》就是一部谈变易的书。《易传》中所概括出的“天地之大德曰生”、“生生之谓易”等，成为中国哲学的重要思想。而《易传》强调的“一阴一阳之谓道”的思想，也落实在变化上。变化思想是儒家哲学的重要基础。如宋明理学“生、仁一体”的学说，就是奠定在《易传》变易哲学基础上的。

但是，中国哲学还有另外一种思想，认为变化是一种幻象[1]，“变化”或许应叫“变幻”更确切，变即幻，变化是虚妄的事实。

《庄子·大宗师》中讲了一个故事：“夫藏舟于壑，藏山于泽，谓

〔1〕本文对“幻象”与“幻相”二词有所区别。幻象，指虚幻的存在形式。幻相，则是从性上说明存在的非真实性。

［明］陈洪绶
无法可说图

之固矣。然而夜半有力者负之而走，昧者不知也。”怕小舟丢失，将它藏在大壑里；怕山丢失，将它藏到大泽里。以为这样就可以保全，然而半夜里（此指冥然不觉），却有个大力士将他背走。这大力士就是变化。郭象注云：“夫无力之力，莫大于变化者也。”宇宙不主故常，才生即灭，处在永不停息的变化之中。转眼就是过去，片刻即为旧有。天地变化，亘古如斯，一只看不见的巨手在播弄着世界。

熊十力先生在《新唯识论》中曾引此作为他翕辟成变思想的重要依据。他认为，本体即为大用，必有一翕一辟，由此开合之机，便生出生机变化。凡物才生即灭，都无暂住。儒家因为有此无穷变易的思想，所以“悟得人生有无上底崇高的价值，无限的丰富意义”，不像释道两家有“空幻的感想”，消极地对待大化流行的节奏，儒家则“自有改造的勇气”[1]。但他论证变化思想，却举庄子此一寓言，认为“极

〔1〕《新唯识论》（语体文本），《熊十力全集》第三册，135页，湖北人民出版社，2001年。

有理趣”。他以为庄子这段话强调的就是变化：“变化的力，是能揭天地以舍故趋新。故的东西，绝不会有暂时停住，忽然已是新起的事物了。天地万物，无时而不迁改，世间瞬时创新，而人或见为旧，舟和山，瞬息变易，而人或视之若前。”[1]

熊先生这一判断并不准确。庄子所表达的思想，与儒家的变易哲学完全不同。庄子通过这个故事，不是说明世界的变化，而是说明变化是虚妄的。正因为世界变化如斯，新新顿起，所以这世界是虚幻不可把握、也不可与之俱走的。庄子哲学的落脚点不在变化，而在虚妄不实。熊先生的观点，与郭象之说倒是相似，郭象就是肯定世界的变化性的。郭象的理解也与庄子有较大的差异。

庄子藏舟于壑的论述有这样的背景：“鱼相与处于陆，相呴以湿，相濡以沫，不如相忘于江湖。与其誉尧而非桀也，不如两忘而化其道。夫大块载我以形，劳我以生，佚我以老，息我以死。故善吾生者，乃所以善吾死也。夫藏舟于壑，藏山于泽，谓之固矣。然而夜半有力者负之而走，昧者不知也。藏小大有宜，犹有所遁。若夫藏天下于天下而不得所遁，是恒物之大情也。”很显然，庄子是要“忘”，从理性、知识的分别中走出，相忘于江湖，回到世界之中，从而“藏天下于天下”——融入世界之中，而不是站在世界的对岸，将世界当做自己的对象，自己似乎不在世界中。对于变化也是如此，人的生命就是一个变化过程，如果执著于这样的变化，人就永无安宁之时，顺应自然，才是根本之道。庄子哲学强调悟道的最高境界是不生不死、不将不迎，就是与物同化，不以物易己，不被外物所奴役。也就是说，变化是表面的事实，人不能为变化的表相所迷惑。《秋水》中说：“万物一齐，孰短孰长？道无终始，物有死生，不恃其成；一虚一满，不位乎其形。年不可举，时不可止；消息盈虚，终则有始。是所以语大义之方，论万物之理也。物之生也，若骤若驰，无动而不变，无时而不移。何为乎，何不为乎？夫固将自化。”宇宙的变化，是一幻化的过程，以短暂之人生，随幻化之世界，必然流荡难返，虚妄不实。庄子由此建立他

〔1〕《新唯识论》（语体文本），《熊十力全集》第三册，134页，湖北人民出版社，2001年。

的生命意义理论。

佛教哲学不重变，而重幻。大乘空宗讲真空幻有，尤其是中观学派的空幻思想对中土影响甚大，龙树上承阿含与般若思想提出的“俗有真空，体虚如幻”的中观思想，成了佛教空幻思想的代表。佛教强调，凡所有相，皆是虚妄。《维摩诘经》说：“一切法生灭不住，如幻如电，诸法不相待，乃至一念不住，诸法皆妄见，如梦如焰，如水中月，如镜中像。”僧肇在解释此语时说：“诸法如电，新新不停，一起一灭，不相待也。弹指顷六十念过。诸法乃无念顷住，况欲久停！无住则如幻，如幻则不实，不实则为空，空则常净，然则物物斯净，何有罪累于我哉！”[1] 生生灭灭世界的虚妄不实，是佛教的基本观点。

释道两家都不否定事物变化的特点，但又不肯定变化的实体性，都认为变是幻——我们看到的世界的变化，只是其表面，是虚妄的；我们对这样的幻象的执著，就是妄见，是颠倒见解。人生的烦恼、生命的枯竭往往是由对幻象的执著所造成的。两家通过变幻的辨析，示人以解脱之法。所以，释道两家有关变的思想，不是变化哲学，而应是一种幻化哲学。

儒家斥这种幻化学说为虚妄之见，如张载《正蒙》说：“释氏语实际，乃知道者所谓诚也，天德也。其语到实际，则以人生为幻妄，以有为为疣赘，以世界为阴浊，遂厌而不有，遗而弗存。就使得之，乃诚而恶明者也。儒者则因明致诚，因诚致明，故天人合一，致学而可以成圣，得天而未始遗人，易所谓不遗、不流、不过者也。故语虽似是，观其发本要归，与吾儒二本殊归。”又说：“释氏不知天命，而以心法起灭天地，以小缘大，以末缘本，其不能穷而谓之幻妄，真所谓疑冰者与！夏虫疑冰，以其不识。”当代哲学研究中，一提到佛道的幻化哲学，有些人总会给它戴上消极的虚无主义的帽子。其实这样的学说并非没有理论价值，它所带给中国文化的，并不都是消极的东西。儒家的变化哲学，由天地无一息不变的学说中导引出昂奋的进取思想；而释

[1] 僧肇《注维摩诘经》，《大正藏》第38册。

道的幻化思想，却促进人们在流荡变易的世界中思考生命的价值。

释道的幻化哲学对中国艺术和审美观念产生了极大的冲击。生命的不可把握，人生乃百年孤独之里程，促使艺术家去聆听生命深处的微妙声音；变化是表象，万物生灭如流光逸影，促进中国艺术家在形式之外追求真实的生命意义；而释道幻化哲学视知识为赘痈、人生为痛苦，故取超脱之道路，也为强调生命安顿的中国艺术和审美生活提供了理论支持。

这里我想谈谈中国艺术史上两个相关的问题。

（一）变化为虚幻

八大山人有一幅《鱼鸟图》长卷，今藏上海博物馆，是八大晚年的重要作品，在八大绘画思想发展中占有重要位置。起手处画一条鱼，略大，中段画一拳怪石，上蹲两只鸟，画的尾部在不太引人注意的地方着一小鱼。画有三段题识，其中第三段谈“善化”，其云：“东海之鱼善化，其一曰黄雀，秋月为雀，冬化入海为鱼，其一曰青鸠，夏化为鸠，余月复入海为鱼。凡化鱼之雀皆以肫，以此证知漆园吏之所谓鲲化为鹏。”

八大山人这幅画表现的就是“善化”——善于变化的思想。思想根源还是道释。宇宙万物才生即灭，没有一个定在。就形上而言，每有一物，必有其形，然而在变化的世界中，物无定形，故万物的形貌又何曾确定？就名上而言，世有其物，物有其名。然而一切名，都是假名。如僧肇《不真空论》所说：“夫以名求物，物无当名之实；以物求名，名

[清]八大山人　鱼鸟图

[清]八大山人　鱼鸭图卷

无得物之功。物无当名之实，非物也；名无得物之功，非名也。是以名之不当实，实不当名，名实无当，万物安在？”由此，物的存在是一个幻在。

八大用艺术的方式，来说明变化的不确定性和虚幻的本质。在这段题识中，八大侧重从时间流动的角度，强调存在的虚幻性。这幅画画的是“鱼鸟互转”的故事。《庄子 · 逍遥游》中，说一条名叫鲲的大鱼，化而为名叫鹏的大鸟，八大通过这个人所共知的故事，表达的却是与庄子有所不同。庄子强调的是无待的逍遥，而八大强调的是存在的幻化。这幅画告诉人们，世界的一切都是“善化”的，画的是鸟，却又是鱼，画的是鱼，却又是鸟，以前是鱼，现在是鸟，现在是鸟，又将变成鱼。曾经有海外学者从生物性转化的角度来理解这一问题，是对这画的误解。这幅画中，有关于名和实两方面的质疑。就名上说，此之谓鱼，彼之谓鸟，然而鸟将变鱼，鱼将变鸟，其名将何定？就实上言，物皆处于大化流转之中，没有一个定在，何能言实？形虽有而无质，名虽名而未名，名实皆不能定，故而为妄[1]，所描绘的就是一

〔1〕拙著《八大山人研究》之第一章中曾对这一问题有详细辨析，安徽教育出版社，2008年。

个虚空世界而已。

八大山人还从空间角度强调存在的不确定性。他的画中常常出现一物具有多形的特点。如他的《鱼鸭图》长卷，今藏于上海博物馆，是一幅突破人们常识的画。从体量上看，鱼很大，山很小，长卷的页末画一只眠鸭，脚站在石头上，鱼和鸟都比山大。从物体的特征看，鸭子与山融为一体，鸭子的脚成了擎天一柱，鸭就是山，绵延的山峰似乎是鸭的翅膀，这完全不符合我们的常识。而从运动特点来看，鱼在山上飞，鸭子不是在戏水，却与山融为一体，完全是静止的了。这幅画没有关于“善化”的题语，其实也是表达“善化”即幻化的道理。

八大类似的作品很多，我们常常说八大作品有一种高古寂历的风味，很冷峻，他的画似乎总是在和永恒照面，说着一个千古不变的道理，通过变化的幻象，追求永恒的真实。这样的表现方法，在中国艺术史上不乏其人。如明代画家徐渭也喜欢在幻化的世界中追求真实的意义。他有《旧偶画鱼作此》诗，从云林的画写起，诗中说：“元镇作墨竹，随意将墨涂。冯谁呼画里？或芦或呼麻。我昔画尺鳞，人问此何鱼？我亦不能答，张颠狂草书。迩来养鱼者，水晶杂玻璃，玳瑁及海犀，紫贝联车渠。数之可盈百，池沼千万余。迩者一鱼而二尾，三尾四尾不知几。问鱼此鱼是何名？鳟鲂鳣鲤鲵与鲸。笑矣哉，天地造化旧复新，竹许芦麻倪云林！”[1]云林画中的竹，画得像芦（当是芦苇）又像麻，他自己画中的鱼，是此鱼又是彼鱼，物之形态没有一个定准。是他们画不像？当然不是，因为“天地造化旧复新”，世事轮转何能定，一切都是虚幻的。青藤《仿梅花道人竹画》“唤他是竹不应承，若唤为芦我不应。俗眼相逢莫评品，去问梅花吴道人”[2]，也说的是这个意思。

（二）将颠倒见解颠倒过来

幻化的世界是虚妄的，如将此幻化现象视为实有，就是颠倒见解，

〔1〕《徐渭集》卷五《徐文长三集》之五。
〔2〕《徐渭集》卷三十七《徐文长逸稿》之八。

是与真理相反的妄见。这样的见解需要颠倒过来。

自唐代开始，这一思想就影响到人们的艺术观念。中国艺术史上有关于“雪中芭蕉”的争论，反映的是一种新的审美趋向。王维曾作《袁安卧雪图》，画雪中芭蕉，此图曾藏北宋沈括家，沈括认为此图“得心应手，意到便成，故造理入神，迥得天意，此难可与俗人论也”[1]，对其中所透露出的思想大加赞赏。芭蕉乃易衰之物，从自然的时序上说，不可能出现雪中芭蕉的事实。王维这样画，是一种颠倒时序的做法。

为什么要颠倒时序？其中深藏的思想正与传统幻化哲学有关。他的这一画法，直接根源是佛家思想。佛经中有“火里莲花”之类的说法，《维摩诘经》上说：“火里生莲花。”莲花怎么可能在火里绽放？这也是一种颠倒见解。明李流芳合二事云：“雪中芭蕉绿，火里莲花长。”[2]错乱的物理观念反映的是对妄见的颠倒，将原有的看似正常实是颠倒的秩序再颠倒过来。

这种思想在艺术界产生很大影响。徐渭有《蕉石牡丹图轴》，是青藤水墨写意画的代表作品之一，今藏于上海博物馆。此图水墨渲染，分出层次，没有勾勒，墨不加胶，有氤氲流荡的趣味。图中所画为芭蕉、英石和牡丹花。这是一幅极端情绪化的作品，上有题识数则，记录一次癫狂作画的经过。初题说：“焦墨英州石，蕉丛凤尾材。笔尖殷

---

〔1〕关于王维此画所引起的争论北宋以来一直没有停止过，其中多有批评王维犯常识错误者。如明谢肇淛《文海披沙》卷三说：“作画如作诗文，少不检点，便有纰谬，如王维雪中芭蕉，虽闽广有之，然右丞关中极寒之地，岂容有此哉？”钱锺书认为谢说“最为持平之论”（见《谈艺录》附说二十四）。而在近现代的画学研究中，也有类似此论者。如俞剑华谈及此时说：“画家偶一为之，究非正规。”（《中国画论类编》上册，44页，人民美术出版社，1986年）也有误解将芭蕉置雪中为表达生意之说，如文徵明画《袁安卧雪图》，有跋云：“赵松雪为袁道甫作《卧雪图》，老屋疏林，意象萧然，自谓颇尽其能事。而龚子敬题其后，以不画芭蕉为欠事。余为袁君与之临此，遂于墙角作败蕉，似有生意。又益以崇山峻岭、苍松茂林，庶以见孤高拔俗之蕴，故不嫌于赘也。”（汪砢玉《珊瑚网》卷三十九）

〔2〕《檀园集》卷一，文渊阁《四库全书》本。

［明］徐渭　蕉石牡丹图轴

七七，深夏牡丹开。天池中漱犊之辈。”又识：“画已，浮白者五，醉矣，狂歌竹枝一阕，赘书其左。牡丹雪里开亲见，芭蕉雪里王维擅。霜兔毫尖一小儿，凭渠摆拨春风面。”旁有小字：“尝亲见雪中牡丹者两。”在右下又题云：“杜审言：吾为造化小儿所苦。”

“为造化小儿所苦”[1]，为这幅画的点题。这件醉意中的放旷之作，与其说是酒酣后的沉醉，倒不如说是生命的沉醉。“为造化小儿所苦”，为古代习用语，不是对天地造化不敬，所表达的是人生无常的意思。宋吴潜《青玉案》上半阕说：“人生南北如歧路。世事悠悠等风絮。造化小儿无定据。翻来覆去，倒横直竖，眼见都如许。”[2] 人生就如一场戏，世界背后似有一只无情的手，翻云覆雨，颠倒东西。算人间事，不如意事，十有八九，没有一事不为无常吞去，所谓“造化小儿真幻师，换人双眼当明昼”。青藤在醉意中觑得“为造化小儿所苦”这一事实，要跳出颠倒的世相，不为幻术所迷，在酣然狂放之中，解脱性灵。

北京故宫博物院藏有青藤《梅花蕉叶图轴》，淡墨染出雪景，左侧雪中着怪石，有大片芭蕉叶铺天盖地向上，几乎遮却画面的中段，芭蕉叶中伸出一段梅枝，上有淡逸的梅花数点。右上题云：“芭蕉伴梅花，此是王维画？”他又有《题水仙兰花》诗云：“水仙开最晚，何事伴兰苕？亦如摩诘叟，雪里画芭蕉。”[3] 他心心念念在王维的智慧中。

北京故宫还藏有青藤著名的《四时花卉图轴》，此画杂竹、芭蕉、梅花、藤花、牡丹、秋葵、竹、水仙、兰为一体，不是乱插花枝，而是活灵活现地傍地而生，朵朵开放，跃跃生机，时间的顺序被抽去，常识完全被打破。青藤有诗云：“老夫游戏墨淋漓，花草都将杂四时。莫怪画图差两笔，近来天道彀差池。”

“老夫游戏墨淋漓”，这就是我们常说的青藤“墨戏”。青藤说自己的画是墨戏，别有深意。不是要弄笔墨技巧的游戏，而是在水墨淋漓中，表现一出出人间的戏剧——人间就是这样的荒诞剧。人生如幻化，吾画即墨戏。以上两幅作品，都是通过混乱的时序节奏，来表现颠倒

[1]《砻溪诗话》卷六：“唐史载杜审言尝云‘吾文当得屈宋作衙官’，其孙乃有‘读书破万卷，下笔如有神’；谓‘苏味道邮吾判且羞死’，甫乃有‘集贤学士如堵墙，看我落笔中书堂’；谓‘为造化小儿所苦’，甫有‘日月笼中鸟，乾坤水上萍’。所谓是以似之也。”

[2]《类编草堂诗余》卷二。

[3]《徐渭集》卷三十六《徐文长逸稿》之七。

的人生。青藤接着王维的话题，表达他对流幻百年的生命思考。“莫怪画图差两笔，近来天道彀差池”中的“彀”，即“够”的异体字。[1]这两句诗的意思是，别怪我画乱了，没有了规矩，其实世事的运转就是混乱，人们所经验的只是一种表面的秩序，是一种虚幻景象。

清代艺术家金农曾画有《雪中荷花图》，并题云：“雪中荷花，世无有画之者，漫以己意为之。”[2]雪中荷花本是禅家悟语，曾有人画过。元画僧雪庵有《罗汉图册》，共十六开，今藏日本静嘉堂。其后有木庵跋文称：“机语诗画，诚不多见，而此图存之，亦如腊月莲花，红炉点雪耳。”金农又说：“慈氏云：蕉树喻己身之非不坏也。人生浮脆，当以此为警。秋飙已发，秋霖正绵，予画之又何去取焉。王右丞雪中一轴，已寓言耳。”又云：“王右丞雪中芭蕉，为画苑奇构，芭蕉乃商飙速朽之物，岂能凌冬不凋乎。右丞深于禅理，故有是画以喻沙门不坏之身，四时保其坚固也。”芭蕉易坏，雪中无荷，画雪中芭蕉和荷花，表达的是不为幻化所惑的思想。

中国艺术论中这种变幻为虚的思想，在强调变化的主流哲学之外，又开辟了一条道路，一条在变化的表相中重新审视生命价值的道路。

二、幻有：关于形式即幻象的思想

佛教中有指月的说法，以指比言教，以月比佛法大意，强调一切言教都是为了示机方便而设，就像用指指月，使人因指而见月。言教本身没有实在意义，它是虚幻的，不是所谓实相。佛教又有舍筏登岸的说法，乘小筏子，是为了渡河，比喻以言教来了解佛法，过了河之后，就可舍掉筏子。佛教中还有个“止小儿啼”的故事。佛经上说，如来为度众生，取方便言说，如婴儿啼哭时，父母给他一片黄叶，说是金子，小儿不哭了，其实黄叶并非真金，只是权便之说。这几个比

〔1〕北京故宫藏有文长另一本《四时花卉图》，其上重题此诗，其中的第四句写作：“近来天道够差池”。
〔2〕《冬心先生杂画题记》，见《美术丛书》三集第一辑。

喻都强调言教为幻，不能执著于言教。这样的思想在不立文字的禅宗中受到重视。禅宗强调，语言、经典乃至静坐等一切外在的形式，都是虚妄不真的，没有实在意义，都是需要超越的对象。指、筏等都是幻象。这样的观点很容易使人产生与今天的媒介论相似的想法，其实它们之间有根本的差异。因为在媒介论中，媒介本身不是幻象，也不是在帮助人们获得知识之后需要否定的对象。

佛学中的言教不真的思想，对中国艺术深有影响。中国艺术在两宋之后，渐渐形成了“形式即幻象”的思想。艺术形式是幻象，没有实在意义。如画家画一物，并不是为了表现这个物。作为形式构成因素的山水花鸟等等，可以说是花鸟山水，因为它们有山水花鸟之形，但又可以说不是山水花鸟，因为画家根本不是要将它们当做山水花鸟来看，只是借助于它们的形式来表达心中的感觉。如你看云林，只停留在疏树、空亭上，你就得不到云林；看八大，分辨他画的是什么鱼、什么鸟、什么花，你就不可能懂得八大。从这个意义上说，山水花鸟等都是幻象，都是指月之指、登岸之筏。正因此，中国画的发展才走上了一条独特的道路，山水花鸟，梅兰竹菊，无数人画过，但我画又有何妨！形式即为幻象，关键是心灵的传达，水墨胜过丹青，一角一边，都是一个完整的叙述，单柯片石，可以上掩唐宋巨手，一切都是“幻景”。唐代禅宗大师南泉指着牡丹花，对弟子们说：“时人看一株花如梦幻而已。”不少中国艺术家也有这样的思路。

南宋僧人画家绝岸可湘曾说：“好似戴嵩画牛逼真，终非活牛。”[1]徐渭曾画墨牡丹，有题诗云：“墨中游戏老婆禅，长被参人打一拳。涕下胭脂不解染，真无学画牡丹缘。”老婆禅，为禅家话头，指禅师接引学人时，一味说解，婆婆妈妈，叮咛不断。禅门强调不立文字、当下直接的妙悟，老婆禅有不得禅法的意思。青藤的意思是说，我画牡丹，其实用意并不在牡丹，虽然可能落入唠唠叨叨的老婆禅，但也没有办法，我权且将它当做表现我对世界的理解的幻象吧。我的墨戏，将色彩富丽的牡丹变成了墨黑的世界，其实真水无香，那是世

〔1〕《绝岸可湘禅师语录》，《续藏经》第26套第5册。

[清]金农　空香图

界的本相，从这个意义上说，我真的没有画牡丹的缘分——因为我的牡丹非牡丹。

中国艺术中的形式即幻象的理论，一如佛教所言之幻有说，主要着眼于有与无的关系。强调画一物，则不是一物，虽有而实无。在云林、青藤、白阳、八大等等艺术家那里，艺术形式就是一种“老婆禅”，是为止小儿啼的黄叶，是一种幻有。这里想谈谈中国艺术论中的三个相关说法。

（一）求于骊黄之外说

古代审美与艺术观念中，有一种“求于骊黄之外”（或称“求于骊黄牝牡之外”）的学说。倪云林《临王漫庆墨竹轴》云：“以中兄长家藏澹游竹石二帧，真有天真烂漫出乎笔墨町畦之外之逸韵，因篝灯下戏效之，虽不能摹形似，亦颇得骊黄牝牡外也。”戴熙转述苏轼的一则画事说：“东坡曾在试院以硃笔画竹，见者曰：‘世岂有朱竹耶？’坡曰：‘世岂有墨竹耶？’善鉴者因当赏于骊黄之外。”东坡将“观士人画，如阅天下马，取其意气所到”作为他所提倡的文人意识的关键内容，意思就是“求于骊黄之外”。苏轼评张旭书法时说：“世人见古德有见桃花悟者，便争颂桃花，便将桃花作饭吃，吃此饭五十年，转没交涉。正如张长史见担夫与公主争路，而得草书之法，欲学张长史，日就担夫强求之，岂可得哉！”[1] 在苏轼看来，艺术也是一样，就像灵云悟桃花，与桃花并无多大关联，你如果盯着桃花来思考，永远不得入门。

倪云林有诗云：“爱此风林意，更起丘壑情。写图以闲咏，非在象与声。”[2] 戴熙自题画云：“山色本无色，泉声非有声。顿觉眼耳妄，根尘何自生？”[3] 在他们看来，画中出现的山林风色，都是幻，不是实有；执著于山林的风色，都是妄见。绘画的妙处在声色之外。

戴熙说他年轻时学画，觉得画月亮最容易，画一个圆圈，不就是月亮？等到对绘画的领悟逐渐深入，他觉得最难画的就是月亮。为什么？因为他知道，“不知笔墨之外大有事在”。画月亮，并不在月亮本身，也不在如何圆，如何明，而在月亮之外要表达的境界。所以，这样的月亮就难画了。

明代画家陈淳，字白阳，在中国绘画史上极负盛名，他不仅是中国花鸟画史上里程碑式的人物，在山水、书法方面也有独特的贡献。王穉登云：“天才秀发，下笔超异，画山水师米南宫、王叔明、黄子久，不为效颦学步，而萧散闲逸之趣宛然在目。一花半叶，淡墨倚毫，而疏斜历乱，偏其反而，咄咄逼真，倾动群类，若夫翠辨竹寻、葩分蕊析者，俗工之下技，非可以语高流之逸足也。”[4]

白阳不是“翠辨竹寻、葩分蕊析”——斤斤于形式者，他和徐渭一起成为明代中期以后花鸟画的代表人物（所谓“白阳青藤”），在花鸟画领域引入文人画的精神。青藤的放旷、白阳的冷逸，成为花鸟画中的高品。白阳为文徵明弟子，也是吴门画派的中坚。他的同门师弟王穀祥说：“陈白阳作画，天趣多而境界少，或古山剩水，或远岫

〔1〕《东坡题跋》卷四《言张长史书法》。
〔2〕倪云林《清闷阁集》卷二。
〔3〕《习苦斋画絮》卷九。
〔4〕《吴郡丹青志》之《逸品志》。

疏林，或云容雨态，点染标致，脱去尘俗，而自出畦径，盖得意忘象者也。”[1] 白阳作画重写意，追求得意忘象之妙，青藤在醉意中领取，白阳则在清逸中寻得。“天趣多而境界少”，是说他的画风简古，景物很少，似是非是，草草而成，似无规度，其实法度谨然，有天然偶得之趣。

北京故宫藏白阳《仿米山水长卷》，白阳自题云：“人恒作画曰丹青，必将设色而后为专门，而米氏父子戏弄水墨，遂重名后世，石田先生尝作墨花枝亦云当求于形骸之外，画亦不可例论与！”北京故宫又藏其《花觚牡丹图》，白阳自题云：“余自幼好写生，往往求为设色之致，但恨不得古人三昧，绝烦笔研，殊索兴趣，近年来老态日增，不复能事少年驰骋，每闲边辄作此艺，然已草草水墨，昔石田先生尝云：观者当求我于丹青之外，诚尔，余之庶几。”

在这两处题识中，白阳转述了吴门宗师沈周的话：“求我于丹青之外”、“当求于形骸之外”，这是吴门画派的重要原则。白阳正是在这一原则指导下，由丹青而水墨，由形似而草草笔致，由驰骋纵横而淡逸平和，去画史纵横习气，不在“境界”（形式内部）中追求，使他获得了巨大的成功。

白阳视绘画形式为幻有。北京故宫藏白阳的《墨花钓艇图册》，画梅、竹、兰菊、秋葵、水仙、山茶、荆榛、山雀、松枝及寒溪钓艇，共十段。前九幅都是花木，最后一幅却画寒江之上，清流脉脉，一小艇于中闲荡，和前面的内容似乎不协调。白阳将它们束为一册，有自己的考虑。末幅上他有题识说：“雪中戏作墨花数种，忽有湖上之兴，乃以钓艇续之，须知同归于幻耳。”这是一次雪后墨戏之作，伴着漫天大雪，他率意作画，为竹，为梅，为点点花朵，为雪中的青松，江山点点，山林阴翳，在他的笔下翻滚，在他的心中流荡，他画着，画着，意兴遄飞，外在的形象越来越模糊，有形世界的拘束渐渐解脱，他忽然想到着一小舟，带他远逝，遁向远方，遁向空茫的世界。由此他得出，一切有形的存在都是“幻”，花木是幻，小舟是幻，一切的存在都

[1] 见郁逢庆《郁氏书画题跋记》卷八。

是幻，不是不存在，而都是流光逸影，都是不断变化过程中的环节，生生灭灭，无从确定，都是幻有，虽有而无。一如北宋法演禅师所说的："以相取相，都成幻妄。"[1]

白阳、青藤、云林、东坡，乃至宋代以来的很多艺术家，将形式看做幻象，否认形式的实在性。东坡的枯木怪石、云林的疏林空亭、青藤的雪中莲花等等，都是一个幻象，是一个昭示存在的非确定性的刺激物，它们通过不合规矩和美感的存在方式，说明世界的存在并非由你感官所及就能判断，一切对物象的执著都是没有意义的。如云林寂寥的疏林空亭，它们的存在，就说明不存在，或者说是非真实的存在。我们不可能从疏林空亭的具体空间结构、色彩特点等，获得这幅画的确实意义。

这种形式即幻象、求于骊黄之外的思想，与传统艺术理论中的一些观念看似相同，其实大异其趣。传统艺术论中类似的观点大约有三：一是象外之象的理论，这是意象言关系影响下的理论，要有象外之意，形式是表意的，意决定着形式存在的价值。如我们在"采菊东篱下，悠然见南山"中，能发现东篱、南山之外的意义。二是形神理论，从汉代以来形成的中国艺术的传神理论，强调以形写神、以神统形、传神写照，这是人物品藻中形成的观点，后来影响到人物画，在顾恺之那里，神特指人的眼神，并由眼神发而为人的内在精神。唐宋以来，这一理论又发展成与韵味说等相联系的观念。三是韵味说。这一学说自六朝时形成，后来成为中国艺术批评的重要标准，强调艺术要有超越形式之外的意味，如所谓余味说、韵外之致说、含不尽之意如在象外、诗罢有余地等等，都属于这方面的观念。

上述三种观点的共同性在于，它们都强调艺术意义的根本不在形式，而在形式之外的因素；艺术形式是受神、韵、味等决定的；成功的艺术创造应该是形式和神韵、意味等的统一。可见，这些观点中都没有对形式本身的否定，形式的实在性并没有受到质疑。我们可以比较北宋崔白和八大山人的花鸟画，即可明白其中的不同。

〔1〕《法眼禅师语录》卷下，《大正藏》第47册。

[宋]崔白　双喜图

[清]八大山人　莲房小鸟图

崔白的花鸟画在历史上很有影响，他突破五代以来黄氏父子惟重形似的画风，所作花鸟极有神韵。他是一位合乎传统艺术论形神兼备的画家。其代表作《双喜图》，描写深秋时的景致，园中有萧瑟的竹树，鸟儿从远处飞来，一鸟将飞至，一鸟落树上，对着树下的野兔呼叫，野兔扭过头去，与树上的鸟儿相互应答，颇有趣味。

再看八大山人的《莲房小鸟》图轴，今藏上海博物馆。画一枝欲放未放的莲花，无根的莲枝从左侧斜斜地伸出，荷塘、荷叶都被删去，莲枝作独立无依之状。一只从远方飞来的小鸟，似落而未落，欲立而未稳，闪烁着欲动欲止的翅，睁着迷离恍惚的眼，一只小脚似立非立于莲蕊之上。这幅画借鸟落莲花，表达人生如梦幻的思想，画中没有一个定在，没有一个完整的陈述。这幅画的意思正在“骊黄牝牡之外”，画的是鸟，其意又不在鸟，它简直不能以花鸟画目之。崔白的画重在展现物象的活泼和生意，而八大的画则重在表达对世界的不执著，二者旨趣大异。

（二）形为影子说

徐渭在《书夏珪山水卷》中说：“观夏珪此画，苍洁旷迥，令人舍形而悦影。但两接处墨与景俱不交，必有遗矣，惜哉！云护蛟龙，支股必间断，亦在意会而已。”[1]

今见徐渭留下的文献，有很多关于“影”的内容。他有《画竹》诗说：“万物贵取影，写竹更宜然。”又有题《牡丹画》诗云：“牡丹开欲歇，燕子在高楼。墨作花王影，胭脂付莫愁。”他的意思是，他画一枝竹，不是追求如何画得像，而是醉心于表现一个影影绰绰的形式。他画牡丹，要为牡丹画影，淡去色彩，在外形上只取其梗概，似是非是。

徐渭的“舍形而悦影”说，是中国艺术论中的一个重要观点。形是具体的，影是虚幻的，舍形而悦影，要以虚幻的表达取代具体的形式。中国艺术论认为，好的艺术形式不是现实世界的模本，而是对这一世界的超越，所以它应该是一个幻象；一个确实的存在，会引起人物质之想，而一个“影”的存在，若有若无，可以使人从具体的物质形式中逃脱。这一思想直接影响了宋元以来中国艺术家的创造，宋元以来很多艺术形式特点与此学说有关。

中国艺术重影，一般不是重视物质意义上的影子，如光影、月影、花影、鸟影，而是强调存在的若有若无的特征，强调一切存在皆非定在的思想，突出生命的不可把握的特点。在道禅哲学看来，外在的世界是虚而不实的，如同影子一样。前面我们引南泉所说的：“时人见此

[1]《徐渭集》卷二十《徐文长三集》之二十。

一株花如梦相似。”庄子也曾将人的生命比喻为与影子竞走的过程。他曾讲过一个故事：有一个人害怕自己的影子，就拼命地跑，但影子也随着他跑，最后这人累死了。庄子感叹到，你为什么不到大树下面，大树下不就没有影子了？这大树下就是他所说的自然天全之道。庄生化蝶的故事也强调现实世界如影如梦的特点。中国艺术喜欢影，强调“舍形而悦影”，通过虚幻的形象，表达对世界、对生命的看法，也受到道禅哲学的影响。

中国美学追求镜花水月的美，直接导源于幻有的思想。不坐实，不粘滞，飘渺无痕，如苔痕梦影，如空花自落。严羽说：“盛唐诸公，唯在兴趣。羚羊挂角，无迹可求。故其妙处，透澈玲珑，不可凑拍。如空中之音、相中之色、水中之影、镜中之象，言有尽而意无穷。”中国画家将“寒塘雁迹，太虚片云”（沈颢《画麈》）作为绘画的最高境界，如孤鸿灭没，若隐还现，寒潭雁行，去留无迹。董其昌说：“摊烛作画，正如隔帘看月、隔水看花，意在远近之间”（《画禅室随笔》），也在申述此旨。

八大山人有“画者东西影”的说法，值得重视，这是他关于绘画的一个纲领性学说。绘画是空间艺术，绘画中需要表现一定的空间形态，必须呈现具体的物象。但八大山人认为，画中所画的“东西”——形象，应该只是“东西”的一个“影子”。从形式特征看，我们无法复制一个与外在世界完全相同的物体；我们所见外在的“东西”，其实只是一个幻相。所以八大认为，我们在绘画中表现的形式，只能是“东西”的一个影子。更重要的是，通过绘画中影影绰绰、似像非像的形式，能帮助人放弃对法的执著，把握实在的意义世界。“画者东西影”，是他对石涛绘画的评价，他说：“禅有南北宗，画者东西影。”石涛也注意到八大山人这一思想，他在题八大山人水仙时有诗道：“金枝玉叶老遗民，笔砚精良迥出尘，兴到写花如戏影，分明兜率是前身。”“写花如戏影”，看来八大与石涛曾经交流过这一思想。

这里再以陈白阳为例。白阳于1536年作墨花图册，其自题云：“嘉靖丙申春二月，淹留累日，独坐静寄庵，戏作墨花八种，灯下戏题八绝句，以形索影，以影索形，模糊到底耳。”[1] 此卷墨花写意影影绰绰，似花非花，白阳明显在追求影的妙处。“以形索影，以影索形，模糊到底耳”，可以说是晚年白阳绘画的重要特点。

白阳以花鸟见著，其实他的山水也别有风味，今见其很多山水作品，多为“模糊到底”之作。他曾作《云山图卷》，今藏北京故宫，曾经庞莱臣《虚斋名画录》卷四著录，是白阳晚年杰作，显示出他从二米山水中脱略出的一家风味。米家山水重视气化氤氲的感觉，以此来表现宇宙间气韵流动的节奏，而白阳却从云山墨戏中转出幻有的思想。米家山水重气，白阳山水重幻。

这幅《云山图卷》得镜花水月之妙。画以淡墨染出几痕山影，以荒率之笔匆匆勾出山林屋舍等轮廓，风物悠远，烟水迷离，极有风致。上有石天禅师所书“画外别传”四大字引首。这四个字真可谓对白阳绘画的的评。他的画超越法度，境界高逸，似流光逸影，其妙处当在画外求之。石天禅师并有题跋云：“撇却金针玉线，倒拈无孔笛，吹彻古轮台，所谓无佛处称尊，高扬师子吼。”“撇却金针玉线”，意思是不以色貌色，以形写形。“无孔笛”和在“无佛处”得之，意思都是强调法外求妙，所谓画外别传是也。

北京故宫所藏《雪渚惊鸿》长卷，并书谢惠连《雪赋》，作于1538年，是白阳晚年的作品，引首有白阳所书“雪渚惊鸿”四字，既是此画之题，也道出了此画的风味。这幅画将雪渚惊鸿的不粘不滞特点表现得非常好。白阳有题识云：“戊戌夏日，苦于酷暑，展卷漫扫雪图，因简《文选》，得谢惠连《雪赋》并书之，持翰意想，已觉寒气自笔端来矣。”白阳的书法有很高的水平，王世贞说：“枝山书法，白阳书品，墨中飞将军也。”此作书与画交相映衬，乃风华绝代之作。夏日画雪，画心中之雪，招高天之凉意。画雪渚惊鸿灭没之状，皑皑白雪中，有山村隐约其间，寒溪历历，雪坡中有参差芦苇，一片静谧澄明，高天中有飞鸿点点，给人以雪梦生香的感觉。

清戴熙有论画语云：“寒塘鸟影，随意点染。一种荒寒境象，可思

[1]《式古堂书画汇考》画卷卷五。

[明]陈淳　云山图卷

可思。”揣度白阳此作中要表现的境界，独有思致在焉。形式上的不粘不滞，突出了精神上无住无念的特点，是这位崇仰佛法的画家追求的大境界。苏轼《卜算子·黄州》词似可当之：“缺月挂疏桐，漏断人初静。谁见幽人独住来，飘渺孤鸿影。惊起却回头，有恨无人省。拣尽寒枝不肯栖，寂寞沙洲冷。”此与白阳之画同样有不粘不滞的美。

唐寅为吴门画派中的天才画家，晚年受佛学影响很深。李开先《中麓画品》说：“唐寅如贾阆仙，身则诗人，犹有僧骨。”他号六如居士，取《金刚经》“一切有为法，如梦幻泡影，如露亦如点，应作如是观”之意，六如意为人生就像梦、幻、泡、影、露、电，都是形容生

[明]陈淳　雪渚惊鸿图卷

命短暂而不可把握。梦取非实；幻取非真；如大海一沤，忽起忽灭；如影恍惚，似有还无；如晨露历历，见阳光就干；如飞电过隙，一闪即无。他的画就带有梦幻空花的色彩。

他的《桐阴清梦图》，今藏北京故宫博物院。画一人在青桐树下坐而入眠，上面唐寅题有一诗："十里桐阴覆紫苔，先生闲试醉眠来。此生已谢功名念，清梦应无到古槐。"画南柯一梦的故事，但南柯一梦的主人是梦到槐安国，娶了漂亮的公主，当上南柯太守，醒后才知是一场大梦。唐寅说他对这种功利之梦不感兴趣，他做的是桐阴下的清梦，要梦到一个清净的世界去。

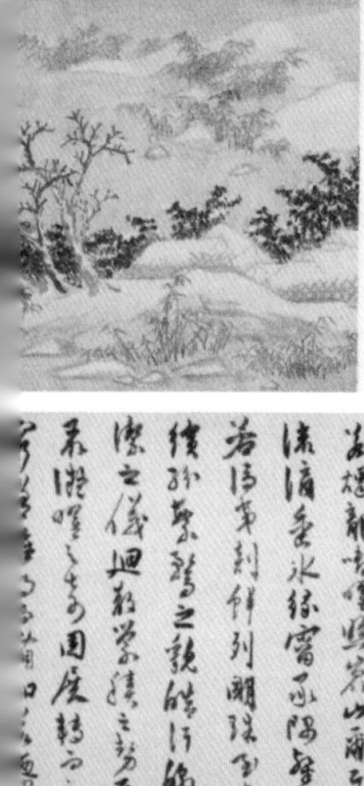

唐寅的画中有很多表现滔滔人世皆梦幻的内容。如《葑田行犊图》，画一人骑在牛背上归来。有题诗云："牧犊归来绕葑田，角端轻挂汉编年。无人解得悠悠意，行过松阴懒着鞭。"又有《雪山会琴图》，画大雪下，诸友人会聚一室，弹琴寄意。有题诗云："雪满空山晓会琴，耸肩驴背自长吟。乾坤千古兴亡迹，公是公非总陆沉。"这两幅画以及题诗表达了人生如梦幻的思想，一切都不可挽回地逝去，一切的喜怒哀乐都随历史的风烟淡去，画中的一痕清影，突出的是他的醒觉。1520年，他曾画有《落花诗意图》，画面简单至极，两只春燕，一朵落红，飘飘零零，形简而意丰，那是人生的叹息。

（三）无迹可求说

严羽论诗提出的"羚羊挂角，无迹可求"的观点，本是禅语[1]，这是一个在中国艺术论中影响深远的观点，就是不露痕迹，禅宗所谓不粘不滞、无住无相是也。

为什么要淡去"迹"？在道禅哲学看来，凡所有相，皆是虚妄，一切世相，如苔痕梦影，当然无法形之于"迹"，一滞于"迹"，就表达不出这一特点。如南宋石溪心月《墨梅一题序》说："顷在四明同清凉范长老游大梅，或索和华光师墨梅十题，题曰悬崖放下，曰绝后再苏，曰平地春回，曰淡中有味，曰一枝横出，曰五叶联芳，曰高下随宜，曰正偏自在，曰幻花灭尽，曰实相常圆。首尾托物显理，借位明功，以形容禅家流工夫。从入道应世，至于得旨归根边事。无准于实相常圆，着语云：黄底自黄青底青，枝头一一见天真；如今酸咸都忘了，核子如何说向人？予愧短乏，哦晃非素习，不得已亦勉强思量。到思量不及处，果幻花灭尽耶？墨梅无下口处耶？"[2] 北宋僧人华光善画梅，其画梅法影响甚大，其"幻花灭尽"思想，要淡去一切痕迹，画一物，则忘一物，因为物不是物。元初明深禅师善画，有题瓶梅诗

---

〔1〕"羚羊挂角"出自禅宗。《景德传灯录》卷十七："（道膺禅师谓众曰：）如好鬣狗，只好寻得有踪迹底，忽遇羚羊挂角，莫道迹，气亦不识。"又卷十六："（义存禅师谓众曰：）我若东道西道，汝则寻言逐句，我若羚羊挂角，你向什么处扪摸？"

〔2〕《石溪心月禅师杂录》，《续藏经》第28套第1册。

云："折来斜插胆瓶中，数点半开春意融。疏影横斜窗漏月，暗香浮动户来风。既无根本那能实，徒有标姿总是空。莫待弃情时节至，只今便作朽枯容。"[1] 虽有美姿，总是空空，总是幻象。

传菩提达摩所作《无心论》说："夫至理无言，要假言而显理。大道无相为，接鹿而见形。"艺术也是如此，不能不托之于相。如在绘画中，下笔就有凹凸之形，一点水墨落入纸中，打破了一片虚无，从"无"的深渊突出出来。所以，凡有形之象，不可无"迹"，但高明的艺术表现是要尽量淡去"迹"的束缚，似有若无，似淡若浓，使其迹象虚幻。像倪云林那样，远山变成了一痕，长河变成了一抹，所谓一痕山影淡若无，一抹清流无踪迹；像八大山人那样，一只鸟儿虚化为似有若无的形状。

受这一思想影响，中国艺术产生了一些特别的形式感。这里略举二例。

因追求无迹的妙处，中国绘画从总体发展趋势上说，渐渐淡去了秾丽的色彩。由丹青而水墨，这主要是"解得色染皆虚空"后的结果，而不仅是材料变化所带来的。徐青藤《枯木石竹》说："道人写竹并枯丛，却与禅家气味同。大抵绝无花叶相，一团苍老莫烟中。"青青翠竹，郁郁丛林，都没有了踪影，淡化于一团苍老暮烟中。青藤这方面的咏叹很多。他题《芭蕉墨牡丹》诗云："知道行家学不来，烂涂蕉叶倒莓苔。冯伊遮盖无盐墨，免倩胭脂抹瘿腮。"[2] 又题《雪牡丹》诗云："银海笼春冷茜浓，松煤急貌不能红。太真月下胭脂颊，试问谁曾见影中？"[3] 再有《画红梅》诗云："即使胭脂点，犹成冷淡枝。杏花无此干，铁树少其姿。挂壁纷红雪，闹春在锦池。无由飘一的，娇杀寿阳眉。"《画百花卷与史甥题曰漱老谑墨》云："世间无事无三昧，老来戏谑涂花卉。藤长刺阔臂几枯，三合茅柴不成醉。葫芦依样不胜揩，能如造化绝安排。不求形似求生韵，根拨皆吾五指栽。胡为乎，区区枝剪而叶裁，君莫猜，墨色淋漓雨拨开。"《水墨牡丹》云："腻粉轻黄不用匀，淡烟笼

---

〔1〕《天目明本禅师杂录》，《卍新纂续藏经》第 70 册。

〔2〕《芭蕉墨牡丹》，《徐渭集》卷十一《徐文长三集》之十一。

〔3〕《徐渭集》卷十一《徐文长三集》之十一。

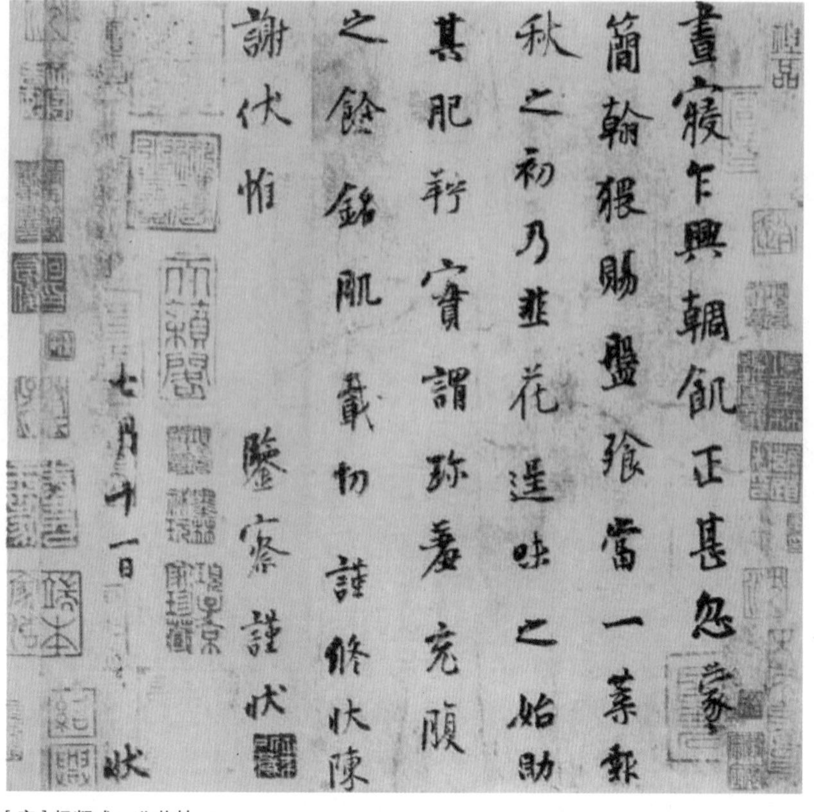

[唐] 杨凝式　韭花帖

墨弄青春。从来国色无妆点，空染胭脂媚俗人。”在这里，牡丹失去了胭脂之色，变而为又黑又丑；红梅的胭脂点，化而为冷淡枝；他没有兴趣去依样画葫芦、涂抹百花争艳的形貌，而重视大千世界内在的意趣。在墨色淋漓中，一切缛丽的色彩、动人的形貌都不存，因为一切色相都是乍见之影，一切色相的摹绘都只能取媚俗人。

正是在无迹思想的影响之下，书法中更多了一些禅风禅骨。如唐初智永之书，有浓厚的禅味，前人评其书，认为其妙在收束之处，不粘不滞，自有腾踔无迹之意。清何绍基评其《千字文》说：“笔笔从空中来，从空中住，虽屋漏痕，犹不足以喻之。”唐草书大家怀素亦得无迹之妙。如其中年以后所作《论书帖》，极受佛学思想影响，结体允稳，风流飘逸，真有仙人啸树之美。而元倪云林之书法，也有不落风尘之味，波澜不惊，不疾不徐，从容推行，似落非落，后世画人多仿其作。

三、幻相：关于幻与真实的问题

中国艺术突出幻的表达，最终是为了追求“真”。幻是虚妄的，虚妄即假，假即非真。佛学从因缘上说存在是一个幻相，幻而非真。而在中国艺术论中，则从人生命的真实意义上强调幻而非真的特点。生命是不可确定的，存在的只是刹那顿现，人生处于“流幻”之中，是一个注定要消失的过程。在这个意义上，重新审视人的生命价值蕲向。

留园一角

中国文学艺术强调幻，是为了醒悟不真的人生。这种思想由来已久，如陶潜就有诗云：“人生似幻化，终当归空无。”“流幻百年中，寒暑日相推。常恐大化尽，气力不及衰。”“吾生梦幻间，何事绁尘羁。”在他看来，生命就是一个“流幻”的过程，一切都要归于虚无，没有什么可以把捉，没有什么不可以放弃。所以任心浮荡，纵意大化之中，去追求生命的自由，自由才是陶理解的最终真实。人生如幻化的思想到了唐末五代以后，在道禅哲学的影响下，终成轩然大波。王安石有《南乡子》词云：“嗟见世间人，但有纤毫即是尘。不住旧时无相貌，沉沦，只为从来认识神。作么有疏亲，我自降魔转法轮。不是摄心除妄想，求真，幻化空身即法身。”荆公关于幻化人生的顿悟，是为了“求真”，求一个生命的最终安顿处。元陈草庵《山坡羊》

曲云："身无所干，心无所患，一生不到风波岸。禄休干，贵休攀，功名纵得皆虚幻，浮世落花空过眼。官，也梦间；私，也梦间。"元曹云西曾画《江山长卷》赠同庵，同庵有《山居十首》题其上，颇有思致，其中有云："天地存吾道，山林老更亲。闲时开碧眼，一望尽黄尘，喜得无生念，消磨有漏身。几多随幻影，都是去来人。""生理元无住，流发不可攀。谁将新日月，换却旧时影。独坐唯听鸟，开门但见山。幻缘消磨尽。不必更求闲。""但观清净理，一切总如浮。""一性原无著，何为不自由。只因生管带，故被世迁流。不识空花影，堪怜大海沤。但开清净眼，明见一毛头。"[1] 生命如幻，人生一沤。灯将要灭，火就要熄，忽起的浪花哪里能长久，夜来的露水怎么会长驻？借问飞鸿向何处，不知身世自悠悠。落花如雨，唤起韶华将逝的叹息；秋风萧瑟，引来生命不永的哀歌。我们可以批评这样的声音过于哀怨、过于虚无，但它却激起中国艺术家的深层生命关注，激起对人的生命价值意义的寻觅。这恰恰是中国艺术最感人的篇章之一。

中国艺术论中有关幻与真的关系，可以分为三个层次来理解。

（一）幻而非真

禅家曹洞宗的良价曾提出"渠是咱，咱不是渠"的观点，此就实相和幻影之间的关系立论。良价参老师云岩昙晟，问老师："和尚去世后，要是有人问起我：和尚的真容到底怎样，我该怎么回答呢？"云岩说："你就说：就是他。"他听不懂老师的话。一日过河涉水，看到水中自己的影子，豁然开悟，作了一首偈语："切忌从他觅，迢迢与我疏。我今独自往，处处得逢渠。渠今正是我，我今不是渠。应须恁么会，方得契如如。"他由此领会云岩师所说的话的真意。影子（渠）由我（咱）照出，而我不是影子。良价在"返自观照"中，发现了自己的"真性"。良价的学说对禅画乃至中国绘画都有影响，由此一观点中，直接滋生出"画为幻影"的观点，尤其在人物画中。如南宋曹洞宗宏智正觉在给一位僧人的写真赞语时说："似则不是，是则不似"，又说："像兮非真，真兮非像"[2]，由此，写真只是一个幻象而已。

〔1〕《珊瑚网》之《古今名画题跋》卷九。

〔2〕《宏智禅师广录》卷九，《大正藏》第48册。

古代人物画叫“写真”，为人物取影。然而，在很多画家看来，这样的“真”，其实是虚而不实、假而不真的。通过画人物，怎么能够得到“真”？只能得到“幻”。苏轼《赠写真何充秀才》说：“此身常拟同外物，浮云变化无踪迹。问君何若写吾真，君言好之聊自适。”世界在流荡，人生如幻境，何以能写出人之真，只能出一个幻象，只能聊以自娱罢了。这就像南宋无准师范题一个僧人的草虫画所说的：“似则似矣，是则未是；若是伶俐衲僧，不作这般虫豸。”[1] 清戴熙曾为他的朋友太常仙蝶画像，并赠诗云：“瞬息几千年，天空任去来。果然是仙客，何必守瑶台。冷暖不逾节，交游殊爱才。人间梦幻耳，此相岂真哉！”其中也谈到了世事如幻、写真不真的观点。

有一个故事常被画界提起。邢和璞为唐代方士，唐玄宗好方术，曾屡就邢和璞问事。房琯为唐代名臣，嗜佛，曾经与邢和璞过夏口，入一废寺，坐于古松下，和璞使人凿地，得一瓮，瓮中藏有娄师德和永禅师之书作。和璞笑着对房琯说：“你想起了这件事了吗？”房琯怅然悟到自己前世就是永禅师。事见唐人笔记《明皇杂录》。苏轼曾多次提到这个故事。苏轼有《破琴诗后》，诗前有纪云：“余作破琴诗，求得宋复古画邢和璞于柳仲远，仲远以此本托王晋卿临写，为短轴，名为邢房悟前身图，作诗题其上。”诗云：“此身何处不堪为，逆旅浮云不自知，偶见一张闲故纸，便疑身是永禅师。”[2] 他又有《王晋卿前生图偈》：“前梦后梦真是一，此幻彼幻非有二。正好长松水石间，更忆前身后身事。”[3] 苏轼通过这个故事，说明人生幻而非真的遭际。八大山人也曾提到过这个故事。

中国艺术家以自己的切身体验，诠释由幻及真的思想。倪云林《为方厓画山就题》诗中写道：“我初学挥染，见物皆画似。郊行及城游，物物归画笥。为问方厓师，孰假孰为真？墨池挹涓滴，寓我无边春。”孰假孰为真，他开始学画，模仿外物，觉得一切都是真的，后来他悟出，他所描绘的外在色相世界纵然再真切，其实也是假的，所以

---

〔1〕《题僧画草虫》，《无准师范禅师语录》卷五，《续藏经》第26套第5册。

〔2〕《苏东坡全集》续集卷二。

〔3〕《苏诗补注》卷四十八。

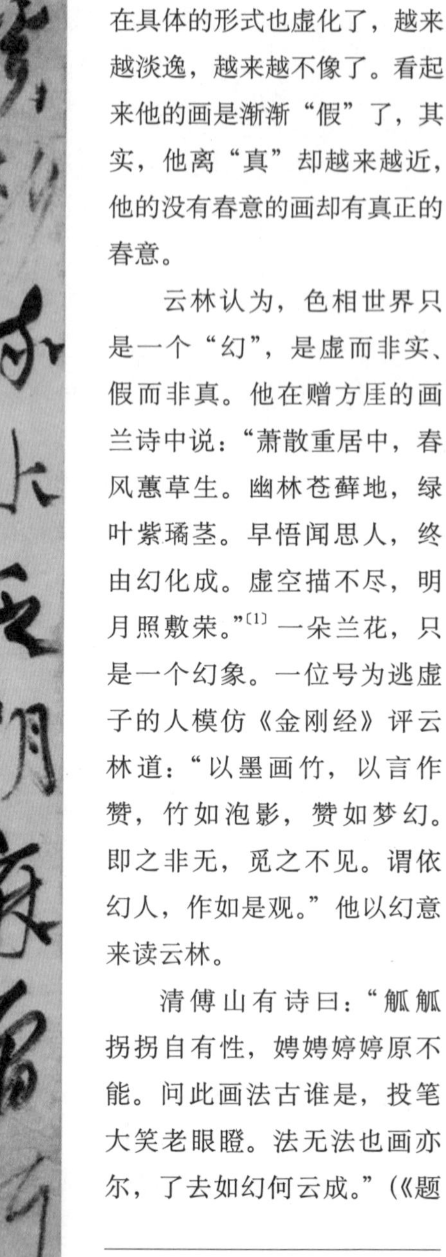

[元]杨维桢　草书七绝诗轴

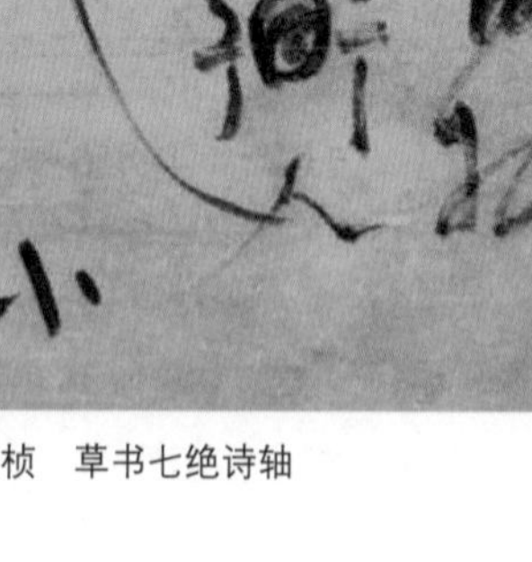

他后来的画，色彩没有了，外在具体的形式也虚化了，越来越淡逸，越来越不像了。看起来他的画是渐渐“假”了，其实，他离“真”却越来越近，他的没有春意的画却有真正的春意。

云林认为，色相世界只是一个“幻”，是虚而非实、假而非真。他在赠方厓的画兰诗中说：“萧散重居中，春风蕙草生。幽林苍藓地，绿叶紫璚茎。早悟闻思人，终由幻化成。虚空描不尽，明月照敷荣。”[1] 一朵兰花，只是一个幻象。一位号为逃虚子的人模仿《金刚经》评云林道：“以墨画竹，以言作赞，竹如泡影，赞如梦幻。即之非无，觅之不见。谓依幻人，作如是观。”他以幻意来读云林。

清傅山有诗曰：“觚觚拐拐自有性，娉娉婷婷原不能。问此画法古谁是，投笔大笑老眼瞪。法无法也画亦尔，了去如幻何云成。”(《题

[1] 倪云林：《清閟阁集》卷三。方厓为元代画僧，住荆溪重居寺。

自画山水》）他的画越来越“觚觚拐拐”，而不是“娉娉婷婷”。为什么他这样做？因为他“了去如幻何云成”，万法都是幻象，哪里是一个实相世界，他以丑陋、古怪的表达，消解外在的障碍，使“自有性”彰显，由假而即真。金农喜欢画梅，梅花有香，他总是说这是“空香”——是幻而不真的，汪巢林也善画梅，金农常与他交换这方面的看法。他有《画梅寄汪士慎》诗云：“寻梅勿惮行，老年天与健。山树出江楼，一林见山店。戏拈冻笔头，未画意先有。枝繁花瓣繁，空香欲拈手。”[1]他要赠给朋友一缕空香，以这幻而不实的形式，共期真实的生命呈现。

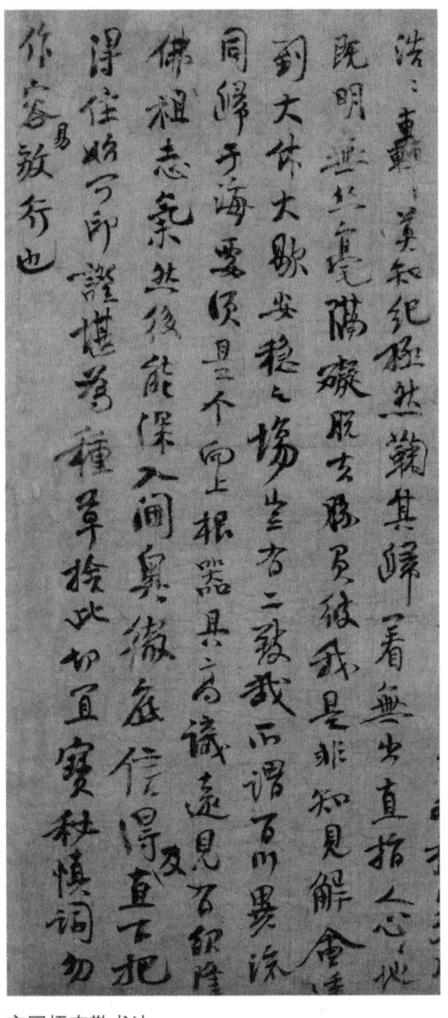

宋圜悟克勤书法
（藏日本东京博物馆）

（二）非幻非真

人生如幻，一切非真，但依大乘佛学，要不起分别，一起分别，即落色相之见。所谓忘机是佛道、分别是魔境。《心经》强调即色即空，而不是空中见色；《华严经》强调无相即有相，《维摩经》强调“一切烦恼为佛所种”，即烦恼即菩提；中观有二谛中道的说法，龙树云：“诸佛依二谛，为众生说法：一以世俗谛，二第一义谛。若人

[1]《冬心先生画梅题记》，《美术丛书》三集第一辑。

不能知，分别于二谛，则于深佛法，不知真实义。若不依俗谛，不得第一义，则不得涅槃。”[1] 凡此都强调无分别之见解，不起凡圣、净垢之念。同样，真幻之想，也是分别之想，也要去除。无幻无真，方是悟道法门。

佛教的真幻无分别见，也影响到中国艺术。戴熙说：“以不动求动，以无声求声，实以有形求无形，是真是幻，非真非幻，故作秋声图漫题。”[2] 一相不着，不分假真，因为意念中有幻与真的思想，就是分别的见解。

徐青藤对此有很深的体会。其《书倪元镇画》题诗云：“一幅淡烟光，云林笔有霜。峰头横片石，天际渺长苍。虽赝须金换，如真胜璧藏。偏舟归去景，入画亦茫茫。”这里的“虽赝须金换，如真胜璧藏”二句，并非说所见云林画是赝品，相对于外在世界来说，云林的画是“赝”——不真的，只是一个幻象。青藤诙谐地说，云林的笔头似乎有霜，经他笔头一过滤，这世界的一切似乎都染上了萧瑟的意味。但这萧瑟的世界，却“如真”，表现了“性”的真实。青藤曾说：“物情真伪聊同尔，世事荣枯如此云。”[3] 看是真，却是伪；虽是伪，却是真。世界本来运转就是如此，荣枯更替，无有终息。要在不为表相所迷惑，在世界流转的幻象中发现生命的真实。

（三）即幻即真

中国艺术论还有即幻即真的思路。唐玄觉《永嘉证道歌》说：“无明实性即佛性，幻化空身即法身。”幻身即是法身，幻相即为真相，即幻即真，不是舍幻而求真，而是在不起分别之念中，得其真意。这样的思想，正是中国很多艺术家的思路。

清戴熙有论画语道：

> 实境亦幻境，独游真闭关。江山风月外，何处不浮山。
> 佛家修净土，以妄想入门，画家亦修净土，以幻境入门。

---

〔1〕《中论 · 观四谛品》，《大正藏》第 30 册。

〔2〕《习苦斋画絮》卷二。

〔3〕《杂花图限韵》，《徐渭集》卷九《徐文长三集》之九。

夫幻妄乌可用焉？不知识解明通后，随处皆成真实，又何幻妄之非真实也。

随处即真，即幻即真。幻，既是对执著的否定，也是对超越于幻象世界生命意义的肯定，即对“真”的肯定。戴熙认为，“识解明通”（即妙悟）后，幻也是真实。

这个“识解明通”，其实正是禅宗所强调的。元笑隐大䜣在一则题画语中说：“吾友孙敏中得殷济川画达磨、宝公而下禅宗散圣者凡廿八人，并取其平日机用摹写之。然而南泉斩猫、雪峰辊球，盖其一时示人，如石火电光，不可凑泊；心思路绝，语默俱丧，况可以笔墨形容哉？画者，正郢人误书举烛，而燕相尚明。国虽治而非书意也。”[1] 画为不真之像，为影为幻，不可凑泊，然而如同南泉斩猫之事，都是一时示人，如果能不执著于像，则可即幻即真。

倪云林晚号如幻居士，又号幻霞居士。他的号似乎就透露出这方面的消息。色相世界对于他来说，只是一个“幻”。他的“幻霞”意思是：人们所见的外在的霞光，只是一个幻象，所以他的画表现的是作为幻象的霞光，虽然形式上没有霞光，但在幻象之中，却有霞光流溢，所以说是即幻即霞。明李日华说：“云林之画虽为寂寥小景，然有烟霞之色。”云林的“幻霞”，在无霞处有霞光四射，在不真处有真，无春色处即春色。云林有诗说：“清夜焚香生远心，空斋对雪独鸣琴。数日雪消寒已过，一壶花里听春禽。”“笠泽依稀雪意寒，澄怀轩里酒杯干。篝灯染笔三更后，远岫疏林亦堪看。”所说的正是这个意思。

明末戏剧家祈彪佳有寓园，曾作《寓山注》，其中说到寓园中的景点宛转环，其辞云：

昔季女有宛转环，丹崖白水，宛然在焉，握之而寝，则梦游其间。即有名山大川之胜，珍木、奇禽、琼楼、瑶室，心有所思，随年辄见，一名曰：华胥环。异哉！人安得斯环而握之哉！请以予园之北廊仿佛焉。归云一窦，短扉侧入，亦犹卢生

〔1〕《题殷济川画》，《蒲室集》卷十三。

> 才跳入枕中时也。自此步步在樱桃林，漱香含影，不觉亭台豁目，共诧黑甜乡，乃有庄严法海矣。入吾山者，夹云披薜，恒苦足不能供目，兹才举一步，趾已及远阁之巅，上壶公之缩地也。堤边桥畔，谓足尽东南岩岫之美，及此层层旷朗，面目转换，意义是蓬莱幻出，是又愚公之移山也。虽谓斯环日在吾握可也。夫梦诚幻矣。然何者是真，吾山之寓，寓于觉，亦寓于梦，能解梦觉皆寓，安知梦非觉，觉非梦也。环，可也，不必环，可也。

其中所言，颇有思致。其意正在真幻之间。假山是假的山，如同一梦，而人生就是一梦，安知此幻而非真！正是在这个意义上说，假山虽幻而不假，它显现出一种幻的真实。

中国园林中的假山之意正是如此，取“假山”之名，意为不真之山，它是“假”的“山”。假山不如真山真，然而在中国艺术家看来，真正的山水却不如这假山真，因为假山体现出山的精神，在这个意义上说，假山，不是假的山，而是真正的山。王世贞《弇山园记》中说的“世之目真山巧者，曰似假。目假者之浑成者，曰似真”正是这个意思。这正是即假即真的思路。[1]

前文讨论雪中芭蕉时，曾引金农之语：“蕉树喻己身之非不坏也”，金农又说，画芭蕉，“以喻沙门不坏之身，四时保其坚固也”。其实，禅家重芭蕉，中国艺术家以芭蕉为至爱之品，正表现出即幻即真的思路，要在“坏”——迅速的衰朽中，见不坏之理。

我们看明陈洪绶的画。陈很喜欢画芭蕉，他曾在绍兴徐渭青藤书屋中居住有年，那时的青藤书屋爬满了青藤，墙边井畔多植芭蕉，芭蕉给了青藤和老莲很大启发。徐青藤诗云：“玉簪醉写酒余春，移与芭蕉绝不真。愁绝今宵风雨恶，趁渠留叶与传神。”[2] 芭蕉是不真的，但为何他又要不断地画，不断地写，就是因为他要在不真（幻）中见真。

---

〔1〕本书第十三章对此有专门论述，请参。

〔2〕《中秋风雨小酌写玉簪复继芭蕉》，《徐渭集》卷三十七《徐文长逸稿》之八。

[明]陈洪绶
蕉林酌酒图（局部）

老莲的《蕉林酌酒图》是一幅神秘的作品，画中主人公手执酒杯，坐在山石做成的几案前，高高的宽大的芭蕉林和玲珑剔透的湖石就在他的身后，而那位煮酒的女子，正将菊花倒入鼎器中，她就坐在一片大芭蕉叶上，如同踏着一片云来。芭蕉暗示着生命的脆弱，而画中主人手持酒杯，望着远方，似乎要穿过脆弱，穿过短暂，穿过尘世的纷纷扰扰，穿过冬去春来、花开花落的时光隧道，任性灵飞翔。这幅画有一种沉着痛快的格调。陈洪绶的芭蕉，就有即幻即真的思路。

结　语

中国艺术论中虚而非实、无而非有、假而非真的幻学说，具有重要的理论价值，是中国艺术论最为精微的部分之一，反映了中国艺术家追求真实生命意义的努力，影响了中唐五代以来中国艺术的发展。这是典型的具有中国精神气质的理论，我们不能从消极的人生态度方面否定它的价值。

第二章
超越美丑分别

在美学研究中，丑是与美相对的概念，研究美，必然会注意到丑。在西方，丑的价值在近代美学中才受到人们的注意。丑不是西方传统美学的主要问题。而在中国，情况却有不同。在一定程度上可以说，中国美学是以质疑美为开端的，丑就是用来质疑美的重要武器。丑是中国美学研究中不可忽视的问题，甚至是它的核心问题之一，丑的内涵远比在西方美学中复杂。

在中国美学中，“丑”是个问题。之所以是个问题，是因为中国美学认为，我们无法确定一个东西是真正的美；我们在美的追求中恰恰容易与真正的美背道而驰。中国美学对丑的讨论主要集中在以下两个方面：一是以丑来质疑“美”。我们认为是“丑”的东西，不一定就是丑，因为我们所认定的那些“美”的东西并不可靠，美丑是一种知识的见解，这样的见解造成对人真性的遮蔽。二是以丑来规避“美”。传统美学出现的以丑为美说，与其说是追求丑，倒不如说是排斥美，不是对美本身的否定，而是对所谓“美的秩序”的规避。

本文认为，传统美学中有关“丑”的思想，是天趣和人工对立哲学下的产物，展现出中国美学崇尚自然、规避理性秩序的独特旨趣。

一、以丑来质疑美

在西方传统美学中，丑作为美的反面而存在，美的研究将丑排除在外。丑是一种负面力量，表现为不正常、不健康的形式，与美给人带来愉悦的快感相反，它给人带来紧张、厌恶的感觉。

而在中国，情况却不同。美的学说不是将丑排除在视野之外，而是有意引入丑的概念，讨论美的问题。在美的研究中，丑具有和美同等重要的意义，丑不是美的负面概念，而是与美相对存在从而决定美是否真实的概念。

中国美学重视丑，在一定程度上是为了质疑美。正像宋刘克庄评唐李德裕平泉别业中的石头时所说的："怪怪奇奇石，谁能辨丑妍？"刘克庄的问题是，那些常常被人目之为丑的东西（包括丑石），难道是真正的丑吗？我们怎样确定一个东西是美的？

刘克庄的问题在先秦时就存在。作为理论形态的中国美学，就是以质疑"什么是美"为发端的。老子是中国美学史上第一个深入讨论美的概念的思想家，美的问题是他证伪知识理论的组成部分。当然，老子不是专门讨论美的问题，而是在对知识的思考中，涉及美的问题。老子的问题是：我们说一个东西是美的，这个判断能成立吗？

为了回答这个问题，老子引入恶（丑）这个概念。他说："天下皆知美之为美，斯恶已；皆知善之为善，斯不善已。故有无相生，难易相成，长短相形，高下相倾，音声相和，前后相随。是以圣人处无为之事，行不言之教。万物作焉而不辞。"（《老子》二章）天下人都知道美的东西是美的时候，这就有丑了；都知道善的事情是善的时候，就有了不善，等等。老子认为：美和丑、善和恶都是相对而言的，人们说这个东西是美的，就有个丑的概念相比衬，没有美，也就没有丑。有和无、难和易、长和短、高和低、前和后等也是如此。

老子这里决不是肯定美丑是相对的。上世纪中期以来，由于受时代和意识形态影响，学术界有这样的风气：罔顾中国哲学的自身特性，只将中国哲学当做证明西方哲学的资料。这一风气也影响到对老子哲学的理解。不少研究总是在强调老子哲学的辩证法性质，甚至将老子的有无相生观念和黑格尔辩证哲学联系起来。其实老子这里并非强调事物相反相成的特点，而是从有无相生、难易相成等相对的角度，否定知识的判断。在老子看来，相反相成，是知识构成的特性，但并非世界本身所具有。人为世界分出高下美丑，是在下判断，以人的理性确定世界的意义，这样的知识并不符合世界的特性。即如美丑而言，当天下人知道追求美的时候，就有了美丑的区分，就有了分别的见解。以知识为主导所得出的美丑的概念，是不真实的，也是没有意义的。老子并非反对人们追求美，但他认为这种追求美的方式，并不能得到真正的美。

[明]陈洪绶　观音罗汉图

以知识为主导的美的判断，是对世界的曲解。老子强调“大制不割”，一切分别活动都是人对世界的误诠，故而美的判断也是一个不真判断。换句话说，我们说一个东西是美的，这样的判断根本就不能成立。老子说：“唯之与阿，相去几何？美之与恶，相去若何……众人皆有以，而我独顽且鄙。我独异于人，而贵食母。”[1]（《老子》二十章）唯是同意，呵是否定。唯阿，即是非。在人的知识范围里，是与非、美

〔1〕美之与恶，通行王弼注本作“善之与恶”，如浙江书局刻华亭张氏刻本。然此章王弼注云：“唯阿美恶，相去何若”，是知王弼原本作“美之与恶”。帛书甲乙本“善”均作“美”。

与丑之间有根本的不同，但老子说它们本来并没有差异。老子不是分不清是非美丑，而是强调，是非美丑这样的知识判断是没有意义的，都是“有为”，都是对“自然”的违背。

老子注意到美丑判断与其他知识活动的差异性，美的活动与人的情感有关。王弼《老子》二章注中说得很好：“美恶犹喜怒也，善不善犹是非也。喜怒同根，是非同门，故不可得而偏举也。”美丑引起的是喜怒等情感活动。老子说：“五色令人目盲，五音令人耳聋，五味令人口爽，驰骋畋猎，令人心发狂，难得之货令人行妨。是以圣人为腹不为目，故去彼取此。”（《老子》十二章）五色、五味、五音等可以使人获得短暂的美的体验，但不能给人带来真正的审美愉悦，还会引发人的情感欲望，破坏人的心灵平衡。所以从根源上说，能给人带来短暂愉悦的东西，并不是真正的美。

上面引老子语中所说的“贵食母”，意思是遵从自然之道。“万物作焉而不辞”——万物自在生长，没有言说（不辞），没有大小、尊卑分别。遵循自然之道，就将人从知识、理性的桎梏中拯救出来。他的“为腹不为目”也是这个意思，不以“目”（感官）去把握世界，不将世界当做情感、知识的对象，而是以“腹”合自然之道（庄子“圣人怀之”、“兼怀万物”的“怀”，就是“为腹”的意思），放弃情感的取与和知识的判断，返归自然之道。

老子“反者道之动”的哲学，利用汉语一词多义的特点，来表达他的超越知识的思想。“反”有两层意思，一是相反相成，即构成知识的特点。老子通过这种非真实的知识的“反”，强调他的第二层意思，即“返”[1]——返归于往复回环的自然之道。老子说：“玄德深矣远矣，与物反矣，然后乃至大顺。”这里的“反”，不是相反，而是“返”，是往复回环、流动不已的生命。老子哲学的最高概念“道”的基本特性就是“反”，所谓“独立而不改，周行而不殆”。老子“反者道之动”的哲学强调，人们不能为相反而成的事物表象所遮蔽，而要破除知识的妄见，契入往复回环的生命之道中，这才是发现世界意义的根本途径。

〔1〕在汉语中，“反”有两重意思，一是相反，一是复返。反是返的本字。

由此，老子得出他关于美的结论，一般的美丑是虚假判断，自然是至高的美、绝对的美。真正对美的欣赏要超越人的知识判断和情感活动，而返归于无言的自然之中，所谓“塞其兑，闭其门，挫其锐，解其纷，和其光，同其尘”。他说：“大白若黑”、“明道若昧”——一个东西看起来很光亮，很美，其实并不是真正的美，真正的美是对美丑的超越。他的“大白若黑”云云，不是在“白”与“黑”之间选择“黑”，而是对“黑”“白”分别的超越。老子特别强调，不要为表面的美的现象所打动，“虽有荣观，燕处超然”、“道之出口，淡乎其无味”等等，强调淡泊中有至美在焉。《庄子》说：“淡然无极而众美归之。”老庄的意思不是选择平淡无奇的东西，或者以为平淡的东西才是美的，而是强调对美丑的超越。

《庄子·知北游》说：“天地有大美而不言，四时有明法而不议，万物有成理而不说。圣人者，原天地之美而达万物之理，是故至人无为，大圣不作，观于天地之谓也。”庄子的“天地有大美而不言”[1]，可以说是对老子关于美的观念的概括，也是庄子讨论美的问题的一个纲领。在先秦哲学中，还没有哪位哲学家像庄子这样，如此深入地涉入美的问题。“天地有大美而不言”有三个要点：一、不言，也就是老子所说的“不辞”，是不涉人的知识的自然全美。不言之美作为一种“大美”，是根本的美，是美的本体，一切森然毕具的美的形态都是其行相。二、天地以“不言”为美的根本特点，美的创造就是归复自然之道。“不言”是与人为相对的，人为的美是局限的、片面的，它产生于“言”，由知识所控制，它是相对的美，无言之美是绝对的美。三、天地之美并非与人活动的世界无涉，我们千万不要将此理解成：中国美学强调自然是最美的，人创造的东西不如自然。因为在中国哲学中，天地不是纯然外在的物质世界，不是西方美学中所说的感性实在，它是人的生命所透升上去的宇宙。老庄哲学强调自然是最高的美，也绝不是说人为的美不如外在自然物美。

[1]《庄子》内七篇为庄周所作，外篇、杂篇为庄周的后学所作，为论述方便，本书不加区分，以庄子为《庄子》一书的作者。

庄子认为，美是不可分析的，这是一个重要的思想。《天下》篇说：“天下大乱，贤圣不明，道德不一，天下多得一察焉以自好。譬如耳目鼻口，皆有所明，不能相通。犹百家众技也，皆有所长，时有所用。虽然，不该不遍，一曲之士也。判天地之美，析万物之理，察古人之全，寡能备于天地之美，称神明之容。”“判天地之美，析万物之理”是对自然之美之理的破坏。就美而言，真正的美是不可“判”、不可“析”的，“判”和“析”是知识的分别活动，一切分别活动都是对美的违背。

庄子认为，美是一种“大全”。大全，不是大而全，数量上的巨大和知识上的包括，都不是他要表达的意思。大，指的是一种绝于对待的美。全，一般与缺相对。但庄子的全不是与残缺相对的周备，而是指圆满俱足。庄子所说的“备天地之美”，即强调圆满俱足的美。大全之美（他所说的混沌、鸿蒙等等都是大美），是不加诸知识分析的美。

据此，庄子提出追求美的方法，就是“原天地之美”，追求自然本原的美。这个美就是他所说的“性”。他的美的追求方式实际上就是“还原”。《天地》中说：“百年之木，破为牺尊，青黄而文之，其断在沟中。比牺尊于沟中之断，则美恶有间矣，其于失性一也。”百年之木砍断不用抛弃到沟渠，做成的酒器用青黄色彩来描绘，都丧失了自然之性，即使有再好的文饰，也不美。《知北游》中借一位得道高人被衣的口说：“若正汝形，一汝视，天和将至；摄汝知，一汝度，神将来舍。德将为汝美，道将为汝居，汝瞳焉如新生之犊而无求其故！”德者，性也。“德将为汝美”，因顺自然之性，就是最高的美。

庄子认为，一般所说的美与丑的问题，是知识分别下的产物，它是不真的，同时也是无意义的。庄子从以下几个角度深入讨论这一问题：

一是从人的情感不确定性上看美丑区别的无意义。《山木》中说：“阳子之宋，宿于逆旅。逆旅人有妾二人，其一人美，其一人恶，恶者贵而美者贱。阳子问其故，逆旅小子对曰：‘其美者自美，吾不知其美也；其恶者自恶，吾不知其恶也。’”美丑的判分受制于主观的情感、知识，所以说“美者自美”，这样的美，“吾不知其美”，这样的丑，

“吾不知其丑”。故而美丑的分别是无意义的。

传［唐］贯休作罗汉图之一

二是从生命的过程来看美丑分别的无定性。《知北游》说：“生也死之徒，死也生之始，孰知其纪！人之生，气之聚也；聚则为生，散则为死。若死生为徒，吾又何患！故万物一也，是其所美者为神奇，其所恶者为臭腐；臭腐复化为神奇，神奇复化为臭腐。故曰：通天下一气耳。圣人故贵一。”这一段话常被解释为庄子是认为美丑可以互相转换的，其实是误解。庄子指出，生命由气而生，因气而长，通天下一气，不是从气化中的某一阶段说物质存在，而是强调万物从本质上说是没有区别的，所谓“万物一也”，重在表达生命不生不死的永恒特性。具体到美的问题，由美（神奇）化为丑（臭腐），又由丑化为美，美丑相替相生，美丑处于无定的状态，此时之谓美，彼时则谓丑，美丑是不确定的。他所说的“厉与西施，恢诡谲怪，道通为一”，就是这个意思。

三是从量上来谈超越美丑判断的非真实性。量，不是简单的数量，在庄子的哲学系统中，量是知识的代词。《秋水》由一个美的问题写起。秋水一至，百川灌河，河伯欣然自喜，“以为天下之美为尽在己”，于是，高兴地咆哮着向前流去，它看到了大海。文章于是详述了河伯和北海若的对话。北海若说："今尔出于崖涘，观于大海，乃知尔丑。"河伯原来以为自己最美，那是"以人为量"的看法，在浩瀚的大海面前，显示出自己的丑——渺小来。这并不意味浩瀚的大海是最美的，北海若说自己在天地之间，犹如小木石之于大山，它也是丑的。庄子由此得出，一切奠定于"量"上的美丑分别都是无意义的。

庄子由此得出他的"不藏是非美恶"的重要观点[1]。一切对美的追求都是无意义的，因为我们说一个美的问题，都是在与丑相对的意义上得出的，都是知识的分别。返归于自然而然、无为天成，超越具体的美丑分别，闻天籁之声，才是根本的途径。

老庄引入丑的问题，开启了中国美学在学理意义上思考美的问题的先河，也是早期世界美学史上最有价值的思想之一。即使与西方古希腊时期美学思考相比，也毫不逊色。那种认为美学是西方的学问、中国是有美无学的思想是站不住脚的。

老庄对美丑问题的讨论，揭开了中国美学的篇章。它所达到的深度，在很长时间里并没有实质性的发展，直至禅宗的出现，才真正延续其话题，深化美丑问题的讨论。禅宗与老庄美丑观的旨趣相近，但切入角度又不同。禅宗主要在"美丑为幻见"的基础之上，强调无美无丑的观念。

禅宗的无美无丑说是受到道家哲学的影响，但其直接来源是大乘佛学。印度大乘佛学所说的般若见，是一种无分别的见解，在无分别中也无美丑之别。大乘空宗认为，一切美丑之见解，都是虚幻不真的。《大般若经》卷四百有言："虽恼趣森横，寂岸层回，莫不同幻蕊之开落，不灭不生，比梦象之妍媸，无染无净，飙谷投响，则誉毁共销，月池浸色，则物我俱谢。"何以为美（妍），何以为丑（媸），喜欢美的（趣），厌恶丑的（恼），等等，都是梦中之象，镜中之影，水中之月，幻而不真，都是"幻蕊"——像虚幻的花儿开开落落，没有真相。佛教强调，悟道者舍去一切沾系，誉毁共销，无染无净，美丑不辨，方

〔1〕《庄子·天地》中记载，谆芒将东之大壑，遇苑风而问之："愿闻德人？"苑风答云："德人者，居无思，行无虑，不藏是非美恶。"

能得其真。佛教中常用镜中之影来形容人们的美丑观念，所谓“形无定形，犹光影之任修短。相无定相，似明镜之对妍媸”[1]。

上引《大般若经》所说的“无染无净”，是佛学中一个重要观点。《心经》说：“是诸法空相，不生不灭，不垢不净，不增不减。”“无染无净”，或者说“不垢不净”，就是无美无丑，因为万法皆空，美丑何以着落？《维摩诘经》对此有细致的分解，如经中说：“非凡夫行，非贤圣行，是菩萨行。非垢行，非净行，是菩萨行。”此经强调，凡圣同等，垢净如一，此为佛之最高智慧。此经《不二法门》一章，讨论何谓不二法门时，德顶菩萨说：“垢、净为二，见垢实性，则无净相，顺于灭相，是为入不二法门。”他的思路是分出垢、净，通过修炼而趋净去垢，在灭相中实现不二法门。但此一理解，与维摩诘不二之旨不合，维摩诘只是默然无言，不去分别，一分别即有所系。

大乘佛学中的“无垢无净”、妍媸虚幻的思想对唐代以来中国佛学诸宗派都有影响，其中禅宗于此着意较多。禅宗强调，美丑之所以是一种妄见，因为它是一种知识的见解，所谓“因智而分别妍媸”[2]，执著这样的美丑观念，则是系缚，使人真性丧失。以明心见性为宗旨的禅宗极力将美丑观念排除在真知真见之外。禅宗四祖道信说：“境缘无好丑，好丑起于心。心若不强名，妄情从何起？妄情既不起，真心任遍知。”[3] 五代云门宗的香林澄远说：“不变不异，无高无下，无好无丑，不生不灭。”禅宗认为，世界并无美丑，美丑是人们的心念，是一种“名”，这种“名”受到人的知识、情感束缚，是一种妄见妄情。百丈怀海说：“是非好丑，是理非理，诸知见情尽，不能系缚，处处自在，名为初发心菩萨，便登佛地。”

禅宗认为，美丑观念对人的真心造成遮蔽。唐兴善寺惟寛是一位著名禅僧，白居易曾就他问道，白居易问：“既无分利，何以修心？”这位禅师说：“心本无损伤，云何要修理？无论垢与净，一切勿起念。”白居易进而问：“垢即不可念，净无念可乎？”师曰：“如人眼睛上，

---

〔1〕永明延寿《宗镜录》卷十六。

〔2〕《宗镜录》卷五十七。

〔3〕《五灯会元》卷二。

一物不可住，金屑虽珍宝，在眼亦为病。”[1] 白居易所问的这一问题，是很多向佛之人的想法，以为修心就是去除垢念，追求净念。惟寅认为，修心哪里是追求美的净的东西，金屑再珍贵，但放到眼睛里，还是会遮蔽；修心就是放下心念，不是舍垢趋净、去丑求美。

禅宗认为，妍媸各别是俗谛，无美无丑是真见。故而禅门将悟禅称为“弄丑习拙”。药山惟俨的弟子明哲禅师有法偈说：“今朝甚好雪，纷纷如秋月。文殊不出头，普贤呈丑拙。”北宋无衣义怀禅师是雪窦的法嗣，他上堂说法道：“雁过长空，影沉寒水。雁无遗踪之意，水无留影之心。若能如是，方解向异类中行。不用续凫截鹤，夷岳盈壑。放行也百丑千拙，收来也挛挛拳拳。”[2] 他们不是追求丑，而是超越美丑之妄见。

因为没有美丑分别心念，也就不必避丑就美。一切烦恼，为佛所种，西方就在目前，当下即可妙悟，无美丑中有大美，所谓“珍宝馨香，沙亦不贪，粪尿臭秽，沙亦不恶”[3]，即魔即佛，即丑即美。南宋时慈受和尚有一首自题写真赞道：“自顾个形骸，举止凡而陋。只因放得下，独事皆成就。醍醐与毒药，万味同一口。美恶尽销融，是故名慈受。”[4] 所说正是这一意思。万味合为一味，禅家号称一味禅，就是泯灭一切差别的智慧。

老庄关于美丑问题的卓见，被禅宗激活，并在艺术和审美领域发酵，从而促进了晚唐五代以来中国美学观念的一次大的转变。道禅有关美丑问题的思路，给中国美学和艺术的发展注入了活力。就像宗白华先生说到庄子时所说的：“他好象整天是在山野里散步，观看着鹏鸟、小虫、蝴蝶、游鱼，又在人间世里凝视一些奇形怪状的人：驼背、跛脚、四肢不全、心灵不正常的人，就像文艺复兴时大天才达·芬奇在米兰街头时速写下来的一些‘戏画’，现在却成为画院的奇葩，庄子文章里所写的那些奇特人物大概就是后来唐、宋画家画罗汉时心目中的

〔1〕白居易《西京兴善寺传法堂碑铭》，《全唐文》卷六百七十八。
〔2〕《五灯会元》卷十六。
〔3〕黄檗希运《宛陵录》。
〔4〕《中吴纪闻》卷六。

范本。”实际情况正是如此。庄子，也包括老子以及禅宗大师的思考，直接化为中国美学和艺术发展的新的动力。

传［唐］贯休作罗汉图之二

自晚唐五代以来，审美风气出现了明显的变化，甚至形成了一个追求“丑”的风尚：六朝的“绮丽”之风受到质疑；追求简淡成为风尚；水墨取代色彩，一跃而成为中国画的主要表现方法；丑陋的形式受到人们的重视（如阎立本、贯休绘画丑陋的造型，李德裕、苏轼、米芾等对丑石的喜爱），等等。此一风尚昭示出中国美学的一个大变局。

自晚唐五代以来，中国艺术和审美观念中出现了有意模糊美丑界限的观点，根源上是对美丑作为一种知识见解的否定。苏轼有诗云：“如今老且懒，细事百不欲。美恶两俱忘，谁能强追逐。”[1] 欧阳修得到一方砚台，有诗赞道：“砖瓦贱微物，得厕笔墨间；于物用有宜，不计丑与妍。”[2] 虽然这方砚台颜色黝黑，触之冰冷，但又何妨。袁宏道有诗云：“一笑廓天笼，邈矣何空旷。千山如藻萍，点点白波上。世界无安置，虚空有等量，茫茫虮虱人，妍丑分何状。”[3] 徐渭赞丑观音说：“至相无相，既有相矣，

〔1〕《寄周安孺茶》，《苏轼集》卷二十七。
〔2〕《欧阳文忠公文集》卷五十二，《古瓦砚》。
〔3〕《浩歌登天目峰顶》，《袁宏道集》卷九，《解脱集》卷二。

美丑冯延寿状，真体何得而状？”[1] 他又题一幅芭蕉牡丹合图诗云：“知道行家学不来，烂涂蕉叶倒莓苔。冯伊遮盖无盐墨，免倩胭脂抹瘿腮。”西施就是无盐，忘却美丑的分别，从而释放艺术的创造力。

如此重视丑的风尚，与文人意识的崛起有关。陈师曾在《文人画之价值》一文中，谈到以丑为美的风气时说：“夫文人画，又岂仅以丑怪荒率为事邪？旷观古今文人之画，其格局何等谨严，意匠何等精密，下笔何等矜慎，立论何等幽微，学养何等深醇，岂粗心浮气轻妄之辈所能望其肩背哉！但文人画首重精神，不贵形式，故形式有所欠缺而精神优美者，仍不失为文人画。文人画中固亦有丑怪荒率者，所谓宁朴毋华，宁拙毋巧；宁丑怪，毋妖好；宁荒率，毋工整。纯任天真，不假修饰，正足以发挥个性，振起独立之精神，力矫软美取姿、涂脂抹粉之态，以保其可远观、不可近玩之品格。”他感叹道：“呜呼！喜工整而恶荒率，喜华丽而恶质朴，喜软美而恶瘦硬，喜细致而恶简浑，喜浓缛而恶雅澹，此常人之情也。艺术之胜境，岂仅以表相而定之哉？若夫以纤弱为娟秀，以粗犷为苍浑，以板滞为沉厚，以浅薄为淡远，又比比皆是也。舍气韵骨法之不求，而斤斤于此者，盖不达乎文人画之旨耳。”[2] 文人画中“丑”的表达其实是对忸怩作态、没有灵魂的所谓“美”的艺术的逃避。崇尚“丑”是对人的生命真实的追求。

二、以丑来规避美

中国美学中有两句话很有意思，一句是：“好到极处，俗到极处”[3]；另一句是为人们所熟知的刘熙载的“丑到极处，即是美到极处”。两句话合到一起，意思就是：极力追求美（好），反而得到的是丑（俗）；极力追求丑，反而得到了真正的美。这样的观点将人们习以为常的见解颠倒了。当然，这绝不意味中国美学认为丑比美好、以追

[1]《大慈赞五首》其三，《徐渭集》卷四十六《徐文长逸稿》之十七。

[2] 北京大学《绘学杂志》1921 年第 2 期。

[3] 明庄昶评明赵弼之书法语，引自马宗霍《书林藻鉴》，商务印书馆，1935 年。

求丑代替追求美，它的要义在于规避“美”所带来的种种弊端。

“美”的东西为何要规避？人类的历史就是追求美的过程。按照中国文化的理解，文明就是一种“饰”，礼仪是对人们行为方式的装饰，所谓“文之以礼仪”；文辞美是对语言的装饰，所谓“言之无文，行之不远”；音乐是对声音的装饰，所谓“声成文谓之音”；“文章”又作“彣彰”，所从之“彡”就有装饰的意思（《说文》：“彡，毛饰画而有文章”），等等，“文”的汉字原形就是一个表示装饰的符号。中国思想认为，人们在追求美的过程中，会形成一种习惯、一种定见、一种坚信不疑的标准，人们的审美活动，在一定程度上，是实践某种习惯和定见。但这些美的定见和习惯，常常会背离人的真实生命追求，产生与人的内在生命尖锐的矛盾。如：质朴渐渐趋于繁缛，本色渐渐趋于矫揉，真实渐渐让位于规则化的程式，坦诚渐渐为圆滑所取代……就如同造一个美丽的大楼，推开门进去，里面却是空荡荡的，甚至没有任何有意思的东西。美的原则就是一种秩序，秩序为美的欣赏和创造提供了可以依托的标准，但同时又对人的创造力造成抑制，人的独立性常常会淹没在依附的心理中。

从中国的思想形态上看，美，常常被当做一种平衡的力量。儒家哲学将美的追求提升到载道的高度，以乐治国的传统，其实就是借助于美的力量。所谓礼由外作、乐由内作，将修身齐家等人伦原则包裹进美的形式中，从而达到维护社会平衡的目的。美，在这里更多地意味着一种平衡。儒家美学所推崇的中和之美，强调适度的情感传达（发乎情止乎礼仪），强调温柔敦厚的美的组织形式，通过美的欣赏强化天地人伦尊卑的秩序，最终这种美的努力，成为装点其政治教化的工具。这种美的力量，的确在中国社会的长期稳定和发展中发挥了巨大的作用，也是我们传统文明的一个重要特点。但它带来的负面效用也非常明显。温文尔雅很容易滑入矫揉造作，含蓄内敛也容易导致缺乏生气，过于强调允执厥中会吞没活力，注重外在形式性因素也容易滑入虚假之中，裹挟着很多德性因素的美会造成对人真性的破坏。

中国美学中的“以丑为美”思想主要是在佛道两家哲学影响下产生的。在一定程度上，可以说是对儒家美学的一种矫正，也是一种补

[明]陈洪绶　索句图（局部）

充。在中国，儒家哲学在政治文化中处于控制地位，美学上也是如此。正因此，佛道影响下的美学观念的补充是至关重要的。

因为在中国美学看来，我们所说的美，并不表明就是美的，而所谓丑，也并不表明它是真正的丑。一般来说，美，意味着是正常的、正面的、健康的、积极的、成功的力量，是合乎一定规范、合乎秩序的创造，优美的形式是细腻、柔和、轻巧、温软的，是一种肯定性的力量，这种力量能给人带来愉悦的情感体验。而丑则是它的反面，它是消极的、失败的、病态的，甚至是邪恶的，丑的形式是不规则的、不正常的，是僵硬、冷漠、笨拙、粗糙的，它代表着一种负面力量，这种力量给人带来的是不愉快甚至是厌恶的体验。但是，事实情况又并非完全如此。我们所说的正常的美的形式，未必就一定能给人带来愉快的体验，而那些笨拙的、粗糙的东西未必就一定会令人反感。无节制的装饰，忸怩作态的形式，柔媚而近于俚俗的风格，与其说是美，倒不如说是真正的丑。而平淡的、稚拙的、散漫的、寂寞的形式，又在一定程度上脱离了人们所说的丑，而成为心灵的安顿。

中国美学通过强调“丑”来规避“美”的秩序的思想，包含着丰富的内容：

第一，超越形式上的美丑观念。

中国美学中的以丑为美观念，强调超越形式上的美丑，而导入精神境界的追求中，它是中国美学以形写神、气韵生动和境界理论的组成部分。

庄子在《德充符》等篇章中的一些描述，使人误解庄子有一种喜爱丑的怪癖。如他所举的一些得道之人，哀骀它、支离疏、王骀（兀者）、申徒嘉（兀者，断足）、叔山无趾（兀者）、支离无　（曲足、伛背、无唇）等等，都是一些长相丑陋、形体不全的人。如兀者王骀虽相貌丑陋，但拜他为师的人和孔子差不多。腿有残疾的申徒嘉，与名高才盛的子产为同学，子产初不屑与他为伍，听了他的一段话，便觉得羞愧难言。哀骀它丑得出名，但是男人与他相处一段时间，相处愉快，不愿意离开他；女子和他相处，都想成为他的妻子，做不成妻子，做妾也可以，愿意做他妾的人都排成了队。庄子的意思绝不是欣赏丑的人体，而是强调：这些人虽然身体不健全，但精神上则是纯全的。庄子通过形与神的反差，否定人们对形式的坚执，突出人精神的充满圆融，强调形式之外的“德”、“神”才是决定生命价值的根本方面，如果没有“德”、“神”的统领，形式上的所谓美是不具有意义的。庄子这些观点成了后代形神美学的思想基础。

顾恺之论画重视点睛之妙，所注重的不是人物的眼睛，而是人物的风神。他说：“四体妍蚩，本无关乎妙处。传神写照，正在阿堵中。”人物画真正的美（妙处），不在外在形式（体）的美丑（妍蚩，即美丑。蚩，同媸）中，关键在于“传神”。如《淮南子》所说的：“画西施之面，美而不可说，规孟贲之目，大而不可畏，君形者亡焉。”这个“君形者”，就是形式背后的“神”。也如《庄子》所说的：“非爱其形者，爱使其形者也。”这个“使”其形者，就是神。

六朝之前的艺术思想中，对丑的重视，主要落实在重神轻形上，并没有发现所谓“丑的价值”。在晚唐五代以后情况就完全不同了。两宋以来的艺术界，“丑的价值”受到高度重视。

这里想以金农为例来说明这个问题。金农是清代继八大山人和石涛之后的又一位艺术大师，是扬州八怪中艺术成就最高的艺术家。他对庄子哲学心会甚深，晚年笃信佛教，其艺术有很浓的庄禅味。金农的书法似乎是用刷子刷出的，人称“漆书”，有金石篆籀气。他的画也不同凡响，他喜欢画梅花、兰花、竹子、怪石等，每一种画都有他自己的风格，使人粗眼一过，就知道是他的作品。

金农有一首自题画诗说：“满纸枯毫冷隽诗，白云漠漠日迟迟。飞泉洗净筝琶耳，静气唯应山鬼知。”其实他的艺术就是如此，格调冷逸，气氛阴沉，给人的感觉就是一个“丑”字。金农是以丑来超越形式上的美丑分别。罗聘和项均都是金农的弟子，从其学画梅，罗氏有《画梅歌》：“笑我墨汁倾一斗，长枝大干蛟龙走。人瘦花疏合成君，相向春风我较丑。”“丑”是他们从老师那里学来的真精神。

我在金农艺术的研究中，发现他是有意通过强调丑来突破美丑观念。比如他爱画梅，题画常常将“梅”写成“煤”，我开始以为他是笔误，后来联系他的艺术观念，方知他是故意为之，以“煤”替代“梅”涉及他的艺术观念。这和水墨画有关。八大山人就曾将墨梅称为“煤”。八大题墨梅花说：“不是霜寒春梦断，几乎难辨墨中煤？”以煤一样的水墨，写雪白之梅花，示奕奕之清光。而在此之前，徐渭也称梅为“煤”，他有《雪牡丹》诗云：“银海笼春冷茜浓，松煤急貌不能红。太真月下胭脂颊，试问谁曾见影中？”金农和八大山人、文长等以“煤”代“梅”，就是强调所画出的梅花像煤一样，以丑为特点。金农的梅花，没有美的外形，没有绚烂的形态。他喜欢画山野泽畔的野梅，称之为“败梅”。南京博物院藏有其《江路野梅图》，他有题跋云：“野梅迎月直，断岸见烟生。”他要在疏落的氛围中，见别样的风致。他说：“野梅如棘满江津，别有风光不爱春。”他不喜欢画经过人工修整的园中之梅。

正像他的漆书一样，金农的画也可以说“丑到极处”。他对“丑”有明显的偏爱。他有题墨梅诗道：“雪比精神略瘦些，二三冷朵尚矜夸，近来老丑无人赏，耻向春风开好花。”“老丑”说的是自己年纪的老迈，也暗含他的艺术风格。他的梅花就是又老又丑。他说他的花是“耻向春风开”，他的立意“不在春”，没有妖娆的风味，只有嶙峋之老枝！

金农的竹，造型奇怪，用笔迟滞，他将漆书之法用到竹画中。他说：“金错刀，李家重瞳儿画竹法，予戏笔为之，物外服古之士，定知予有自来也。”[1] 五代李后主善画竹，用笔刚硬，有金错刀之称，金农颇为神迷此法。他说：“画竹一幅，以当休憩，纯用焦墨长竿大叶，叶叶皆乱，有客过而诧曰：此嬴秦战场中折刀头也，得毋鬼国铁为硬笔耶？吾为先生聚鬼国铁于九州铸万古愁何如？”[2] 他的竹没有青青的风姿，也不为竹设一个优美的背景，就这样一味粗硬冷黑。

所有这一切，包括他的书法，都说明金农是在有意超越对美丑的拣择。人好葱翠，他偏画黝黑；人好细腻，他偏写粗野；人好温软，他偏好刚硬，他的艺术不合人之常情，却合艺道之精义。金农、八大山人、傅山、渐江、青溪、残道人等等艺术中卓越的创造者，都是要从清丑中着意，以丑的形式穿破俗世的规矩，打破人们习以为常的审美秩序，建立一种直视本心的艺术新秩序。

再如清末吴昌硕十分重视“丑”，通过丑来超越形式上的美丑观念。他说他作印“虽不求美亦不丑”。他不是对丑的形式感兴趣，而是要打破美丑标准，建立更适合表现性灵的艺术形式。他将丑的形式当做“天趣”的体现。他评徐渭画时说：“青藤得天厚，翻谓能亦丑。”自题《秋海棠》诗说：“春日艳春阳，万花齐作香。不画红牡丹，乃画秋海棠。我本背时人，人皆笑我狂。秋棠最幽艳，不学时世妆；有如古美人，环珮曳罗裳。我画仿白阳，青藤或颉颃。有人訾为丑，虽丑亦何妨。不见无盐后，可以匹齐王。”他在丑中发现了天趣。

第二，超越美的习惯。

遵循美的秩序，依照美的准则，久而久之，就会形成一种“美的习惯”，或称“媚习”，所谓追美不成反得媚。表面上看，媚也是美，但在汉语中，媚又带有欲望、柔腻、色相等特点，美至于媚，虽在形式上不无可观之处，但却大亏实诣，故深为中国艺术家所不取。中国艺术中所反对的圆滑、甜腻、柔媚等等，都是“媚习”，是徒有外在花架子的空壳。所以中国艺术有“宁丑毋媚”（傅山语）这样的观点。

伊秉绶论书说：“诗到老年唯有辣，书如佳酒不宜甜。”“甜”是

[1] 史书上说，五代李后主“丰额，骈齿，一目重瞳”。

[2] 以上两则论竹之语，见《冬心先生画竹题记》，《美术丛书》一集第一辑。

中国艺术的大忌。王文治说："狂怪余风待一砭，子昂标格故矜严。凭君啖尽红蕉蜜，无奈中边只有甜。"他以一个"甜"字来评赵子昂的书法。所谓画到甜处便无救，书落俗韵成奴书。甜，虽不失外在的漂亮，也不乏亲人之态，甚至可以说具有表面的美，但它毕竟有张狂味、摇尾症、倚人态，所以为艺术家所憎恶。在中国艺术看来，什么病都好医，一落俗病，就不可救药了。

反对"媚"，包含对俗世的否定，媚是和欲望的、蝇营狗苟的、谄媚的、功利的、委琐的人格联系在一起的。两宋以来美学中有明显的反轻媚的思想。黄山谷的书法得倚侧之妙，颇有"丑相"。他说："凡书要拙多于巧，近世少年作字，如新妇子妆梳，百种点缀，终无烈妇态也。"[1] 骚首弄姿，并不是真正的美。中国人爱石的传统中，也有反对媚的思想。清汪之元说："写石宜瘦不宜肥，宜丑不宜妍，宜崄崎不宜平稳，石之能事毕矣。"[2] 丰肥中有俗气，妍媚中有欲望，欣赏又瘦又丑的石头，在一定程度上就是对俗韵的规避。

明清两代书论中，曾产生过有关美丑问题的激辩。问题的讨论是由赵子昂的唯美主义所引起的。子昂仕元之事，曾引起不少人的反感，而子昂书画的风流巧媚，在艺术界有极大影响，一时间学子昂者又转成媚习。朱彝尊说："元自赵子昂书法盛行一时，相率习研媚之体。"清张庚说："赵文敏大节不惜，故书画皆妩媚而带俗气。"子昂善为印，其印风也受到批评，陈炼《印说》："一曰圆朱文，元赵松雪善作此体，其文圆转妩媚，故曰圆朱，要丰神流动，如春花舞风，轻云出岫。"美则美矣，则流于媚。所以，很多文人认为，子昂是媚习的代表，他的书法被称为"书奴"，有"吴兴无不近俗"的说法。为矫正这种媚习，明清书坛兴起了崇尚丑怪的风气，像解缙、张弼、徐渭、傅山、金农等都是其中的代表，所谓"宁拙毋巧，宁丑毋媚"（傅山）、"丑到极处，就是美到极处"（刘熙载）等就是在这种背景下产生的。而后来包世臣等的尊碑抑帖思想也受到这一风潮的影响。

〔1〕《李致尧乞书书卷后》，见《山谷题跋》，《中国书画全书》本，第一册。
〔2〕《天下有山堂画艺》，见《中国古代画论类编》下，1163 页。

明代中期以来，书法中追求丑，欲矫正柔媚的风习。傅山谈到自己的学书经历时说："余弱冠学晋唐人楷法，皆不能肖，及获赵松雪墨迹，爱其圆转流丽，稍临之，遂能乱真。已而自愧于心，如学正人君子，苦难近其觚棱，降而与狎邪匪人游。日亲之自不觉耳。更取颜鲁公师之，又感三十年来为松雪所误，俗气尚未尽除，然医之者，颜鲁公《仙坛记》而已。"所以，他要从丑入门。他说："石鼓与峄山，领略丑中妍。"丑虽然不是美，但却可以医治俗的毛病，就像金农所说的："耻向书家作奴婢，华山片石是吾师。"包世臣对此发表过重要意见。有人问："匀净无过吴兴，上下直如贯珠而势不相承，左右齐如飞雁而意不相顾。何耶？"包氏答道："吴兴书笔专用平顺，一点一画，一字一行，排次顶接而成。古帖字体，大小颇有相径庭者，如老翁携幼孙行，长短参差，而情意真挚，痛痒相关。吴兴书则如市人入隘巷，鱼贯徐行，而争先竞后之色人人见面，安能使上下左右，空白有字哉！其所以盛行数百年者，徒以便经生胥史故耳。然竟不能废者，以其笔虽平顺，而来去出入处，皆有曲折停蓄。其后学吴兴者，虽极似而曲折停蓄不存，惟求匀净，是以一时虽为经生胥史所宗尚，不旋踵而烟销火灭也。"[1] 学赵不成反得媚，这样流遁忘返，

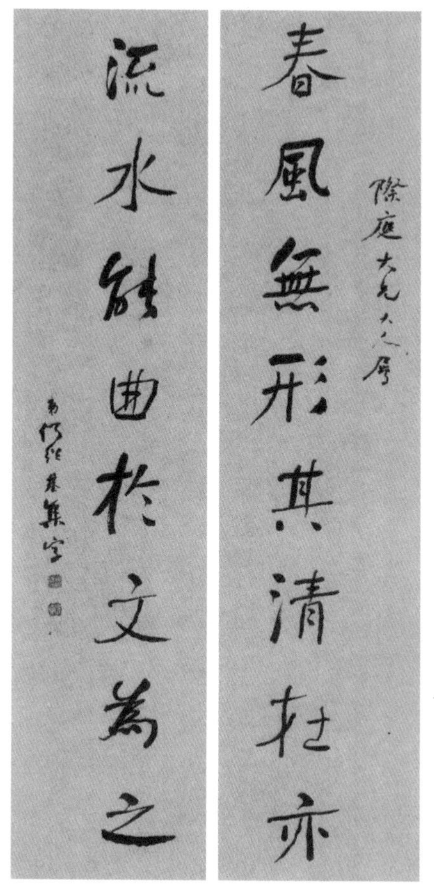

[清]何绍基　春风流水八言行书联

[1]《艺舟双楫》卷六，《论书》二。

非常遗憾。

明清印学也有反妍丽、反柔媚的风气。明杨士修印格理论中有媚格一格："点缀玲珑，蝶扰丛花，萤依野草，是名媚格。"[1] 他又说："娇嫩者，落笔纤媚，运刀清浅，素则如西子淡妆，艳则如杨妃醉舞。"印至于媚，就难入高品了。文彭为文人印之祖，明清以来仿之者甚多，但每每落入妍媚一路。清金一畤说："近时伧父率为细密光长之白文，伪称文实物，好古者多不识也，宝而藏之，三桥有知，能无齿冷。"[2] 以妍媚学三桥，流于"细密光长"，与三桥真意了无干系。清秦爨公曾激烈批评十竹斋主胡正言的柔媚，他说："如十竹斋，古雅汉印则无矣，铁线校宋、元，则软而媚，光而无骨。"进而对印坛的媚习深加挞伐。他说："吾杞刘无生专事秦、汉，配法整饬无对，刀法俏健鲜艳之极，若盛妆美人，然而未免妩媚之矣。"[3] 清初的印坛，林鹤田印法风行，光滑严整，刀笔流丽，给人妍美清丽的感觉。丁敬也学过鹤田印法，后来觉察到"媚"的害处。他说："近来作印，工细如林鹤田，秀媚如顾少臣，皆不免明人习气，余不为也。"（"江山风月"印款）西泠八家之一的奚冈说："印至宋元，日趋妍巧，风斯下矣，汉印无不朴媚，气浑神和，今人实不能学也。近代丁龙泓、汪巢林、高西堂稍振古法，一洗妍巧之习。"（"铁香邱学敏印"印款）更言："近世论印，动辄秦汉，而不知秦汉印刻，浑朴严整之外，特有强屈传神，今俗工咸趋腐媚一派，以为仿古，可笑。"（奚冈汪氏书印款）将妍巧之印风称为"腐媚"，足见他的痛恨之意。

第三，超越美的法度。

在中国艺术中，丑，又是相对于严整的秩序而言的，我们常常将不合规矩、节奏混乱、不符合人们审美习惯的东西称为丑。其实，在中国艺术论中，人们推重丑，在一定程度上就是为了躲避法度，

[1]《印母》，韩天衡《历代印学论文选》，87页，西泠印社，1996年。

[2]《珍珠船印谱初集自序》，乾隆钤印本。

[3] 以上两段秦爨公语，见《印指》，韩天衡《历代印学论文选》，169页。陈与义《和张矩臣水墨梅五绝》，见《历代题画诗类》。无盐，是齐宣王之后，相貌奇丑，但德性颇高。后世以其为丑女之代语。

没有规矩不能成方圆，但规矩方圆又会对艺术创造产生影响。中国艺术强调，无法而法，至人无法，最高的法就是顺乎自然，不劳人力。中国艺术追求天趣，反对人工。人工的痕迹，看起来符合一定的秩序，看起来是美的，其实并不是真正的美。而脱略人工的天趣，看起来平淡而没有装饰，无心凑泊，似乎不大美，其实并不丑。中国艺术家以不经人工雕琢的表面粗糙的形式——丑，来破人工的痕迹。唐代皎然在《诗式》中就说：“诗不假修饰，任其丑朴，但风韵正，天真全，即名上等。”他的意思是，朴质天然的追求通过“丑”体现了出来。

宋陈与义有题墨梅画诗：“巧画无盐丑不除，此花风韵更清姝。从教变白能为黑，桃李依然是仆奴。”水墨梅花，是一枝丑梅，如无盐一样的丑，但艺术家并不在乎这一点，因为体现了天工之趣，所以丑梅却胜过了桃李的娇艳。这里的“变白能为黑”，当本自老子的“大白若黑”，以“黑”这一丑陋的形式，超越明暗、隐显之别，超越人工的秩序，而体现至道之美。袁宏道《过云栖见莲池上人有狗丑韭酒纽诗戏作》说：“钱塘江上云如狗，一片顽石露粗丑。苦竹丛丛一岭烟，毛松落落千行韭。道旁时榜赵州茶，室中不戒声闻酒。更问如之与如何，便是颈上重加纽。”[1] 这首戏作诗，以丑和纽两个同源字来表达他的思考。一片顽石，是丑的，但却是诗人的至爱，“更问如之与如何”，要问我为什么喜欢这样的怪东西，这是因为自己的脖子上有重重的“纽”——枷锁。人无所不在束缚之中，重重的束缚使人的性灵失去了自由。在“丑”中，没有了忸怩作态，没有了虚与委蛇，通过“丑”解脱了“纽”。

在明清书坛宁丑毋媚的风潮中，也引起过秩序的争论，重秩序的书家将以丑为美的书家称为“海上逐臭之夫”。深受理学影响的书学家项穆直斥丑怪之风为：“狂怪与俗，如醉酒巫风，丐儿村汉，胡行乱语，颠仆丑陋矣。”“正如瞽目丐人，烂手折足，绳穿老幼，恶状丑态，齐唱俚词，游行村市也。”他反对北宋四家之作，认为“其

[1]《袁宏道集》卷九《解脱集》之二。

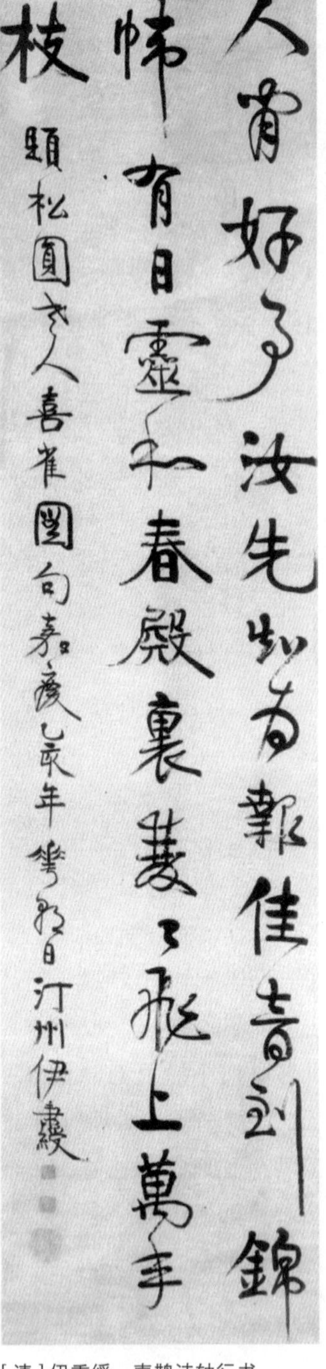

［清］伊秉绶　喜鹊诗轴行书

心不正，所动悉邪”。(《书法雅言》)丰坊说：“永、宣之后，人趋时尚，于是效宋仲温、宋昌裔、解大绅、沈民则、姜伯振、张汝弼、李宾之、陈公甫、庄孔旸、李献吉、何仲默、金元玉、詹仲和、张君玉、夏公谨、王履吉者，靡然成风，古法无馀，浊俗满纸。况于反贼李士实，娼夫徐霖、陈鹤之迹，正如蓝缕乞儿，麻风遍体，久堕溷厕，蒲伏通衢，拥肿蹒跚，无复人状，具眼鼻者，勇避千舍。乃有师之如马一龙、方元涣等，庄生所谓‘蝍蛆甘带’，其此辈欤！”(《书诀》)他们所批评的正是强调宁丑毋媚书家背离秩序的做法。正统派理论家所诅咒的丑的风气，正说明“丑的书风”对既成秩序的破坏力。

结　语

本文所讨论的以丑来质疑美、规避美的两个问题，体现了中国美学的独特思考角度，是中国美学中很有价值的思想。这两个问题有一个核心：它们不是对美的否定，也不意味中国美学有喜欢丑的倾向性，而是在质疑作为知识形态的美丑观念的基础上，返归自然本真，以自然为最高的秩序，以天趣为最高的审美准则。本质上是将人的生命价值意义放到形式美感的追求之上。这样的思想推动了中国美学的发展，对中国艺术的形式创造有深刻的影响。中国艺术重平淡、古拙、萧疏、冷寒、荒率等等，都有这一美学观念的影子。其中，给中国艺术带来的弊端也是很明显的，宋元以来中国艺术中出现了一种畸形的发展道路，有的艺术家是“以丑欺人”，落入真正的荒怪丑陋，这样的教训我们是应记取的。

第三章
水不流花不开的世界

清初画家恽南田是一位有很高艺术品位的艺术家，他说："寂寞无可奈何之境，最宜入想。"他用"寂寞"二字来评论他最为推重的倪云林的画。他认为，云林的画"真寂寞之境，再着一点便俗"，没有色彩，没有喧嚣，静绝尘氛，在静寂中，有"燕舞飞花"，那是真正的浪漫，有"繁弦急管"，不是俗世中的音乐能够比拟的。

这就是中国艺术的寂寞境界，寂寞，也作寂寥，从汉语语源上看，寂表示无声，寥表示无形。作为一个艺术概念，寂寞（或寂寥）表示的是一个无声无形的空灵宇宙，一个淡去色相、空灵悠远、静穆幽深的艺术世界。韦应物有绝句谈到此一境界云："万物自生听，太空恒寂寥。还从静中起，却向静中消。"这一境界是寂寥的，寂寥中有宇宙般的静穆；是幽深的，深沉里有历史感；又关乎艺术家的生命情调，具有充盈的人生感。

一、寂寞的云林

空山无人，水流花开，是禅家崇奉的境界，也为两宋以来的中国艺术尤其是绘画所推崇，意思是，在静寂的世界中，水自流，花自开，声鼓并作，天机活泼。但如果因此认为中国艺术会是真正的鸢飞鱼跃、鸟鸣花飞，那就错了。我们更多地看到的是水不流、花不开的世界，一个近于不动的寂寥宇宙。

在中国绘画史上，元代画家倪云林是一位特殊的人物，他的画可以说是逸品的代名词，他的为人风范也为人们所推崇。自他去世一直到清末的五百多年时间中，他在中国艺术界（不仅限于绘画）具有很大的影响力。“世以有无云林画论清俗”，绝不是一句虚话。[1] 倪云林的画其实就是一个“寂寞的艺术世界”。

从形式上看，云林的画就是水不流、花不开，甚至可以说是死寂。“朝看云往暮云还，大抵幽人好住山。倪老风流无处问，野亭留得藓苔斑。”[2] 这样的评论，突出了静绝尘氛的特点。他的画构图简单，也比较程式化。几株疏树，一痕远山，疏林下再加一个小亭子，大致就是云林山水画的当家面目。他的学生王达曾题云林《南渚图》说：“寂寞云林堂下路，一峰残雨映孤村。”[3] 这是一个“寂寞的云林”。

今藏于上海博物馆的《渔庄秋霁图》，云林有自题诗云：“江城风雨歇，笔研晚生凉。囊楮未埋没，悲歌何慨慷。秋山翠冉冉，湖水玉汪汪。珍重张高士，闲披对石床。”画作于1355年，时云林55岁。72岁时，云林又重题此画，秋色正浓，那是一年中江南最美的时分。云林要画出“秋山翠冉冉，湖水玉汪汪”的景象，但看画面，完全没有风动水摇的感觉，没有冉冉的翠绿，简直可以说是一片萧瑟。正面近景坡陀上画疏树五株，木叶尽脱，中为一湾瘦水，再上是一痕远山。画得气静神闲，寂寥高朗。树上没有绿叶，山中没有飞鸟，路上没有人迹，水中没有帆影，用干笔皴擦，似幻似真。正所谓繁华落尽，一切的喧嚣都荡去，一切的执著和躁动都归于无影无踪。他画的不是外在的浓浓秋色，而是他心目中清澈高旷的秋。

---

〔1〕孙克弘题云林《渔庄秋霁图》：“云林画，江东人以有无论清俗。”此见董其昌《画禅室随笔》。

〔2〕华亭奚昊题云林《溪亭山色图》，见卞永誉《式古堂书画汇考》画卷卷二十。

〔3〕郁逢庆《书画题跋记》卷八。

[元]倪云林　渔庄秋霁图

[元]倪云林　容膝斋图

藏于台北故宫的《容膝斋图》也是如此。它是一河两岸式的典型构图，起手处几块顽石，旁有老木枯槎数株，中部为一湾瘦水，对岸以粗笔勾出淡淡的山影，极荒率苍老。这样的笔墨，简直要榨尽人的现实之思，将人放到荒天迥地之间。一切都静止了，在他凝滞的笔墨下，水似乎不流，云似乎不动，风也不兴，路上绝了行人，水中没了渔舟，兀然的小亭静对沉默的远山，停滞的秋水环绕幽眇的古木。

这样画真可以禅门“无风萝自动”来评之。没有风，萝动了没有，藤摇了没有？当然没有。但云林乃至中国很多艺术家却要在这静寂中追求跃动。

云林创造的这个世界，将唐末五代以来中国画这方面的追求推向了极致，也深深影响他的后继者，包括沈周、文徵明、董其昌、渐江、石涛、八大、恽南田这些绘画大家，无不从云林这里感受他至静至深的寂寞气息。

比如被称为“云林后身”的清初画家渐江（1610—1663）[1]，是云林寂寞境界的追随者。他毕生的好友、书法家汤燕生说他“晚更夺云林之席”。

渐江有《画偈》，这是他一生艺术思考的总结。《画偈》开篇有四句诗：“空山无人，水流花开。再诵斯言，作汉洞猜。”[2] 汉洞，即桃源洞，也即世外桃源。渐江认为，“空山无人，水流花开”八字真诀，是度人到绘画天国的金针，是绘画艺术的最高法则。他的画就体现了这样的思想。

但看渐江的作品，也没有水流花开的感觉。他的画气氛凝重，肃穆中透出清冷。他自己说：“老年意绪成孤涩。”孤涩是他晚年绘画的重要特点。他曾自题《枯木竹石图》（今藏浙江省博物馆）说：“‘古木鸣寒鸟，深山闻夜猿’，唐人诗意也。余偶抹此，虽无可状其意，而空远寥廓，老干刁调，或庶几其岑寂耳。”[3] 其中“岑寂”二字，倒是点出了渐江的绘画气氛。渐江曾作《梅花古屋图》，乾隆时的马曰璐曾题诗云：“空山悄无人，有屋架岩壑。阴崖背春树，何尝着冰萼。想见落笔梅，超然断禅缚。无屋亦无风，人间境寥廓。”[4] 无屋亦无风，空空荡荡，寂寥而幽冷。渐江喜欢画几株枯树临风立，一座孤亭山中幽，极深邃阒寂。清末徽州收藏家黄崇惺题《渐师枯树竹石小景》一诗云：“云林妙笔清而腴，妙处欲突王黄吴。此境绝高知者

〔1〕渐江的弟子郑旼（遗苏，号穆倩）是清初著名画家，称其师为“云林后身”，他自己也是云林艺术的服膺者。

〔2〕见汪世清、汪聪编《渐江资料集》，29页，安徽人民出版社，1984年。所辑《画偈》之文，据手钞本，并参以《诗观》、《安徽丛书》等校定而成。

〔3〕见汪世清、汪聪编《渐江资料集》，73页。

〔4〕马曰璐《南斋集》卷五。他与马曰琯并称为扬州二马，其小玲珑山馆收藏书画甚多，在历史上颇负盛名。

少，学之不成如枯筱。萧然一石一树根，树无枝叶石无纹。数茎软草风中翻，谛视无有笔墨痕。旨哉风味不可论，转觉万壑千岩繁。秋虫唧唧月当轩，素琴弹罢吾无言。”[1] 渐江的枯树小景，也有云林寂寞无可奈何的风味。

中国绘画在宋元以来重视寂寞境界的创造，这个水不流花不开的世界，与我们感官所及的世界完全不同，它与中国艺术家对艺术本质——艺术到底要表现什么——的思考有关。

东坡曾经用硃笔画竹，有人问他："世界上哪里有红色的竹子？"苏轼反问道："世人以墨笔画竹，世界上哪里有墨黑的竹子？"苏轼这一反问，包含宋元以来中国艺术论的一些重要思想。绘画的关键是要有画外之声，不是表现视觉中的物理世界，而要表现艺术家的感觉世界；绘画的妙处在"骊黄之外"，停留在外在物象上，只能是画工、画匠。

云林的寂寞宇宙正是如此，虽是萧疏山景，却是一种心的体验形式。黄公望评云林画说："春林远岫云林画，意能萧然物外情。"沈周说："倪迂标致令人想，步托邯郸转谬途，笔踪要是存苍润，墨法还须入有无。"[2] 南田评云林画说："千山无山，无一笔是山，千水万水，无一笔是水，有处却是无，无处却是有"。云林的世界是很难模仿的，形式模仿倒不难，但微茫的意思很难揣摩。沈周初从老师赵同鲁学云林画，老师站在一旁说"过矣，过矣"，云林是不易学的。

而云林通过这个寂寞冷景，是要追求世界的真实，追求生命的价值的。云林《为方厓画山就题》诗谈自己学画经历："摩诘画山时，见山不见画。松雪自缠络，飞鸟亦闲暇。我初学挥染，见物皆画似。郊行及城游，物物归画笥。为问方厓师，孰假孰为真？墨池搵浥滴，寓我无边春。"[3] 在云林的面前存在两个世界，一个是感官所及的世界，这里有繁复的声音、绚烂的色彩、复杂的外在形式；还有一个世界，就是他心中的世界。他领悟到，绘画不是照着外在景物画，而是对着心

〔1〕据黄氏《草心楼读画集》著录。
〔2〕《式古堂书画汇考》画卷卷二十五。
〔3〕倪云林《清闷阁集》卷二。

画。在云林看来，人们六根所及的世界，只是一个表面的真实。他将这表面的东西过滤掉，过滤成他的萧疏冷瘦、寂寥幽阒，不是关上门，而是打开通向真实世界的门。云林强调的水不流、花不开、鸟不飞的感觉，并非要将人带到一个新奇的世界，而是要表达世界的“真意”。

二、活泼在何处

水不流、花不开，是一个近于死寂的世界，为什么又说是创造了水流花开的世界，这样的活泼到底怎样体现出来？

其实，中国绘画的寂寞境界表达的活泼，不是看起来“活”；而是让世界“活”；不是画出一个活的世界，那是物质的，而是通过寂寥境界的创造，荡去遮蔽，让世界自在活泼——虽然没有活泼的物质形式，但却彰显了世界本原的真实，所以它是活的。活的根本意思是，让世界自在地存在，我们常说的青山自青山、白云自白云就是这样的活。

寂寞的艺术世界，几乎没有任何活力，甚至缺乏生命感，有一种强烈的“无生感”，是“死搭搭地”。就像“千山鸟飞绝，万径人踪灭，孤舟蓑笠翁，独钓寒江雪”那首小诗所显示的，无边的远山没有动静，连鸟似乎也飞“绝”了，没有人烟，路上“灭”了人踪迹。诗人用“绝”、“灭”这样重的字眼，强化寂而无生的气氛。舟是“孤”的，没有一丝喧闹，江是“寒”的，没有春色，雪卧静默的大地，又笼罩着无边的江面，盎然的生机在这里被荡尽，剩下的或许只有冰面下的一脉寒流。这首传诵千古的小诗，一个被无数画家、音乐家所演绎的艺术世界，原来是几近无生命感的宇宙。

中国艺术重视活泼泼生命精神的呈现，在生生哲学基础上产生的艺术，有一种生机绰约的风致。这也是中国传统艺术的一大特点。中国哲学和艺术观念中的生命精神在儒家哲学影响下，有两个重要方面，一是认为“天地之大德曰生”，万物都有生意，世界的一切都是变动不居的，所以，传统哲学有“万物之生意最可观”的重要观点；二是在易学影响下，阴阳哲学成为中国生命哲学的基础，它对中国艺术产生了深远的影响。如书法理论中强调疾涩互动、强调以“势”为核心，都属于这方面的思想；中国画的龙脉说，也受阴阳互动哲学的影响。

我在以前的研究中，将中国艺术好古拙、荒寒等的趣味都纳入这样的思想系统中，认为中国艺术是在衰朽中隐含着活力，枯萎中隐含着生机，在生命的最低点中，追求最富于生命力的呈现。[1] 我所注意的是衰朽和活力之间的形式张力。

但近年来的研究使我越来越觉得这样的阐释并不切当。即就以上所举倪云林的画来说，他的龙脉何在，他的节奏在哪里？山不动，水不流，风不起，鸟不飞，云不飘，人不至，这个寂寥的宇宙，难道就是从形式上对活泼的隐括？疏树上没有叶，难道就是使人想起叶，一湾瘦水，难道就是使人想起涟漪？这样的思路，其实正落入见山是山的形式之中，没有理解他的“在骊黄牝牡之外”的思想。他并非要在生命的低点制造生命张力，而是要发现一个意义世界。

他画中的枯树，不是在最低点中暗示葱茏的绿意，而是在回避绿意；他的瘦水，不是在不动的水面中掀起生命的波澜，而是在回避波澜；他的空山，不是在一个空阔的形式中，试图包含更丰富的世界，而是在回避喧嚣；他的无人的空亭，不是使人联想到人在其中的场面，给人以想象的空间，而是在回避人间。一句话，倪云林乃至中国艺术创造中的寂寞世界，并不追求形式的内在张力，而是意在超越色相世界，建立真实的意义世界。

这一寂寞世界表达的不是儒学的天地之“生意”，不是“一阴一阳之谓道”的张力，而是道禅哲学的“让世界自活”的思想。

当然这样的寂寞世界并不意味与中国艺术的生命精神无关，如果从生命感的角度看，它与儒学等影响下的“生意”观属于两种不同的生命观。儒学等影响下的“生意”观是从形式美感入手，进而发现宇宙天理之活，属于“看世界活”；而受道禅哲学影响的寂寞世界不是在形式本身上追求活意，而是让人放弃对物质形式的执著，让世界自在

〔1〕如拙著《中国美学十五讲》中的“大巧若拙”一讲，北京大学出版社，2005年。

［清］渐江　黄山图

［清］渐江　秋林远岫图

呈现。

“看世界活”和“让世界活”，反映了两种生命态度。前者从世界的“有”入手，承认外在的世界是实在的，强调世界的活意是在“我”的观照中产生的，“看”的角度决定了“我”和世界的关系，可以说是一种“有我的生命观”。而后者则是一种“无我的生命观”，按照道禅哲学的观点，在“看”的方式中建立的我和世界的关系，是主体和客体、我心与外物的关系，在这样的态度中，“我”为物立法，物我互为奴役。而在“让世界活”中，人从世界的对岸回到世界中，不是停留在色相上看世界，色相世界也不是引起“我”情感的对象。一个绚烂的世界变成一个淡然的世界，绿树变成了疏林，山花脱略为怪石，潺潺的流水顿失清幽的声响，溪桥俨然、人来人往的世界化为一座空亭，丹青让位于水墨，“骊黄牝牡”都隐去，盎然的活意变成了寂寥的空间。这时，“我让世界活”，“我”淡去了，解脱了捆缚世界的绳索，世界在我的“寂然”——我的意识的淡出中“活”了，或者是世界以“寂然”的面目活了。明代著名高僧紫柏真可说：“寂寞云林，喧嚣市井，皆如来广长舌相也。有入无入，故其听者何如耳！”[1]

中国艺术的寂寞境界，与道禅尤其是禅宗的寂中求活的思想密切相关。

“活泼泼地”，是中国哲学的一个术语。宋明理学和禅宗都很重视这一概念。两家理解上的不同，正好可以看出两种不同的生命观。在理学中，“活泼泼地”表示心灵通过保任存养归于活泼的境界，与天地浑然合一，是一种修养功夫论。二程曾就《中庸》的“鸢飞戾天，鱼跃于渊，言其上下察也”之语谈到：“此一段子思吃紧为人处，与‘必有事焉而勿正心’之意同，活泼泼地。会得时，活泼泼地；不会得时，只是弄精神。”[2]二程的这段理解受到理学的重视，明王龙溪认为“此旨微矣”——其中表现了理学的微妙的意思。正像王龙溪所说：“人心湛然虚明，其体原是活泼”，只有心灵通透活络，才能浑然与“活泼泼地”天地精神同体。“活泼泼地”虽然是心之本体，但它更强调与“鸢飞鱼跃”的外在世界相融合，是一种“看世界活”的思路。

而在禅宗中，更突出“让世界活”的思想。禅宗强调要悟出个“活文殊”，要“活泼泼地”，而不能“死搭搭地”。所谓“活泼泼地”，是在

[1]《紫柏真可全集》卷一。
[2]《河南程氏遗书》卷三，二先生语三《谢显道记忆平日语》。

做一条“透网之鳞”后才能存在——禅宗认为，人平时的存在是一条被网网住的不自由的鱼，悟到“活泼泼地”，才能从网中滑出。所谓“透网金鳞活泼泼”。[1] 所以它着意在没有外在“网”的世界。如黄檗希运所说：“你若欲得生死去住，脱着自由，即今识取听法底人，无形无相，无根无本，无住处，活泼泼地。”[2]

中国艺术追求寂寞的境界，还托出一个“无生”的大智慧。

道家哲学有“生生者不生”的思想。佛学中的“无生法忍”说与道家的“无生感”意思很相近。禅宗中有个“青山元不动”的问题，所谓“青山元不动，浮云飞去来”是禅门的重要话头。[3] 青山云飘水绕，花木扶疏，怎么能不动呢？但禅却不这么看。有位禅宗上堂说法：“柳色含烟，春光迥秀。一峰孤峻，万卉争芳。白云淡泞已无心，满目青山元不动。渔翁垂钓，一溪寒雪未曾消。野渡无人，万古碧潭清似镜。”[4] 他所表达的不是儒家山静水动的思想，而是“无生法忍”的哲学。一如唐代诗人王梵志《水月无形》诗所说的：“水月无形，我只常宁。万法自尔，本自无生。”[5]

“无生法忍”是佛学的基本观念，又称“无生忍”。“无生”，即不生不灭，“忍”即智慧。印顺说：“忍是智慧的别名。能够证悟一切法不生不灭的智慧，即称之为无生法忍。”[6] 佛的觉悟就是要得不生不死的智慧。禅宗“不是风动，不是幡动，仁者心动”、“鸭子并没有飞过去”等话头，所表达的就是无生法忍的思想。

道家的“无生”哲学对唐代之前的艺术并无多大影响，只是到了

---

〔1〕《禅宗颂古联珠通集》卷二十一。

〔2〕《古尊宿语录》卷四《镇州临济慧照禅师语录》。

〔3〕灵云志勤有此语，见《景德传灯录》卷十一。

〔4〕《五灯会元》卷十四，襄州石门清凉法真禅师语。

〔5〕见《王梵志诗校释》，张锡良校，204页，中华书局，1983年。

〔6〕印顺《大树紧那罗王所问经偈颂讲记》，台湾菩提树杂志社，1979年第4期。《大般若经》卷四四九也说：“如是不退转菩萨摩诃萨，以自相空，观一切法，已入菩萨正性离生，乃至不见少法可得。不可得故，无所造作。无所造作故，毕竟不生。毕竟不生故，名无生法忍。由得如是无生法忍故，名不退转菩萨摩诃萨。”

[明]项圣谟　仿云林山水

唐末五代，在包括禅宗在内的中国佛教哲学的推荡之下，才蔚成轩然大波。在这其中，倪云林可以说是一位关键人物，他用艺术的方式诠释了中国的“无生”哲学，将寂寥之美发挥到了极至。

中国艺术的寂寞境界追求的就是“无生感”，是一个表面看来几乎没有任何生命感的世界，水也不流，花也不开，是为了让人从色相的执著中跳脱开去，让水更潺湲，花更绚烂。就像《楞严经》的一首偈语所说的：“声无亦无灭，声有亦非生。生灭二缘离，是则常真实。”

三、总非人间所有，即是人间所有

这个寂寞的世界几乎荡尽人间风烟，但并不表明中国艺术家对表现人间的内容没有兴趣，恰恰相反，他们要在寂寞的世界中追求更深沉的人生感、历史感。

南田在评一位画家的画时说：“老树荒溪，茅亭宴坐，似无怀氏之民。老松危崖，淙淙瀑泉，若人间有此境否？”人间哪里有这样的世界。

在中国艺术家的语汇中，“人间”和“山中”，一个表示俗世，一个表示超越的世界。像白居易《大林寺桃花》所说的：“人间四月芳菲尽，山寺桃花始盛开。长恨春光无觅处，不知转入此中来。”这里的人间和山中，寓示着俗世和真境两种不同的世界。中国艺术的寂寞境界展示的是非人间的境界，即“山中”境界，艺术中有强烈的“非人间感”，用中国艺术家的话说，叫做“总非人间所有”。[1]

倪云林的山水画很少画人，总是一湾瘦水，几株疏树，一痕远山，疏林下的小亭子空空荡荡，了无一人。画史有这样的记载，有人问云林为何山中亭中不画人，云林说：“世上安得有人也！”今有不少研究认为，这表达了云林对元代统治者的愤怒，这样的观点并不符合事实。

［明］恽向　秋林平远图

山水画中不画人，在宋元以来的山水画中很普遍，即如处于汉族统治下的明代画家董其昌的山水，也很少有人出现。疏林廓落、湖水淡荡是他的山水的典型面目。宋元以来山水中少有人出现，一方面受到传统绘画构图的影响，另一方面则出于思想观念的考虑。倪云林等刻意创造一种“寂寞无人之境”，其实表达的是脱略凡尘、超越世俗的思想。这些酷爱“寂寞无人之境”的艺术家，正像老子所说的，“我独异于人，而贵食母”——我的选择在心灵的超脱、心灵的安顿，宁愿在寂寞的天地中存在，我的心属于孤独、

〔1〕恽南田在评他的一位朋友唐洁庵的画时说：“谛视斯境，一草一树，一邱一壑，皆洁庵灵想之独辟，总非人间所有，其意象在六合之表，荣落在四时之外。”(《南田画跋》)

幽冷、清净和稚拙，而与躁动、繁杂、欲望的世界绝缘。艺术的寂寞世界里，没有色彩，没有浪花，没有花朵，没有云彩的飘动，没有鸟儿来细眠，几乎要把人间的一切“色”的内容都拿去，就是为了突出“非人间”的色彩。

这种“非人间”的境界，有以下特点：

第一，拒绝记述。在元四家中，黄公望备受后人推崇，他是倪云林的好友，二人都是道教和佛学的服膺者，倪却对这位好友有所批评，他说黄有“画史纵横习气”。而云林的好友张伯雨评云林画时，恰恰认为云林的高妙正在“无画史纵横习气”。

“无画史纵横气”，反映了中国艺术中的一个重要观念，就是要摆脱客观的记述，艺术家不能做一个“画史”——时世的直接记录者，如果做一个客观的记录者，那么画家就有可能被具体的生活表象所左右，绘画形式难以摆脱“画工”的影响，这样的画虽然画得很“像”，画得很切近生活，却无法反映更深层的生命内涵。

倪云林幽淡寂寞的无人之境，就包含这样的艺术理想。他的画拒绝记述。他的《林亭山色图》自题诗云：“萧然不作人间梦，老鹤眠秋万里心。”[1] 他在《江渚茅屋杂兴四首》之一中写道：“眼底繁华一旦空，寥寥南北马牛风。鸿飞不与人间事，山自白云江自东。”[2] 画家要“不作人间梦”、“不与人间事”，与尘世保持距离。很多艺术家注意到云林“无人之境”的独特思想内涵。云林有《林亭远岫图》，卞同有跋诗道：“云开见山高，木落知风劲。亭下不逢人，斜阳淡秋影。”徐贲有题诗云：“远上有飞云，近山有归鸟。秋风满空亭，日落人来少。”俞贞木题此图云：“寂寂小亭人不见，夕阳云影共依依。”诸家都注意到云林“无人”的特点。

“无人之境”，在宋元以来的中国艺术传统中，成为很多艺术家的追求。我们可以听听清代画家戴熙的看法，在《习苦斋画絮》中，记载着他很多关于无人之境的体会：

[1] 见卞永誉《式古堂书画汇考》画卷卷二十。

[2] 见倪云林《清闷阁集》卷八。

> 重峦不著烟，密树疑有雨。空山晚无人，白云自吞吐。（卷六）
>
> 夹路吹松风，连山秘幽邃。一径杳无人，白云荡空翠。（卷七）
>
> 孤村晚无人，空烟幕碕岑。荒树俯寒流，夕阳写秋声。（卷七）
>
> 雨过岚光重，烟空林影密，山村晓无人，泉声自汩汩。（卷七）
>
> 青山不语，空谷无人，西风满林，时作吟啸，幽绝处，正恐索解人不得。（卷七）
>
> 空山无人，松语泉应。（卷三）

这里的空亭、空山、空谷、虚舟等等，不是为了贮藏更多，而是意在无人。因无人，就萧索，就空灵，空灵中，一切就会自在活泼。绘画中的无人之境，排除了表面的记述，而导向对真实生命的呈现。

第二，淡尽风烟。传统艺术强调生命超越，要荡尽尘世的风烟，化尘世的风烟为寂寞的世界，在山不动水不流的无人之境中，实现自己的超越理想。

倪云林的《隔江山色图》，是他61岁时的作品，此画为好友张德常所作，云林有自题云：

> 至正辛丑十二月廿四日，德常明公自吴城将还嘉定，道出甫里捩柁相就语，俯仰十霜，恍若隔世，为留信宿，夜阑更秉烛，相对梦寐者甚似为仆发也。明日微雪作寒，户无来迹，独与明公逍遥渚际，隔江遥望天平、灵岩诸山，在荒烟远霭中，浓纤出没，依约如画。渚上疏林枯柳，似我容发，萧萧可怜，生不能满百，其所以异于草木者，独情好耳。年逾五十，日觉生死忙，能不为抚旧事而纵远情乎？明公复命画江滨寂寞之意，并书相与乖离感慨之情……[1]

〔1〕据《式古堂书画汇考》画卷卷二十。

[清] 恽南田　国香春霁图

这段自题耐人寻味。朋友相别，十年后相见，别离之情，人生之叹，尤其是老之将至，“日觉生死忙”——人生最大的生死问题，裹挟着尘世的风烟，在他们的心中盘旋。这时他们都是一个被束缚者，一个不自由者。而在“户无来迹”、静绝尘氛的世界里，当他和友人放眼远山、感受暮霭的空阔时，这些尘世的风烟渐渐淡去了，剩下的是一个“江滨寂寞”的世界。云林将“隔江”的“山色”过滤为一个静止的空间，一个释然的世界，在静止中拒绝了外在的喧闹，在寂寞中淡化了原来的冲动。万法本闲，而人自闹。此时“闹”止而心“闲”。正像云林所说：“生死穷达之境，利衰毁誉之场，自其拘者观之，盖有不胜悲者；自其达者观之，殆不直一笑也。何则？此身亦非吾所有，况身外事哉！”心中风烟常起，那是因为有搅动风烟的心魔。

云林创造艺术的寂寞世界，不是他喜欢孤山、瘦水、枯树、空亭，也不是他觉得这样的风格更有欣赏价值，他的寂寞的世界记载的是他关于生命的顿悟。尘世滔滔，给他的心灵带来了痛苦。他有诗云："江南帆影又江南，笑看群狙芧四三。""嗟余坠狙网，朝暮追四三。"狙公赋芧，朝三而暮四，众猴都发怒；朝四而暮三，众猴都高兴。在云林看来，尘世就是一个"狙网"，一个朝三暮四的地方，充满欲望的乱奏，没有准的。他在寂寞的世界里超越了这样的追逐。他有五十抒怀诗说："旅泊无成还自笑，吾生如寄欲何归？"[1] 人生是一个"客"，一个短暂的"寄儿"，一段焦虑的旅行，人生到底归向何处？它是无所归托又在不断寻找归途的过程。云林的《义兴异梦篇》，记载一个梦境："辛卯之岁，寅月壬戌，我寝未兴，户阖于室。爰梦鬼物，黯淡惨慓。或禽或角，或兽或狨，夔足骏奔，豕形人立，往来离合，飞搏跳掷，纷攘千态，怪技百出。予兹泊然，抱冲守一，廓如太虚，云敛无迹……"[2] 梦中的争斗，就是人世的缩影，而他要守淡泊之心，遁于云敛无迹的世界。他艺术中的寂寞无人之境，不就是这样的世界？

[清]沈颢　闭户读书图

〔1〕见倪云林《清閟阁集》卷五。
〔2〕见倪云林《清閟阁集》卷一。

倪云林有《江南春》诗及画，围绕这件艺术作品，明清两代很多艺术家曾有热烈的讨论。很多艺术家和其诗，仿其画，并以其诗意作画，抒发自己的人生感叹。其中有沈周、杜琼、唐寅、文徵明、王宠、陆治、仇英、祝枝山、钱谷、文嘉、文彭、王穉登等。钱谷跋说："云林江南春辞并画藏袁武选家，近来画家盛传其笔意，而和其辞者日广。"[1] 文徵明著名的《补倪瓒江南春诗意图》最为著名，今藏于上海博物馆，其中有浓浓的哀惋之意。

云林《江南春辞》有两首，第一首云："汀洲夜雨生芦笋，日出曈昽帘幕静。惊禽蹴破杏花烟，陌上东风吹鬓影。远江摇曙剑光冷，轱辘水咽青苔井。落花飞燕触衣巾，沉香火微萦绿尘。"第二首云："春风颠，春雨急，清泪泓泓江竹湿。落花辞枝悔何及，丝桐哀鸣乱朱碧。嗟我胡为去乡邑，相如家徒四壁立。柳花入水化绿萍，风波浩荡心怔营。"

诗如其画，古淡幽深。春辞中没有春色，落花如雨，柳絮飘飞，春风淡荡，燕翼差池，没有给他带来欢快，却引起他生命的叹息。短暂的人生，在茫茫的历史间，就像眼前的落花，倏然绽放，又倏然谢幕。所以，他在盎然的春意中，看到的是苔痕历历的井壁，屋檐下结满绿尘的蛛网，这些都是时间留下的陈迹，就连竹林中沾染的露水，也被他看成清泪涟涟。他听到了春水的呜咽，风吹丝桐，泠然作响，传出的却是哀鸣。云林《江南春辞》传达的是对"故乡"的思念，对生命不可把握的叹息。

云林的叹息震撼着后代艺术家的心灵。敏感的唐寅歌道："人命促，光阴急，泪痕渍酒青衫湿。少年已去追不及，仰看鸟没天凝碧。铸鼎铭钟封爵邑，功名让与英雄立。浮生聚散似浮萍，何须日夜苦蝇营。"温雅的文徵明也吟道："东风和梦杳无踪，起来自觅惊鸿影。彤帘霏霏宿余冷，日出莺花春万井。莫怪啼痕栖素巾，玉容暗作梁间尘。"而平淡的沈周则从苍莽的历史感中寻找人生的答案："故苑长洲

〔1〕郁逢庆《郁氏书画题跋记》卷十一。

改新邑，阿嬌一倾国何立。茫茫往迹流蓬萍，翔鸟走兔空营营。”〔1〕

由《江南春》的艺术吟唱中，可以寻觅出倪云林们寂寞之声的内在根源，那是一种深沉的人生感慨，是哀惋中无奈的超脱，叩寂寞而求音，这里有关于生命价值的回响。

第三，绝去爱憎。清代艺术家金农有一则很别致的画跋：

> 古人云：以怒气画竹，予有何怒而画竹！此军中十万夫也，胸次芒角，笔底峥嵘。试问舌飞霹雳，鼻生火者，可能乱画一笔两笔也。〔2〕

金农所举古人之语，乃明李日华评论画僧觉隐之语：“以喜气写兰，以怒气写竹。盖谓叶势飘举，花蕊吐舒，得喜之神；竹枝纵横，如矛刀错出，有饰怒之象耳。”〔3〕觉隐是元末明初僧人画家〔4〕。以喜气写兰、以怒气画竹，在明代以来的画坛很有影响。金农这里一反其意，并非指李论述不当，也不是对觉隐有微词，而是表达他的“无爱无憎”的思想。

“予有何怒”的诘问，其实也在中国哲学和艺术观念中存在。道禅哲学都有无爱无嗔的思想，庄子的“圣人无情”，禅宗的“无喜怒感”，以及像陶渊明的“纵浪大化中，不喜亦不惧”，都属这方面有代表性的观点。人非草木，孰能无情！人无情，天地都会寂寞；没有情感的人，生命也就失去了风帆。但是，人的情与理存在着矛盾，理溺于情，就难得平正之理；人的生命与情感也有矛盾，情感支配着人生，就易使人溺于欲望、恩怨、得失之叹、亲疏之别中，使人成为“网中之物”；为情感所束缚，还使人难以从具体的事物中超脱而出，去呼吸宇宙清

---

〔1〕这里所引诸家唱和，除沈周的和诗见于《十百斋书画录》卷十一，其余皆见于《郁氏书画题跋记》卷十一。

〔2〕《冬心先生画竹题记》，《美术丛书》一集第一辑。

〔3〕《佩文斋书画谱》卷十六引《紫桃轩杂缀》元僧觉隐妙语所云：“我以喜气写兰，怒气写竹。”然而李书无此则。非觉隐所说，乃李日华评觉隐画之语。

〔4〕觉隐亦工诗，其《睡起》诗云：“花下抛书枕石眠，起来闲漱竹间泉。小窗石鼎天犹暖，残烬时飘一缕烟。”颇为人称道。

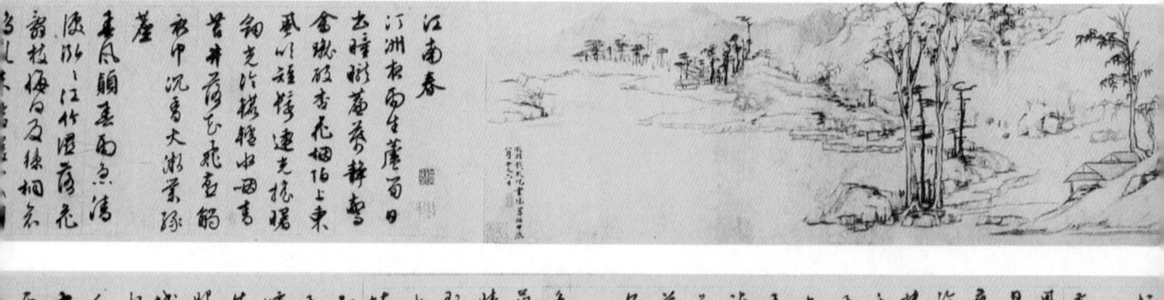

[明]文徵明　补倪瓒江南春诗意图

逸的气息。不爱不憎的无喜怒感，不是要做一个无情无义的人，而是要避免情感给人带来的伤害。

无喜怒感，使心如止水，不泛涟漪，构成了中国艺术寂寞无人之境的重要特色。金农将他的梅花出落得那样清逸，那样古拙：梅花如“煤花”，墨黑的花；如“默花”，沉默的花。没有妖艳的姿容，没有诱惑的形态，没有滔滔的陈说，更没有矫揉造作，而希望别人注意，那是一枝“无情的梅花”。八大山人将他的鸟鱼眼睛画得那样的奇怪，白眼珠多，黑眼珠少，黑眼珠朝上，不看人，无喜无怒，是一双“无情的眼睛”。而渐江的山水，给我的直接感觉，简直可以用“铁石心肠”来形容，气氛阴冷，墨黑如铁，山势成块面累积，直楞楞地立着，没有一丝柔肠，那真是一种“无情的山”。

我们还是从倪云林谈起。他有一组杂感诗，其中写道：“身似梅花树下僧，茶叶轻扬鬓鬅鬙。神情恰似孤山鹤，瘦身伶仃绝爱憎。”[1] 就像一朵梅花，虽清冷，无人爱怜，却暗自斟酌；像一只孤鹤，虽清瘦，孤独伶仃，但却有自由。绝去爱憎，恢复了性灵的清明。云林还有诗道：“戚欣从妄起，心寂合自然。当识太虚体，心随形影迁。”[2] 戚欣从妄起，人们的高兴和哀痛都是由妄念引起的，而在“寂”中，则平灭了一切冲突，归于平淡自然。他的“寂寞”的艺术是为了超越“戚欣”而作。他心目中的境界，是没有羁绊的放旷，没有爱憎的自由。他很欣赏黄公望的境界：“白鸥飞处碧山阴，思入云松第几层。能画大痴黄老子，与人无爱亦无憎。”[3]

以上三点都说明，中国艺术的寂寞之境是为了创造“无人之境”。然而，无人中有人，“总非人间所有”，又确是“人间所有”。如淡鹿在跋云林《南村隐居图》诗中所说的：“我爱溪头山色，还怜竹里风声。寂静无非人世，茅茨总是逃名。”寂寞的世界，就是人世的变奏。中国艺术中的“寂寞无人之境”，具有强烈的人生感和历史感；虽然不具现实生活描绘之特征，却具有“存在之价值”——透过人生活的外在表象，看生命的真实，追寻生命的意义。

恽南田将这样的境界称为“寂寞无可奈何之境”，这是一个很好的概括。寂寞的境界突出了两方面的精神内涵：不在场和无从着落。寂有灭的意思，寂灭，就是不存在，故寂寞有一种不在场的意思；寞，有一种无从着落的感觉，由无从着落，产生需要安慰和怜惜的愿望，但这是一种无法满足的愿望，因而怅惘是寂寞的重要特征。寂然不“在”，却有对“在”的回首；无从着落，又有需要怜惜的期望，由此才产生“无可奈何”的感觉。正因为“无可奈何”，才使得这寂寞的世界具有打动人心的力量。

从不在场的角度看，寂寞的境界，从繁华走出，从热烈走出，从喧闹走出，从艳丽走出，走向平淡，走向幽深，走向孤独，走向凄冷，就

---

〔1〕倪云林《清闷阁集》卷八，《江渚茅屋杂兴四首》之一。

〔2〕倪云林《清闷阁集》卷二。

〔3〕倪云林《清闷阁集》卷八，评黄公望之作。

是选择一种“缺场”，选择寂然的远逝。寂寞，是沉默的艺术境界，一个永恒的空缺。在中国艺术的意象世界中，寂寞在深山，寂寞在远水，寂寞在人迹罕至的地方，与现实“不相见”。人来到世界，就是“在场”，但现实的“在场”，又往往裹挟着人的情感、欲望、知识，很容易作一次撕裂的旅行。“在场”意味着对自己位置的确认，确认位置的努力，又会鼓荡起追逐名位的风帆，使人丧失真性，带来莫名的痛苦。寂寞与喧闹相对，喧闹在“相见”中产生，在“相见”中，情感的冲荡，欲望的澎湃，蝇营狗苟，尔虞我诈，怎一个“闹”字了得。寂寞的境界，让这一切都“寂然”而灭，任凭雨打风吹去，留下一片自由的空白。这种不相见感，成就了寂寞艺术的高逸情致。这样的高逸，是楚楚可怜的高逸，是不如从此归去的自我放弃，表达的是幽冷中自我安慰的情愫。

寂寞的境界，其实是关于“在”的顿悟。中国艺术的寂寞境界似乎在告诉人们，在，就意味着不在。艺术中选择寂寞，是将人拉向历史，在“历史的深渊”中，丈量生命的价值——去年花开颜色改，今年花开复谁“在”？就像“寥落古行宫，宫花寂寞红。白发宫女在，坐谈说玄宗”那首诗表达的感慨一样，权力和美貌乃至一切，都会随风远去，惟有墙角的花儿春来又寂寞地开放。中国艺术的寂寞境界，多是抚摩旧迹，一个如“潮打空城寂寞回”的抚摩。唐齐己《城中示友人》诗云：“雨破冥鸿出，桐枯井月还。唯君道心在，来往寂寥间。”唐吴融《春雨》诗云：“别有空阶寂寥事，绿苔狼藉落花频。”古井、冷月、枯桐、冥鸿，还有苔痕历历、落花如雨，诗人在寂寥的世界中，品味生命的流光逸影。此去寂寥寻旧迹，苍苔满径竹斋秋，倪云林的寂寞艺术就充满了历史感，不是对往昔事件的回顾，而是在寂寥的历史天幕上看生命。他的《春林远岫图》自题说：“我别故人无十日，衔烟亭子又重来。门前积雨生幽草，墙上春云覆绿苔。”苔藓过墙，幽草覆户，暮烟衔亭，都有时间老人的影子。一如“千年石上苔痕裂，落日溪回树影深”的感叹，都是将当下的生命放到“历史的深渊”中，去丈量其价值。

从无从着落感看，中国艺术创造这一千山鸟飞绝、万径人踪灭的寂寞境界，其实并不能将一切东西都“绝”“灭”。面对香气氤氲的世界，艺术家选择寂寞的无香境界，是无可奈何的。但寂寞不是死寂，如一潭死水，荡去了涟漪，空空的，没有任何色彩，寂寞是一种深层的勃动，人与绵延的时间照面，形成了极大的张力，这不是形式上的张力，而是心灵深层的呼应。水不流，花不开，就是一种凄冷的倾诉，它强化的是没有回音的感觉：欲呼唤而无从呼唤，欲交谈而无从共语，欲寻安慰而无人慰藉，期望的似乎永远失望，寻觅的却永无着落。寂寞的艺术，给人怅惘不已的感觉——落寞的心如空花飘零，淡淡的哀愁如潺潺的流水，一声叹息，千古心事，一时涌上心头。在无可奈何中，将这满腹心事、一腔愁怨，化作冷冷的月、萧瑟的木、孤飞的鸟、凄凉的水……

人不可能不接触人，也不能目对繁华视而不见，艳丽的西湖就在眼前，怎能不荡起心灵的涟漪！但寂寞的艺术告诉你，人的追求是无法满足的，脆弱短暂的人生命运是不可改变的，人无法出离生死之大海。佛教的轮回观念，就是强调一种“不死”感，以这样的信仰支撑心灵，弥补人生命的匮乏感。

我很喜欢云林自题《霜筠图》诗：“戊申十月十八夜，环缘轩中借榻眠。无影霜筠风细细，萤窗素练月娟娟。此生寄迹雁遵渚，何处穷源海刺船。染笔题诗更秉烛，语除香冷更凄然。”〔1〕这首诗有一种生命的无奈感，不可把握的感觉，寄迹人世的凄然。云林的冷画，画的是试图超越凄然人生的体验。他选择了清洁，选择了冷幽，是他无心去寻取，一切都不可挽回的逝去，一切都随水而东流，剩下的是千古的沉默。南田评云林画时说：“秋夜烟光，山腰如带，幽篁古槎相间，溪流激波，又淡淡之，所谓伊人于此盘游，渺若云汉，虽欲不思，乌得不思。”云林幽淡的描写，虽然远在天涯，渺在云汉，但还是使人感动莫名，心想停下来，不为其所动，但又怎么能停下来？一种无可奈何、无从着落的感叹直袭心头。清代词人况周颐说：“吾观风雨，吾览江山，常觉风雨江山之外，有万不得已者在。”他论词常言有“枨触不得

〔1〕《式古堂书画汇考》画卷卷二十。

[清]金农　梅花三绝

已”之论。寂寞哪里是死寂，有一种暗流在奔涌，有万般不能安抚的情愫在潺湲。

四、至静至深的宇宙

中国艺术的寂寞境界，还在于追求宇宙感的传达。

韦应物“万物自生听，太空恒寂寥。还从静中起，却向静中消”诗，曾引起后人的重视[1]，认为此诗有“玄通之理”。在我看来，此诗言寂寥境界，有三点值得注意：第一，寂寥之境是宇宙（太空）永

〔1〕宋葛立方《韵语阳秋》卷一说：“韦应物诗平平处甚多，至于五字句，则超然出于畦径之外。如《游溪诗》‘野水烟鹤唳，楚天云雨空’，《南斋诗》‘春水不生烟，荒岗筠翳石’，《咏声诗》‘万物自生听，太空常寂寥’，如此等句，岂下于‘兵卫森画戟，燕寝凝清香’哉。故白乐天云：‘韦苏州五言诗，高雅闲淡，自成一家之体。’东坡亦云：‘乐天长短三千首，却爱韦郎五字诗。’”清乔亿《剑溪说诗》又编云：“韦《咏声》诗：‘万物自生听，大空恒寂寥。还从静中起，却向静中消。’此乃静坐功深，领得无始气象，又在希夷、康节前也。较陶靖节‘纵浪大化中，不喜亦不惧’更入玄通。”宗白华先生也曾举此诗为中国艺术追求宇宙之理的例子。

恒的境界，是不增不减的绝对的本体，它是深的；第二，寂寥之境是静的，它由静中起，从静中消，是至静至深的境界，惟此“静”、“深”构成了寂寥之境的根本特点；第三，在寂寥之境中，万物自生听，一无障碍，世界自在活泼。第三层意思我在前文已有论述，这里谈前两个问题。

首先说“深”。

中国艺术追求宇宙感的传达，嵇康说：“目送归鸿，手挥五弦。俯仰自得，游心太玄。”陶渊明诗云：“俯仰终宇宙，不乐复何如。”王维诗云：“徒然万象多，澹尔太虚湎。”宋代僧人道灿诗云：“天地一东篱，万古一重九。”中国自古以来就有崇天的情结，中国艺术家也喜好在宇宙的纵深意义上讨论生命的价值。人生活在具体的时空

[清]渐江　西岩松雪图

中，是有限的、琐碎的、繁杂的、变化的，而宇宙是无限的、永恒的、绝对的、确定的，宇宙感由历史感超升上去，但历史感不能取代宇宙感，它是生命的永恒锚点，是生命的绝对解释，是一种亘古不变的真实，是人脆弱生命的最终依托。中国艺术家追求宇宙感，追求生命的永恒安顿，追求一个绝对的意义世界。

清戴熙说：“画令人惊，不如令人喜，令人喜不如令人思。”[1] 惊，睹新奇而产生；喜，由美感而兴起；而思，则是更深的心灵震荡。很多画使人一过而忘，惟有那些有深邃内涵的画，能留给人回味，启发

〔1〕《仿倪幻霞偶题》，《习苦斋画絮》卷十。

人的智慧，感发人的意志，将人潜藏的活力激发出来，随画中世界卒然高蹈。思，不是从画中得到一些概念，而是得到生命的启发，是智慧的获得。恽南田论画云："群必求同，同群必相叫，相叫必于荒天古木，此画中所谓意也。"看到大师的作品，使我感到"群"——唤起人似曾相识的感觉，他说出了我心中所思，唤起我的共鸣。而"同"则是妙然相合的境界，是"我欲与之归去"的心灵呼声，是两颗灵魂的絮语。此时此刻，我忘记了自己的所在，消解了我和对象之间的界限，所以有"叫"——叫是一种灵魂的震撼，"相叫必于荒天古木"——在荒天古木中，四际无人，空山荒寂，一人奔跑其中，对着苍天狂叫，万古唯此刻，宇宙仅一人！这个"叫"，就是戴熙所说的"令人思"，是一种深沉的宇宙感。

寂寥的永恒境界具有巨大的感发人心的功能。古人云："嗜寂者，观白云幽石而通玄。"中国艺术重视寂寞，在一定的程度上，是要在寂寞中追求万象之中的"玄"意，那种永恒的宇宙感。"总非人间所有"的寂寥境界，不是山高水长、花落鸟飞，而是地老天荒。

云林疏林廓落、寒水凝滞、远山遥施的境界，就是地老天荒的境界，读他的画，如穿过时光隧道，走向一个陌生的所在，所有现实的沾系都被过滤掉，那真是荒天苍古阒寂地。南田说读画，读到了妙处，"忽如寄身荒崖邃谷，寂寞无人之境。树色离披，涧路盘折，景不盈尺，游目无穷。自非凝神独照，上接古人，得笔先之机，研象外之趣者，未易臻此"。这个寂寞无人之境，就如同庄子所说的无何有之乡，独照古人，映射天地。云林《南渚图》自题诗云："南渚无来辙，穷冬更寂寥。水宽山隐隐，野旷日迢迢。"[1] 这寂寥之景，是永恒的天地。清盛大士评元高克恭的画时说："房山书画宗董、巨，中年专师二米，损益别自成家，评者至有真逸品之目。尝为李公略作夜山图，览之者真觉重山岑寂，万籁无声，龙漏将残，兔魄欲沉时也。"[2] 这也是一个寂寥的宇宙。

[1]《郁氏书画题跋记》卷八。
[2]《溪山卧游录》卷二。

前人说，水墨“肇自然之性，成造化之功”，或许可以这样说，水墨在很大程度上是满足中国画家对宇宙感的追求而创造的。清人戴熙深研水墨之趣，曾有这样浪漫的狂想：

> 尝欲以一滴墨汁，化作烟水迷漫，寂寂寥寥，浩浩淼淼，卷舒不定，飘渺无痕，使已得沉酣其际，足以怡魂，足以怿神，惜操技不工，未获开拓胸臆，陶写性灵耳。

水墨是一种宇宙的语言，现代画家赵无极、朱德群等曾尝试表达这样的境界。一滴墨汁在水中慢慢化去，没有定准，摇曳着，飘渺着，渐渐地，由有化于无，由近及乎远，由我们感官可及的世界，渐渐归于无极，归于无痕，归于寂寥，归于永恒。这正是倪云林、恽南田、戴醇士等的思路。敏感的戴醇士曾就画雪谈过这样的体会：“山明望松雪，昔人谓逸人畸士，极意画雪，欲藉以自明洁清，予则安能，盖鄙性喜冷淡中领取寂寞之趣耳。”雪的白和明，不是他表达的重点，因为这还是物质上的，他要在“冷淡中领取寂寞之趣”，他要追求永恒的宇宙精神。他有两段画跋极“令人思”：“青山不语，空亭无人，西风满林，时作吟啸，幽绝处，正恐索解人不得。”“崎岸无人，长江不语，荒林古刹，独鸟盘空，薄暮峭帆，使人意豁。”他的兴趣，只在这“幽绝处”，这正是他心心念念的宇宙感。

中国艺术家追求寂寥的境界，受到“寂为本体”哲学思想的影响。在佛学，寂就是无生，就是不动。《维摩经》卷上说：“法常寂然，灭诸相故。”又说：“寂灭是菩提，灭诸相故。”在佛学中，寂，是和差别的法相相对的概念，相灭而寂生。寂是一切法相境界的本体。所谓一切境相，本自空寂。如《法华经》上所说：“诸法从本来，常自寂灭相。”作为本体的寂，是没有生灭的；寂是不二的，它绝于对待。当然，它的意思不是先有这个体，由这个寂寥的本体生出相；寂，有灭诸相、远离诸相的意思，但也不意味是对诸相的否弃。大乘佛学的思路是即相即寂，体相不二。顺法身万象俱寂，随智用万象齐生。一切众生，无不具有觉性。灵明空寂，与佛无殊。

禅宗有一首著名的法偈：“有物先天地，无形本寂寥。能为万象

[清]恽南田　故园风物图

主，不逐四时凋。”所表达的正是佛学以湛然虚寂为本体的思想。《五灯会元》卷六记载，有一个僧人读《法华经》，读到“诸法从本来，常自寂灭相”时，“忽疑不决，行住坐卧，每自体究，都无所得。忽春月闻莺声，顿然开悟。遂续前偈曰：‘诸法从本来，常自寂灭相。春至百花开，黄莺啼柳上’”。他悟出了万物自生听、太空恒寂寥的宇宙感。禅宗推崇的寂然之境，所谓“摧残枯木倚寒林，几度逢春不变心。樵客遇之犹不顾，郢人那得苦追寻”，“一池荷叶衣无尽，数树松花食有余。刚被世人知住处，又移茅舍入深居”，湛然虚寂的境界，不起念，无住心，从而妙用恒沙。

其次说静。

“还从静中起，却向静中消”，中国艺术的寂寥之境，是一个静穆的宇宙。

中国文人画讲究静气，真可谓“早与青山作静缘”。看五代以来的中国画，扑面而来的是一股宁静的气息。厚重的范宽重视静，《溪山行旅图》中那深邃幽静的山谷，隔绝了人间的喧嚣。浑成的黄公望也追求静，你看他的名作《九峰雪霁图》，用墨笔创造了一个鲜净澄澈的琉璃世界，没有一丝火气，读这样的画，似乎灵魂都被洗涤一过。激情的石涛，在奔放的笔触中，将躁动慢慢地荡去，尤其到了晚年，几乎只留下一抹清影在画中。而老辣的程邃，用渴笔焦墨，满纸奔突，居然创造出一种地老天荒、万籁阒寂的宇宙。

笪江上《画筌》说："山川之气本静，笔躁动则静气不生。林泉之姿本幽，墨粗疏则幽姿顿减。"王石谷、恽南田作注道："画至神妙处，必有静气。盖扫尽纵横馀习，无斧凿痕，方于纸墨间，静气凝结。静气，今人所不讲也。画至于静，其登峰矣乎。"

王、恽二人以"静"为南宗画最微妙的因素，画有静气，就达到了登峰造极的地步。显然，他们所说的静，与一般人理解的宁静是有区别的。二位大师感叹当时画中"静气"的缺失。其实，今天这样的境界更罕有人言及，也少有人达至。

王、恽二人以"静"为南宗画最微妙的因素，画有静气，就达到

[清] 恽南田　双清图

了登峰造极的地步。南田还有对“静”的精彩论述，他将“静”上升到绘画创作的最高原则。他说：“意贵乎远，不静不远也；境贵乎深，不曲不深也。一勺水亦有曲处，一片石亦有深处。绝俗故远，天游故静。”“无公天机幽妙，倘能于所谓静者深者得意焉，便足驾黄王而上矣。”“十日一水，五日一石。造化之理，至静至深。即此静深，岂潦草点墨可竟？”他评曹云西之画云：“云西笔意静净，真逸品也。山谷论文云：‘盖世聪明，惊彩绝艳。离却静净二语，便堕短长纵横习气。’涪翁论文，吾以评画。”

南田所说的“静”，和一般所说的安静不同，与中国艺术论一般所说的“静气”也有不同。他所谓“天游故静”、“造化之理，至静至深”，都说明，他的静，是“宇宙的宁静”，一如韦应物所说的“太空恒寂寥”的宁静。

在中国哲学与艺术观念中，有三种不同的“静”，一指环境的安静，与喧嚣相对；二指心灵的安静，不为纷扰的事情所左右；三指永恒的宇宙精神，是没有生灭变化感的静，这是绝对平和的静。

前两种静很好理解，第三种静却不易把握。老子说：“致虚极，守静笃。万物并作，吾以观复。夫物芸芸，各复归其根，归根曰静，是谓复命。”归复生命的本根，或者说生命的本然状态，就达到了静，静是大道之门，与环境和心情的静完全不同。庄子将悟道所达到的最高境界称为“撄宁”，所谓“撄宁”，就是使心灵彻底宁静，这是无生无灭、无古无今的静。在佛教中，寂然不动叫做寂，断灭烦恼称为静。一般来说，佛教中的寂就是静，寂和静不分。佛教将断灭烦恼、归复寂静之本然状态，称为寂静门。

这第三层次的静，是一种永恒的寂静，也就是我们今天所说的宇宙感。中国画追求静气，在很大程度上，就是追求这样的宇宙感。所谓宇宙感，不是宇宙创造的法则道理，而是超越时空的活泼生命精神，它与人的直接生命体验有关。

中国艺术家热衷创造“山静似太古，日长如小年”的境界，很多人画过这样的诗境，云林画过，沈周画过，程邃画过，黄山画派的渐江、孙逸等都画过。其实，画家通过这两句诗，就是要体会宇宙般的寂静。沈周说："碧嶂遥隐现，白云自吞吐。空山不逢人，心静自太古。""山静似太古，人情亦澹如，逍遥遣世虑，泉石是霞居。"他在静中追求的"太古意"，就是一种永恒的宇宙感。文徵明说："吾亦世间求静者"，他所求的是深心中的平和、宇宙般的寂静，忘却时空，与天地万物同吞吐。

第四章
最高的巧是天巧〔1〕

大巧若拙是体现中国美学基本特点的理论命题之一。中国人重视“拙”的智慧，中国美学推重枯槁的美感。中国人对枯藤、残荷、老木、顽石等有一种特殊的情感，艺术家在深山古寺、枯木寒鸦、荒山瘦水中，追求生命的韵味，书画家喜欢在枯笔焦墨中追求“干裂秋风”式的境界，西方有些学者将中国园林假山称为“一些古怪的胡乱堆积起来的破石头”，中国人却认为其中包含着无限的美感。可以说，中国人发现了枯槁的美感，大巧若拙便是体现这一美学旨趣的简洁理论表达。

“大巧若拙”由老子提出。大巧，是最高的巧；拙，是不巧。最高的巧看起来像是不巧。大巧，或者说是拙，不是一般的巧，一般的巧是凭借人工可以达到的，而大巧作为最高的巧，是对一般巧的超越，它是绝对的巧。

这涉及老子关于自然和人工关系的思想。老子认为，最高的巧，可以称之为“天巧”，自然而然，不劳人为，拙就是夺天之巧。从人的

〔1〕“巧”和“拙”的问题是我数年来从事中国艺术论研究中考虑的问题之一，我曾在《中国美学十五讲》中谈到这一问题，那是一次讲课的记录，后来对此问题又作了重新整理，形成了本文的文字。

技术性角度看，它是笨拙的，没有什么“技术含量”；但从天的角度看，它又蕴涵着无上的美感，它是道之巧，具纯全之美。在老子看来，一般意义上的技术之巧，其实是真正的拙劣，是小巧，是出自人机心的巧。机心即伪饰，伪饰即不能自然而然。如果说它有什么巧的话，它也是局部的巧、矫情的巧。这样的巧是对自然状态的破坏，也是对人和谐生命的破坏。老子的拙，强调的是一种独立于人机心之外的自然本真状态，这是他自然无为哲学的组成部分。

乾隆宜兴窑梅桩笔筒

道家大巧若拙的哲学表述，将人为与天工两种截然不同的创造状态呈现于人们面前，前者是机心的，后者是自然的；前者是知识的，后者是非知识的；前者是损害生命的，后者是养生的；前者是造作的，后者是素朴的；前者以人为徒，后者以天为徒；前者是低俗的欲望呈露，后者是高逸的超越情怀。大巧若拙，就是选择天工，而超越人为。拙，从本体上说，它是道的体现；从生命体验上说，它是浑全而无分别的境界；从创造方式上说，它就是天工开物。

大巧若拙为道禅哲学所推崇，儒家也在某种程度上接受这一观点。围绕大巧若拙这一命题，中国美学形成了丰富的理论，中国美学民族特点的形成也与这一命题有关。这里讨论与这一命题相关的几个问题。

一、超越机心

拙是超越机心，达到偶然的兴会。

《庄子·天地》说，子贡南游楚国，返回晋国，过汉阴，见到一老翁浇菜园，抱着一个大瓮到井中灌水，吃力多而功效少。子贡说：你为什么不用水车呢，水车用力少而功效大。这老翁说了一段意味深长的话：“有机械者必有机事，有机事者必有机心。机心存于胸中，则纯白不备；纯白不备，则神生不定；神生不定者，道之所不载也。吾非不知，羞而不为也。”这里显然有拒绝机械、技术的偏颇，但这个故事的核心主要在反对机心，按照庄子的看法，因为用机械，就是一种机事，是机事，就会有机心，有了机心，就破坏心灵的“纯白”——纯而不杂、光明澄澈的心灵。正像嵇康《卜疑》中所说：“机心不存，泊然纯素，从容纵肆。”超越机心，是在恢复从容自由的生命状态，这一状态被技术主义束缚了。

机心就是巧，而纯白的境界则是道之拙。在中国美学看来，机心意味着：（一）它是一种目的性的活动。机心，就是有所期待。目的性的求取制约心灵的选择，它不是一种自由的创造境界。（二）它是一种知识的活动，人的理智、经验等构成了机心的发动根源，从而形成对生命真性的遮蔽。（三）它是一种依循法度而进行的活动，机心就意味“定法”，法定而澄明之心不存。

大巧若拙的美学观念强调对机心的超越：反对目的性的求取，强调偶然性的兴会；反对知识的盘算，强调当下的超越，知识的参与实与审美的深入成反比；反对先行存在的秩序，强调法无定法，审美不是对先行存在的法度的实现，而是自在、自由、无所依循的创造活动。南朝张融说“不恨臣无二王法，恨二王无臣法”，唐李北海说“似我者俗，学我者死”，石涛说“法无定，定无法”，都在破法执。为艺者，不能做随波逐浪人。

中国美学将审美体验定义为无意乎相求、不期然相会的心灵过程，即古代诗论家所说的“默会想象之表”，强调偶然性、瞬间性，强调可遇而不可求，因为可求就是目的性活动。而“遇”，则是一种偶然性的际遇。中国美学将偶然性当做彰显人原初生命活力的重要方式。在偶然性的际遇中，没有了遮蔽，没有了知识的干扰。

中国美学有不少与此相关的说法。

1、“无营”。这是一种没有心灵营算的纯粹创造方式。董其昌说：“古人神气，淋漓翰墨间，妙处在随意所如，自成体势。故为书者，字如算子，便不是书，谓说定法也。”[1] 事先盘算，就有刻意的成分，一

〔1〕《画禅室随笔》卷一，《中国书画全书》本。

刻意，就没有了自然，没有了拙。北宋苏洵的风水相激的说法很著名。他说："天下之无营而文生者，惟水与风而已。"[1] 风行水上，自然成文，是"无营"的，因为没有机心存在的地方，审美的超越仰赖于偶然的兴会。真正的创造不是"思"而致，而是"遇"而得，艺术的超越在自然的兴会——"机遇"中。石涛说，他的画，他的妙悟，"只在临时间定"，如果事先都想好了，自由就会遁迹。风行水上，就是让心灵自由地"游戏"，在真实的境界中"游戏"。南宋邓椿在评虚静（觉心）的画时说："虚静师所造者道也，放乎诗，游戏乎画，烟云水月，出没太虚，所谓风行水上，自成文理者也。"[2] 说的就是这个道理。

唐张怀瓘《书议》说："云霞聚散，触遇成形。"陈师道曰："善为文者，因事以出奇。江河之行，顺下而已。至其触山赴谷，风搏物激，然后尽天下之变。"[3] 苏轼提出"随物赋形"的观点，他说："吾文如万斛泉源，不择地皆可出，在平地滔滔汩汩，虽一日千里无难。及其与山石曲折，随物赋形，而不可知也。所可知者，常行于所当行，常止于不可不止，如是而已矣。其他虽吾亦不能知也。"[4] 行于所当行，止于所当止，所取乃在自然之势，而非人的机心所可逆料。[5]

2、不即。中国美学强调偶然性，强调"兴会"，认为真正的艺术创造是不可重复、不可逆料的，中国艺术家叫做"不即"。《二十四诗品·冲淡》云："素处以默，妙机其微。饮之太和，独鹤于飞。犹之惠风，荏苒在衣。阅音修篁，美曰载归。遇之匪深，即之愈希。脱有形似，握手已违。"不刻意求取，一刻意即落有为，一有为就破坏了物我之间微妙的契会，破坏了冲和淡雅的意致。放弃目的、理智、欲望的追

---

[1]《仲兄字文甫说》，见苏洵《嘉祐集》卷十五。

[2] 邓椿《画继》，《画论丛刊》本。

[3] 引见王世贞《艺苑卮言》卷一。

[4]《苏轼集》卷一百，《论文》（一作《自评文》）。

[5] 他在《与谢民师推官书》中说："所示书教及诗赋杂文，观之熟矣。大略如行云流水，初无定质，但常行于所当行，常止于不可不止，文理自然，姿态横生。"（《苏轼集》卷七十五）在评论孙位时说："唐广明中，处士孙位始出新意，画奔湍巨浪，与山石曲折，随物赋形，尽水之变，号称神逸。"（《书蒲永昇画后》，《苏轼集》卷九十三）

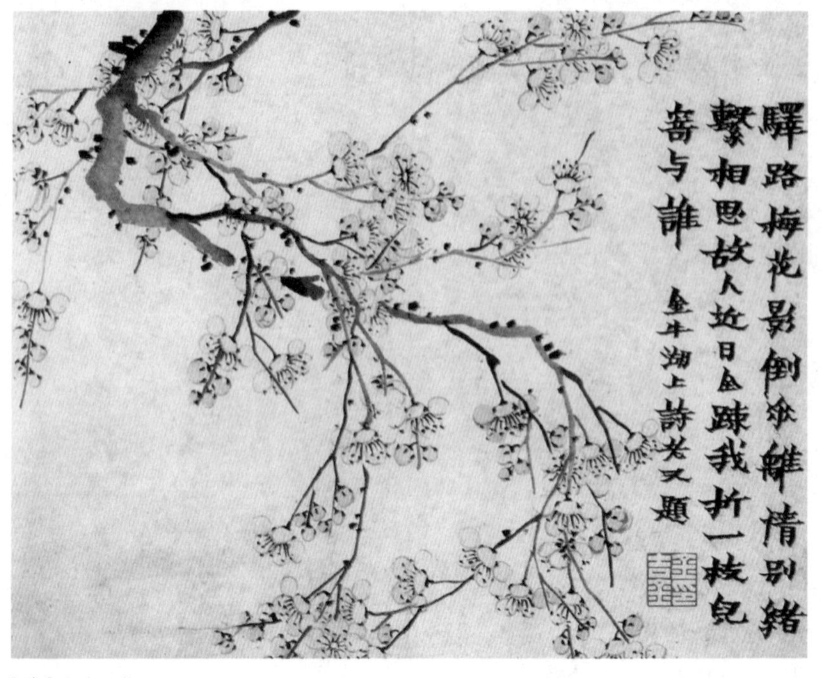

[清]金农　梅

求，就放弃了对“巧”的追求。诗人是以心去“遇”——无意乎相求，不期然相遇，而不是去“即”——孜孜以追求。因为一“即”就“希”，渺然而不可见；一遇即“深”，契合无间，意象融凝。

3、无心凑泊。“凑泊”出自人机心的活动，它是有意的、有目的的，所以不自由。董其昌说，艺术的高妙之境，在“无心凑泊处”见分晓。明末画家恽香山是倪云林画风的继承者，他说，“云林之妙，在无心凑泊处”，如果有心去追之，则失云林，如果从形迹上求云林，终不得云林，云林之妙，由自由心性中流出。南宋严羽认为唐诗的妙处在“不可凑泊”，如水中之月、梦中之影、相中之色、镜中之花，言有尽而意无穷，唐诗之妙，不是“做”出的——“做”出的，便是出自机心，而是心灵中“流”出的。

“无心”是中国艺术创造的大法。云无心以出岫，鸟倦飞而知还。有心为之则不得，无心为之则触之。柳宗元诗云：“四看天地下中流，岩上无心云相逐。”石涛曾画过一幅意味深长的《睡牛图》，并题有一诗：“牛睡我不睡，我睡牛不睡。今日清吾身，如何睡牛背？牛不知我睡，我不知牛累。彼此却无心，不睡不梦寐。”牛无念，我无念，无念处大千，不睡不梦寐。我作画如牛儿吃草，自在运行，不秉一念，不受一拘。

八大山人有“天心鸥兹”的印章，出自《列子》中的一个故事。故事说从前有一个住在海边的人，喜欢鸥鸟，每天早晨到海边，和鸥鸟玩乐，成百上千的鸥鸟落在他的身边，一点也不害怕。他父亲知道后，就对儿子说：“为我抓一只来，让我玩玩。”第二天早晨，此人照例到海边，但鸥鸟在他的头上飞来飞去，不再落下。因为此人这时有了机心，有了贪欲，有了目的，而鸟儿是忘机的。八大山人要做一只“天心”鸥鸟，与世界自在游戏。在中国艺术中，“忘机”成为一种境界，像唐代画家、诗人张志和号称“忘机鸟”，他的“江上雪，浦边风，笑著荷衣不叹穷”的讴歌，他的“乐在风波不用仙”的境界，就是无心。苏轼词云：“谁似东坡老，白首忘机。”这也在彰显一种无心的境界。

4、生辣。中国美学在创造方式中的生熟问题，其妙意也在巧拙之间。生和熟是一对概念，书画需由生到熟，又由熟到生。开始的生，因为技法不熟悉，故需要基本的技法训练，但当艺术技法相对熟悉之时，最容易成为技法的奴隶，还应该回到生，这就是熟外之生。中国艺术厌恶熟，认为熟就会俗、甜、腻，这样的艺术有谄媚之态。艺术太熟了就会为成法所拘，一切似乎都在人定之中，天心则无从着地。郑板桥有诗

[明]陈洪绶　杂花图

道："四十年来画竹枝，日间挥洒夜间思。冗繁削尽留清瘦，画到生时是熟时。"熟外求生，不做秩序的奴隶。董其昌说："画须熟后生。"熟外之生，破的就是机巧。生境，就是拙境。中国艺术家说，生辣处见真心，这个生辣，就是对机心的超越，对法度的超越，以法无定法之心，应会自然。

无营、不即、无心凑泊、生辣等说法，其要旨都在反对机心，反对目的性，这是大巧若拙美学观的重要内涵。

二、超越机巧

拙是超越机巧，达到天然的契合。

大巧若拙作为一个哲学命题，思考的中心问题是人工技巧和自然天全之间的关系，它是中国哲学中较早的对技术主义进行批判的代表性观点。

《庄子》中从超越机巧的角度，谈大巧若拙："铄绝竽瑟，塞瞽旷之耳，而天下始人含其聪矣；灭文章，散五采，胶离朱之目，而天下始人含其明矣。毁绝钩绳而弃规矩，攦工倕之指，而天下始人有其巧矣。故曰大巧若拙。"[1]技巧的发展，是文明进展的重要标志之一。在道家哲学看来，文明的发展，技术的进步，并不必然带来人的性灵解放。工具的发达，技巧的凝聚，技术方式的变革，由此基础上产生的对技术主义的迷恋，却构成了对人自然真性的压抑。庄子认为，人类文明就是追求巧的过程，但在这一过程中，人常常会忘记，巧只是工具上的便利，并不能解决人心灵中根本的问题，物质的巧并不能代表生命的体验。就像在工具理性发达的今天，人们有一种"文明空荒感"一样。道家提倡大巧若拙哲学，就是将人从知识的跃跃欲试拉回到天全的懵懂，由欲望的追求返归性灵的恬淡，从外在感官的捕捉回到深心的体悟。

庄子曾就庖丁解牛的故事，提出技进乎道的观点。技是知识的，工巧的，而道是天成的，是生命的圆融境界。"技进乎道"的"进"，

〔1〕《庄子·胠箧》，郭庆藩《庄子集释》本。

不是说道超过了技，而是说道是对技的超越、否弃和消解。道，就是拙。在著名的梓庆削鐻故事中，有一段关于“术”的对话，梓庆削木为鐻，有鬼神难测之妙，鲁侯就问他：“子何术以为焉？”他回答说：“臣工人，何术之有？”削木为锯，当然是一种技术性的工作，但这位工匠却否认这一点。他有自己的解释：“臣将为鐻，未尝敢以耗气也，必斋以静心。斋三日，而不敢怀庆赏爵禄；斋五日，不敢怀非誉巧拙；斋七日，辄然忘吾有四枝形体也。当是时也，无公朝，其巧专而外骨消；然后入山林，观天性，形躯至矣，然后成见鐻，然后加手焉，不然则已。则以天合天，器之所以疑神者，其是与！”他所获得的神妙莫测能力，不在技术性，而在心灵的斋戒涤荡，最终达到“以天合天”的境界，这里没有人工之巧，只有天地之巧，只有拙。得道的过程不是技术积累的过程，而是养生的过程；不是养得肉体生命的健康，而是养成内在生命的和谐圆融。

大巧若拙反对技术至上的思想，其核心是反对人为世界立法。在人为世界立法的关系中，人是世界的中心，人握有世界的解释权，世界在人的知识谱系中存在，这是一种虚假的存在。大巧若拙哲学，是要还世界以真实意义——不是人所给予的意义。

大巧若拙，作为中国美学的独特秩序观，不是依人理性的秩序去解释世界，而是以天地的秩序为秩序。如中国造园艺术的最高原则是“巧夺天工”，世界具有最美妙的秩序，人的一切努力就是悉心体会这样的秩序，去除心灵的沾滞，去契合它。用明计成《园冶》的话说，就是“虽由人作，宛自天开”。园林创造“虽叨人力”，但“全由天工”。园林是人的创造，是人工的，但园林的人工，强调无人工刻画痕迹，做得就像自然固有的一样，做得就像没有做过一样，这就是天工。不是“人饰”，而是“天饰”，才是中国园林的立园之本。

西方传统园林有一个内隐的原则，就是人是自然的主人，重人工，重理性；中国园林强调人是自然的一部分，与自然的密合成为造园的根本原则。西方传统的英式园林、法式园林，或是罗马式园林，都强调外在整饬的秩序，要求对称、整齐，符合其追求理性的趣味。但在中国则重视美丽的无秩序，力求体现大自然的内在节奏，表面上的无秩序隐藏着深层的秩序。铲平山丘，干涸湖泊，砍伐树木，把道路修成直线一条，把花卉种得成行成列，这是西方园林的创造方式。而中国园林强调的是“天然图画”。中国园林是造“曲”的艺术，多用曲线而少用直线，一湾流水，小亭翼然，小丘耸然，加之以灌木丛生，绿草满径，云墙，回廊，潺潺的小溪，体现出强调的野趣——自然本来的趣味。像江南园林的云墙，如绵延的长龙横卧于一片青山绿水之中，别具风致。

盆景：奇柯弄姿

排斥技术主义的思想，在传统美学中是占主流的。魏晋南北朝时期，重天然轻技巧的倾向就已初露面目。此时书论中提出天然、人工的分野，强调“天然”的颖悟，认为此一能力乃“神化之所为，非世人之所学”，要回到人的生命本源而创造，贬斥人工技巧能力。唐张彦远论画提出五等说：“夫失于自然而后神，失于神而后妙，失于妙而后精，精之为病也而成谨细。自然者为上品之上，神者为上品之中，妙者为上品之下，精者为中品之上，谨而细者为中品之中。”工整的技巧，落于下品。而影响深广的逸神妙能四品论，更强化了张彦远的观点，据黄休复《益州名画录》的解说，四品之中，一种“拙规矩于方圆，鄙精研于彩绘，笔简形具，得之自然”的逸格高居众品之上，成为艺术创作的最高范式，这一范式，就是不遵法度的“拙”的精神。而沦为第四品的能品，虽有技巧的完善，但人工的成分浓厚，走的是技术主义的道路，是所谓得人工之巧，失天性之拙，所以受到贬抑。

庄子的技进于道的思想成为中国美学的重要创造原则。北宋末年鉴赏家董逌论李公麟的画说：“伯时于画，天得也。尝以笔墨为游戏，不立寸度，放情荡意，遇物则画，初不计其妍媸得失，至其成功，则无毫

程邃“穆倩氏”印

丁敬“荔围”印

吴让之“吴熙载印”

丁敬“龙泓馆印”

发遗恨。此殆进技于道，而天机自张者耶。”[1] 又说：“由一艺已往，其至有合于道者，此古之所谓进乎技也。观咸熙画者，执于形相，忽若忘之……方其时忽乎忘四支形体，则举天机而见者皆山也，故能尽其道。”[2] 这里所说的“不立寸度”、“不计其妍媸得失”、“忽乎忘四支形体”，都是对技的超越，强调天机自放。在中国美学看来，艺术是心灵的游戏，不能为技术所左右。技术是艺术创造的手段，但创作者不能成为技术的奴隶，动辄操规矩，举绳墨，按形涂抹，倾心雕刻，计妍媸，较工拙，这样便会现笔墨之痕，难掩破碎之相，成为技巧的奴隶、法度的奴隶。中国美学强调“械用不存而神者受之”，不期于似而生意发之，游戏于笔墨而法度忘之，无适不往而窒碍破之，无心于巧而大巧得之，笔迹天放而不入畛域，持造化炉锤，秉天地神功，任其天放，随物赋形，行其所当行，止其所当止。

明董其昌等论南北宗，认为南宗以拙为法，北宗以巧为法，二者一走“化工”的道路，一走技术主义的“画工”道路。清沈宗骞谈到“化工”时说：“当夫运思落笔时，觉心手间有勃勃欲发之势，便是机神初到之候，更能引机而导，愈引愈长，心花怒放，笔记态横生，出

〔1〕《书伯时县霤山图》，《广川画跋》卷四，《中国书画全书》本。
〔2〕《书李成画后》，《广川画跋》卷四。

我腕下，恍若天工。”[1] 化工是无目的的，画工则有目的；化工是妙悟的，画工则没有放弃人工和知识；化工优游不迫，画工则伤于刻画；化工可冥然物化于对象之中，画工则是物我了不相类。他们又将工巧之类的艺术，加以“行家”的恶谥；将循拙法创作，称为“利家”之作。如董其昌认为仇英的画太用功，“刻画谨细，为造物拘”，这种全凭工力的画，被他归入“习者之流”。董其昌的拥护者、清人李修易说：“北宗一举手即有法律，稍觉疏忽，不免遗讥。故重南宗者，非轻北宗也，正畏其难耳。”[2] 沈宗骞还将重技巧之艺术称为有“作家气”，他说：“士夫与作家相去不可以道里计。”所谓“作家”之“作”乃造作之作，是有为，是机巧。而他们所提倡的创作方式是“不作”，“不作”而任由自然，由智慧去创造，而不是由机巧去创作。

中国美学中这绵长的反技巧传统，强化了美学中重体验的思想，但也造成了一些负面影响。如在绘画中，逸笔草草，不求形似，蔚成风气，高明者自臻高致，至其末流，则演变为胡乱涂鸦，以色貌色，以形写形之风全然抛弃，不从工夫中进入，而一味等待妙悟，阻碍了绘画的正常发展。清笪重光《画筌》指出：“画工有其形而气韵不生，士夫得其意而位置不稳。前辈脱作家习，得意忘象；时流托士夫气，藏拙欺人。是以临写工多，本资难化；笔墨悟后，格制难成。”所谓藏拙欺人的方式，的确是存在的。

三、荡涤机锋

拙是对机锋的荡涤，推崇淡然的美感。

拙，不是笨拙，而是不争，淡去欲望，荡尽风烟，解除知识的葛藤，扫去论辩的企望，在没有机心和机巧的心灵中，泊然自处，完然自足。巧是分别境，拙是大全境。大全之境，无对待，无冲突，平淡

[1]《芥舟学画编》卷二《山水·取势》，《画论丛刊》本。关于化工，多有是论，清恽南田在评一幅画时说：“全是化工神境，磅礴郁积，无笔墨痕，等令古人歌笑出地。”又说：“元人幽亭秀木，自在化工之外一种灵气。”
[2] 李修易：《小蓬莱阁画鉴》，《中国书画全书》本。

天然，自在呈露。

唐代《赵州录》有这样的记载，有僧问："二龙相争时，如何？"赵州从谂大师回答说："老僧只管看！"这个"只管看"，不是做一个看客，而是去除一切争锋的欲望，平和自处，淡然天真，所谓"不忮不求，何用不臧"！这就像老子所说的："夫唯不争，故无尤。"老子认为，水具有最高的智慧，柔弱而天下莫能与之争美，水的智慧，是一种无争的智慧。在道禅哲学看来，天尊地卑之说起，而天地无安；君子小人之别出，而人无宁处。人有分别心，必引是非起，于是，人内在的平衡被打破。道禅哲学提倡拙，在于回归内在生命的和谐，这样的和谐不是儒家温柔敦厚、过犹不及的协调，而是无冲突的和谐，其核心在于创造"天和"的境界。

《庄子·达生》所载呆若木鸡的故事，表达的也是荡去机锋的思想："纪渻子为王养斗鸡。十日而问：鸡可斗已乎？曰：未也，方虚憍而恃气。十日又问，曰：未也。犹应向景。十日又问，曰：未也。犹疾视而盛气。十日又问，曰：几矣。鸡虽有鸣者，已无变矣，望之似木鸡矣，其德全矣，异鸡无敢应者，见者反走矣。"没有争斗的欲望，则得"德全"，在愚钝中恢复自然淳朴状态，善斗者不斗，淡去争斗之心，故能立于不败之地。庄子反对人世间无情的争夺，他认为，争执由知识起，争执起，而大全破。他说："名也者，相轧也；知也者，争之器也。二者凶器，非所以尽行也。"其哲学的最高境界是"和之以是非而休乎天钧"，没有是非之心，就没有争斗，与天地同在，在天和的境界"休"乎性灵。

禅宗发挥大乘佛学的平等觉慧，强调平常心即道。所谓平常心，就是没有争夺的无分别心。这和道家所谓拙的智慧颇契合。禅门以"有诤则生死，无诤则涅槃"为要道，强调大道无对，诸法平等。"世上峥嵘，竞争人我"，一切冲突便由争起，平常心，就是将人从内在幽暗的冲突中拯救出来。春有百花秋有月，夏有凉风冬有雪，若无闲事挂心头，便是人间好时节，此之谓拙境。

中国美学重视这拙境，以下的观点便与此有关。

（一）老境。中国艺术推崇老境，画家说："画中老境，最难其俦。"

圆柏盆景　胡乐国制

画以老境为至高境界。园林创作以老境为尚。清袁枚说，他的随园最得老趣。老境为书法之极境，南唐李后主是一位书法家，他说："老来书亦老，如诸葛亮董戎……以白羽麾军。不见其风骨，而毫素相适，笔无全锋。"[1] 老境将机锋荡尽，唯存平和，如诸葛亮用兵，不动声色。董其昌说，书法的极境是"渐老渐熟，乃造平淡"[2]。书法的老境，即平淡的拙境。韩愈《送高闲上人序》："近闲师浮屠氏，一死生，解外胶，是其为心，必泊然无所起，其于世，必淡然无所嗜……其于书得无象之然乎。"[3] 在韩愈看来，僧人书法家高闲的艺术，就得淡然天真的老境。

在枯中追鲜活，在老中取韶秀。老境并不是对沉稳、博学的推崇，老境有天成之妙韵，具天籁之音声。老境意味着成熟和天全、绚烂与厚重、苍莽和古拙。在老境中，平淡，无色相，天真，淳朴，烂漫，衰朽中透出灿烂，平定中拥有智慧。看泰山石刻《金刚经》，感觉到的就是这样的老境。东坡论书法说："天真烂漫是吾师。"董其昌以此为"一句丹髓"，所强调的正是平淡天然中的灿烂，"烂漫"乃于"天真"中得之。

孙过庭《书谱》提出学习书法的三阶段说："至如初学分布，但求平正；既知平正，务追险绝；既能险绝，复归平正。初谓未及，中则过之，后乃通会。通会之际，人书俱老。""人书俱老"成为中国书法追求的崇高境界。老境是"达夷险之情，体权变之道"，是"思虑通审，志气和平，不激不厉，而风规自远"，在淡泊中有至味，在老境

〔1〕引见明王绂《书画传习录》卷一，《中国书画全书》本。
〔2〕董其昌：《画禅室随笔》卷一。
〔3〕《韩愈集》卷二十一。

中神融笔畅，翰逸神飞。书法的老境如明潘之淙《书法离钩》所形容的：“神之所沐，气之所浴，是故点策蓄血气，顾盼含性情，无笔墨之迹，无机智之状，无刚柔之容，无驰骋之象。若黄帝之道熙熙然，君子之风穆穆然。”在老境中，没有了风烟。

（二）枯境。中国艺术重枯境，山水画的天地，以枯山瘦水为主要面目。园林的假山，这些看起来没有生机的石头，在中国人看来，却蕴涵着葱郁的生命。假山于瘦淡中追丰腴，在枯槁中有韶秀。书法家却喜欢追求万岁枯藤的境界。清吴历说：“画之游戏枯淡，乃士夫之脉，游戏者，不遗法度，枯淡者，一树一石，无不腴润。”在他看来，游戏枯淡，成为艺术家的追求，因为在枯淡中有丰腴的生命。

北宋文学家苏轼也是一位画家，他留存的画作很少，今藏北京故宫博物院的《枯木怪石图》，是一幅选材很怪的作品，他不去画茂密的树木，却画枯萎衰朽的对象；不去画玲珑剔透的石头，却画又丑又硬的怪石。苏轼于此表现的正是大巧若拙的智慧。

苏轼说：“外枯而中膏，似淡而实浓”；“发纤秾于简古，寄至味于淡泊”。他以“绚烂之极，归于平淡”来概括这样的美学追求。从枯树来看，它本身并不具有美的形式，没有美的造型，没有活泼的枝叶，没有参天的伟岸和高大，此所谓“外枯”。但苏轼乃至中国许多艺术家都坚信，它具有“中膏”——丰富的内在含蕴。它的内在是丰满的、充实的，活泼的，所谓“画中不信有天机，细向树林枯处看”〔1〕。因为在中国哲学看来，稚拙才是巧妙，巧妙反成稚拙；平淡才是真实，繁华反而不可信任。生命是一顿生顿灭的过程，灭即是生，寂即是活。

大巧若拙的拙，并不意味枯寂、枯槁、寂灭，而是对活力的恢复。老子并不是一位怪异的哲学家，只对死亡、衰朽、枯槁感兴趣，老子认为，人被欲望、知识裹挟，已经失去看世界葱郁生命的灵觉。老子拙的境界，就是一任自然显现。如老子关于婴儿的论述，他具有一双鲜亮的眼睛，富有活力，纯真无邪，用这样的眼睛看世界，世界便会如其真，如其性，如其光明，在“小”中发现了广大，在“昧”中发

〔1〕元好问《题王维雪霁捕鱼图》，据《全金诗》，扬州诗局本。

东汉张迁碑

现了鲜亮。就像庄子所说的，拙恢复了生命的活力，如初生牛犊之活泼，在拙中，恢复了光明，如朝阳初启，灵光绰绰。

（三）古境。中国艺术好古，如在艺术题跋中，经常使用古雅、苍古、浑古、醇古、古莽、荒古、古淡、古秀等来评价艺术作品，有的人说这是中国崇尚传统的文化风尚所使然，其实这是误解。这里所说的“古”，不是古代的“古”，崇尚“古”，不是为了复古，所显现的是中国艺术的独特趣味。在世界艺术美学中，还没有哪个民族像中国这样对“古”（作为艺术境界）表现得如此神迷。它所追求的是古淡的精神、超越的情怀。它也是大巧若拙哲学的体现。

中国艺术家真是常怀太古心。古拙的境界是一种天真的境界（如书法中汉碑《张迁碑》），超越规矩法度，达到从容自由的境界。在古拙中，有一种老辣的意味，于老辣处见苍莽淳朴。中国书法强调要有金石气，拓片的斑驳、历史的风蚀给文字带来独特的美感，白字黑底，在沉寂中跳出，真可谓单纯的伟大、静穆的崇高，金石气就是一种古拙。

以上三境，体现的是无争的境界、平和的美感，中国美学重视平淡天然的思想，在大巧若拙哲学中找到了思想根源。

四、存养生命

拙是生命存养之方，强调回复生命的本然。

中国美学重视内在生命的体验，审美活动就是超越有限人生，而达到生命的飞跃。中国美学并不重视用审美眼光去认识外在的美，而强调内在生命的和融，审美活动是由人的整体生命发出的，生命颐养之学成为中国美学的重要内容，这是中西美学的重要差异所在。拙是生命存养之方。

拙如果说是一种生命存在的技巧，这一技巧就是去除技巧，复归于浑然无为的世界。中国美学将其作为生命颐养之道。明代艺术家陈继儒曾经打过这样的比方："笔之用以月计，墨之用以岁计，砚之用以世计。笔最锐，墨次之，砚钝者也。岂非钝者寿，而锐者夭耶？笔最动，墨次之，砚者静也。岂非静者寿，而动者夭乎？于是得养生焉。以钝为体，以静为用，唯其然，是以能永年。"[1] 这一条用笔、墨、砚三者来比喻人生境界，以拙为生命存养之方。它不是简单的趋利避害，而是放弃一切分别，独归于渊默之自然。中国哲学强调，藏巧于拙，用晦而明；寓清于浊，以屈为伸。为人要有退步的智慧，如老子所谓："明道若昧，进道若退，夷道若颣，上德若谷，大白若辱，广德若不足，建德若偷……"光明的道好像暗昧，前进的道好像后退，平坦的道好像崎岖，崇高的德行好像是低谷，最洁白的东西好像含着污垢，广阔无边的德行好像有所不足，刚健的德行好像软弱。这就是所谓"见小若明"的智慧。糊涂中有聪明，痴心中有智慧，拙是一种远离纷争之道，是一种生命颐养之方。唐代书法理论家张怀瓘《评书药石论》认为，书法艺术其实就是养生的艺术，首当以"大巧若拙，明道若昧"之心待之，心灵在混混穆穆中获得超越。

在庄子庖丁解牛的故事中，有这样的寓意：世界如一大屠宰场，人如何在这充满杀戮的世界中寻求生存的可能性，这才是养生达生之道的最后落实。护持生命不是延年益寿，而是自立于世界之中。保持自然之性，奉行无为之法，是避开机锋的根本途径。与欲望浮沉，最终必被欲望所害；处处藏有机心，最后反误了卿卿性命；得意于知识之途，最后必然会在知识的丛林中找不到人生的方向。在庖丁解牛这

[1] 见《小窗幽记》卷一《集醒》。

个故事中，一方面是处处暗含机关的世界，一方面是游刃有余、踌躇满志的心灵愉悦，形成了极大的反差，它突出了人生命超越的价值和意义。庄子说：“吾闻庖丁之言，得养生焉。”进技于道的拙道，是一种养生之方。

《庄子·养生主》开头的一段说：“吾生也有涯，而知也无涯。以有涯随无涯，殆已；已而为知者，殆而已矣。为善无近名，为恶无近刑。缘督以为经，可以保身，可以全生，可以养亲，可以尽年。”这是全篇之纲。人的生命是有限的，而知识是无限的，以有限之生命，追求无限之知识，就会将人弄得疲惫不堪，损害人的生命。护持生命的最好办法，就是放弃知识的索求。在生命与知识二者之间，庄子的选项是生命。养生，就是护持生命。护持生命，不是形体上的保养，而是精神上的陶养，或者说是精神上的超越。

庄子认为，重视知识、技巧不是养生、达生之途，而是一条戕害生命的路。《达生》中有这样的故事：“东野稷以御见庄公，进退中绳，左右旋中规。庄公以为文弗过也，使人钩百而反。颜阖遇之，入见曰：稷之马将败。公密而不应。少焉，果败而反。公曰：子何以知之？曰：其马力竭矣，而犹求焉，故曰败。”东野稷因为巧差点丢了性命。《徐无鬼》中说了一个聪明猴子的故事：“吴王浮于江，登乎狙之山。众狙见

黄杨木梅树纹笔筒　金农题

[明]陈洪绶　高隐图卷（局部）

之，恂然弃而走，逃于深蓁。有一狙焉，委蛇攫抓，见巧乎王。王射之，敏给搏捷矢。王命相者趋射之，狙执死。”其他“笨”猴因笨而得逃，独这只灵敏逞能的猴子丢了命。

尚拙是恢复生命本明的活动，恢复生命的“美丽精神”。这一理论之所以有持续的影响力，与中国文化的发展特点有关。中国历史从一定程度上说，是战争的历史。战争，培养了特有的生活方式，也出现了特别的智慧。战争促进了武器的发展，也刺激了战争式的智慧产生，中国历史上计谋的高度发达，其实大多是在战争直接刺激下产生的。孙子兵法、三十六计、司马法、诸葛亮十六法等等，这样的计谋之书充斥于社会。兵不厌诈，兵以诈立，欺骗的手法，在兵家是常事。孙子提出的以利诱敌深入，声东而击西，明明要打却表现出不打，明明不打却又像马上出征的样子，等等，都可以说是诈术。计谋当然为用兵之不可或缺，但老谋深算到阴鸷的地步，就损害了人的精神。历史上，老子哲学由本来的清净无为而至汉代以后变成一种权谋的武器，就说明中国文化浸润于机心的程度。机心、权谋、厚黑、潜规则的流行，损伤了中国文化“年轻的心”，或者如宗白华所说，损坏了中国文化的“美丽精神”。

宋苏辙认为，拙就是摆脱心灵的困境，赢得心灵的清明，告别腐朽和谋算，独存纯粹与天真。他说："古语有之曰：大辩若讷，大巧若拙。何者？惧天下之以吾辩而以辩乘我，以吾巧而以巧困我。故以拙养巧，以讷养辩，此又非独善保身也，亦将以使天下之不吾忌，而其道可长久也。"〔1〕巧是困我之术，拙有助我之功，唯守拙方有长久之道，方能养得心中一团和气，方能从重重罗网中突围。

在中国美学中，拙还被当做提升生命境界的重要方式。中国美学以拙为至高的生命境界，拙意味着平淡、真实、自由、原初。故陶渊明诗云："少无适俗韵，性本爱丘山。误落尘网中。一去三十年。羁鸟恋旧林。池鱼思故渊。开荒南野际。守拙归园田。"归去的是他生命的园田，他的"拙"的世界。并不是农耕牧歌更适合他，而是自然率真的境界更适合他的生命栖居。在这里，他感到倚南窗以寄傲、审容膝之易安的愉悦，领略木欣欣以向荣、泉涓涓而始流的光华。杜甫有诗云："杜陵有布衣，老大意转拙"，又说："养拙江湖外，朝廷记忆疏"，"用拙存吾道，幽居近物情"。拙就是他的大道，他的生命栖息之所。孟浩然有诗云："运筹将入幕，养拙就闲居。"他在闲适的境界中，颐养心性。明谢榛有《自拙叹》诗道："千拙养气根，一巧丧心萌。巢由亦偶尔，焉知身后名？不尽太古色，天末青山横。"在拙的境界中，把玩青山白云的意味。

中国美学归复于拙，其核心在建立生命的本然真实，以这一本然的真实去印认世界，而不是以知识去分别世界。正像庄子中《达生》中关于吕梁丈夫蹈水的故事所说的，吕梁丈夫之所以蹈激流而无险，在于故、性和命。这位神奇的人说："吾生于陵而安于陵，故也；长于水而安于水，性也；不知吾所以然而然，命也。"故、性、命，说的都是人的本然。故，强调原来所具有，庄子认为，"生者，德之光"，每个人的生命都有这光芒，只是常常被欲望和知识遮蔽。性，强调本然真实。而命，如林希逸《庄子口义》所说的，强调的是自然之理、天的秩序。三者一，而侧重点有所不同。大巧若拙思想的核心就是回到

〔1〕《栾城集》卷二十二。

生命的原初境界，这是一种澄明的心灵本体。

大巧若拙哲学，破机心、技巧、机锋，强调回复生命的本然拙态，认为拙才是颐养生命之方，突出显现了中国哲学对人类“文明”反思的智慧。此一思想培养了中国人独特的艺术精神和审美趣味。但这一理论也有其局限性。重拙道、轻知识的思想，已经在中国文化历史发展中造成其负面影响。知识和智慧，并非完全对立，转知为智，当为正途；对技术主义的排除，也在一定程度上助长了艺术创造中藏拙欺人的风气，如浙派绘画就有这样的毛病，清人李修易说：“浙派之失有四，曰硬、曰板、曰秃，曰拙，肇于戴进，成于蓝瑛。”（《小蓬莱阁画说》）这样的拙就是笨拙了；一味提倡守拙的境界，也弱化了生命的张扬和外在的进取。

第五章
萧散之谓美

引子：由《石门颂》谈起

中国最早的书法理论家东汉蔡邕说："书者，散也。欲书先散怀抱，任情恣性，然后书之。"书法的妙道，在一个"散"字——"散"（抒发）其精神怀抱，"散"（散漫）其笔画形式。二者又是联系在一起的，精神上的自由潇洒，方能使笔下无疑，放旷高蹈；形式上的从容闲荡、散漫流衍，才能得精神纵肆逍遥之妙。

一个"散"字，既是中国书法的无上等咒，也是中国艺术的崇高艺术境界。

在中国，欲论书法，多推汉碑，汉碑之妙，《石门颂》可谓尽得之。这块东汉时的碑刻文字，隶体中带有草意，极具腾挪之美。其字体随石势婉转，开张迁移，如鹤飞凌空，极有"飘"意。杨守敬《平碑记》评说："其行笔真如野鹤闲鸥，飘飘欲仙，六朝疏秀一派，皆从此出。"且笔势松而不紧，涩而不滞，大气磅礴，神明于法度之外，极有"野"意。清张祖翼所说的"然三百年来习汉碑者不知凡几，竟无人学《石门颂》者，盖其雄厚奔放之气，胆怯者不敢学，力弱者不能学也"，正在其笔力伸展，不易轻为。这一"飘"一"野"，正得蔡邕

东汉石门颂碑

所说的“散”之妙道。《石门颂》是中国书法“散”的典型。明清以来之所以为书道所重，其中包含着中国艺术家一篇“散”的大文章。

散，在中国艺术论中又称萧散。萧散，汉语中指精神上的无拘束、气氛上的萧瑟凄清。在中国艺术中，萧散是一个重要的概念。它用以指艺术家从容潇洒的生命态度，指不为法度拘束的逍遥境界，并成为重要的艺术批评标准；它还是宋代以来人们所追求的文人意识的重要内涵，所谓“士夫气”，就是对萧散简远艺术特质的强调，而影响深远的艺术中的南北宗论，也以萧散为最高审美理想。

明李日华在题杜琼《南村别墅图》册时，谈到吴门画派形成的原因：“昭代画法石田作狮子吼，而衡山诸公纵横棒喝盛矣。然曹源一滴，用嘉先生（按，指杜琼）开之也。接元之萧散而不失唐宋之缜密。奄有子久、叔明、仲圭三家之长而上窥董巨，此册其印心经也。”[1] 李日华认为，唐宋以缜密擅场，而元画以萧散见长，萧散和缜密相对而言，一重视法度，一脱略秩序，二者旨趣大异。晚明以来艺术领域对元画的推崇，其实在很大程度上是重其脱略规矩的发展方向。

萧散与绵密的、丰腴的、谨严的、世俗的、甜腻的风气不同，具有不经意的、散淡的、没有人工雕琢痕迹的、疏朗萧瑟的、痛快淋漓的境界特征，虚和萧散，平淡天然，自然天放，不忸怩，不造作，不虚张声势，空灵淡远，静谧幽深，它所体现的是道禅哲学的气派。萧散，还是中国艺术推崇的“山林气象”的重要境界特点，如“竹里柴扉掩，庭前鸟雀行。萧散烟霞晚，凄清天地秋”，是诗家胜境，也是艺中高境。萧散是山林的，而不是庙堂；是纵肆的，而不是约束；是随意自适的，而不是有目的的追求。它在无秩序中，建立起一种自然而然的秩序。它是中国哲学天工开物思想在艺术领域的体现。

在中国美学史上，人们论萧散之格者，于诗推陶渊明、王维、孟浩然、韦应物、柳宗元、陆游等，所谓“作诗须从陶、柳门庭中来乃佳。不如是，无以发萧散冲淡之趣”[2]，“而萧散之气犹可掬者，陶元亮也”[3]，“王右丞、孟浩然、韦苏州诗，读之有萧散之趣”[4]；于画则推倪云林、黄公望、董其昌、八大山人、恽南田等等，萧散是绘画中所谓宋元气象的重要境界特征，所谓云林之作，无一笔不萧散，即指此；于书则推钟繇、褚遂良、杨凝式、宋四大家等等，由此与那些过于强调法度的书风相区别，明末清初以来的尊碑抑帖的风气中，萧散风格还被许为汉魏碑刻的重要特征。

对萧散境界的提倡，反映了中国美学的一种风尚，其核心在于超越人工秩序、追求自然风韵。它是中国美学从秩序中逃遁思想的重要体现。

---

〔1〕见《中国古代书画图目》二，151 页，上海博物馆藏。

〔2〕见［南宋］魏庆之《诗人玉屑》，上海古籍出版社，1978 年。

〔3〕《宋濂集》卷八十三《补遗》之八。

〔4〕［明］胡应麟《诗薮》外编四引薛君采语。

一、关于“萧散”的概念

萧散作为一个艺术批评概念，其形成大约在北宋时期，但这一概念的基本内涵却导源于《庄子》。《庄子·人间世》讲一“散木”的故事：

> 匠石之齐，至于曲辕，见栎社树。其大蔽数千牛，絜之百围，其高临山，十仞而后有枝，其可以为舟者旁十数。观者如市，匠伯不顾，遂行不辍。弟子厌观之，走及匠石，曰：“自吾执斧斤以随夫子，未尝见材如此其美也。先生不肯视，行不辍，何邪？”曰：“已矣，勿言之矣！散木也，以为舟则沈，以为棺椁则速腐，以为器则速毁，以为门户则液樠，以为柱则蠹。是不材之木也，无所可用，故能若是之寿。”匠石归，栎社见梦曰：“女将恶乎比予哉？若将比予于文木邪？夫柤梨橘柚，蓏果之属，实熟则剥，剥则辱；大枝折，小枝泄。此以其能苦其生者也，故不终其天年而中道夭，自掊击于世俗者也。物莫不若是。且予求无所可用久矣，几死，乃今得之，为予大用。使予也而有用，且得有此大也邪？且也若与予也皆物也，奈何哉其相物也？而几死之散人，又恶知散木！”

这里提出“散木”和“散人”两个概念，“散木”是一种无用之木，因为它无用，所以能保全性命，得其终年。而有用之木，却不得其生。庄子由散木的智慧，说大巧若拙的道理，说无用“散人”的智慧。散，是散淡、疏散、涤荡，“散”去一切束缚，超越一切秩序。庄子认为，要做一个“散人”，关键在有“散心”，有散淡的态度，有不为功利欲望、知识压迫的自由灵魂。庄子认为，“天下尽殉”，人为物役，人与世界处于紧张的对峙之中，人与世界的关系，很“紧”，很憋屈。庄子提出“散”的大智慧，极具启发意义，他要将人的精神世界真正地“散”出来。中国美学“萧散”的理论就是以此为直接理论根源的。

庄子的“散人”境界，成为后世文人之雅范。苏轼有诗云：“请君置酒吾当贺，知向江湖拜散人。”所谓“江湖拜散人”，指的是唐代诗人陆龟蒙，他自号江湖散人，又号天随子，为人散淡，终生不仕，优

东汉乙瑛碑

游于江湖之间，是一个自由洒脱的人。《幼学琼林》上所说的“无系累者，曰江湖散人”，说的就是他。历史上以散人为号者很多，如唐代司空图的好友崔道融自号为“东瓯散人”，元代诗人刘秉忠号藏春散人，道教中的白玉蟾号武夷散人，等等。以至后人称潇洒倜傥的人为“散人”，如陶宗仪《南村辍耕录》卷八说：“黄子久散人，自号大痴，又号一峰。”

萧散，之所以成为中国艺术的理想境界，和艺术家欲挣脱现实生活中的束缚有关。许多艺术家愿意成为滔滔江海一散人，“沈潜于怀抱之间，萧散于天人之际”[1]，放旷高蹈，自在风行，就是因为现实生活给人太多的束缚。他们与其说是要追求散漫的趣味，倒不如说为了安顿被压抑的灵魂。散怀一丘，俯仰高蹈，古诗所谓“风云一萧散，身世两无累”、“世间萧散更何人，除非明月清风我”云云，崇尚萧散，带有强烈的灵魂拯救的意味。

“萧散”这一艺术概念，以庄学为基础，又融入了禅宗的思想。萧散也是中国佛教尤其是禅门所提倡的心灵境界。“萧散人物外，晃朗免绸缪”，乃是佛门中人向往之高致。《高僧传》卷八记载：“释慧隆……汝南周颙目之曰：隆公萧散森疏，若霜下之松竹。”栖居山林的禅僧们，多以萧散自勉。慧能弟子永嘉玄觉说：“逍遥山谷，放旷郊廛。游逸形仪，寂泊心腑。恬澹息于内，萧散扬于外。”禅门很多人要做“林间萧散处，世外一闲人”，纵情于天地之间，“萧散纵横，不取不舍”[2]。布袋和尚的“左一布袋，右一布袋，云行天下，纵横自在”的精神，百丈怀海的“绿杨芳草春风岸，高卧横眠得自由”的境界，都是一种萧散。

中唐以后，随着道禅哲学的兴盛，“萧散”渐渐从一般性概念发展为一个具有相对清晰理论内涵的美学概念。其中，苏轼是一个关键人物，是他丰富了这一概念的基本内涵，将其发展为一个美学概念。

苏轼在《黄子思诗序》中有一段著名论述：

> 予尝论书，以谓钟、王之迹，萧散简远，妙在笔画之外。至唐颜、柳，始集古今笔法而尽发之，极书之变，天下翕然以为宗师，而钟、王之法益微。至于诗亦然。苏、李之天成，曹、刘之自得，陶、谢之超然，盖亦至矣。而李太白、杜子美以英玮绝世之姿，凌跨百代，古今诗人尽废，然魏、晋以来高风绝尘，亦少衰矣。

在苏轼之前，欧阳修认为，作画贵有“萧条淡泊”之意，“古画画意不

---

〔1〕《艺文类聚》卷二十一引梁丘迟《思贤赋》。

〔2〕《宗镜录》卷三十六。

画形”。所谓“萧条淡泊”，意思就是“萧散”。欧阳修这一观点被视为文人画的开山之语，看来，人们所说的“士气”、“士夫气”（即文人意识），一开始就带有萧散的意味。苏轼思考的是萧散与法度之间的关系。苏轼质疑唐人尚法度的书风，他认为，颜真卿、柳公权固然有大创造，但过于倚重法度，丧失了钟王“萧散简远”的风味，显露出一定的人工痕迹，伤害了自然天成的美。在谈到诗歌时，苏轼不是贬低奇文郁起的唐代诗歌，而是思考其所失。唐诗重法，一如唐代书法，近体诗严厉的诗法当然有独特的韵律美，但要说到自然天成，似乎又有所憾。

苏轼当然不是要复古，而是思考这样的问题：时代的发展是否就意味着艺术向前推进，艺术表现方法的多样化、形式法度的缜密化是否就意味着艺术境界的提升？法度谨严、形式多变的艺术固然有其价值，但丧失天真的、疏散的、活泼的原初意味，又是遗憾的。苏轼以“萧散简远”为高风绝尘的艺术境界，是要借萧散的艺术表达，恢复生命的原初气息和自然本真的美。

苏轼将“萧散”发展为一个基本的批评标准。如他关于欧阳询和褚遂良的评论：“凡书象其为人。率更貌寒寝，敏悟绝人，今观其书，劲险刻厉，正称其貌耳。褚河南书，清远萧散，微杂隶体。古之论书者，兼论其平生，苟非其人，虽工不贵也。”“清远萧散”的褚家书法高于欧阳率更的严谨局促，就在于他神明于法度之外。苏轼曾作一书法偈，推崇萧散境界：“而此字画，平等若一。无有高下，轻重大小。云何能一？以忘我故。若不忘我，一画之中，已现二相，而况多画。如海上沙，是谁磋磨，自然匀平，无有粗细。如空中雨，是谁挥洒，自然萧散，无有疏密。”苏轼认为文同为艺之妙，正在萧散中：“友文与可，非今世之人也，古之人也。其文非今之文也，古之文也。其为《超然》辞，意思萧散，不复与外物相关，其《远游》、《大人》之流乎？”苏轼的萧散之境，与他提倡的风行水上、自然成文的美学思想是一致的，他所谓“吾文如万斛泉源，不择地皆可出”，常行于所当行，止于不可不止，随物赋形，不劳人力，自然天成，表现了与“萧散”境界相近的精神。苏轼有诗云：“左手持蟹螯，举觞瞩云汉。天

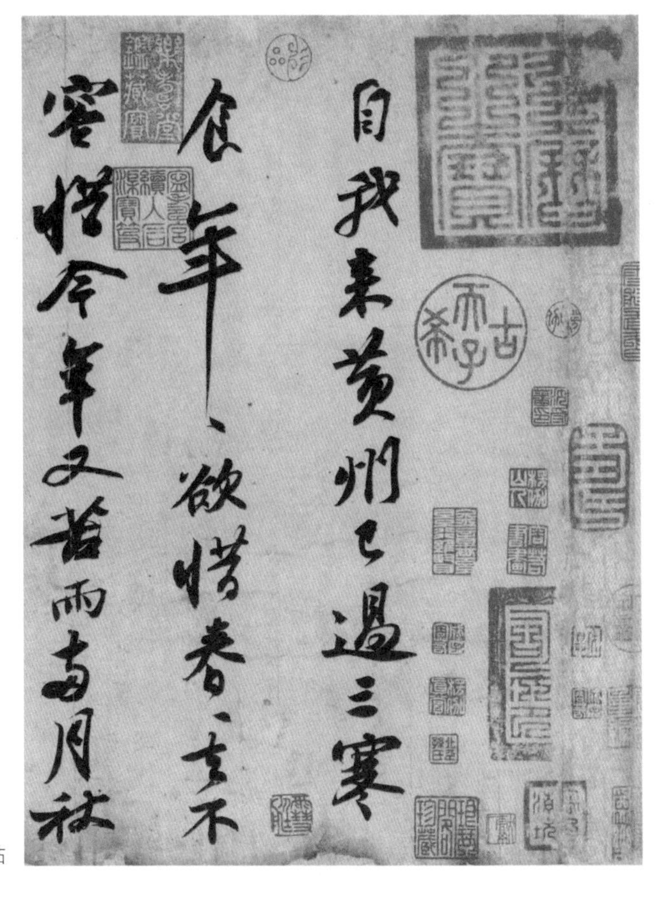

［宋］苏轼　寒食帖

生此神物，为我洗忧患。山川同恍惚，鱼鸟共萧散。客至壶自倾，欲去不得闲。”[1] 这种“鱼鸟共萧散”的境界，正是庄子式的“散人”情怀。

苏轼认为，萧散境界的形成关键在于“散”，不是对外在世界的排斥，而是存一颗散淡的心。这是苏轼在庄禅哲学影响下提出的一个很有意思的问题。《雪堂问潘邠老》一文详细陈述了他这方面的思考。文章从“苏子”得到一块地、建一处房子写起，房子建成时，正逢大雪之日，故命之曰“雪堂”。主人好雪，堂的四壁画的都是雪，主人日在雪中游。有客至，问道：“子世之散人耶？拘人耶？”在客人看来，主

〔1〕《苏轼集》卷二十七。

人并没有达到“散人”的境界。于是客人就给他讲“散人之道”：“夫禹之行水，庖丁之投刀，避众碍而散其智者也。是故以至柔驰至刚，故石有时以泐；以至刚遇至柔，故未尝见全牛也。予能散也，物固不能缚；不能散也，物固不能释。”人之所以为外物所缚者，其原由并不在物，而在于心。“散”的关键是解除心中的执著。

于是客人和“他”讨论“藩”——束缚的问题，在客人看来，“夫势利不足以为藩也，名誉不足以为藩也，阴阳不足以为藩也，人道不足以为藩也，所以藩子者，特智也尔”，外在的世界并不是羁绊的根本，真正的羁绊来自于“智”——人的内心，人心灵不自由，所在皆

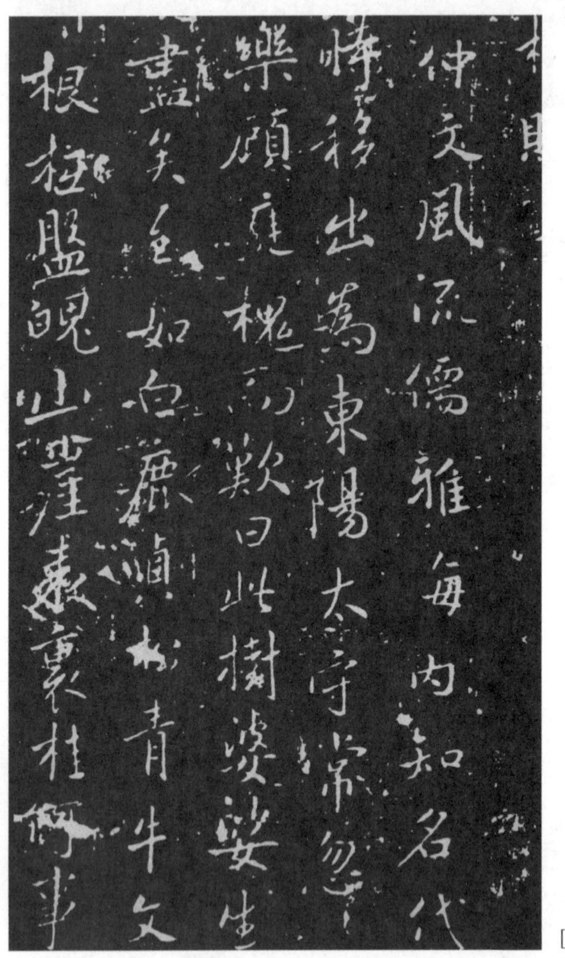

［唐］褚遂良　枯树赋

是拘束。禅宗四祖道信向三祖僧璨求解脱之道，三祖反问道：“谁缚你？！”人心灵的不自由，是自己所造成的。客人由雪堂的命名阐述这方面的道理：“人之为患以有身，身之为患以有心。是圃之构堂，将以佚子之身也，是堂之绘雪，将以佚子之心也。身待堂而安，则形固不能释，心以雪而警，则神固不能凝。”自心的清净才是根本，靠外在的引发则又落于下尘。一番话使主人恍然大悟：“是堂之作也，吾非取雪之势，而取雪之意；吾非逃世之事，而逃世之机。吾不知雪之为可观赏，吾不知世之为可依违。性之便，意之适，不在于他，在于群息已动，大明既升，吾方辗转一观晓隙之尘飞。”

这篇文字将“散人”和“拘人”相对言之。其实大凡人来到世上，都不免要做一个“拘人”，要受到理性、习惯等的束缚，就像禅宗所说，人在“网”中，只有妙悟的人，才能从网中脱出，成为“透网之鳞”。如柳宗元诗所云：“步登最高寺，萧散任疏顽。”而要做一个“散人”，关键是心中无所挂碍，无念无住，如同慧能针对法性寺中有关风动幡动的争论所表述的那样，不是风动，不是幡动，是人的心动。苏轼推崇的是一种彻底的解脱，一种随意所适的境界，没有“藩人之物”，只有“藩人之心”。

“散”去秩序，在晚唐以来中国美学的发展中，成为一种潮流，它反映了中国美学的一种新的发展方向：从秩序中超越，从形似中超越，从法度中超越。所谓“若便风神萧散，下笔便当过人”，萧散的心灵可释放出无穷的创造力，非斤斤于法度者所能梦见。尤其在禅宗影响下，北宋以来艺术领域对法度的讨论，一种无法而法的活法思想渐渐成为主流观念，“萧散”境界在这样的理论背景中，渐渐为更多的人所注意，并形成一种追求萧散的美学风气。

如在书法中，以萧散矫正过于重视法度之流弊，在书学界很有影响。明代项穆说宋四家的书法为“邪”派，认为他们不重法度，乖离正道。与这样的正统观念不同的是，宋以来书学界以“散”为书之妙境。黄山谷说，杨凝式的书法“如散僧入圣”，所谓“乍看如散漫无纪，细玩则自有条理可寻”。而元杨维桢被称为一位书坛的“散僧”。袁宏道说徐渭之书法，乃“八法之散圣，字林之侠客”。凡此，都可以

［明］陈洪绶　山水扇面

看出人们对“散”的推崇。

宋代以来书家喜欢将晋唐书风加以比较，认为晋书以虚和萧散胜，不是没有法度，法度自在萧散之中，不露痕迹。杨慎说：“晋贤草体虚淡萧散，此为至妙。”〔1〕而唐人尚法，多露痕迹，这是其特色，也是其弱点。明汤临初《书指》说：“唐自欧、虞、褚、薛而下，迨乎颜、柳，亦犹诗之有晚唐矣。二公见前代作者法度森然，不师其意而泥其迹，乃创作一体，务以雄健加人，遂使晋、魏萧散温润之风一切委地。”宋代以来的尚晋之风，不仅体现在书论上，在诗学上也是如此。如宋唐子西说：“诗至玄晖语益工，然萧散自得之趣，亦复少减，渐有唐风矣。于此可以观世变也。”〔2〕

董其昌也是在理论上提倡萧散境界的重要人物。他论画分南北宗，崇南抑北，他所谓南宗画，就是以萧散为重要特点的。正像董氏的密友陈继儒所说的：“山水画自唐始变，盖有两宗，李思训、王维是也。李其传为宋之王诜……王之传为荆浩……李派板细无士气，王派虚和萧散，此又慧能之禅，非神秀之禅也。”〔3〕在陈继儒看来，王

〔1〕《墨池琐录》卷二。

〔2〕《苕溪渔隐丛话前集》卷二。

〔3〕据张丑《清河书画舫》载，《中国书画全书》本。

维以来一脉南宗真传，就在虚和萧散中。

董其昌对元画尤其是倪云林推崇倍至，非常注意元画的萧散风韵。他说：“云林高士，残山剩水，瘦石枯株，墨萧淡而气浓，笔疏散而意厚。”云林的画不以工夫胜，而以天真古淡胜，在疏散萧淡之中自有妙韵在。云林自己也说：“下笔能形萧散趣，要须胸次有筼筜。”[1] 董其昌谈到沈周临摹的一幅云林之作时说：“石田先生于胜国诸贤名迹，无不摹写，亦绝相似，或出其上。独倪迂一种淡墨，自谓难学。盖先生老笔密思，于元镇若淡若疏者异趣耳。独此帧萧散秀润，最为逼真，亦平生得意笔也。”[2]

[明]董其昌　秋山寒士图

董其昌论书也推萧散，《画禅室随笔》卷一云：

> 唐林纬乾书学颜平原，萧散古淡，无虞、褚辈妍媚之习，五代时少师特近之。
>
> 吴用卿得此。余乍展三四行，即定为唐人临右军。既阅竟，中间于渊字，皆有缺笔，盖高祖讳渊，故虞褚诸公，不敢

[1]《题画竹》，倪云林《清閟阁集》卷八。
[2]《画禅室随笔》卷二。

> 触耳。小字难于宽展而有余，又以萧散古淡为贵。顾世人知者绝少。能于此卷细参，当知吾言不谬也。
>
> 此卷用笔萧散，而字形与笔法，一正一偏，所谓右军书如凤翥鸾翔，迹似奇而反正。迩来学黄庭经、圣教序者，不得其解，遂成一种俗书。彼倚藉古人，自谓合辙，襟毒人心，如油入面，带累前代诸公不少。余故为拈出，使知书家，自有正法眼藏也。

董其昌对斤斤于法度的书风很反感，认为此是“俗书”，缺少精神气象，是形式的奴隶。他认为作书要得萧散古淡之韵，要有凛凛的气度，有精神腾挪的空间。他对唐人虞世南、欧阳询、褚遂良等多有讥评，主要在于他们缺乏萧散的风韵。

综上可知，萧散作为一个艺术批评范畴，发端于庄子哲学，至宋元时正式成为一个艺术批评术语，在明清以来的艺术领域有较大影响。其理论核心是对秩序的逃遁。

二、文人意识与萧散

苏轼在《跋宋汉杰画三则》之一中说：“观士人画，如阅天下马，取其意气所到。乃若画工，往往只取鞭策皮毛槽枥刍秣，无一点俊发，看数尺许便倦。汉杰真士人画也。”苏轼第一次提出“士人画”和“画工画”的区别，“士人画”有一种“俊发”——超越于形式之外的精神气度，如同画万马奔腾，略其玄黄牝牡，取其意气而已。东晋哲学家支道林爱马，人问其故，他说：“贫道重其神骏。”苏轼的意思也正是如此。苏轼认为“士人画”中必须有“士夫气”，就是不为法度拘束的萧散历落精神。“士人画”不是“士人”所画，而指萧散历落的精神。

在北宋以来的艺术史上，文人意识的流布是与萧散境界的提倡密切相关的。这里辨析两个相关的问题。

一是隶家的问题。董其昌说：“赵文敏问道于钱舜举：‘何以称士气？’钱曰：‘隶体耳。’画史能辨之，即无翼而飞，不尔便落邪道，愈工愈远。”〔1〕董其昌以钱选的回答为理解绘画的关键，而钱选的话过于简省，引起理解上的歧异，明代以来艺术史上曾有争论。主要有两种观点，一是认为钱选的“隶体”指的是隶书之体，于是一些人从隶书书法特点上寻求解释；一是认为指的是“隶家体”，隶就是奴隶，士气中包含着类似“奴隶”的反庙堂意识。这样的争议其实延续的是中国美学中的反秩序思想，以“隶体”为士气，就包含超越秩序的观念。

《唐六如画谱》曾引元王思善《士夫画》中的一段话：“赵子昂问钱舜举曰：‘如何是士大夫画？’舜举答曰：‘隶家画也。’子昂曰：‘然观之王维、李成、徐熙、李伯时，皆士大夫之高尚，所画盖与物传神，尽其妙也。近世作士夫画者，其谬甚矣。”〔2〕《唐六如画谱》是一部伪书〔3〕，所引王铎的话可靠性很成问题。不过，明代艺术论中不乏“隶家”的说法。如高濂《遵生八笺》说：“所谓士气者，乃士林中能作隶家画品，全在以神气飞动为法，不求物趣，以得天趣为高。”高濂为明代戏剧家，生于嘉靖初年，创作活动主要在万历前期。他明确以“隶家画品”为“士气”的根本。明代著名书画家詹景凤《跋饶自然山水家法》说：“山水有二派，一为逸家，一为作家，又为之行家、隶家。逸家始自王维……作家自李思训、李昭道……至于兼逸与作之妙者，则范宽、郭熙、李公麟为之祖……”〔4〕这里也提到了“隶家”的问题。这说明在明代时，艺坛的“隶家体”的说法就比较流行了。

“隶家”本来是对下等人的称呼。宋洪遵《翰苑遗事》说：“国朝因仍旧制，翰林学士分日遍直夜入宿，以备著撰。日再而更，遇锁院不前，同日晏禁中。连遣走隶家召至，则皇城门将闭矣。”梨园之内，行家、隶家（又称戾家）之说由来已久。一般认为，赵子昂曾有分此二家之说。清黄幡绰等《梨园原》前有《胥园居士赠黄幡绰先生梨园原序》云：

〔1〕董其昌《容台集》卷三。

〔2〕《格古要论》也有此段话，所引稍别。

〔3〕据谢巍先生考证，此书当为唐寅所辑，见《中国画学著作考录》，314页，上海书画出版社，1978年。

〔4〕《明代院体浙派史料》，93页，上海人民美术出版社，1985年。

无锡寄畅园一角

> 赵子昂曰："戏曲，良家子弟所扮演者，谓之'行家生活'；娼优所扮者，谓之'戾家把戏'。"或问其故，予曰："戏文者，出于鸿儒、硕士、骚人、墨客，其所作者，娼优岂能扮乎？推其门，正其理，娼优故以为戾家也。良家子弟扮者，虽亦有风花雪月，然均合乎情理。"[1]

行家为文人之戏，隶家为倡优之戏。赵子昂的文集中并无此说，此说出于流传。但所表达的思想显然在明代以来就有热烈的争论。清代戏剧理论家焦循《剧说》卷一说：

> 周挺斋论曲云："良家子弟所扮杂剧，谓之'行家生活'；倡优所扮，谓之'戾家把戏'，盖以杂剧出于鸿儒硕士、骚人墨客所作，皆良家也，彼但是优岂能办此？故关汉卿以为：'非是

〔1〕据《中国古典戏曲论著集成》本，中国戏剧出版社，2007年。

他当行本事、我家生活，他不过为奴隶之役，供笑献勤，以奉我辈耳。子弟所扮，是我一家风月。’虽复戏言，甚合于理。”

周挺斋为元高安人[1]，历史上一般认为行家、隶家之说出于赵子昂[2]，而焦循则说出之于周氏。此中所引关汉卿之说在戏剧界很有影响，所谓凡为戏人，都是奴隶之役，演戏都是演我一家风月。虽然戏剧乃至艺术多出自文人之手，从身份上说，他们是“良家”，从手段上说，他们作艺是“行家”，但作为良家、行家的文人，需要有“士人气”，需要有“隶家气”——不是奴隶般低声下气的作派，而是磊落不群的精神，那种与庙堂之气、行家之气相抗衡的气度。关汉卿的话不是模糊行家、隶家之间的界限，而是拈取一种内在的精神，戏剧人以“隶家”法相激赏，高扬萧散的文人情怀。如《盛明杂剧序》：“顾渚臧先生向为大盟主，未追于兹。余友沈林宗急起任之，续千古一快事。尚留余地，待我后人。以集中数家为之首。林宗执麈尾示余曰：‘如某某那得不传？’曰：‘昭代新声明，戾家把戏十倍！信如关汉卿

［元］倪云林　水竹居图

〔1〕周挺斋《论曲》一书有明万历刻本。

〔2〕李调元《雨村剧话》卷上说：“赵松雪子昂云：院本中有娼夫词，名曰绿巾。虽有绝佳者，不得并称乐府。如黄幡绰、镜敬磨、雷海青皆古名娼，止以乐名呼之，亘世无字。今赵明镜讹传赵文敬，张酷贫讹传张国宾，皆非也。又云：良家子弟所扮杂剧，谓之行家生活。倡优所扮，谓之戾家把戏。盖以杂剧出于鸿儒、硕士，所作皆良家也。彼娼优岂能办此。”（中华书局，1940 年石印本）

所云：'《简兮》遗意耳！'"

书画艺术中的行家、利家之论本之于戏剧。明何良俊《四友斋画论》说："我朝善画者甚多，若行家当以戴文进为第一，而吴小仙、杜古狂、周东村其次也。利家则以沈石田为第一，而唐六如、文衡山、陈白阳其次也。"又说："衡山本利家，观其学赵集贤设色与李唐山水小幅，皆臻妙，盖利而未尝不行者也。戴文进则单是行耳，终不能兼利，此则限于人品也。"利家，就是元代以来戏剧界所说的"隶家"。明代以来在书画艺术界"隶家"（利家）渐渐发展成为一种与工夫相对的概念，是一种与"作家"气、"行家"气相对的艺术气质。

对钱选"隶体耳"争论的另一种观点，则是认为"隶"乃是隶书之义。其实，董其昌就是这样理解的。他说："士人作画，当以草隶奇字之法为之，树如曲铁，山似画沙，绝去甜俗蹊径，乃为士气。不尔，纵俨然及格，已落画师魔界，不复可救药矣。若能解脱绳束，便是透网鳞。"他所谓"草隶奇字之法"作画，并非指在技术上吸取书法草书和隶书之体的方法，而是取超越形式规范的精神，做一条透网之鱼，从规矩中逃遁出来。他有《小昆石壁图》，其自题云："前人自款时之写意，盖云写字之意也。画不尽用写法，钱舜举为赵魏公道破，曰士夫画者隶体，正是写耳。"[1] 藏于台北故宫博物院的钱选《兰亭观鹅图卷》上，有董其昌题跋："钱舜举，宋进士，赵吴兴以先进事之，常问士大夫画于舜举，舜举曰：隶法者是。吴兴甚服膺之。及其自为画，乃刻画赵千里，几于当行家矣。古人作事不肯造次，所谓人巧极，天工错。不独赋家尔尔也。"[2] 钱杜《松壶画忆》说："子昂尝谓钱舜举曰：如何为士夫画，舜举曰：隶法耳。隶法有异于描，故书画皆曰写，本无二也。"他所理解的隶法，也是隶书之体。他认为，隶法不同于"描"，而是"写"，描是形式上的工夫，而"写"者，泻落心灵也。其精神也与董其昌相合。

[1] 本为陆平恕旧藏，《董其昌画集》著录，第十四幅，上海书画出版社，1989年。

[2] 钱选《兰亭观鹅图卷》世传有二本，一在台北，一在美国大都会博物馆。董其昌题跋在台北藏本上。

历史上隶书就有“奴隶之书”的意思，《说文解字》说：“秦烧经书，涤荡旧典，大发吏卒，兴役戍，官狱职务繁，初为隶书，以趋约易。”隶书与小篆相比，小篆为官方之书，隶书为民间之书；小篆为正体，隶书为变体；小篆书写速度较慢，而隶书书写速度较快；小篆象形程度高，而隶书改变了小篆的象形格局，是向更简易的书写符号发展的根本标志；小篆结体圆转，工巧程度高，而结体扁平的隶书工巧程度低，等等。《法书要录》卷七说：“卫恒祖述飞白，而造散隶之书，开张隶体，微露其白，拘束于飞白，萧洒于隶书，处其季孟之间也。”

综上所考，可以看出，元代以来以“隶”解“士气”，突出了萧散的精神气质。有几层涵义：第一，以发抒一己情性为核心，表“一家风月”，“泻”自我心灵。第二，强调在庙堂之外的创造，这和士夫气所强调的山林气象正相合。第三，这种“戾家把戏”超越技术工巧的追求，不以行家里手为特点，从既定的规矩中逃遁开去。元代以来以“隶体”追求为趣尚，反映了道禅哲学影响下的新的美学追求。

二是逸格的问题。唐宋时期，以逸神妙能四品品艺蔚为风尚。四品标准的确立，反映的根本精神就是超越工巧、强调性灵抒发的途径。它所表现的精神与萧散是一致的，就是对秩序的逃遁。

关于逸品的典范解释是北宋黄休复《益州名画记》的论述：“拙规矩于方圆，鄙精研于彩绘，笔简形具，得之自然，莫可楷模，出于意表。”离方遁圆、超越规矩成为逸格的基本涵义。逸，就是逸出规矩之外，就是野放而不可牢笼，也称野逸，又称疏野。逸就是“殊有傲睨万物之容”，如《二十四诗品》“疏野”一品所谓：“惟性所宅，真取不羁。控物自富，与率为期。筑室松下，脱帽看诗。但知旦暮，不辨何时。倘然适意，岂必有为。若其天放，如是得之。”逸品是一天放的境界，是无所羁绊的风度。这样的逸，就是萧散。所谓“解衣任盘礴，览物适萧散”。

清人恽南田对此论之甚精。他论艺独推逸格，他所谓“逸”就是萧散之趣。他说：“不落畦径，谓之士气；不入时趋，谓之逸格。”又说：“萧散历落，荒荒寂寂。有此山川，无此笔墨。运斤非巧，规矩独拙。非曰让能，聊行吾逸。”逸格具有萧散历落的美，其根本特点就是偭规矩、去工巧，无所羁绊，纵肆逍遥，是对凡常秩序的逃遁。真正的逸是大巧若拙的体现。他说："逸品其意难言之矣，殆如卢敖之游太清，列子之御泠风也。其景则三闾大夫之江潭也，其笔墨如子龙之梨花枪，公孙大娘之剑器。人见其梨花龙翔，而不见其人与枪剑也。"是挣脱一切束缚之后的性灵飞舞。

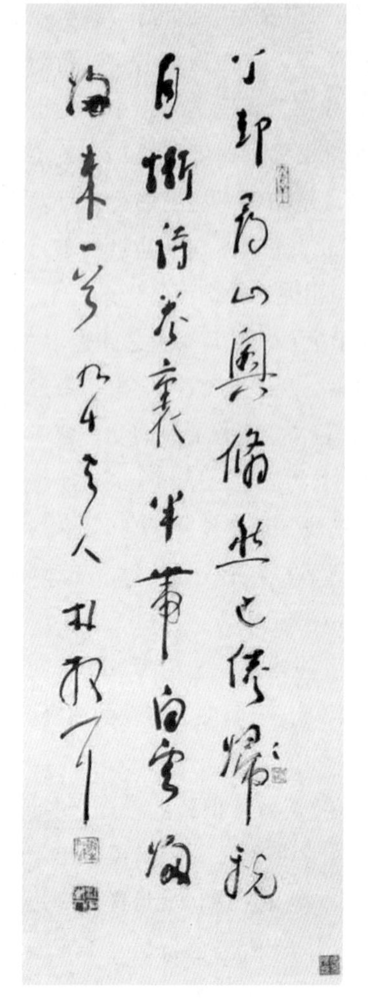

林散之书法

在中国艺术批评史上，逸品的出现，就伴随着求萧散自由的美学精神。南北朝时，艺术批评中就有人工和天然的争论，南朝齐王僧虔《论书》云："宋文帝书，自谓不减王子敬。时议者云：天然胜羊欣，工夫不及欣。"南朝梁庾肩吾《书品》论书以工夫和天然二者评论书家，论其品第。[1] 书法没有工夫，必无所成，然而书法是一种艺术，是一种心灵的艺术，光有工夫难成大器，必佐之以悟力，而且与工夫相比，人的内在悟力甚至比工夫更为重要，艺术创造必须超越工夫。这样的思想发展到唐代渐渐成为主流。唐李嗣真《后书品》继承庾肩吾等的观点，以上中下三品品书，但在三品之外，另立逸品。将李斯、张芝、钟繇、羲之和献之五位绝代书英列为逸品，逸在这里具有超群绝伦的意思。而书画理论家张怀瓘《画品

[1] 如《书品》说："疑神化之所为，非人世之所学。惟张有道、钟元常、王右军其人也。张工夫第一，天然次之，衣帛先书，称为草圣。钟天然第一，功夫次之，妙尽许昌之碑，穷极邺下之牍。王工夫不及张，天然过之。天然不及钟，工夫过之。"

[清]恽南田　夜雨初霁图

断》列神、妙、能三品，每品分三格，九格之外“有不拘常法”之作，列为逸品。[1]至此，艺术史上方有逸、神、妙、能四品之目。

中唐以来的艺术史上，出现了推崇逸品的趣尚，其中明显反映了道禅哲学影响下的深层次追求。逸神妙能四品中，逸品处于最高的位置，并不意味其具有至高的艺术成就，而是反映出一种不拘常法、逃遁秩序的审美趣味。朱景玄《唐朝名画记》列王墨、李灵省、张志和三人为逸品，三人并非是唐代最有成就的画家，而都具有萧散历落的情怀。王墨“性多疏野……醺酣之后，即以墨泼，或笑或吟，脚蹙手抹。或挥或扫，或淡或浓，随其形状，为山为石，为云为水。应手随意，倏若造化”；李灵省“落托不拘捡……但以酒生思，傲然自得，不知王公之尊贵。若画山水竹树，皆一点一抹，便得其象，物势皆出自

〔1〕唐朱景玄《唐朝名画记》序言说：“以张怀瓘《画品断》神、妙、能三品，定其等格，上中下又分为三。其格外有不拘常法，又有逸品，以表其优劣也。”张氏《画品断》已失传。

然”；而号为烟波子的张志和是位优游萧散倜傥人。可以说，此三人并非以自绘画上的崇高成就而得逸品之名，而是以其性格落拓不羁、不为规矩束缚而得。

同样的情况也出现在有关“徐熙野逸，黄家富贵”的讨论中。自北宋郭若虚在《图画见闻志》中提出这一观点，便引起了艺坛的浓厚兴趣。徐熙是五代时江南一位江湖野逸之士，是张志和、陆龟蒙、船子和尚之类的高人，他以一笔“落墨花”而著称于世，“志节高迈，放达不羁，多状江湖所有汀花野竹、水鸟渊鱼”。而作为宫廷画家的黄筌及其子居宷，“多写禁御所有珍禽瑞鸟，奇花怪石”。徐熙的画有江湖野逸之态，黄家之画有庙堂的富丽之姿。在很多艺术家看来，徐、黄的差异不仅是出身背景、绘画方式的区别，更是两种不同艺术心胸的差异，在重天然轻工夫、重神似轻形似的中国艺术的主流思想中，其轩轾则是不言而喻的。徐熙的逸品风范，与倪云林的“逸气”一脉贯通，也与董其昌等提倡的一超直入如来地的南宗正脉冥然相契。

因此可见，文人意识要有“隶气”、逸气，其实就是萧散之气。

三、萧散之美

萧散具有独特的审美特点，概括起来主要有以下几点：

第一，天和之美。

像一堆柴薪，不加捆束，虽然有些乱，但却也有散的妙处。中国艺术重萧散，反对的是捆束感。如书论上说，“草书忌横直分明，横直多则如积薪束苇，无萧散之气”。在中国美学看来，捆束是人为的，而萧散则是天成的。在这个意义上说，萧散就是由人工返天工，由工巧返古拙，由雕琢返归自然之趣，体现出天和的美。

中国艺术重萧散，是道法自然哲学的产物。如云水一样散漫，风来水上，自然成文，云过长空，飘渺无迹，此乃自然之萧散，也是艺道之关键。故前人以“萧散精神一片云”来形容萧散的美。归于自然之真性，不忸怩，不装腔作势。画家陈淳有诗云：“野竹自萧散，幽兰亦错杂，清风一披拂，雅韵互相答。”[1] 这种散淡的美不知征服了多少中国艺术家的心灵。

中国诗人、艺术家常以“萧散”来概括自然而然的特点。宋曾巩有《古诗》云：“想当林间月，独写山中泉。此乐非外得，肯受世网牵。我亦本萧散，至此更怡然。偏怜最幽处，流水鸣溅溅。”[2] 宋人张抡《踏莎行》词下片云：“云片飞飞，花枝朵朵。光阴且向闲中过。世间萧散更何人，除非明月清风我。”宋晁补之《满庭芳》词有云：“闲说秋来，乘槎心懒，梦回三岛波间。便思黄帽，同我老山颜。上界仙人官府，何似我、萧散尘寰。云无止，流泉自急，此意本来闲。”真是：闲心似水，随花开花落，伴云卷云舒。萧散是自然赐与的真精神。

所以，对于一个艺术家来说，关键在于脱去知识、理性、习惯、欲望等给予人的束缚。人生萧散不易得，常苦世累为羁衔，在束缚中没有萧散之趣，也没有天和之美！金人李庭有诗云：“溪水无声岩树碧，古苔满地花狼藉。我来萧散淡无营，独立看云倚苍石。”[3] 元陈益之《蓦山溪》词云：“不如归去，作个清闲汉。著甚来由，惹别人、三长两短。天公许大，何处不容身，且谩着，有生涯，试待寻思看。鉴湖里面，浅山林畔。住个小庵儿，且随分、粗衣淡饭。嘲风咏月，萧散过平生，尘世事，尽如麻，我也谁能管。”[4] 萧散是出世的、闲适的、无所羁绊的。

所以，中国艺术家常以“无营”作为萧散的重要特点。元好问诗云：“经营入惨淡，得处乃萧散。”[5]“经营”到无所“营”的状态，不忮不求，即自得萧散之境。袁中道说：“洒洒落落，萧萧散散，事过而不留心。”从秩序中逃遁，赢得自由从容的心灵。

中国诗人推崇“落叶不扫”的境界，个中意味颇值得揣摩。唐代

〔1〕《穰梨馆过眼录》续卷卷七载白阳《书画合璧册》，纸本水墨，画各类花卉，此诗为第一页兰花题诗。
〔2〕《曾巩集》卷五。
〔3〕李庭《独游清窟》，见《全金诗》卷一四五。
〔4〕见陈益之《鸣鹤余音》卷四。
〔5〕《元好问集》卷二。

女诗人鱼玄机《感怀寄人》写道："月色苔阶净，歌声竹院深。门前红叶地，不扫待知音。"其中的"不扫"，在我理解，不是慵懒，也不是意乱情迷而无心去扫，而是保护自然萧散的境界。走在香径上，上有树影婆娑，日光下彻，照落花点点，影影绰绰，别有风味。杜甫曾以"花径不曾缘客扫，蓬门今始为君开"表达待客的真诚，不扫，不是怠慢客人，意思是旧谊未变，一如自然天成。禅宗中有一联诗说得好："竹影扫阶尘不动，月穿潭底水无痕。"在禅宗看来，人来到这个世界，心灵很容易被污染，所以需要荡涤，但如果心中时时有个"扫"的愿望，就会起净垢分别之念，造成心灵的沾滞。禅家的妙境，不是任由灰尘的存在，而是超越一切分别，在空灵廓落中保全性灵的自由，如竹影徘徊，月光下彻，了无痕迹。有位僧徒问老师，如何是佛法大意，老师说："门前不与山童扫，任意落花满院飞。"一任空花自落，烟萝盘旋。此即是萧散的大境界。

中国艺术家多热衷于谈"闲"，闲中有散，故得"闲散"之妙：

> 野亭本是闲人作，时有闲人来倚阑。（李日华）
> 闲人何意点溪山，溪山尽落闲人手。（李日华）
> 不是闲人闲不得，闲人不是等闲人。（陈继儒）
> 能闲世人之所忙者，方能忙世人之所闲。（张潮）

其中的"闲"，不是无事之闲人，而是心灵的自由，不为一切羁绊所牵绕，洒洒落落，萧萧散散，从容闲荡。前人评苏轼书法说："姿态横生，不矜而妍，不束而庄，不轶而豪，萧散容与，霏霏如零春之雨，森疏掩敛，熠熠如从月之星，纡徐婉转，熠熠如抽茧之丝。"苏轼的书法即得闲散之妙。

第二，散淡之韵。

散又是与紧相对的，紧，可能会很集中、很凝练，但往往带来的是不轻松，有过于收摄的感觉。中国艺术重萧散，其实提倡的是一种轻松的美、疏朗的美、散淡的美，就像我在本篇开始所举的《石门颂》，它的书法就有散淡轻松的美感。这里从印学上谈这个问题。

明清印人很重"散"。浙派中人批评何震，以其有过紧之虞。邓石如的篆刻在乱插繁花中，有一种疏朗的高致，那是很难企及的。明李流芳（长蘅）的印艺颇得萧散之美，他和归昌世（文休）、王志坚三人，被时人称为“三才子”。王志坚谈到他们三人的印缘时说：“方余弱冠时，文休、长蘅与余朝夕，开卷之外，颇以篆刻自娱。长蘅不择石，不利刀，不配字画，信手勒成，天机独妙。文休悉反是，而其位置之精、神骨之奇，长蘅谢弗及也。两君不时作，或食顷可得十余。喜怒醉醒，阴晴寒暑，无非印也。每三人相对，尊酒在左，印床在右，遇所赏连举数大白绝叫不已，见者无不以为痴，而三人自若也。”[1] 归昌世的印法度谨严，神清骨骏，李长蘅则萧散历落，妙在规矩之外。二人一谨严一散淡，但相较而言，长蘅印风似乎更受后人重视。长蘅“秋颜入晓镜，壮发凋危冠”一印最得萧散之韵，无秦汉之形，却有秦汉之风。他的传世名印“山泽之臞”，是其生活的写照，虽然是瓦灶绳床，却又有山林野逸之趣。钱牧斋称长蘅“易直阔达”，以散朗的性情来为印。长蘅曾评汪关印时说：“能淹有秦汉宋元之中长而独行其意于刀笔之外者，不得不推皋叔。”（《题汪皋叔印谱》）其实长蘅自己正是如此。

雍正年间宜兴窑描金彩绘山水人物纹笔筒（局部）

明人朱简（修能）也是萧散印风的提倡者，他长于短刀碎切。清初周亮工称：“自何主臣兴，印章一道遂归黄山，继主臣起者不乏其人，予独醉心于朱修能。”修能用赵凡夫（寒山）的草篆之法，短刀碎切，没有连续性的线条，线条内部的顿挫感很强，显现出似连非连的脉络，有一种松弛的美感。魏锡曾所说的“朱文启钝丁，行刀细如掐”，其妙也正在“散”。他运用草篆入印，也增加表达的自由度，赋予内在的灵

[1] 此为王氏为张灏编《承清馆印谱》所作跋文，见韩天衡《历代印学论文选》第二编。

动之气，使得印自由松弛，法度不严。朱简与李流芳的努力，一如宋代苏黄米蔡四家脱略于唐代的法度一样，他们从传统的拘谨印风中脱略而出。反对此类印风的人，也常常抓住法度不严一面。

徽浙两派印刻都重视萧散之趣。西泠八家之一的奚冈（字铁生，号冬花庵主）的篆刻也得萧散之趣，魏锡曾论铁生印说："冬花有殊致，鹤渚无喧流。萧淡任天真，静与心手谋。郑虔擅三绝，篆刻余技优。"静穆萧疏正是铁生印的特点，如冬天开放的梅花，有清逸萧疏的韵致，又如孤鹤出没的江渚，没有喧嚣，但得一份静气。西泠八家之一的钱松（叔盖）曾说："国朝篆刻，如黄秋庵之浑厚，蒋山堂之沉着，奚蒙泉之冲淡，陈秋堂之纤秾，陈曼生天真自然，丁钝丁清奇高古，悉臻其妙。"他也注意到铁生印这一特色。铁生说："汉印无不朴媚，气浑神和，今人实不能学也。""以淳朴处追其茂古，方称合作。"散淡而浑穆的感觉，正是他所追求的。铁生性散淡，有《湖上晚归》诗云："晚来湖上景，浑似雨中看。云气沈山黑，烟痕带水宽。磬清知寺近，镫远到城难。荡漾凭舟子，孤吟吾自安。"[1] 诗中传达了他萧散历落的情怀。

第三，舒卷之妙。

中国艺术追求的萧散之美，并非是越松散越好，而是散中有收，松中有紧，开中有合，中国艺术的萧散有一种开合俯仰之美，云卷云舒，本是天然道理，艺道也是如此。

宋惠洪《冷斋夜话》云：

> 东坡尝曰：渊明诗初看若散缓，熟看有奇句。如："日暮巾柴车，路暗光已夕。归人望烟火，稚子候门隙。"又曰："采菊东篱下，悠然见南山。"又："霭霭远人村，依依墟里烟。犬吠深巷中，鸡鸣桑树颠。"大率才高意远，则所寓得其妙，造语精到之至，遂能如此；似大匠运斤，不见斧凿之痕。

苏轼在评唐代智永禅师书法时说："永禅师书，骨气深稳，体兼众

〔1〕见《冬花庵烬余稿》，清同治十一年刻本。

妙，精能之至，反造疏淡。如观陶彭泽诗，初若散缓不收，反覆不已，乃识其奇趣。”[1] 初视如散缓，熟识有奇趣，是后代艺术家竞相推崇的艺术境界。陶诗看起来散漫平淡，实际上深有匠心。正所谓外枯而中膏，似淡而实浓。而东坡之书法，也获散缓之评。包世臣《艺舟双楫》说：“东坡尤为上座。坡老书多澜漫，时时敛锋以凝散缓之气，裹笔之尚，自此而盛。”[2] 东坡书法是烂漫的，却是散缓中的烂漫。

中国艺术论强调，散淡之美，不在散淡本身，而在于散中有紧，放中有收，散缓中有奇崛，澹荡中有波谲。南田说：“香光居士题云：倪迂画若散缓，而神趣油然见之，不觉绕屋狂叫。”这个“若”用得好，就是看起来散缓，其实并非松松散散，而是散中有“神趣”，有一种使人“绕屋狂叫”——震撼人的灵魂的奇趣。

欧阳询的书法有很高的成就，但书史上有很多人批评其失之于“紧”。褚遂良的书法并不在欧阳询之上，但由于其书风“清远萧散”，正书中杂有隶体，在重视法度的唐代独树一帜，而受到推崇。[3] 散也意味着变，从原有紧张的秩序解脱出来，另出生路。如在书法中，有散隶、散草之说，刘有定《衍极》注说：“至宋仁宗飞白秀蔚雄迈，以还古法，曰散隶，晋卫恒祖述飞白而造。开张隶体，微露其白，拘束于飞白，萧散于隶书。宋蔡襄复作飞草，亦曰散草，极其精妙，有风云变化之势。”松散其规制，活泼其精神，自出于新路，这是追求生命精神的散。散是对古板、僵滞形式的新变，是在紧劲绵密中的散，散而不脱于紧，放而不离于收。

刘熙载《书概》说：“汉碑萧散如韩敕、孔宙，严密如衡方、张迁，皆隶之盛也。”《孔宙碑》虽得萧散之趣，并不失散中有收之致。此碑内

---

〔1〕苏轼《书唐氏六家书后》，《苏轼集》卷九十三。

〔2〕见该书卷六《论书》二《与吴熙载书》。

〔3〕如何良俊《四友斋书论》说：“欧阳率更书，妍紧拔群，尤工于小楷。高丽遣使购其书，高祖叹曰：彼观其书，以为魁梧奇伟人也。此非知书者。凡书象其为人，率更貌寒寝，敏悟绝人，观其书劲崄刻厉，正称其貌耳。褚河南书，清远萧散，微杂隶体。古之论书兼论其平生，苟非其人，虽工不贵也。”（见《历代书法论文选》，上海书画出版社，1979年）不过，董其昌却认为褚失之“妍媚”。

奚冈 “蒙泉外史”印

奚冈“蒙老”印

奚冈“频罗庵主”印并款

紧而外松，中宫绵密，而左右开张飞动，散而能收。杨守敬说此碑“无一字不飞动，然无一字不规矩”，正道出其妙处。

包世臣说：“南朝遗迹，唯《鹤铭》、《石阙》二种，萧散骏逸，殊途同归。”[1]《瘗鹤铭》被称为“大字之祖”，历来受到人们好评，有论者以其为逸品的典范之作。此碑即得萧散之韵。《书概》说：“《瘗鹤铭》剥蚀已甚，然存字虽少，其举止历落，气体宏逸，令人味之不尽。”此碑字体从篆隶中变化而来，张势明显，又有内收之势，收放萧散之妙于此碑体现足矣。前人有学《瘗鹤铭》不得易过于豪放的说法，它的内收之功很不容易理解。

萧散之美，在放亦在收。或者说放正是为了收，散不是无所规矩，不是散漫无归，而是在无秩序中显露秩序，秩序于不经意中显出，没有人工雕琢的痕迹，如同天工开物，从从容容，放得下，舒得开，出得远，便有优游的空间，有心灵腾挪的天地。有舒，就有卷，有万般

〔1〕《艺舟双楫》卷五《论书》一。

风致挽将来。一散一收，有卷有舒，优游回度，回环自如。卷是舒中之卷，收是散中之收。《初月楼论书随笔》：“东坡自云：余书尽意作之似蔡君谟；稍放似杨风子。东坡于少师，神似非形似，观其笔势，殆可伯仲。……学杨少师书如读周秦诸子，乍看若散漫无纪，细玩却自有条理可寻。”[1] 说的正是此意。

第四，自怜之情。

中国美学讲枯淡，讲冷瘦，讲寂寞，讲萧散，所反映的不是对衰落、枯朽的兴趣，而是对宇宙本然的觉知，对自我生命的抚慰。其中有一种浓厚的自怜情怀。我在有关楚辞的研究中曾经说，“自怜”是中国艺术的一个重要情结，反映的是自我抚慰、珍摄生命的精神[2]，中国艺术重视萧散的境界，也体现出这样的精神。萧散总是和庙堂、浓艳、富丽相对的，其中包含着在生命的低点保持平静、在人生的逆境中不失本真的精神，萧散的美还有一种楚楚可怜的风韵，有痛快沉郁的味道。所谓“萧萧散发到天明”、“人生在世不称意，明朝散发弄扁舟”，萧散沉吟，独自抚慰，风味萧瑟，境界凄清，白发更短，生年不永，命运多舛，历世多艰，在艺术风格上出之以萧散，是一种安慰，一种释放，一种自我的劝解，含漩涡于静水之下，出高志于萧条之中，放旷高蹈，直视冲突为无物。所以萧散的风格中每每有倾诉的意味，有淡淡的忧伤在。像陆游《杂赋》诗中所说的：“觉来忽见天窗日，短发萧萧起自梳。”清冷的意味非常明显。东坡诗云：“寂寂东坡一病翁，白头萧散满霜风。儿童误喜朱颜在，一笑那知是酒红。”萧散中有冷峻的感觉。

神情萧散林下气，萧散的精神中体现出对俗世生活的拒绝，所以萧散更多地表现为一种林下风流，山林清韵是萧散之美的重要特点。所谓“林间萧散处，世外一闲人”，前园后圃，从容丘壑之情；左琴右书，萧散烟霞之外。古代艺术家所说的“萧散人物外”，就是说萧散心境的形成，是在“人物”之外，是“物外平生萧散”，在世俗之外，在

[1]《历代书法论文选》，593页，上海书画出版社，1979年。
[2]《九怀》：“惆怅兮自怜。”《九辩》：“私自怜兮何极。”“惆怅兮私自怜。”我在《中国美学十五讲》中的《骚人遗韵》中对此有论述。

功利之外，在一切束缚之外。闲云一萧散，身世两无累；萧散有余清，烦襟荡尘滓。元代诗人丁鹤年诗云："我亦逃禅云水客，便应萧散共松扃。"[1] 荡去人间的风烟，与松风云水共缱绻。

〔1〕《列朝诗集》甲集前编第六。

第六章 生命的态度

朱光潜先生在谈到审美态度时，曾以古松作比喻，说人们对待古松有三种态度：古松是什么样的松树，有多少年份了，这属于科学的态度；古松有什么样的用处，这是功利的态度；而我来看古松，不在乎它是什么样的树、有什么样的用处，用欣赏的眼光来看待古松，发现古松是一种美的形式，能给人带来美的享受，这是审美的态度。在审美态度中，古松成了表现人情趣的意象或者形象。

其实，在中国美学和艺术观念中，存在着与以上三种态度都不同的情况，我将其称为“第四种态度”：它当然不是用科学、功利的眼光看待古松，但也不是以审美的眼光看待古松，发现它如何美，如何符合形式美感，时间的年轮引起人如何的联想，等等，在这里，审美主体和对象都没有了，古松在这里根本就不是审美对象，是一个与我生命相关的宇宙，我来看古松，在山林中，在清泉旁，在月光下，在薄雾里，古松一时间“活”了起来，成了一个瞬间形成的意义世界的组成部分，我的“发现”使古松和我、世界成了息息相关的生命共同体。就像元代画家倪云林的《幽涧寒松图》，画中的古松，是这个空灵悠远世界的活的存在，而不是具有形式美感的审美对象。

这第四种态度可以说是一种“生命的态度”，一种用“活”的态度

［南宋］无款　柳丝钓艇图

“看”世界的方式，或许“看”还容易与外在的观察混淆，称为一个“活”的“呈现”世界的方式也许更合适。之所以说它是“生命的态度”，是因为它的核心是将世界从对象化中解脱出来，还其生命的本然意义。这里的“态度”，又可以说是无态度，它的观照方式其实就是要去除态度——人握有世界意义决定权的方式，没有情感的倾向性，或者说是“不爱不嗔”，爱有差等，嗔有弃取，都没有摆脱控物的方式。第四种态度并不是为了获得美的知识，而是为了安顿心灵。就像虞堪评倪云林的长松之作《惠麓图》所说：“天末远风生掩冉，涧流石间绝寒清。因君写出三棵树，忽起孤云野鹤情。”[1] 长松等所构成的活的生命世界，震撼着人的灵魂，和人的心灵进行对话。

人是世界的一分子，但在知识的系统中，总是站在世界的对岸看世界，世界在我的对面，是被我感知的存在物（科学的）、消费的客体

〔1〕引见明汪砢玉《珊瑚网》卷三十四，《四库全书》本。

（功利的），或者是被我欣赏的对象（审美的），人用这样的态度看世界时，好像不在这世界中，人成了世界的控制者、决定者。中国美学要建立的“生命的态度”，是要还归于“性”，还归于“天”，由世界的对岸回到世界中，回到共成一“天”的生命天地中。在这个世界中，一切都与我的生命相关，人就像庄子所描绘的那条“相忘于江湖”的鱼。

不是把握美的知识，而是体验生命的愉悦，这“第四种态度”反映了中国美学不同于西方美学的发展方向，是重体证、重天人相合的中国哲学在审美生活中的反映。它是崇尚自然、黜斥人工美学精神的重要组成部分。

一、是造境，不是比喻、象征

在朱光潜第三种态度（审美态度）的论述中，古松成了表现人特殊情趣的意象或者形象，无论是“意象”或者“形象”，都有一个共同点，它们都是一些符号，本身并不具有意义，其意义在于隐喻或表现人的某种情感，是浸染着人的情感倾向的物象。但即便如此，也没有改变意象（或形象）的符号特性。符号的意义是被给予的，本身只具有指谓功能，并不是意义实体。这种符号论的观点，无法解释中国的一些艺术形式。

我们就以人们熟悉的王维的小诗来看这一问题。王维的一些描写自然的山水小诗，被称为“山水诗”，就像我们很难以“花鸟画”来称呼八大山人的一些花鸟之作一样，这样的称谓看来并不稳实。

王维《辛夷坞》诗写道：“木末芙蓉花，山中发红萼。涧户寂无人，纷纷开且落。”在幽深的山林中，泉水淙淙流淌，溪涧边芙蓉花自在地开放，没有人知道她什么时候开，什么时候落，这是一片寂静幽深的世界。又如王维《栾家濑》：“飒飒秋雨中，浅浅石溜泻。跳波自相溅，白鹭惊复下。”在飒飒的秋雨之中，白鹭自在上下。诗人写的是自己的感觉。

如果我们把它当做“山水诗”，或者“写景诗”，那么可以说这样的诗了无足观。描写是这样的简单，内容是这样的单调，单调到只用一句话就能概括它的内容：山间有一些芙蓉花开了，又落了；秋雨中有一只白鹭飞来。这样的诗会有什么魅力？这样的诗还算诗吗？读惯了西方写景诗的读者实在无法对这些单调的描写产生兴趣。

人们熟悉的西方写景诗人，如英国诗人华兹华斯，是这样来描述外在景色的，他的名作《水仙》这样写道：

我宛若孤飞的流云，
闲飘过峡谷山岗，
蓦然见成簇的水仙，
遍染出满地金黄：
或栖身树下，或绽放湖旁，
摇曳的花枝随风飘荡。

不绝如缕似银河的星斗，
隐约闪烁出一片光芒。
它们无际地向前伸展，
沿着湖畔散落成行。
放眼望，千朵万朵，
正颔首嬉戏，浪舞轻妆。
杜鹃声声唤醒了春光，
啼破了海上辽阔的沉寂，
也不如这歌声动人心肠。
弄影的湖波荡漾，
怎比得水仙花舞步欢畅。
既有这快活的旅伴相依，
诗人们怎能不心花怒放。
我只是凝望，凝望，却未曾想到
这美景将于我价值无双！——

多少次，每当我卧榻独处，
无端的思绪里慵倦迷茫，

这景象便会如返照的回光，
送轻温抚慰我寂寞的心房。
我的灵魂于是又注满了欢欣，
伴水仙同乐舞步飞扬。（辜正坤译）

华兹华斯这首诗细腻而丰富的景物描写和情感呈露远不是王维的小诗所可比的。其实，王维的诗与他的前辈也无法相比，如山水田园诗代表人物之一谢灵运的《登永嘉绿嶂山诗》：

裹粮杖轻策，怀迟上幽室。行源径转远，距陆情未毕。澹潋结寒姿，团栾润霜质。涧委水屡迷，林迥岩逾密。眷西谓初月，顾东疑落日。践夕奄昏曙，蔽翳皆周悉。蛊上贵不事，履二美贞吉。幽人常坦步，高尚邈难匹。颐阿竟何端，寂寂寄抱一。恬如既已交，缮性自此出。

然而，奇怪的是，王维这些看起来内容单调的“小诗”，并不因为“小”而受到人们的漠视，而且千古传诵，倒是谢灵运的写景诗很少有人提及。王维的小诗自有其独特的魅力。王维的类似小诗还有很多，如著名的《竹里馆》（“独坐幽篁里，弹琴复长啸。深林人不知，明月来相照”）、《鸟鸣涧》（“人闲桂花落，夜静春山空。月出惊山鸟，时鸣春涧中”）等。中国诗歌史上，像这样的作品也很多，如常建《题破山寺后禅院》（“清晨入古寺，初日照高林。曲径通幽处，禅房花木深。山光悦鸟性，潭影空人心。万籁此都寂，但余钟磬音”）、王安石的《若耶溪》（“若耶溪上踏莓苔，兴尽张帆载酒回。汀草岸花浑不见，青山无数逐人来”），等等。

其实，这些小诗根本就不是“山水诗”、“写景诗”，它的主旨根本不是描写外在的景物。在这里，没有外在的“物”，没有被观的“景”，没有观照的主体，没有被观的对象，在诗人当下的体验中，人与世界共成一“天”，共同形成一个生命宇宙。这个世界，中国美学将其称为“境”。

王维这些小诗绝不是偶然的表现，它反映了中国美学观念将要发生重要变化的征兆。晚唐五代以后，不是“情”的直接抒发，也不是“景”的具体描绘，而是“境”的创造，成为中国艺术的主流观念。王维在道禅哲学影响下，通过他的独特的诗和画，为这一美学风气的转变注入了活力。

南宋画家马远有一幅《寒江独钓图》，今藏于日本东京国立博物馆。这幅作品和王维的小诗一样，构成画面的内容也很简单，空阔的江面，一条钓鱼的小船，描写平常之极，看起来没有任何吸引人的地方。

如果从图写外在景物来看，这幅画也不值一提。但细细把玩即可发现，它不是模写外在物象，而是立意于“境”的创造。作品通过夜晚江面发生的一个简单故事，呈现艺术家对生命的独特体验。静谧的夜晚，淡淡的月色，空空荡荡的江面，为“境”的创造提供了绝妙的背景。在这样的背景下，有一叶孤舟静横，小舟上一人把竿，身体略略前倾，凝神专注于水面。小舟的尾部微翘，旁边则是几丝柔痕，将小舟随波闲荡的意味传出。

画家通过这样的生命之境表达的内容很丰富：夜深人静，冷月高悬，寂寞的秋江上悄无声息，气氛凄冷，一切的喧嚣都远去，一切争斗都荡尽，一切人世的苦恼都在冷夜的屏障抵制下退出。一丸冷月，虽然孤独，却是与渔父相依为命的精灵，冷月洒下的清晖，对这孤独的人来说不啻是一种安慰；迷朦的夜色，为这寂寞的人提供柔和的保护。我们从寒冷的气氛中读出的是幽闲的意味，似乎有一抹光影从画

［南宋］马远
寒江独钓图

中传到了人的心中。

这是一个被心灵浸被的世界，这些凡常的景色，在艺术家的生命体验中，都“一时明亮起来”。艺术体验的过程就是“明亮万物”，境界的创造，使得生命互相映发，世界自在澄鲜。画面中的一切似乎都活了，一切都流动起来了，由画面流向更广远的世界，由具体的空间流向虚灵不昧的宇宙……

[明]唐寅　骑驴归思图

自中唐以来，中国绘画的发展不仅是水墨画异军突起，更重要的是，境界的创造一跃成为绘画艺术追逐的对象。好的画家作画，不是画外在之景，而是画一片心灵体验的境界。六朝以来中国画强调以形写神，由“形”到“神”的转变，是要画得有神韵，生动活泼。两宋以来却又出现由“神”到“性”的转变，不但要画得生动，还要“肇自然之性，成造化之功”，画出本然之“性”来。如李日华说：“凡状物者，得其形，不若得其势，得其势，不若得其韵；得其韵，不若得其性……性者，物自然之天。”[1]“性”是“自然之天”，是一片生机鼓吹的世界。在这里，人与世界毫无滞碍地交融，万类之间交相映发。这个“性”，就是画家纯粹体验的世界。元代倪云林说，他作画，是聊抒心中之“逸气”，这里的“逸气”不是什么愤愤不平之气、超然不群之情，而是真实的生命体验。像倪云林《秋林

〔1〕《六砚斋笔记》，上海有正书局石印本。

亭子图》、《幽涧寒松图》，吴镇《渔父图》等，都不是描写自然山水的风景画，而是呈露生命体验的境界。

这种绘画不仅与西方绘画传统迥然不同——我们在这样的绘画中看不出与拉斐尔、提香甚至是莫奈、梵高的共同点，同时也与中国唐代之前的绘画传统不同。中唐之前是中国绘画的形式完备阶段，中唐五代以来，则是超越形似的阶段，绘画表现体验境界的创作倾向，正是这一阶段的典型表征。

在顾恺之前后，气韵生动、以形传神的理论基本成熟，但是，境界的传达尚没有达到自觉的地步，即使像顾恺之画谢幼舆将其“置于丘壑中”，给人物一个背景，仍然停留在“记述”阶段，绘画不是画我的生命体验，所画的内容与艺术家的当下体验关系不大。当时的绘画题材多为历史画、宗教画，或者是神话画，山水画还没有作为独立的画科出现，绘画还没有摆脱被明清画家称为“画史”的表现方式，不是自我的“发现”，而是具体场景的“记述”，只不过这样的记述要求生动传神而已——如传神写照，正在阿堵中，强调一双灵动的眼神。生动传神是“境”的创造的前提，但绝不是“境”的创造的根本内容。

中国绘画在两宋以后渐渐重视表现自我体验的境界，我们说元代山水画是“书斋山水”——像倪云林那样的山水，有心灵化、文人化的倾向，其实根本就是境界化。花鸟创作中也如此。以花鸟为形式来表现人内在的体验，成为一种重要的审美现象，我们在南宋马麟的花鸟形式中就可以感受到这种变化，一朵花儿都被浸染在诗意的氛围中。而元初钱选的画表现更突出，他的一幅《梨花图卷》，画得凄冷幽绝，极有韵致。自题诗云：“寂寞阑干泪满枝，洗妆犹带旧风姿。闭门夜雨空愁思，不似金波欲暗时。”后人吴仲庄有跋诗说得好：“一枝香雪画阑东，淡白丰姿夜月中。得与梅花同岁暮，肯随红紫媚春风。”[1] 淡淡的哀愁，迷离的寂寞，再加上清洁的精神，构成此画独特的境界。

〔1〕安岐《墨缘汇观》卷一著录此本，又见潘季彤《听帆楼续刻书画记》卷上。

境的创造，是中国宋元以来艺术追求的重要目标。清邵梅臣有一则画跋谈到他的创作体会：“阖户昼寝，独闻棋声于古松流水之间，此境可以作画。”[1] 其意并不在古松流水，而在瞬间发现的生命境界。他画的是怡然的生命体验。他在《为应未堂先生画横幅山水跋》中说：“烟波浩淼，欸乃数声，枫叶芦花，忽闻水调，此境我浙东西，二十年来梦魂牵绕。”他的用意在“境”的创造，而不是景的摹写。

我们要问，像“木末芙蓉花”之类的小诗或者“寒江独钓”之类的绘画，是不是一种比喻？比喻是西方艺术的重要方式，在中国艺术中也有极高的位置，《周易》的比物取象和《诗经》的比兴传统，都强调比喻，比物取类，称名也小，取类也大，通过比喻的形式，表达丰富的内容，比物取象也是中国艺术的重要传统。

但中国艺术在中唐以来所形成的重视境界呈现的方式，与比喻有根本的差异。在比喻的意义结构中，有喻体和喻旨两部分，喻体是用以比况的形式，喻旨是所比之内容。在这二者之间，喻旨是起决定意义的，而喻体只是用以比况的形式，本身是没有意义的。它是指月之指，登岸之筏，人们见月而忘指，舍筏而登岸。如果用这样的理论来看“木末芙蓉花，山中发红萼。涧户寂无人，纷纷开且落”这首小诗，就觉得无法相合。这里的芙蓉花不是用以比喻意义的喻体，它本身就是有意义的，是构成一个生命世界的活灵灵的组成部分，是这个“境”的中心。在中国艺术中，一切存在于境界中的物象，都是一个活的存在，一个具有意义的生命单元，它就是发光体，而不是有待于其他光芒来照耀。境界中所存在的物，正如王国维所说的，是“须臾之物”，是被人的生命体验所发现的新的世界，绝不是一个简单的喻体。

其次，像“木末芙蓉花”之类的境界性呈现如果不是比喻，那是不是象征呢？象征与比喻意有相近，但又不同，它与比喻一样，都是以具体形象代表意念，在比喻中这样的形象是一般的、临时的，在象征中则是相对固定的、并具有实质的内涵。如中国人所说的梅花有高洁的意涵，这是象征，而不是比喻。美国小说家艾略特的《荒原》，

[1]《为菊溪画山水并跋》，《画耕偶录》卷一。

暗写失去意义和信仰的现代社会，这是象征。象征的形象和象征的内涵之间都没有固定的联系，在象征作品中出现的物只是指称某种特殊意念的符号。这与中国艺术中利用物象创造一个独特境界的方式完全不同。“木末芙蓉花”之类的描写，是一个与我生命相关的世界，而不是借用来的没有实际意义的象征符号。西方有的研究认为，如倪云林等的绘画，表现的是一种象征主义传统，这是错误的判断。

中国艺术创造的是一个与自我生命相关的世界，是在中国哲学和审美方式孕育下的特殊形式，我们应该从西方的概念系统中走出来，还它以应有的位置。

[明]吕纪　柳荫白鹭图

二、“生命的态度”的特点

中国艺术要创造一个与自我生命相关的“境”，有一些基本特点，一是它的体验性，它是在艺术家当下的体验中发现的，境是体验的真实；二是它的浑全性，人与山水草木等共同形成了一个无分别的圆满世界；三是它的相互关联的特征，出现在“境”中的人与山水草木是彼此相关的存在，产生往复回环的运动；四是它的价值性，人在这样的世界中，彰显生命的意义。本节说前三个问题。

（一）当下的体验

像王维“木末芙蓉花，山中发红萼”、“人闲桂花落，夜静春山空”、“不知香积寺，数里入云峰”等等小诗，几乎纯粹是山水花木的描写，没有人，甚至看不出有人的感情。其实，人隐在它的后边，这个生机世界是人在瞬间体验中“发现”的。它不是人的眼睛（或其他感觉器）看出的，而是人的心灵映照出的。米友仁《云山图》有玉山老人跋云：“《首楞严经》云：不知色身外，洎山河虚空大地，咸是妙明心中之物。由是则知画工以毫端三昧写出自己江山耳。”[1] 一切境界都是“妙明心中之物”，是一个很好的概括。

心生则种种法生，心灭则种种法灭，境由心起，没有心灵的体验则没有境界，境界是心灵中呈现的事实。心外无法，心外无境。这个心，不是控制对象、认识对象的主体，主体已经淡出，而是孤迥特立的心。诗人、画家所写的不是山水，不是景物，而是一片心灵的境界，是出境，而不是写物。“昨夜前山春雨过，小桥流水落花香”，不是简单的景物描写，实在是妙明心中的体验。

中国艺术史上，人们对一种“画史”、“画工”、“史匠”之类的方式持普遍的批评态度[2]，所谓“画史”，就是以写实为根本之法。但中国艺术认为，即使画得再像，那也只是一个表面的真实，这样的创作者只是世界的描画者，而不是世界的发现者。而体验，则是自我的、当下的、直觉的。

说它是自我的，不是依他起，而是自己生命直接转出的。说它是当下的，就是强调它的现成性，它是当下呈现的。说它是直觉的，那是一种不关乎功利不关乎知识的直接认识活动。体验的根本不是“记述”，而是“发现”。所谓“发现”，就意味着这个境界是我创造的，是独特的、唯一的、无法重复的，是一个新颖的世界。这正是中国艺术家念念在兹的思想。“群籁虽参差，适我无非新”，每一次体验，都是

[1] 此当是撮述《首楞严》大义，该经卷八云：“若此妙明，真净妙心，本来遍圆，如是乃至大地草木，蠕动含灵，本元真如，即是如来成佛真体。”

[2] 潘季彤《听帆楼书画记》卷三载董其昌山水扇页，第二幅仿云林山水题跋云：“云林作画，简淡中有一种风致，非若画史纵横习气也。”同书卷四载恽南田仿倪云林轴云：“昔董文敏自临迂老小景，层峰茂林，云气淡荡，真有洪谷云中山拱四面峻厚之势，岂若近世画史一丘一壑为云林哉。”

[明]陈洪绶　水仙一枝

一种新的发现——不仅发现与其他人的不同，更发现其真实意义，所谓“显现真实”。这是一个显明的事实，只要是你的心所发现的，就不会与他人重复，天下清景，不择贤愚而与之，人人见之则有不同。你所看到的湖边的柳，虽然人们日日见，但若你以发现的心去待之，也会是不同的。

我们可由文徵明的两段话来看这个问题。文徵明在人们的眼中，似乎是一个创造性并不突出的艺术家，其实，他对艺术有非常细腻的体验，中国美学的诸多重要思想在他这里得到了细化和深化。他有诗云：“人与青山已有约，兴随流水去无穷。”[1] 他正是抱着这样的态度去从事创作的。

他有《听玉图》，并题有长诗：

> 虚斋生深寂，凉声逸清美，杂佩摇天风，孤琴写流水。寻声自何来，苍竿在庭苑。泠然若有声，应声相喏谁。竹声良已佳，吾耳亦清矣。谁云声在竹，要识听由己。人清比修竹，竹瘦比君子。声入心自通，一物聊彼此。傍人漫求声，已在无声里。不然吾自吾，竹亦自竹耳。虽日与竹居，终然邈千里。请看太始音，岂入筝琶耳。

听玉，是听翠竹摇曳、清泉滴落的天籁之声，竹子、清泉平时都

〔1〕文徵明《石湖图》题诗，见《式古堂书画汇考》画卷卷二十八。

存在，就在自己的居室旁，竹随风摇曳、水傍山而流的声音不是没有听过，为何此时此刻是这样的清新悦耳，使人心动。因为此时我的心宁静了，明澈了，“声入心自通”，在瞬间的体验中，自然的声音和我的心灵妙然相通，寻声而去，无往而非佳趣，在在都是至友。艺术家的心灵和世界共同演奏一曲绝妙的天音。文徵明所说的“不然吾自吾，竹亦自竹耳。虽日与竹居，终然邈千里”颇值得注意，它所阐明的思想在中国美学中很有代表性，这就是：如果站在世界的对岸看世界，世界就永远是与我邈然千里的“对象”。

[明]文徵明　水亭诗意图

文徵明的《中庭步月图》，今藏南京博物院，图写月光下的萧疏小景。酒后与友人在庭院里赏月话旧，他突然觉得眼前所见的庭院完全是一个新颖的世界。这里的一切他再熟悉不过了，但此时似乎又感到是陌生的。长期以来，他失去了感受这个静谧天地的知觉，无数的应酬，说不尽的目的追求，忙碌的生活，虚与委蛇的应景，剥蚀了他的生命灵觉。而今在这静谧的夜晚，在明澈的月光下，在微醺之后的心灵敏感中，在老友相会的激动中，在往事依依的回忆中，他唤醒了自己，他忽然觉得自己往日的忙碌和追求原不过是一场戏，那种种喧闹的人生原不过是虚幻的影子。

他在此画上题有长诗，其中道：“人千年，月犹昔，赏心且对樽前客。愿得长闲似此时，不愁明月无今昔。”夜夜有明月，明月不如今。

不是今宵的月亮比往日明，而是往日缺少感受明月的心。他有跋说当时之事，他画此画时，“碧梧萧疏，流影在地，人境绝寂，顾视欣然。因命童子烹苦茗啜之，还坐风檐，不觉至丙夜。东坡云：何夕无月，何日无竹柏影，但无我辈闲适耳”[1]。这样的观点与《听玉图》长诗表现的是一致的。

我们看文徵明的山水画中的题诗，或可对他的这种认识有更深体会：

云树扶疏弄夕晖，秋光欲上野人衣。寻行觅得空山句，独绕溪桥看竹归。

狼藉春风花事休，凄凉啼鸩景深幽。空山雨过人迹少，寂寂孤村水自流。

小桥终日雨潺潺，坐见城西雨里山。独放偏重湖上去，空濛烟树有无间。

漠漠秋江水见沙，寒原日落树交加。幽人索莫诗难就，停棹闲看绕树鸦。

风激飞藤叶乱流，寒沙渺渺水悠悠，碧烟半岭斜阳淡，满目青山一月秋。[2]

这是他直接生命体验中发现的世界。说是我，又是物；说是物，却是我；非我非物，是物是我。物我了无分别，相与优游，共成一天。

纯然的体验，是要放下主体的视角，中国艺术论中发挥道禅哲学的心斋、无念等心法，去发现一片活泼的世界，惟有无心，才会有活意，才能创造出迷人之境。如上举华兹华斯的《水仙诗》写得丰富充

〔1〕苏轼在《记承天寺夜游》中写道：“元丰六年十月十二日夜，解衣欲睡，月色入户，欣然起行，念无与为乐者，遂至承天寺，寻张怀民。怀民亦未寝，相与步于中庭。庭下积水空明，水中藻荇交横，盖竹柏影也。何夜无月，何处无竹柏，但少闲人如吾两人耳。”又于《与子明兄一首》序中说：“但胸中廓然无一物，即天壤之内，山川草木虫鱼之类，皆是供吾家乐事也。”

〔2〕《式古堂书画汇考》画卷卷二十八。

满，人的情感变化清晰可感。而倪云林的一首水仙小诗写道：

> 兰生幽谷中，倒影还自照。无人作妍软，春风发微笑。

此诗的风味与华兹华斯完全不同。一朵空谷中的幽兰，倒影自怜，自在微笑，人淡出了，而让幽兰自在呈现。

中国艺术中这样的创造很普遍。元代山水画家曹知白得李、郭家法，所作极有韵味。他有《秋林亭子图》，并题诗道："天风起长林，万影弄秋色。幽人期不来，空亭依萝薜。"深秋的山林，一个小亭孤立于暮色之中，寂寞的人在此徘徊，在此等待，这个幽寂世界充满了无穷的生命活力，你看那万影乱乱，盎然映现出一个奇特的世界，你看那藤蔓层层向上盘绕，饶有天然奇趣。倪云林《秋林亭子图》题诗云："云开见山高，木落知风劲。亭下不逢人，夕阳淡秋影。"在无人的寂寞中，却有夕阳和秋影，那是活的精灵。明代山水画家王绂有《虚亭秋色图》，有诗题道："远山淡含烟，疏树晴延日。虚亭寂无人，秋光自萧瑟。"也是一个秋色中，也是一个无人境，虚亭落日里，暮霭轻起，在寂寞的氛围中，但见得秋的逸光在跳跃。文嘉仿云林山水，并有题诗云："高天爽气澄，落日横烟冷。寂寞草玄亭，孤云乱山影。"董其昌山水册页中有一幅仿云林，所书写的是沈周的一首小诗："山木半落叶，西风方满林。无人到此地，野意自萧瑟。"野意依依，孤云乱乱，原是人心活了，亮了。凋零的暮秋的黄昏，都被艺术家的生命之光照亮了。

（二）物获得意义

中国艺术热衷于创造与自我生命相关的世界，浸润在传统哲学的智慧之中。其中一个重要思想就是中国哲学圆满俱足的理论。这一理论认为，世界中的一切各张其性，每一个生命都是一个圆满俱足的整体，具有独立的意义。过去我们不大注意，其实英国诗人布莱克所说的"一花一世界，一沙一天国"，与中国人的观念有很大不同，在西方，这样的思想多被纳入到个别和一般、部分和整体的哲学思路中。而在中国，从老子开始，就注意到一种天成圆满的思想，老子提出"大制不割"的思想，庄子强调"以物为量"的思路，都在于克服人的

[明]唐寅　渡头帘影图

理性活动所带来的对世界的割裂，所谓“知识性的撕裂”。在中国，一花一世界，绝不代表从一朵花中可以看出世界的本质，这是个别和一般的思路；也不代表一朵花是完整的世界的一部分，这是部分与整体的思路。中国哲学强调月印万川，处处皆圆。每一个生命都是圆满俱足的，所谓“圆满”，强调它的意义不是在整体中获得的，是无稍欠缺的；所谓“俱足”，强调的是不待他成而自成，它是光源，而不是被照亮的。一物就是一个意义世界。

松尾芭蕉那首著名俳句有利于我们说明这一问题：“当我细细看，呵！一棵荠花，开在篱墙边。”在一个偏远的乡村小路上，在一处无人注意的篱笆墙边，诗人发现了一朵白色的野花，没有娇艳的颜色，没有引人注目的造型，没有诱人的香味，但却独自开放，她浅斟慢酌，没有羞怯，没有哀怜。一朵野花，就是一个宇宙。从人的角度看，这朵野花和这篱笆角落一样微不足道。但野花可不这样“看”，她并不觉得自己生在一个闭塞的地方，也不觉得自己的形象卑微。在人的眼光中，有热闹的街市，有煊赫的通衢，也有人迹罕至的乡野，我们给它分出彼此，分出高下。我们眼中的花，有名贵的，有鲜妍的，也有浓香扑鼻的，像山野中那些不知名的小花，我们常常以为其卑微而怜惜她。

其实，大和小，多和少，煊赫和卑微，高贵和低下，灰暗和灿烂，那是人的眼光，是人以知识眼光打量所产生的分别。道禅哲学强调万物一齐，诸法平等，不要用知识去剥夺世界的意义，将被人的知识剥夺的世界意义还给世界。在“人为世界立法”的眼光中，我们站在世界的对岸看世界。这样的世界是被人的理性、情感等过滤过的，而不是世界的真实相。

［明］吴伟　灞桥风雪图

像文徵明《水墨山水轴》的题诗说：“密树含烟暝，溪山过雨青。诗家无限景，都属水边亭。”[1] 在纯粹的体验中，此在就是全部，当下就是圆满，没有缺憾，一个黄昏下目对青山的空亭，就是无限的宇宙。像吴历“一带远山衔落日，草亭秋影淡无人”诗中所呈现的那样，无人即是有人，落日山影，草亭空阔，与我心如如自在，没有分别，更无别虑，就是一个圆满的世界。明姚绶曾画《秋风晚笛图》，自题诗云：“船头晚吹笛，雁冲芦荻秋。风高柳枝脆，江水空悠悠。”笛声浸被了一个世界，一天的秋意，皆从这笛声中领取。

人不能成为这世界的暴君，将世界的一切置于自己的统治之下，去征服它，或者是居高临下地“爱”它，或者是悲天悯人地“怜”它。

〔1〕潘季彤《听帆楼续刻书画记》卷上。

一朵小花也有存在的理由，也有存在的价值，她不因人的存在而存在，不因人的评价而改变，只是自在兴现而已。“古木无人径，深山何处钟”，“青苔石上净，细草松下软”，“人家茅屋路能通，剩有梅花树点红。指点山头残雪在，泉声活活乱云中”，等等，人淡去了，但随那空花自落，细草芊眠。当你放下人的眼光，以物为量，在世界的河流中自在优游时，你就会有王维等诗人那样的感动，就会在一朵微花之中，发现一个宇宙，一个有意义的世界。

正是在这样理论中，我们才能发现“创造一个与自我生命相关的宇宙”的真实意义，在这样的“境”中，诸法平等，人不是观者，不是知识的裁判者——或判它有无实用价值，或给它贴上科学的标签，或细致地审视它是否符合美的形式感，他是生命的平等参与者，像沈周诗中所说：“我来亭上已春深，渐见飞花换绿阴。犹有啼莺相慰藉，数声春赋惜春吟。”人融入了世界，没有了世界决定者的角色，一切都自在兴现，物获得了意义，物变成了非“物”，人所坚守的能所关系随之解体。像李日华《竹》诗中所说的：“庭空月无影，梦暖雪生香。”中国艺术的“境”呈现的就是这样无影无迹的印合。

“境”并不是中国传统艺术观念中情景交融理论所能概括的。情景理论强调情中有景，景中有情，情景结合，王夫之说：“景中生情，情中含景，故曰，景者情之景，情者景之情也。”景是情之媒，情乃景之主。在这里情与景相对而生，互相关联，互相生发。而在中国艺术理论中的造“境”学说中，正是要泯灭这样的相对而生的思想。“涧户寂无人，纷纷开且落”的山中芙蓉，是自在兴现，没有被观之景，也没有对景之心。情景理论没有超越能所之别。

（三）与世界做游戏

在这个境界中，人观照对象、控制对象的主体意识淡出，但人没有淡出，在这个自由灵动的世界中，人在与世界做“游戏”。这个平等的参与者在分享活泼世界的乐趣。

如王维这首《书事》小诗，其云：“轻阴阁小雨，深院昼慵开。坐看苍苔色，欲上人衣来。”四句小诗，却创造一个寂寞而深邃的宇宙。凡常的小院，紧闭的院门，阴沉沉的天气里，寂寞的主人就坐在窗前，眼前是密密的小雨，浓浓的绿意，满目的苍苔，更衬托出院落的幽深，那暗绿的苍苔几乎就要向人扑面而来，诗人的心，宁静的心，寂寞的心，也似乎被这幽深和绿意席卷而去，带到那个寂寞无可奈何的世界中。诗写得湿漉漉的，充满了梦幻般的感觉。简单的物事，却创造了一个无限回旋的世界。苍苔、小雨、庭草、茂树，都成了诗人的对话者，成了诗人游戏的对象。诗人没有着意去写景，写人的情感的变化，写人的意志的控制，而是写一些与自我生命相关的存在者，由这样的存在者共同构成一个意义世界，这就是诗人所造之“境”。这是生命的吟咏，也是生命的叹息。寂寥中透出愉悦，萧瑟中露出活泼。一个无人的世界，却是一片生机鼓吹的大境界。

诗人的心似乎被这小雨和绿意打湿了。王维另一首小诗也极具风韵。《阙题二首》之一云：“荆溪白石出，天寒红叶稀。山路元无雨，空翠湿人衣。”[1] 很多画家画过王维这诗境（如石涛）。漫山的空翠打湿了人的衣服，其实也打湿人的心灵。这片令人神往的世界，你一旦接近它，就会被它包裹，被它挟持去；你会融到它的世界中，投入它的怀抱。诗人不是写自己喜欢这片山林，写山林的诸般美景，而是写这个与自我生命相关的宇宙，和自己彼此往来，共成为一体。

董其昌有八景山水册，这是仿倪云林之作，是董氏生平的重要作品，后人以其与杜甫的《秋兴八首》相类比。其中第二幅画淡淡山水，有诗云：“溪云过雨添山翠，花片粘沙作水香。有客停桡钓春渚，满船清露湿衣裳。”画家所画的不是一片山水景色，而是一个境界，是画家心灵的寄托，画家的心也被这境界打“湿”了。此册叶的第四幅，董其昌有题词云：“云霞散晓月犹明，疏木挂残星，山径人稀，翠萝深处，啼鸟两三声。霜华重逼裘云轻，心共马蹄轻。十里青山，一溪流水，都作许多情。”[2] 这里画的也是心灵的体验，在这晨曦微露、山径人稀的翠萝深处，一切都充满了活力，那十里青山，一溪流水，在人看来，是那样的亲切。

---

〔1〕一作“蓝溪白石出，玉川红叶稀。山路元无雨，空翠湿人衣”。

〔2〕以上所引董其昌八景山水册资料见潘季彤《听帆楼书画记》卷二。

艺术家的心灵被活泼宇宙的清露所打湿。沈周有题画诗道："行尽崎岖路万盘，满山空翠湿衣寒。松风涧水天然调，抱得琴来不用弹。"[1] 文徵明《春深高树图》自题诗道："春深高树绿成帷，过雨寒曲带雪飞。足久不知山日落，四檐空翠湿人衣。"[2] 清人黎简题自画山水册云："老木幽亭坐翠微，寒云流水澹清晖。溪山如此无人会，趺坐空阴湿荔衣。"[3] 清邵梅臣《厥修画山水题并跋》云："幽壑寂无人，树杪飞泉意。雨余空翠生，但觉白云湿。"[4] 凡此等等。

回到世界中，与世界缱绻往复，从容优游，没有物我的分别，没有主奴的角色，没有机心，如流水澹然去、孤舟随意还。这是一种深层的契合。沈周的题画诗非常细致地表现了这样的境界。卞永誉《式古堂书画汇考》画卷卷五载有沈周一诗画册页，所题小诗清新可玩：

> 虚亭不碍秋，落叶直入座。可人招不来，幽事如何作。
> 独行殊寂寂，秋尽过桥时。忽被风吹袖，山花亦不知。
> 石丈有芳姿，此君无俗气。其中佳趣多，容我自来去。
> 扁舟不可泊，任意随水流。东西与南北，人物两悠悠。
> 山木半落叶，西风方满林。无人到此地，野意自萧瑟。
> 溪静风不过，深处啼鸟知。山人未来处，云气入茅茨。
> 青山闲碧溪，人净秋亦净。虚亭藏白云，野鹤度幽径。
> 独过溪桥去，闲寻佳句行。山亭虚白日，客思与秋清。
> 绿树迷昏雾，青山生晓云。自天为此乐，平与画家分。
> 钓平七尺玉，夕阳千叠山。山容恰好晚，正及鸟飞还。
> 野树脱红叶，回塘交碧流。无人伴归路，独自放扁舟。

这组小诗荡尽了人间风烟，一任心灵随世界优游盘桓，将中国哲学平和淡荡的思想发挥到了极至。因为人心净，秋也净，天也净；因为无

〔1〕见卞永誉《式古堂书画汇考》画卷卷二十五。
〔2〕卞永誉《式古堂书画汇》画卷卷二十八。
〔3〕潘季彤《听帆楼续刻书画记》卷二。
〔4〕邵梅臣《画耕偶录》卷一。

心，所以山花自烂漫，野意自萧瑟。没有外在于世界的人，没有被征服的物，物与人都从对象化、互为奴役化的境地中解脱出来，在自由的境界存在。无心随去鸟，有意从水流，世界中的一切，就像一叶扁舟，在水中闲度，像一朵小花，在山间自由开放。“东西与南北，人物两悠悠”，这联诗最是传神地写出了他的感觉。

三、发现意义的“生命态度”

与生命相关的意义世界的创造，另一个重要特点就是它的价值性问题，它是一个意义世界，这里单独拿出来讨论。

当代美学家H．帕克曾说，美学之所以有必要，就是因为人们要捍卫他们经历过的美好的东西。而中国人所认为的美好的东西，看起来并不美，一片怪石、一湾瘦水、几株枯木，以及凋零的秋意、残败的落花、秋末的风苇等等，都成为创造境界的重要“原料”，都成了与自我生命相关的活的存在物。放着满眼葱翠不去描写，而去注意落花流水，对眼前袅娜的风物不闻不问，却有兴趣去嗟叹枯木寒鸦……这是一种什么样的心境呢？

［明］唐寅　古木幽篁图

其实这都缘于中国艺

术家对生命的关注。他们通过艺术这“余事”，是来呈现自己对生命的看法、对生命价值的把握，或者说是追逐那个意义世界。他们热衷于造“境”，而不是写物，是因为他们有对世界的感觉需要传达。别看这些小诗或小景画，中国艺术家在其中寄寓的却是对历史、宇宙和人生的看法。

中国艺术家有通过境界来表达思想的爱好。如古代诗画中屡屡出现“微云淡河汉”的境界描写，其实表现的是一种从容洒落的宇宙情怀和人生格调，所谓“透入性地则一洒落”。邵梅臣有《为菊溪画山水》画，并有诗说：“空山寂无人，藤萝屋小构。风定竹娟娟，怪石同鹤瘦。澄波自在潭，闭云不出岫。一卷黄庭经，闭户销永昼。”自识云：“阖户昼寝，独闻棋声于古松流水之间，此境可以作画。”[1]这样的云淡风轻，无所羁绊，是要表现从容洒落、无住于相的思想。

“空山不见人，但闻人语响。返影入深林，复照青苔上”，这里将人排除，关心起深林苔痕，表面看起来，是不关心人，其实正是通过这一片天地写人的心境、人的感受，不是对风景感兴趣（中国艺术家强调超越外在的形式），而是对自我生命的感受感兴趣，描写一个与我生命相关的世界，呈现自己回到世界的愉悦，为自己的心灵寻找一个安顿之所。对生命的认识、理解和慰藉，是贯穿此诗的核心。艺术家并不在意青苔和深林，而在意其背后的高古和幽深。

中国艺术于“境”上求之，追求个体在雄阔的宇宙和缅邈的历史中的沉思。一个秋林亭子，就是发现生命意义的空间。寂寂小亭人不见，夕阳云影共依依，表达的是一种生命的关怀。倪云林最善画亭，他的枯山瘦水中，每每有小亭兀立其中。正所谓一带远山衔落日，草亭秋影淡无人。明李日华说他：“云林兴寄转高孤，老木虚亭傍太湖。旷朗不容尘隔断，一痕山影淡如无。”这是一点也不错的。云林在这亭子中，抖落外在的粘附，恢复了“自由身”，后人说他的境界是：“山奇水亦僻，到此是闲人。一个瓦亭子，秋风空世尘。”他要利用这亭子，体会生命深层的妙处。秋日的萧疏小亭前，流水带着飘飘而下的

〔1〕《画耕偶录》卷一。

落叶，深潭边布满了苔痕，落日穿过密密的树林，将碎影散在这片天国。这是静止的天地，就在寂静的世界中，但见得日光下彻，细影晃动，衬托出世界的幽深。云林由此写他的人生旨趣。他有《疏林亭子图》，自题云："溪声虢虢流寒玉，山色依依林翠屏。地僻人闲车马寂，疏林落日草玄亭。"这疏林落日下的小亭表达的是对生命意义的追寻。惆怅和寂寞，愉悦和坚守，都充满在他的诗画中。

梅花老人吴镇也为这亭子所神迷，他说："我亦有亭深竹里，也思归去听秋声。"在中国艺术家笔下频繁出现的亭子，原是一个观照生命的窗口。沈周《题天池亭月图》题诗中说："天地有此亭，万古有此月，一月照天地，万物辉光发。不特为亭来，月亦无所私。"他哪里是在画月，画的是一种永恒感，那种超越世相、不生不死的永恒。不了解中国文化哲学的背景，很难读懂这样的作品，如果将它当做写景诗、风景画，等于抛弃这样的艺术。那种盲目以西方哲学和艺术观念来套用中国艺术的方式，所谓"模仿说"、"表现说"、"再现说"、"典型说"等等，在这里找不到其凿枘处。强行解说的结果，只能是蹂躏这样的艺术。

中国艺术的境界创造并非强调欣赏外在美的对象，而是期望表现灵魂的轻歌。清山水画家黎简在一套山水册页的最后跋文中说："每至深幽沉郁之处，一两笔得其神明，辄欲起舞，屡常自觉，至老木幽亭之作，觉一往溪山远致，泓峥萧瑟实不可言，剡溪归棹，余情邈然矣。"[1] 这是一种率意的生命之舞。

恽南田说，作画不能像"画史"，只关心"大地欢乐场"中的情况，而要"于境上求之"，目之于色，耳之于声，都是有限的、实在的，它会阻碍艺术家的情怀表达，于"境"上求之，就是超越具体的存在，表现心灵的真实。如他关于"朱栏白雪夜香浮"的夜月梨花的境界，关于东坡月下画竹生烟万状的描绘，关于黄大痴之作有"落叶聚还散、寒鸦栖复惊"妙处的论述，关于"江树云帆，忽于窗棂隙影中见之"的思想，关于画"三山半落秋江外"的论述，强调艺术要

[1] 潘季彤《听帆楼续刻书画记》卷下。

[明] 陆治　扇面

“诗罢有余地”，要有“不愁明月尽，自有暗香来”的精神，等等，都在强调造“境”，而不是写形。如他说，写秋天的景色，如果只停留在外在形象的描摹上，不能使人有可悲可思之处，“不若听寒蝉与蟋蟀鸣也”——秋令人思令人悲，要将这独特的境界传递出。

朱光潜是一代美学大师，他的学术对我有很大影响，但他的一段有关中国艺术的宇宙感的论述，我不能同意。他说：“我读《旧约·约伯记》、莎士比亚的《哈姆雷特》、弥尔顿的《失乐园》诸作，才懂得西方批评学者所谓‘宇宙的情感’(cosmicemotion)，回头在中国文学中寻实例，除着《逍遥游》、《齐物论》、《论语·子在川上》章、陈子昂《登幽台怀古》、李白《日出东方隈》诸作以外，简直想不出其他有‘宇宙的情感’的文字。”[1] 这样的判断并不符合中国艺术的事实，中国艺术中宇宙情感的表达非常丰富，“境”的创造中就包含这方面的内容。

从倪云林题画诗“千年石上苍苔碧，落日溪回树影深”中，也可看出所寄寓的宇宙和人生的思理。石是永恒之物，人有须臾之生，人面对石头就像一瞬之对永恒。在一个黄昏，落日的余晖照入山林，

〔1〕见《谈美》中的《刚性美和柔性美》，安徽教育出版社，1997年。

照在山林中清澈的小溪上，小溪旁布满青苔的石头说明时间的绵长，夕阳就在幽静的山林中，在石隙间、青苔上嬉戏，将当下的鲜活糅入历史的幽深之中。夕阳将要落去，但它不是最后的阳光，待到明日鸟起晨曦微露时，它又要光顾这个世界。正所谓青山不老，绿水长流，日落了吗？并没有落，水流去了吗？并没有流。人在这样的“境”中忽然间与永恒照面，给一个脆弱的生命注入了绵长，带去了熨贴。这就是中国艺术独特的宇宙感。中国艺术家从这样的宇宙感中发现的不是抽象的绝对的道理，而是一个意义世界，那是一个与我生命相关的境界。

像沈周《东庄图册》题诗中有一首这样说：“有月来青天，落我酒杯中，酒尽忽不见，天上长如此。”简单的小诗，表达的却是宇宙恒常之理，正是万古有此月，斯人独此时。

乾隆年间宜兴窑彩绘花鸟纹笔筒

第七章 以心源为洪炉

“外师造化，中得心源”是中国艺术理论的重要命题，它是由水墨画创始人之一、唐代画家张璪（约 735 ~ 785）[1] 提出的，在一定程度上可以说是中国艺术的纲领。长期以来，我们对它的理解似乎过于简单化，不少论者认为这个命题浅近明白，反映的是主客观结合或情景结合的问题[2]。但事实情况远比这复杂，这与其复杂的学说渊源有关。

一般认为，张璪这一绘画纲领直接取自于道家[3]。张璪的确受到道家哲学影响，但考张璪之思想旨趣以及相关史实，可以肯定地说，张氏此八字诀反映的思想精髓应是佛学（主要是禅宗），而不是道家哲学。

张璪本人与佛门有密切的关系。《全唐文》中收录有符载（约 732 ~ 810）一篇有关张璪的赞文，这是符载在江陵府陟屺寺云上人院壁看到张璪所画的《双松图》后所写的：“世人丹青，得画遗迹。张公

〔1〕张璪，一作张藻，其生平事迹不详，其生卒年的考订，参谢巍《中国画学著作考录》，73 页，上海书画出版社，1998 年。

〔2〕如蒋勋说：“中国的山水画当然不只是一种‘外师造化’的客观，同样有‘中得心源’的个人心境的主观性在内。”（《艺术概论》，73 页，三联书店，2000 年）

〔3〕这是一个比较流行的观点。如徐复观在《中国艺术精神》中断定，“外师造化，中得心源”说来自于庄学。

运思，与造化敌。根如蹲虬，枝若交戟。离披惨澹，寒起素壁。高秋古寺，僧室虚白。至人凝视，心境双寂。”〔1〕张璪是一位画松的高手，而这古松画到了寺壁，体现了高松古寺、心境双寂的妙悟境界。张璪在一些寺庙墙壁上所作的壁画，在其身后多有留存。朱景玄《唐朝名画记》记载：“宝应寺西院山水松石之壁，亦有（张璪）题记。”从一些历史材料推论，张璪当时可能和佛门多有接触，如符载所著《观张员外画松石序》一文云：“是时坐客、声闻士凡二十四人，在其左右，皆岑立注视而观之。”所谓声闻士，指出家弟子。这是张璪和佛门接触的最直接例证。

［明］文嘉　石湖小景图

从张璪的交游情况来看，多有与佛学有较深渊源者。从现有的记载来看，在张璪一生中，与其有密切关系的人，一是相国刘晏（715～780），张彦远说二人为知己。二是王缙，张璪在代宗广德元年（763）因相国王缙的推荐，任检校祠部员外郎和盐铁判官，故世称张员外。而王缙则是王维的弟弟。王缙有很高的禅学修养，如其所作《同王昌龄裴迪游青龙寺昙上人兄院和兄维》诗云：“林中空寂会，阶下终南山，高卧一床上，回看六合间，浮云几处灭，飞鸟何时

〔1〕《全唐文》卷六百九十，符载《江陵府陟屺寺云上人院壁张璪员外画双松赞》。

还。问义天人接，无心世界间，谁知大隐者，兄弟自追攀。”[1] 王维（701～761）是深受禅宗影响的诗人和画家，与慧能弟子神会关系密切，神会语录中有多处记载二人对话的情景。王维和张璪都是当朝水墨画大师，而且在绘画上，当时张璪的地位甚至超过王维，荆浩在《笔法记》中对两位大师在水墨画创造上的功劳予以高度评价。[2] 目前还没有见到张氏与王维相互接触的史料，但从张璪与王缙的关系以及二位同是水墨画创造伊始的大师看，二人的直接交往应是可能的。王维的禅学思想可能对张璪产生影响。水墨画的产生在哲学上深受道家哲学和佛学的影响，但水墨画为何没有在唐代之前产生，而是在禅宗兴盛的唐代出现，禅宗的影响是最为直接的原因之一。作为水墨画创造伊始的两位大师可能正是在水墨的启发下，而领导这一艺术时尚的。

另外，从张璪和符载的接触情况看，符载曾是庐山隐士，优游于佛道之间，后至江陵，在此结交了张璪，符载对张璪的艺术造诣有很高的评价，并称一次张璪作画、群贤毕至的场面胜过兰亭、金谷之会。而也是在江陵，他拜访了天皇寺，为南宗禅的著名传人天皇道悟（748～807）写下了碑文，从符载所留下的文字看，他和佛教有很深的因缘。

据张彦远（约 815～875）《历代名画记》卷十记载，张璪有弟子名刘商，“刘商，官至检校礼部郎中，汴州观察判官。少年有篇咏高情，工画山水树石。初师于张璪，后自造真为意。自张贬窜后，尝惆怅赋诗曰：‘苔石苍苍临涧水，溪风袅袅动松枝，世间惟有张通会，流向衡阳那得知。或云商后得道。’”而这位刘商则是禅宗的崇尚者，他有诗云：“虚空无处所，仿佛似琉璃。诗境何人到，禅心又过诗。”[3] 又有《秋蝉声》诗云：“萧条旅舍客心惊，断续僧房静又清。借问蝉声

---

〔1〕《全唐诗》卷一百二十九。

〔2〕《笔法记》云：“夫随类赋彩，自古有能。如水晕墨章，兴吾唐代。故张璪员外树石，气韵俱盛，笔墨积微，真思卓然，不贵五彩。旷古绝今，未之有也。……王右丞笔墨宛丽，气韵高清，巧写象成，亦动真思。”

〔3〕《酬问师》，《全唐诗》卷三〇四。

何所为，人家古寺两般声。”

张璪和佛门的关系，还可以通过他所著《绘境》一书看出，从命名上就可以看出其明显受到佛学影响。张彦远《历代名画记》卷十说：“张璪，字文通，吴郡人。初，相国刘晏知之，相国王缙奏检校祠部员外郎、盐铁判官。坐事贬衡州司马，移忠州司马。尤工树石山水，自撰《绘境》一篇，言画之要诀，词多不载。初，毕庶子宏擅名于代，一见惊叹之。异其唯用秃毫，或以手摸绢素，因问璪所受，璪曰：‘外师造化，中得心源。’毕宏于是阁笔。”《绘境》一书，今已不传。从张彦远的语气中，可判知他是读过这本书的，否则，他难以言“词多不载”。这句话的意思是：这本书多特立之论，言人所不言。[1]在画学中，前人有画训、画品、画格、画录等，但专言画境仅见于此书。虽语不传，但“外师造化，中得心源”出自本篇，则是肯定的。以“境”言艺，唐代之前少有人及，而至唐代则成为使用非常广泛的艺术概念，中国美学境界论在唐代形成其初始形态。如在文学理论中，盛唐时期的王昌龄（约 698 ~ 757）提出：“久用精思，未契意象，力疲智竭，放安神思，心偶照境，率然而生”；“思若不来，即须放情却宽之，令境生。然后以境照之，思则便来，来即作文”。其后皎然提出“诗情缘境发，法性寄筌空”的重要思想，并对“空境”表现了极大的兴趣，并努力在诗歌中表现这种空境。如其诗云：“偶来中峰宿，闲坐见真境。寂寂孤月心，亭亭圆泉影。”[2]“外师造化，中得心源”可以说是唐代艺术境界论的重要组成部分。唐人论艺重“境”，是在佛学影响下出现的理论趣尚。佛学尤其是禅宗的境界理论是中国美学境界说所取资的主要对象，没有禅境学说，中国美学是不是能形成境界理论都很难说。

〔1〕从宋以来，关于张氏此书，并无记载，惟明初王绂《书画传习录》卷四中曾有记载，云：“张司马尝撰《绘境》一篇，大含细入，非粗工所能领略。当年符载为之序曰：尚书朗抱不世绝传之妙，居长安，卿相大臣既迫精诚，乃持权衡尺度之迹，输在贵室，他人不得睹也。谪官武陵司马，士君子往往获其宝焉。”不知王绂何以得见此文。

〔2〕《宿山寺寄李中丞洪》，《全唐诗》卷八百一十六。

［南宋］无款
疏荷沙鸟图

当然判定“外师造化，中得心源”这个纲领的佛学渊源问题，还要从其自身的剖析做起。这里谈四个方面的理论因缘。

一、心源为本

张璪与佛门的密切关系在他“心源”一语中得到明晰的体现。“心源”是个佛学术语。此语在先秦道家、儒家著作中不见，它最初见于汉译佛经。《四十二章经》云：“佛言：出家沙门者，断欲去爱，识自心源，达佛深理，悟无为法。”〔1〕《大方广佛华严经》卷十二说：“我王心镜净，洞见于心源。”又，卷十五：“涤除妄垢显心源，故我归依无等者。”〔2〕《菩提心论》云：“若欲照知，须知心源。心源不二，则一切诸法皆同虚空。”〔3〕华严宗宗师澄观（737～838）的解说最是详细，他在

〔1〕《大正藏》第17册。此经译者有争议，其译入中土不会晚于晋，此书已见《出三藏记集》著录。
〔2〕唐实叉难陀（652～710）译，八十华严本，《大正藏》第10册。
〔3〕唐不空（705～774）译，《大正藏》第32册。

［明］仇英
松下眠琴图

《答皇太子问心要书》中说："若一念不生，则前后际断。照体独立，物我皆如。直造心源，无智无得，不取不舍，无对无修。"[1]

佛门称"心源"主要明二义：一是本源义，心为万法的根源，所以叫做"心源"，此心为真心，无念无住，非有非无，而一切有念心、是非心、分别心都是妄心，所以心源是与妄念妄心相对的，佛教所谓"三界唯识，万法唯心。了悟心源，即是净土"，此明其本；一是根性义，心源之"源"，是万法的"本有"或者说是"始有"，世界的一切都从这"源"中流出，世界都是这"源"之"流"，因此，它是通过人心的妙悟所"见"之"性"，是世界的真实展露，此明其性。此二义又

〔1〕《全唐文》卷九百一十九。

是相连一体的。在心源中悟，惟有心源之悟方是真悟，惟有真悟才能切入真实世界，才能摆脱妄念，还归于本，在本源上“见性”，在本源上和世界相即相融。

心源为悟的思想在禅宗中得到进一步发展。心源就是禅宗当下即成的“本心”或“本来面目”。禅宗强调，悟由性起，也就是由心源而起，心源就是悟性。慧可（487～593）曰：“若了心源清净，一切愿足，一切行满，一切皆辨，不受后有。”[1] 道信（580～651）说：“夫百千法门，同归方寸，河沙妙德，总在心源。”南阳慧忠（？～775）认为，第一义之悟必是心源之悟：“禅宗学者，应遵佛语。一乘了义，契自心源。不了义者，互不相许。”[2] 因此，在禅宗中，悟即证得心源；悟必以心源来悟。无悟即无心源，无心源即无悟。以心源去悟，就是第一义之悟。

在唐代，受到佛学尤其是禅宗的影响，佛门之外谈“心源”者甚多。宋之问《自衡阳至韶州谒能禅师》：“物用益冲旷，心源日闲细。伊我获此途，游道回晚计。”他从慧能禅师那里得到了使心源澄静的良方。权德舆（759～828）有多首诗谈对禅家心源说的理解，如《李韶州著书常论释氏之理贵州有能公遗迹诗以问之》：“常日区中暇，时闻象外言。曹溪有宗旨，一为勘心源。”[3] 正是曹溪一滴水，使我澄心源。刘禹锡也在禅宗的影响下提出：“心源为炉，笔端为炭，锻炼元本，雕砻群形。”[4]

张璪的“外师造化，中得心源”体现了禅宗的心源为本的思想。这个“心源”就是他最本根的“受”，使傲慢的毕宏臣服而“搁笔”的主要原因，就是这“心源”。可能毕宏以画树石之能擅名当代，但不如张璪的画是从“心源”中流出，这个心源就是“性”，所以，他能得物象之“真”。一是气貌神色上的生动，一是心与物合的性真。二者相比，后者更深沉、内在，也最根本。张璪这里不说出自于“心”，而说

〔1〕《楞伽师资记》，《大正藏》第85册。

〔2〕上引道信和慧忠语均见《五灯会元》卷二。

〔3〕《全唐诗》卷三百三十二。

〔4〕《董氏武陵集记》，《全唐文》卷六〇五。

出自于“心源”，正是确立了“性”的本体，从传统画学的以心为主发展到心性为主，这是一个重要的转变。

二、妙悟玄道

据符载《观张员外画松石序》记载：“秋九月，深源陈燕宇下，华轩沉沉，镈俎静嘉。庭篁霁景，疏爽可爱。公天纵之思，歘有所诣。暴请霜素，愿扮奇踪，主人奋裾呜呼相和。是时坐客声闻士凡二十四人在其左右，皆岑立注视而观之。员外居中，箕坐鼓气，神机始发。其骇人也，若流电激空，惊飙戾天。摧挫斡掣，扮霍瞥列。毫飞墨喷，捽掌如裂。离合惝恍，忽生怪状。及其终也，则松鳞皴，石叠岩，水湛湛，云窈渺。投笔而起，为之四顾，若雷雨之澄霁，见万物之情性。观夫张公之艺，非画也，真道也。当其有事，已知夫遗去机巧，意冥玄化；而物在灵府，不在耳目；故得于心，应于手；孤姿绝状，触毫而出。气交冲漠，与神为徒。若忖短长于隘度，算妍媸于陋目；凝觚舔墨，依违良久，乃绘物之赘疣也，宁置于齿牙间哉！……则知夫道精艺极，当得之于玄悟，不得之于糟粕。”[1] 而朱景玄《唐朝名画记》也记载了一段张璪作画的过程，说他“尝以手握双管，一时齐下，一为生枝，一为枯枝，气傲烟霞，势凌风雨”。

张璪这样的作画方式，并非出自表演性的欲望。他抛弃了寻常作画的秩序，荡去机巧，追求性体的表达，他要在这一过程中追求性灵的自由。所以符载在记录这段过程后，说他“得之于玄悟，不得之于糟粕”。“玄悟”二字是理解张璪画学思想另一个关键词。“玄悟”就是妙悟，妙悟是解读其“外师造化，中得心源”的重要入口处。

在有关张璪作画的记载中，都突出一种“狂态”，如书法中张旭、怀素那样的“狂态”，观其作画，简直如舞剑一般，在令人眼花缭乱的过程中，展示了画家奔放自由、不为拘束的心灵境界。这是一种由疯狂而至妙悟的心理超越方式。在这个过程中，主宰其创造活动的不

〔1〕《观张员外画松石序》，见《全唐文》卷六百九十。

传［五代］荆浩作匡庐图

是作为理智知识的“糟粕”，而是“玄悟”。“糟粕”是一种“以知知之”，控制创作的是理智知识；而控制“玄悟”的是一种来源于心理深层的生命力量，即“心源”。这一创作过程如同一个舞台，包括其观众都参与了这一过程，都促进了“玄悟”状态的出现。当笔酣墨饱之际，一种傲慢恣肆的心态也随之形成，睥睨万物，斥退一切形式法则，忽然间似乎一切都不存在，惟有疯狂的性灵在飞舞，赤裸裸的生命在张扬。正是在此情况下，“心源”的活水被打通了。或许可以这样说，这一疯狂的操练过程原是艺术家有意设置的超越之路，由观者和画家构成的场景充当了刺激物，而泼墨、舞毫，剧烈的肢体动作、夸张的行为过程，都是为了制造一种旋转舞动的力，搅动着艺术家的意绪，促使其越出规范，摆脱控制的秩序，在疯狂中抑制人清醒的意志（“糟粕”），忘却营营，惟有一只飞舞的笔触带着他，也带着周围的观者升腾，升腾。

这里所表达的境界正是张璪八字诀所追求的境界。这纲领强调的思想是，以心源去妙悟，艺术创造的根本就在于归复心源，以人的“本来面目”去观照。这本来面目就是人弘深的智慧，而审美认识过程就是发明此一智慧。这里反映的创造方式正是禅宗顿悟的方式。禅宗顿悟之方，一是通过宁静的修炼而达到心虑澄清、万象俱寂的境界；一是通过激起强烈的心灵波涛，在此一境界中超越法度，掘出“心源”

之水，走向自由。张璪在创造中实践的是后者。

另外，这一纲领关于心源和造化的关系方面，突出了以心源统造化的创造思想。这里的“外师造化”，强调的并非注意观察外在世界，而是要解除人与物之间的判隔，解除物我之间的主客观关系，以心源去观照。心源观照，就是妙悟，就是符载所说的“意冥玄化”。正惟有如此，才是“物在灵府，不在耳目”。所以张璪疯狂作画时，就是遗去机巧，超越感性欲望，超越理性逻辑，建立以心源为核心的生命逻辑，师造化之伟力，师造化之真元。

在中国画学史上，陈姚最《续画品》云：“学穷性表，心师造化。”唐李嗣真（？～696）《续画品录》云：“顾生思侔造化，得妙悟于神会。”在物和心之间，李嗣真已经明显地以心为主，强调此造化乃“思”之造化，是妙悟的结果。北宋范宽一生只留下一句论画之语，此语即关于人心和造化关系的，他说：“前人之法未尝不近取诸物，吾与其师于人者，未若师诸物也。吾与其师于物者，未若师诸心。”（据《宣和画谱》卷十一引）他的思想和张璪“外师造化，中得心源”说是一致的。他在这里并非坚持外物和内心两个基点，而主张心统造化，画出心中之造化。明董其昌论画崇尚南宗禅法，强调绘画创作应该“一超直入如来地”，以妙悟为根本的方法。在此基础上，他提出了独特的师法论，在画史上颇具影响。他说：“画家以天地为师，其次以山川为师，其次以古人为师。故有不读万卷书，不行千里路，不可为画

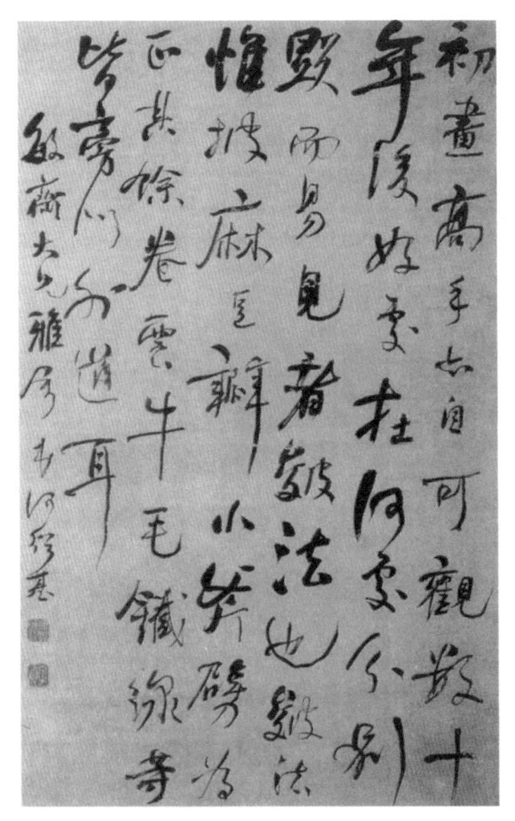

［清］何绍基　论画语中堂

之语。”他将师造化理解为不仅师法山川外在之形态，而要在把握其生生不息、无往不复的内在精神，所以他以天地为最高规范，这天地的精神就是当下直截的妙悟，是“丘壑内营”的结果。董其昌以悟为主的师法论，最得张璪学说的精髓。而石涛的思路同样如此，这位提倡“搜遍奇峰打草稿”的画家，将妙悟置于其理论的核心位置上，用他的话说，就是：“此予五十年前，未脱胎于山川也，亦非糟粕其山川，而使山川自私也。山川使予代山川而言也，山川脱胎于予也，予脱胎于山川也，搜尽奇峰，打草稿也，山川与予神遇而迹化也。所以终归之于大涤也。”（《石涛画语录·山川章第八》）一切都归之于之悟，进入妙悟之体验高峰，山川和我已经“迹化”，我是山川的代言人，所以一切都归之于大涤子，就是归之于“心源”。

三、造化心源不二

清戴醇士说：“画以造化为师，何谓造化，吾心即造化耳。吾心之外皆习气也。故曰恨古人不似我。”[1] 我以为，这是一个深刻的界定。所谓造化，不离心源，不在心源；所谓心源，不离造化，不在造化。造化即心源，心源即造化。脱心源而谈造化，造化只是纯然外在之色相；以心源融造化，造化则是心源之实相。即造化，即心源，即实相。而这正表现了张璪“外师造化，中得心源”的核心思想。这一思想颇得禅宗“见性”学说和天台“实相”学说之要义。

元稹（779～831）在《画松诗》中说：“张璪画古松，往往得神骨。翠帚扫春风，枯龙戛寒月。流传画师辈，奇态尽埋没。纤枝无萧洒，顽干空突兀。乃悟尘埃心，难状烟霄质。我去淅阳山，深山看真物。”[2] 这首诗很有意思。元稹认为，张璪画出的松得自然之“真”，而那些仿造的画师们，却使松态“埋没”。他们失却了松的“真”，或者说失却了自然之“性”。为什么这些仿造的画家失却了自然之“性”

〔1〕题《密林陡嶂》，《习苦斋画絮》卷四。
〔2〕《全唐诗》卷三百九十八。

呢？主要在于他们所抱有的“尘埃心”。尘埃心不是人的本心、真心，用张璪的话说，就是不得“心源”，用这样的心去创造则不能得古松潇洒出尘之韵、烟霄腾踔之意。所以，在诗的最后，元稹说：“我去淅阳山，深山看真物。”

这个“真物”，就是心源和造化在瞬间妙悟中凝结的灿烂感性。以妙悟去观照世界，而不是以知识的途径去认识。在佛学看来，妙悟是“一”，而非“二”，妙悟是不二之感悟。“不二”强调此悟乃是无分别、无对待之境界。无分别乃就知识言，以反逻辑非理性为其要义。无对待是就存在的关系性而言，从天人关系、心物关系看，其旨在于泯能所，合心境（外境），去同异，会内外。《般若经》有所谓“实相一相，所谓无相，即是如相”。诸法实相即是佛性，是如如之境，这个境界是“一相”，就是说它是无分别、无对待的，这个无分别、无对待相实际上就是无相，就是空，不执有无，是对相的超越。而此超越之相，就是如相，意为“物如其自身而存在”，或者说“物之存在在其自身”，其核心意思在于使物从对象性的陷阱中挣脱出来，获得意义价值。

五代荆浩《笔法记》中有关于物的存在特性的精彩辨析，这篇文章假托野叟和画家的对话，说明绘画之大法：“曰：画者，华也。但贵似得真，岂此挠矣。叟曰：不然。画者，画也，度物象而取其真。物之华，取其华，物之实，取其实，不可执华为实。若不知术，苟似，可也；图真，不可及也。曰：何以为似？何以为真？叟曰：“似者，得其形，遗其气。真者，气质俱盛。凡气传于华，遗于象，象之死也。”同样一个物（并非二物），却有似与真的区别（并非两种表现）。物有其形，又有其性。从形方面说，它是客观的，是世界中存在的现象，是人观之对象，是具体的个别的物象。但作为一个画家，如果仅仅停留在眼中所观的物象，那么只能说是对物的虚假的反映，作者提出，画山水要画出山水的性，这个性就是他所说的“须明物象之原”。这个“原”就是山水之性，是山水的“本来面目”，作为“性”和“原”的山水才是真实的存在，才是如如之境。这正是心源和造化合一的真。

造化不在我的心外，心源不出于造化，就是那一轮恒常的月，就是那青山前一缕缭绕的云。“悟心容易息心难，息得心源到处闲。斗转星移天欲晓，白云依旧覆青山。”在这首禅宗的偈语中，我们就可以看出，禅宗以心源为本，而悟是心源的展开。北宋时杨岐派禅师道完有一次上堂说法，有云：“古人见此月，今人见此月，此月镇常存，古今人还别。若人心似月，碧潭光皎洁。决定是心源，此说更无说。咄！”（《五灯会元》卷十八）心源就是这恒常不变的明月，就是那依旧在青山中缭绕的白云。心源也就是心之源，心为万法之根源，所以说是心源。心源即真如，即般若，即智慧。“中得心源”，就是在妙悟中回归真性，点亮智慧之灯，从而以智慧之光去照耀。因此，师造化，亦即是以心之真性契合万化之真性，以智慧之光照彻无边世界，不着一念，不挂一丝。由妙悟而归于智慧，以智慧来观照万物。在心源——生命的本来面目中让世界自在呈现，这是张璪“外师造化，中得心源”说必然的归宿。

[明]董其昌　山水轴

四、心源即生知

北宋绘画理论家郭若虚在《图画见闻志》卷一中列《论气韵非师》一节，对“外师造化，中得心源”说作了创造性的发明，可以看做是张璪学说的延伸：

> 窃观自古奇迹，多是轩冕才贤，岩穴上士，依仁游艺，探迹钩深，高雅之情，一寄于画。人品既已高矣，气韵不得不高；气韵既已高矣，生动不得不至。所谓神之又神，而能精焉。凡画必周气韵，方号世珍。不尔，虽竭巧思，止同众工之事，虽曰画而非画。故杨氏不能授其师，轮扁不能传其子，系乎得自天机，出于灵府也。且如世之相押字之术，谓之心印。本自心源，想成形迹，迹与心合，是之谓印，爰及万法，缘虑施为，随心所合，皆得名印。矧乎书画发之于情思，契之于绡楮，则非印而何？

郭若虚认为，六法之中，气韵为要，气韵非得之于娴熟的技巧，而发之于心源，得之于由心源所发的妙悟，而妙悟就是心印。郭若虚建立了一个以心源妙悟为核心的绘画理论体系。郭若虚这里所讨论的问题中颇具创造性的，是将心源和生知联系起来。郭若虚等提倡妙悟来源于生知，具有丰富的理论内涵。

首先，强调生知意在强调妙悟由人的根性发出，这是张璪“外师造化，中得心源”说的另一种表述。郭若虚说：“如其气韵，必在生知。”他以如此肯定的语气，强调气韵只能来自于“生知”。我理解，

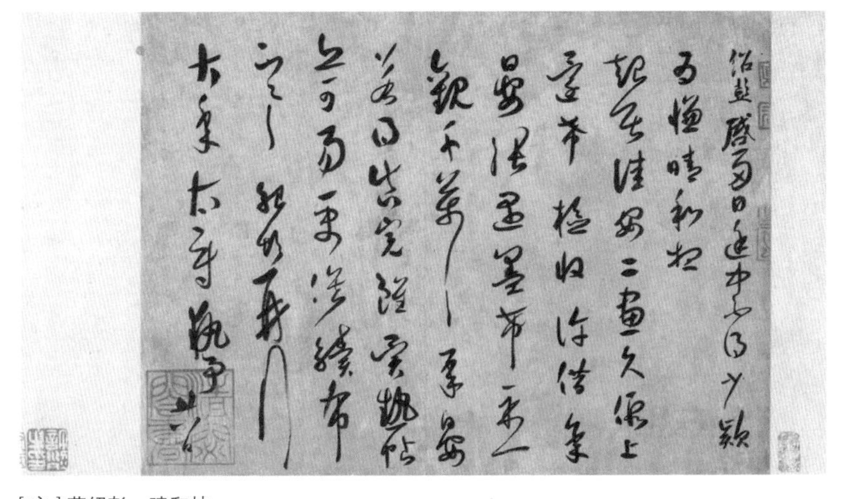

[宋]薛绍彭　晴和帖

并不是说绘画中的气韵在先天就已经决定好了，而排除后天学习的可能性和必要性，这里强调的重点是以人的根性去感知，这个根性就是心源。即他所说的："本自心源，想成形迹"。如何将这一本然的知性或者觉慧的能力引发出来，则要靠悟。因为即使你有"生知"之性，但若无觉悟，则此慧隐而不露，不可能转化为绘画中的气韵。所以他接着说："固不可以巧密得，复不可以岁月到，默契神会，不知然而然也。"对根性的觉悟，不能靠机巧，不能靠知识的推证，也不是凭借时间的积累，像"众工"那样，它是一种灵魂的悟得，是对自我内在觉性的毫无滞碍的引发。郭若虚这里特别强调"印"，他说"本自心源，想成形迹，迹与心合，是之谓印，爰及万法，缘虑施为，随心所合，皆得名印。"所谓心印，如禅宗临济初祖希运（？～850）所说的："故达磨大师从西天来至此土，经多少国土，只觅得可大师一人，密传心印。印你本心，以心印法，以法印心，心既如此，法亦如此。"[1] 所谓心印，强调觉悟过程排除一切干扰，恢复灵魂自性，不沾一念，空明无碍，在这样的心境中印认世界。若禅宗所说："契自心源，且道那个是自契底心源，若有心可契，决然契不得，须是以无心之心则契矣。"[2] 总之，气韵非学出，而是印出，以心源去印，以灵魂的觉性去知，这就是"生知"。非学出，并不代表排斥学，而如董其昌所说的"学至于无学"，"学"可以培植根性，滋养根性。"学"又会构成对根性的破坏，如果不能摆脱"学"的影响，以悟去创造，而不是以"学"去创造，就有可能造成对性的阻碍，所以"学至于无学"是非常重要的。

妙悟在于生知突出的另一个重要思想，就是养性。妙悟本于根性，此根性必须颐养，艺术之悟和养性是密切相关的。如郭若虚所说："窃观自古奇迹，多是轩冕才贤，岩穴上士，依仁游艺，探迹钩深，高雅之情，一寄于画。人品既已高矣，气韵不得不高。气韵既已高矣，生动不得不至。所谓神之又神，而能精焉。"这段话将绘画的成就和人品

---

〔1〕《古尊宿语录》卷二《宛陵录》。在佛学中，心印是一非常重要的概念。
〔2〕《古尊宿语录》卷三十二。

联系起来，认为有什么样的人品，就会有什么样的绘画，绘画是看一个人人品的重要窗口。初看起来，这是一种充满偏见的说法，因为艺术毕竟是艺术，它需要艺术家的表现能力，人品好了，但对画一无所知，难道就能创造出好的艺术作品来？所以，在当代学界这一观点引来的非难也很多，甚至被指为士大夫阶层荒唐的自恋。但这样解读郭若虚，我以为并不切合，是对郭的一种误解。郭若虚这一观点在中国艺术理论中具有普遍的影响。

艺术的妙悟和灵魂的觉悟是不二的，这是中国美学妙悟论中包含的一个重要思想。艺术领域中的妙悟都不能简单理解为艺术创造过程，虽然审美意象创造是艺术妙悟的目的，但不是唯一的目的，甚至不是最重要的目的，其最重要的目的是对人的灵魂觉性的恢复。所以，在艺术中，妙悟既是艺术创造的过程，又是灵魂颐养、心灵拯救的过程。在艺术妙悟的理论中，中国艺术理论常常坚信这样一个观点，人原来存在一个清净微妙玲珑的本然世界，这就是人的本觉；而这个本觉的世界被世俗染污，所以堕入迷雾中，由本觉到不觉；而妙悟就是恢复这一灵魂的觉性，通过宁静的证入，由不觉而达到始觉。由此，妙悟的过程是灵魂的功课，是灵魂修养的过程。妙悟理论同时坚信，艺术构思的飞跃只有在洁净空灵的心灵中才能出现，最高的艺术只能由人本源的灵觉世界转出（即由心源导出），而不是从技巧中得到的。所以，灵魂觉性的恢复是根本，艺术意象的创造则是由这个根本中演化而出的。

结　语

中国美学崇尚自然、黜斥人工，“造化心源”学说正是此思想的重要体现。这一学说强调的不是外在的观察，而是对“性”的还原，以本源的真实之心去映照世界；不是外在的“象”，而是心源的“真”。这些思想极具启发性。“外师造化，中得心源”作为中国艺术的纲领，反映的不是主客观结合的思想，而是“境”的创造原则。

后编

后编主要从具体的艺术形式和日常审美生活中看崇尚自然、规避人工秩序思想的落实。一、中国人爱石传统中包含着内在情性的风流，又丑又硬的石头之所以“可人”，原来和人的生命相关。二、假山是假的山，却有真的意，在随意点缀中有天工之妙。三、微小盆景的古拙苍莽形式中，有一片天籁之音。四、具有天趣的篆刻臻于高致，露出人工痕迹的创造却落入下流。五、篆刻南北宗中的巧拙之争、浙徽之争，原是天工和人趣之争。六、开片、窑变、色晕等瓷器制作方法中，贯串着天工开物的原则。七、中国画对荒寒境界的痴迷，原是要追求一片天机鼓吹的境界。

第八章
顽石的风流

世界上没有哪个民族不爱石头的，石和人们的生命密切相关，但中国人对石头的爱在世界上是非常独特的。

中国人有玩石的传统。唐人已爱石成癖，白居易爱太湖石，“待之如宾主，视之如贤哲，重之如宝玉，爱之如儿孙”。此风至宋尤盛。曾几说：“闲居百封书，总为一片石。”一片石几乎使他的生活发生了改变。米芾爱石出了名，自嘲道：“癖在泉石终难医。”他在涟水做官时，藏在书屋玩石不出，按察使杨次公去见他，劝他不能以石废事，米连取数石，一石比一石妙，玲珑可爱，在杨面前翻来翻去，并说：“这样的石头，我怎能不爱。”杨最后实在忍受不住，说：“非独公爱，我也爱也。”从米手上夺一石，上车去了。

苏轼说：“园无石不秀，斋无石不雅。”石和中国人的审美生活有密切的联系。一片顽石，成为几案上的清供；叠石成山，成为园林的常设；盆景是园林艺术的扩大化，也与石密切相关。

中国人爱石，不是爱一个外在的物。正如石涛所说：“山林有最胜之境，须最胜之人，境有相当，石我石也，非我则不古；泉我泉也，非我则不幽。”[1] 石是我心灵之石，我生命中的石。对于中国的很多爱

〔1〕石涛《山林胜境图》自题。此图今藏四川省文物商店。

[南宋]无款　绣羽鸣春图

石人来说，不是因为它的收藏价值、它的物质性，而是通过一片顽石，千秋如对，体味生命的价值。

赏石文化中积纳了中国人丰富的思考，包含中国美学的重要观念，也体现出中国人独特的生命精神。

一、石的“秩序”

欣赏石，潜藏着中国人反人工秩序的思想。在中国艺术家看来，石是有“秩序”的，石的秩序，就是天的秩序，天以无秩序为秩序，它是与人工相对的范畴，所谓天机自动、天全不雕。人的秩序是理性的、知识的、雕琢的，而天的秩序是自然的、自由的、无约束的。欣赏石，就是以“天”作为美的标准，作为价值判断的依据。

中国人欣赏石，欣赏它的怪、顽、瘦、朴。怪是脱略常规、不同凡响；顽是野逸放纵、无所羁绊；瘦是风神飘举、独立不羁；而朴则是未被雕琢、一片浑沦。四者重点都在拒斥人的理性的干扰，挣脱知识的束缚，都在建立天的秩序，表达了对人为世界立法思想的拒斥。

第一，石之怪：质疑正常。

石头是大自然的作品，无奇不有。石的奇形怪状并不奇怪，倒是中国人崇拜怪石的风习使人觉得奇怪，今就有论者认为这是一种病态的审美观念。明代的《小窗幽记》说：“墙内有松，松欲古；松底有石，石欲怪。”又说，要以怪石“为实友”。怪石嶙峋，非平常蹊径，出人意表，给人的心灵带来震撼。子华氏《咏太湖石》诗说：“洞庭山下湖波碧，波中几古生幽石。铁索千寻取得来，奇形怪状谁能说。”[1] 说不清道不明的奇怪石头，成为中国文人的至爱。

唐人就有好怪石之风，今见阎立本的《职贡图》，描写外邦朝贡

〔1〕据明林有麟《素园石谱》卷二引。

物品，其中有三人手中所托为山石盆景，另有三人抱着玲珑剔透的太湖石石笋，这说明当时好石之风颇为浓厚。画中的石头奇形怪状，给人很深的印象。中唐以后这股风气在文人中盛行，有平泉别业的李德裕酷爱怪石，后人有诗评道："怪怪奇奇石，谁能辨丑妍。莫教赞皇见，定辇入平泉。"[1] 一看到怪石，就想到平泉主人。平泉中收集的怪石名品极多，两宋以来，收集平泉怪石遗物成为收藏界的雅尚。白居易也痴迷怪石，他曾得到两块灵璧石，以为至宝，有诗赞道："苍然两片石，厥状怪且丑。"他对太湖石的推崇更是为人所熟知。

扬州卷石洞天假山

他有诗云："远望老嵯峨，近观怪嵚崟。"他从朋友那里得到奇形怪状的太湖石，高兴非常，有诗咏道："奇应潜鬼怪，灵合蓄云雷。"[2] 意思是石的奇形怪状令鬼神都觉得惭愧。宋代文人爱石，以怪为上，很多人染上怪石癖好，米芾沉溺此好最深。而宋徽宗筑艮岳，好天下奇石，其中最神迷于太湖的怪石，石不怪不取。他笔下的《祥龙石图》以及今藏于日本根津美术馆的《盆石有鸟图》，都是太湖怪石。

宋代典籍中对这种好怪石的风习有详细记载。南宋末年赵希鹄《洞天清禄集》有《怪石辨》一节，该文认为，石之形式不规整，色彩黝暗；有悖常规，都是"怪"。文章说："怪石小而起峰多，有岩岫耸秀嵚嵌之状，可登几案观玩，亦奇物也。"南宋杜绾《云林石谱》所录

〔1〕刘克庄《药洲二首》之一，见清吴之振辑《宋诗钞》之《后村诗钞》本。
〔2〕《和思黯相公以李苏州所寄太湖石奇状绝伦题十二韵》，《全唐诗》卷四百五十七。

名石百余种，多为怪石。如其云：“江华石，率皆奇怪……峰峦巉岩，四面已多透空，嶮怪万状”；太湖石“有嵌空穿眼，宛转嶮怪”；临安石“四面嵌空险怪，洞穴委曲”。

香港苏富比拍卖行曾拍卖的一件名为“玄芝岫”的黑灵璧石，是五代南唐宝晋堂的遗物，被视为中国奇石的无上妙品。上面刻有北宋米芾、元虞集、明文徵明、文彭、文嘉等的铭文，是一件流传有绪的作品。米芾题有：“爰有异石，征自灵璧。匪金而坚，比玉而粟。音协宫商，采殊丹漆。岳起轩盈，云流几席。元祐戊辰米芾谨赞。”这件作品通体黝黑，形状怪异，不像一物，表面有水冲刷留下的水道、皱纹，沟壑纵横，脉络杂陈，如老树之根。四面布满孔穴。这件黑物，无物堪比，非色可陈，不名一状，无本无根，初视之甚至令人有恐惧之感，简直就是一团黝黑，一团混沌。

这样一件怪物，颇合于老子“大白若黑”的思想——最光明的东西原来是没有光明的。米芾说它是“采殊丹漆”，黑色的世界具有无比的灿烂。它不类一物，置于几案，使人感到山峦起伏、云起云收。奇形怪状，在米芾们看来俨然天下最美之物。它没有琴瑟之弦，扣之却有清越之声，传出绝妙的声响。这个万年遗物，是个老朽的存在，米

宋徽宗　祥龙石图

芇们却将它看活了，在他们的目光中，水在流动，气在氤氲，山林葱茏之态跃然眼前。

一拳顽石，浑沦一团，黑黝黝，不可名状。人们欣赏这样的东西，反映出独特的文化心理和审美态度，其中包含对所谓正常理性质疑的重要思想。

宋代黑灵璧石："玄芝岫"

中国人欣赏怪石，不是猎奇；而是欣赏一种脱略常规、超越秩序、颠覆凡常理性的观念。如说这黑灵璧石是怪的，意识里就有什么东西属于正常的标尺，这个所谓"正常"的秩序是依照人的理性而建立的，是人的知识的产物。我们以为"正常"的秩序，是合情、合理的。所谓合情，就是易于为人们接受，如美丽的色彩为人们所欣赏。所谓合理，是符合一定的理性法度。而正如道家和禅宗哲学所强调的，一切人们先行建立起的理性的秩序和标准，都不具有天然合理性，因为他是"人"的，即人依一定的知识系统和情感原则建立起来的；用这样的秩序去解释一切对象，显然有以"人"律"天"的意味。道禅哲学反对这样的强行解说模式，强调放弃"以人为量"的方式，而"以物为量"——以天地的秩序为秩序。

怪与正常相对，我们将那些不规则、超出我们审美习惯的东西说成是怪。而我们称之为正常的东西难道是真正的正常？正常的秩序难道就是不可怀疑的标准？从人类发展的历史看，在一定程度上说，所谓"理性"就是对"非理性"的强行征服，我们将不规则、不整齐划一、有异端成分、有特别思虑的东西，排斥在正常的范围之外。人类以理性的名义征服良知的惨痛例子实在太多了。中国人爱怪石，是要将被"放逐"的东西重新请回来。因为"背井离乡的人"怀念自己的故乡，他们适应不了文明给他们的虚假外衣、装饰给他们的令人厌恶的门面、理性给他们的莫名其妙的说辞。一拳怪石，就是生命故乡的象征。

明至清英石："青昙峰"

第二，石之顽：强调无用。

怪石，也是一种顽石。本名为《石头记》的《红楼梦》，就由一块顽石写起，当初女娲补天，单单剩了一块未用，便弃在此山青埂峰下。得仙人携向人间幻而为人，所谓无才可去补苍天，枉入红尘若许年，于是，历尽离合悲欢炎凉世态。顽石，是一块无用的石头，也是一块狷介的石头。古人说，高僧说法，顽石点头。高僧说的是无法之法，说的是任由野意自在彰显的法，所以顽石点头，不是被其教化，而是放之使飞。宝玉这块无忧无虑的石头，经历一段红尘的雕琢，却是一段痛苦的里程，顽性未退，便处处有抵牾。贾政厉声斥责，宝钗们劝他"还是改了吧"，他还是不变旧性，使他这段红尘经历变成了一段"枉"——无意义的过程。中国人爱顽石，爱的就是这种历经磨难而不改的"原性"，爱的是不被驯服的"野性"。

中国人赏石概括出的十二字中，就有"顽"字。郑板桥论石时曾说："得美石难，得顽石尤难，由美石转入顽石更难，美于中，顽于外，藏野人之庐，不入富贵之门也。"他爱石，更爱石之顽。顽石有顽拙的外表，却有生命的蕴涵。宋高雄飞《独石诗》云："一块苍顽石，颓然半水滨。可怜阎立本，徒写五湖真。"[1] 意思是，这顽石奇形怪状，极尽变化，连绘画高手阎立本也难以图写。

中国人以"顽"来赏石，多强调它的"无用"性。庄子强调，人们都知道有用的东西是好的，但不知道有用往往是和毁灭消亡联系在一起的。山木有用，却短命；桂实可食，却易被砍伐。有用为伤生之道，无用为守全妙方，无用之用，是为大用。他所说的"散木"之道，

〔1〕据鲜于枢《困学斋杂录》，《四库全书》本。

就是无用之道。一世皆求其用，就丧失了人的真性。

明代黑太湖石："洞天岫"

苏轼是赏石文化的推动者。他是一位画家，但流传画迹不多，史籍中记载和我们今天能见到的苏轼绘画作品，多与顽石有关。他在一组诗的序言中说："饮醉后作顽石乱筱一纸，私甚惜之。"[1]今藏于上海博物馆的苏轼、文同等的《六君子图》，其首段则是苏轼所画怪石，其状奇特，轮囷满纸。北京故宫博物院藏苏轼的《枯木怪石图》更是一件著名的作品。苏轼曾作有《怪石供》、《后怪石供》、《咏怪石》等多篇诗文，对怪石进行了深入的思考。其中《咏怪石》长诗，如同一篇《庄子》的续文，诗写道："家有粗险石，植之疏竹轩。人皆喜寻玩，吾独思弃捐。以其无所用，晓夕空斩然。"接着写他做了一梦，梦里这块石头来到他面前，对他说：你所说的那些有用的东西，其实都是"伤残破碎为世役，虽有小用乌足贤"，因为有"用"而伤了自己的真性，成了一个残缺不全者。而我虽然无用，但是，"子今我得岂无益，震霆凛霜我不迁。雕不加文磨不莹，子盍节概如我坚？以是赠子岂不伟，何必责我区区焉"[2]？听到这些话，主人忽然感到惭愧不已，从梦中惊醒。苏轼通过怪石的无用，表达自己颐养生命之道。石没有用处，一如东坡在《儋耳山》诗中所说："突兀隘空虚，他山总不如。君看道傍石，尽是补天余。"[3]无用处就是其用，无价值中有至宝。

这种无用的石头是顽野的。计成说："片山块石，似有野致"，正是此理。顽，即疏野，倔强，不屈服，不披文明外衣，是一个与"文"

〔1〕《苏轼集》卷七十八《与朱康叔十七首（之九）》。

〔2〕见余冠英编《苏轼集》补遗，国际文化出版公司，1998年。

〔3〕见《苏轼集》卷二十八。

［清］吴让之为汪砚山所刻印印款

相对的概念。一拳顽石中，藏着一个没有被驯服的世界。抚摩一块顽石，如同抚摩一个千古的故事，一个大荒岭下原初的事实。在冷硬清瘦之中，裹着一个不容被浸染的世界。石是荒野的艺术，坦陈着它倔强的真实。而人，在理性阴影下的人，是被塑造的。人们爱石，爱的是这种精神。顽石不是文雅的、细腻的，不是即之也温，而是扪之而粗、视之而丑。

第三，石之瘦：强调独立。

中国人从石中，得到生命的鼓舞，坚定自我的生存意志。在道禅哲学看来，人来到世界上，少不了要被“染”，无色的心灵被涂上不同的颜色，甚至是很脏乱的颜色。人在知识的塑造中，很容易丧失自己的独立性。所以，人的性灵的独立尤其重要。庄子认为，人要归于“独”的自由境界，就必须“解其天弢”——解除套在人心灵上的厚厚的盔甲，还归于天，也即还归于自由。中国人赏石爱其“瘦”，即重其作为独立不羁精神境界的象征。望着它未被雕琢的身影，忽然觉得自己是这样被锤炼，这样被蹂躏，这样被塑造，这样被篡改，不可挽回的篡改，无法抗拒的篡改，甚至有时是心甘情愿地被篡改，更有甚者，是追着喊着要去被篡改。一块石头，告诉你生命本来的真实，照出你被篡改的内容。

石是有风骨的。瘦石一峰突起，孤迥特出，无所羁绊。一擎天柱插清虚，取其势也。如一清癯的老者，拈须而立，超然物表，不落凡尘。唐人有诗云："寒姿数片奇突兀，曾作秋江秋水骨"，此之谓也。米芾观石之法，以瘦为要，其中就包含这样的风骨。元人有云："谚云：看灵璧石之法有三：曰瘦、曰绉、曰透。瘦者峰之锐且透也。"[1] 李渔所说："山石之美者，俱在透、漏、瘦三字……壁立当空，孤峙无倚，所谓瘦也。"无所依傍，一任性灵。

杭州皱云峰

其实，中国人赏石重瘦，不是自我高标，强调自我超然群类，而是重视自由的情怀，有野鹤闲云、从容洒落的风味。"笔尖寒树瘦，墨淡野云轻"，据说是五代荆浩所写的这联诗，所表现的就是这样的风味。

瘦是整个中国文人艺术独特的趣味。金农就曾说："画梅须有风格，宜瘦不宜肥耳。"他的艺术在追求"鹭立寒汀"之美。瘦就与"风格"——境界、风味有关。不是中国人对瘦削的长相有什么偏爱，它反映的是一种审美情趣。瘦与肥相对，肥易落色相，流于俗腻，易生媚态，而瘦是耿耿独立，凛然难犯，它是清癯的、幽淡的、平宁的。瘦具有很高的审美价值。古诗有云："雪尽身还瘦，云生势不孤"，董

〔1〕[元]孔齐《至正直记》卷三。

苏州寄畅园一角

其昌认为“此颇足以状石”。[1]这样的孤独清瘦不知带去了多少艺术家的清魂。

第四，石之朴：强调无分别。

苍然顽石自天成，是未经雕刻的，具有朴拙的特点。明米万钟有石铭说：“匪雕匪琢，乃合昊朴。为氤为氲，与道合真。是分是循，抑亦观物理而图新者欤？”[2]这段著名的铭文就强调了石之未雕刻的天性，石是拙朴的，没有人工的痕迹。

古人玩石，多注意其不琢不磨的特性。所谓“浑沦无凿，凝结昊天”、“是禀混元，非因琢磨”等等。元赵子昂颇谙文人清玩之道，他赏石，提出的“示我以朴”观点，很有价值。他见到米芾研山石，如见骊珠，兴奋地作诗道：“千崖万壑米几上，中有绝涧横天河。粤从混沌元气判，自然凝结非镌磨。”[3]他曾蓄有一石，作一枝独秀之状，极受其所赏，有铭文赞云：“片石何状，天然自若。鳞鳞苍窝，背潜蛟鳄。一气浑沦，略无崖壑。太湖凝精，示我以朴。我思古人，真风眇邈。”[4]子昂强调，石是大自然的创造，由天地元气而发生，一气氤氲流荡而为形，石之质混沌未开，绝无斧凿之痕，臻于自然全美。

中国绘画史上，八大山人以善画石而著称，在八大眼中，石的浑

[1]《画禅室随笔》卷二。

[2] 明张白云选名公扇谱中录此铭文，乃米万钟所作，今此作存世。而林有麟《素园石谱》说是莫是龙所作，有误。

[3]《素园石谱》卷一录此石。

[4]《素园石谱》卷三录此石。

然一体、未被雕琢的特征，正好适于表现他的反知识、反理性的思想。早年他画一幅玲珑石，画面中怪石兀立，上题一诗："击碎须弥腰，折却楞伽尾。浑无斧凿痕，不是惊神鬼。"须弥山、楞伽山都是佛教传说中的神山，八大要"击碎"、"折却"它们，并非反对佛教，而表现了禅宗无佛无祖的思想，一落于佛，即有先行的法度，为法度所限，就是理性的、分别的，而不是自由的。他画一个玲珑的太湖石，说的就是"浑无斧凿痕"的道理。合上知识的口，一团浑沦，不加分别，如石头自然未加雕凿，如如自现。

中国人爱石的浑朴未雕的特性，体现了中国哲学的重要思想。在道家哲学看来，道的世界，就是朴，这个朴是没被打破的圆融世界，在这里没有知识，没有分别，没有争斗，万物自生听，太空恒寂寥。《庄子·应帝王》中所说的"日凿一窍，七日而浑沌死"的故事，是《庄子》内七篇的最后一段，有对其哲学进行总结的意味，感官开，而知识行，知识行，而混沌死，混沌死而道灭。中国人爱石就是爱这一片混沌，爱这一片没有秩序的秩序、没有知识的浑全。

老子说："天地不仁，以万物为刍狗。"任由万物兴现，不是爱它、重视它、崇拜它、分析它，以万物为刍狗云云，将世界从人的知识、感情、伦理的原则中解放出来，将世界从人的对象化中解放出来。石的浑沦就是自在兴现的境界，不劳人力，不着理性，无所系系，不挂烟萝，一团浑沦的真实。宋徽宗曾得一玲珑秀润之石，极可爱，他题"山高月小，水落石出"八字，此流传有绪，至今犹存。这八个字甚为赏石者所推，它所表达的就是真实意。

在中国文化史上，儒家好玉，道禅好石，正好反映两种不同的审美指向。儒家强调君子如玉，君子的人格是在修炼之中实现的，是在社会理性的约束下不断被雕琢而成的，所谓"如切如磋，如琢如磨"；而道禅哲学反对这样的雕琢，所谓"示之以朴"，它是一种未雕的事实，强调原初的、本原的真实。中国爱朴石的传统，更多地体现的是道禅哲学的思想。

综上言之，中国人爱石的怪、顽、瘦、拙，不是爱它的表面形式感，而寄寓着一种精神追求，它表达了这样的思想：理性的约束会丧

北京中山公园“青莲朵”

失真性，过分功利性的追求会伤害人的生命，依附性的生存是一种虚假的存在，过分的雕琢只会背离原初的真实。

二、石的“美”

石是丑的，苏东坡说：“石文而丑。”[1] 郑板桥在一幅竹石图的题跋中说：“米元章论石，曰瘦曰皱曰漏曰透，可谓尽石之妙矣。东坡又曰：‘石文而丑。’一‘丑’字则石之千态万状皆从此出。彼米元章但知好之为好，而不知丑劣中有至好也。东坡胸次，造化之炉冶乎！燮画此石，丑而雄，丑而秀。”他曾爱上朋友家的一块灵璧石，画了一幅丑石风竹图，主人大喜，将石馈之。[2] 郑板桥对东坡的“丑”予以特别的注意。在他看来，顽石一拳，在至丑中有至美。米芾也并非不

〔1〕此见《东坡志林》。苏轼说：“梅寒而秀，石文而丑，竹瘦而寿，是为三益之友。”

〔2〕此见《东坡题跋》卷五。

知道丑的价值，《宋史》本传中就记载："无为州治有巨石，状奇丑，芾见大喜曰：'此足以当吾拜！'具衣冠拜之，呼之为兄。"[1] 清戴熙也说："清泉漯漯白石丑，中有修篁是吾友。"（《习苦斋画絮》卷三）

南京瞻园招鹤峰

奇形怪状的石头，外形上并不好看，不符合人们的一般性审美原则。17 世纪时，西方的传教士初见中国园林的假山，认为中国人有一种畸形的审美习惯，喜欢这些丑陋的破石头，觉得很费解。即使到今天，不少西方学者在谈到假山时，仍然投来质疑的目光。但对中国人来说，这些又丑又怪的石头，并不影响人们的欣赏，相反，却具有很高的审美价值，它是"至好"的，其中反映出中国人的独特智慧。

本书第二章专门讨论了中国美学中的丑的问题。在道禅哲学影响下，中国美学强调，天地有大美而不言，真正有意义的对美的追求，是去除美丑的分别，由"人"而归于"天"，顺应自然，从而得天地之大美。道禅的观点不是在美、丑之间更欣赏丑，而是通过强化丑的一面，颠覆人们美的观念。中国的品石文化比较集中地展示了道禅哲学关于超越美丑的智慧。

按照一般的审美观念，怪石、顽石等等都是丑的，无论是英德石、灵璧石，还是产生于江南水乡的太湖石、昆山石等等，都是丑的。因为中国人所欣赏的石，大多没有绚烂的色彩，很多是一团漆黑，如煤一

〔1〕见《宋史》卷四百四十四。

样的黑团，而且多是奇形怪状，布满了孔穴。总之，它们没有美丽的线条，没有葱翠的面容，没有合于规范的形体。正像白居易对石痴牛僧孺所说的："石无文无声，无息无味。"而这些丑陋的家伙被置于一园或一室最显赫的地方，主人奉之若神灵，敬之若亲眷。

不少赏石者认为，这些石头并不是真正的丑，它们看起来丑却具有天地之大美。中国人好石，是用这些不加雕琢的、不符合审美规范的石，来进一步陈说中国哲学里的思想：美的创造应是一种顺应自然的活动，衡量美的关键在于"天趣"——那种超越人美丑分别、展现世界微妙生机的趣味，由此和那些充满人工意味的、匠气的、徒有外在形式的所谓美区别开来。因为在中国人看来，后者是违背自然特性的、造作的，因而也是虚幻不真的，表面上看起来美，其实并不美。中国人欣赏丑陋的石头，所隐藏的正是这种崇尚自然天工的哲学。

中国人用一拳顽石，来陈说他们心中的美感世界。陆文裕咏平泉醒酒石诗说："昔以醒酒，今以醒心。难如蜀道，胜比山阴。"[1] 对于中国人看来，玩味一块奇特的石，就如同行于山阴道上，其美景应接不暇，石头给人的心灵带来愉悦，而不是外在感官的满足。

"石令人隽"，是中国赏石界的重要观点。《云林石谱》所谓"一拳之石，而能蕴千年之秀"。石表面上看起来是丑的，其实它是"隽"的。《小窗幽记》集前人所论，有数条及之：

形同隽石，致胜冷云。

石令人隽。

窗前隽石冷然，可代高人把臂。

清代黑灵璧石："云舞峰"

〔1〕《素园石谱》卷二。

这个“隽”真用得好，“隽”就是美，但和一般的美又有不同，它包括冷峭、不落凡尘、跃然而出的意思。石是无言的、寂寞的，是一种千古的寂寞，它立于我的几案、园池间，我的生命的光芒照亮了它，它从永恒的寂寞中跃然而出，一时明亮起来。“石令人隽”，石令人的心灵明亮起来，也是“人使石隽”，人照亮了石。

江苏木渎严家花园石笋

中国人欣赏石很重视“秀”，“秀”，是秀出的意思。“隽”，就是向人们呈现一个美的世界。中国人这样理解石的美：

第一，石的世界是具有内美的。玩石的传统敷陈了中国人重视内美的思想。石有形有神，形为神之托，神为主，形为辅。欣赏石，就是欣赏其神。奇石令人惊奇之处，往往在于它怪诞的外表下掩藏的一段风流，用林有麟的话说：“至其神妙处，大有飞舞变幻之态，令人神游其间”，玩味奇石，如同欣赏一段美妙的舞蹈。中国人有石最耐看的观点，白居易《北窗竹石》诗云：“一片瑟瑟石，数竿青青竹。向我如有情，依然看不足。”一块奇石，置于案间，总是看不够，每一次看，都有一种发现。石，真正可当得上老子所说的“被褐而怀玉”之物——穿着破衣服，心中却有玉一样的智慧。

石和玉一体相关。玉是由石琢磨而出，《文赋》所谓“石韫玉而山晖，水怀珠而川媚”。正因如此，中国人认为，石虽不是玉，却有怀玉之“心”，石是其表，玉是其里；石虽韫玉，但不以玉显，而是蕴玉身中，出以石相，这些粗糙的、冰冷的、未加雕琢的石，却有玉一样的温润、细腻、柔肠，有一种内美。石是不显之玉、不雕之玉、是不宝之宝。粗头乱服、不衫不履的怪石，原来有如此美的内蕴。李德裕题奇石诗说："韫玉抱清晖，闲亭日潇洒。块然天地间，自是孤生者。"正是此意。

第二，这个美的世界是充满诗情的。中国人在顽石中发现了浓郁的诗情，真是每随片石化云去，磊落庭前助杂吟。中国人强调，赏石于"风尘之外"。赏石者，玩的是一片石，但从不将石只看做石，石不是一个"物"，更不是一个僵硬的死物，不是一个与人无关的外在对象。中国人常说"石缘"，石与人是有缘分的，这个缘分就是它与人构成了一个活的世界。所谓"小有天"——石与人共成一天。最是顽石伤情处，一拳顽石，也有令人不能已已的地方。太湖石畔新凉院，何处吹箫月满空，它牵动着人们的柔肠。范成大有诗云："恍然坐我宝岩上，疑有太古雪未消。"石逗弄起人怎样的诗情！

[元]倪云林　梧竹秀石图

中国人有以"境"赏石的传统。石是我心中之石。石是未雕的，是一件未完成的作品，以开放的状态，等待人的灵心去为它雕刻，等待人诗意的心灵去将其变活。正是色润浥书几，隐约烟朦胧。默然相对之时，便引诗情至。东坡曾有一块雪浪石，见载于《云林石谱》，东坡有诗云："异哉驳石雪浪翻，石中乃有此理存。"眼前一块略有纹理的石，东坡却看到了雪浪翻滚、波光潋滟。清人诸九鼎著《石谱》[1]，书中多

〔1〕见《美术丛书》初集第六辑。

利用石的纹理、象征等来追求诗意。书中谈到一枚“寒溪松影石”，他解释说：“灰白色，而质极明润，如深秋溪涧中涵松影……水波潆洄，更增寒色。”有一枚“秋雪芙蓉石”，他写有赞语：“木末芙蓉，丛花莹洁，其白维何，有如珂雪。”有一枚“镜中花石”，他赞曰：“青鸟窗前，湘帘半起。好风徐来，花生镜里，美人含睇，欲折一枝。”还有一枚“丹枫独秀”石，他解释说：“枫叶经霜，颜丹如醉，一枝翘翘，独秀自异。”他将石玩得玲珑活络，玩得诗意盎然：小小的石头在他眼前，似燕舞飞花；现实的图景在他心中，如镜花水月。这种似梦非真、如怨如诉的石，给了他极大的性灵安慰。

［元］谢庭芝　竹石图

中国人以“境”赏石，石是一个生命对象，园中之石在山林丛筱之间，在亭台之畔，伴明月，沐晨露，呼之以微花，应之以轻风，有种种难以言表的美。赵子昂晚年得东坡之法，喜作枯木怪石，元人许有壬有评云：“坡仙喜墨是信手，松雪晚年深得之。两竿瘦竹一片石，中有古今无尽诗。”[1] 此正是境中之石。

第三，这个美的世界是一个柔媚的宇宙。石是硬的，中国人却赋予它一副柔骨。在中国赏石传统中，很重视石的“文”的特点。苏轼的“石文而丑”，将“文”放在了首位。这个“文”最不易讲清。在我的体会中，“文”的意思就是“美”。在古汉语中，“文”就含有“美”

〔1〕《至正集》卷二十九。

的意思。苏轼的意思是说，石头是丑的，又是美的，丑只是其外形，却富有天工自然之美。同时，苏轼所说的“文”，又是针对石的特点而言的。石是顽拙的、粗砺的、冷漠的，从这个意义上说，石是不“文”的，缺少细腻的、柔软的、缠绵的东西；石又是未经雕琢的，没有外在的任何装饰，中国人玩石，有可能在石下配上一个相称的架子，但绝没有在石头上加一些小玩意，从这个意义上说，石也是不“文”的，没有装饰。但是，中国人就是要于不“文”处见“文”，在粗砺中见细腻，在顽拙中见缠绵，在冷漠中出柔肠，大巧若拙，至文而无文。

正是因此，中国玩石传统非常重视石和水的配合。“文”是“纹”的本字，石的“文”主要在它的纹理。瘦漏透皱四字中的皱，我以为主要是针对纹理而言的。有山就有水，中国人历来注意山水相依，山无水不活，水无山不灵：无山，水则无骨；无水，山则无魂。而玩石如假山者，置于小桥流水之间，成山水相依之游戏。然而，石置于窗前案间，一团黝黑的石，其下无水，其侧无木，无木则风声不到，无水则柔骨何成？正是在这个意义上说，皱就特别重要了。是什么样的巨手将其抚摩，使其纹理灿然？是造化，更确切地说，就是水。所谓“风下松而合曲，泉萦石而生文”，水就是石上纹理的作手。纹理，就是对水的隐括。縠纹澹澹，奇妙的石纹，恍然间使人如见潺潺水流，所谓“烟翠三千色，波涛万古痕”。明杨慎《升庵诗话》卷一“涩浪”一条云：

> 蔡衡仲一日举温庭筠《华清宫》“涩浪浮琼砌，晴阳上彩斿”之句，问予曰：“涩浪，何语也？”予曰：“子不观营造法式乎？宫墙基，自地上一丈馀，叠石凹入如崖险状，谓之叠涩。石多作水文，谓之涩浪。”

更何况，中国人玩石，有水石与旱石之分，一般来说，水石比旱石更受人珍爱。出自于苏州洞庭西山的太湖石，其名品多来自水中。这些奇妙的石头经过千百万年的湖水冲激，其上孔穴参差，玲珑剔透。它们被取出，进入人们的赏玩世界，天生就带来一副柔骨。石之纹理出，使得一拳顽石成了山与水的艺术。有了水，就有了柔媚，有了缠绵，有了真正的风流。山与清溪徘徊，云在峰间叆叇。石涛曾画有一

［清］恽南田　研山石图

石，并题诗云：“石文自清润，层绣古苔钱。令人心目朗，招得米公颠。余颠颠未已，岂让米公前。每画图一幅，忘坐亦忘眠。”石上的斑斑陈迹、密密纹理，使他乐以忘忧。

玩石家常言，石中的纹理如天之画，透露出天的秘密。梅尧臣题虢州月石屏曰：“虢州紫石如紫泥，中有莹白聚明月，黑文天画不可穷，桂树婆娑生意发。其形方广盈石间，造化施工常不没。”石之文被视为“天画”、天的声音，玩石如闻天籁之音。雨深苔屋、秋爽长林，胜过人间的丝竹之声。中国人利用石与水的共奏，创造一种自然的境界，以此与人工相区别。宛尔一片石，是由天削成的玉片，看石，就是读造化写下的文字。

第四，这是个具有空灵之美的世界。中国人认为，石之美还在于它的空灵。有人说，赏石，就是赏窍穴的艺术，命意在空而不在实；没有空灵之美，便没有顽石艺术。中国人视天地大自然为一大生命，一生生不息的天地，这是顽石艺术的文化基因。中国艺术强调，空则灵气往来。这既是一种审美原则，又是一种人生态度。就人生态度而言，不可执著，不可沾滞，空灵廓落，如寒潭鹤影、梦幻空花。石的似梦非真的特点最易使人起这样的思考。就审美原则来说，过于实则会僵硬，过于塞则有窒息感。中国的赏石艺术将这两点结合起来，

苏州环绣山房一角

"一点空明是何处"（苏轼咏石诗语）？在石的空明处玩味生命的快慰，玩味艺术的美感。

瘦、漏、透、皱四字中，漏、透二字都与空灵有关。林有麟说："石之妙，全在玲珑透漏。"[1] 漏与塞相对，透则与暗相对。自漏而言，中国人玩石极重孔穴。孔穴此通于彼，彼通于此，通透而活络，往来而贯通。太湖石后来成为文人的至爱，与其多孔穴有关。正如计成所说："瘦漏生奇，玲珑生巧。"有了漏，奇气便会盎然而出。透说的是石的玲珑剔透的感觉，光影穿过，影影绰绰，微妙而珑玲。以手抚摩，凝润如膏脂，虽非玉而似玉，虽不透明而有透明的感觉。这就是东坡所说的"一点空明"，不空而得空，无明而有明。所谓"烟通杳霭气，月透玲珑光"，让人神驰意迷。漏与透二者又联系在一起。漏是有穴之透，透是无穴之漏。二者都体现了中国艺术对空灵的追求。

中国历史上流传的很多名石，多有空灵之韵。如北宋之仇池石，为苏轼所命名。他得到一块绝妙的石头，多孔穴，尚未命名，忽有一梦，"觉而诵子美诗曰：万古仇池穴，潜通小有天"，故以"仇池石"名之。东坡以此名体现他对一点空明、潜通天地哲学的服膺。东坡在朋友家见一异石，石有九峰，玲珑婉转，空若窗棂，名之曰"壶中九华"，并作一诗，诗中有"天池水落层层见，玉女窗明处处通"的句子。林有麟《素园石谱》记载一块奇石，名为"透月岩"，此石通灵透

〔1〕林有麟《素园石谱》卷一《凡例》。

彻，内外莹洁。石上有元人王恽诗：“偶到君家思适然，一峰奇石堕吾前，千金欲买初无价，百穴潜通小有天。花落透香滋碧润，月蛾含影爱幽妍。从今紫翠芙蓉梦，不到齐州落照边。”“百穴潜通”成为这块名石的重要特点。

三、石如何“可人”

中国人认为，“石不能言最可人”[1]，它默默无语，是一个沉默者，但却对人充满了温情，也惹人怜爱。人与石相对，是一对朋友在对话，如清人黄云所说：“寒山一片石，可共语也”[2]，人与石脉脉含情地交流。一拳顽石，看起来冷，其实是热的；看起来硬，却又有温柔；看起来无情，没有生命感，但爱石者却将它看做有情有性，与石款曲往来。前人有云：“瓶中插花，盆中养石，虽是寻常供具，实关幽人性情。”[3] 石头使人激动，使人忧伤，勾起人生命的叹息，也促进人对人生的思考，玩石，其实是在玩味人生。一块僵硬的石头，默默告诉人生命的道理。中国人称石为“石丈”，意即石夫子、石先生，俨然一人也。白居易曾向一友人借太湖石，有诗云：“借君片石意如何，置向亭中慰索居。”石头是一个慰藉心灵者。正如计成《园冶》所谓：“片山多致，寸石生情。”

多情之石偏与多情之人，中国人谓之“石缘”。《聊斋志异》有《石清虚》篇，写一个叫邢云飞的人，打渔时网到一块奇石，石不大，但四面玲珑，峰峦叠秀。他如获至宝，并雕紫檀为座，供于案头。每到天要下雨的时候，石的孔穴中便轻云飘渺，美妙至极。后来这石被

---

〔1〕陆游有诗云：“花若解笑还多事，石不能言最可人。”

〔2〕黄云为康熙时人，字仙裳，为石涛友人。此语是他为诸将鼎《石谱》（《美术丛书》初集第六辑）所作的跋。

〔3〕见《小窗幽记》，一名《醉古堂剑扫》，十二卷，一说是明陈继儒所辑，一说是明陆绍珩所辑，此书曾传入日本。今传有日本嘉永六年（1853）刻本，题为“松陵陆绍珩湘客父选，溪于汝调鼎石臣父等同参”。此见是书卷十二《集倩》。

一个富豪抢夺而去，得意之时，却掉到河里，富豪调动很多人水中搜查，也没有搜到。一天，邢云飞伤心地来到河上，在宝物丢失的地方徘徊，忽然河水变清，那块石头莹然呈于眼前。后来邢云飞因为这石经历了很多磨难，但爱心不改，石与主人相伴始终，生死相随。蒲松龄说："谁谓石无情哉？古语云：士为知己者死。非过也！石犹如此，何况于人！"

中国人玩石，将石当做朋友。一见大叫争摩挲，直呼为兄为友为君子者多矣。白居易得到两块奇石，朝夕相对，爱之非常。作诗云："苍然两片石，厥状怪且丑。俗用无所堪，时人嫌不取。结从胚浑始，得自洞庭口。万古遗水滨，一朝入吾手。担舁来郡内，洗刷去泥垢。孔黑烟痕深，罅青苔色厚。老蛟蟠作足，古剑插为首。忽疑天上落，不似人间有。一可支吾琴，一可贮吾酒。峭绝高数尺，坳泓容一斗。五弦倚其左，一杯置其右。洼樽酌未空，玉山颓已久。人皆有所好，物各求其偶。渐恐少年场，不容垂白叟。回头问双石，能伴老夫否。石虽不能言，许我为三友。"（《双石》）李德裕好石，其平泉中广积奇石，临终告诉后代："以平泉一树一石与人者，非佳士也。"石为什么对他是如此重要？因为石与他的生命联系到一起，石中有他的灵魂、他的体温。他虽不在，石在，灵魂还在。若将石散而送人，就是将他的灵魂丢弃。历史上爱石者常常说有"平泉之志"，强调的就是石与人"幽情"相关的特性。米芾对石称兄，不是简单的好物之癖，他总结出赏石四法，可以看出，他爱石，其实与其生命密切相关。米芾有诗云："研山不复见，哦诗徒叹息。惟有玉蟾蜍，向余频泪滴。"真是一往情深。正像苏轼《怪石供》中对佛印禅师所说的："尝以道眼，观一切世间，混仑空洞，了无一物，虽夜光尺璧与瓦砾同，而况此石。"人们痴情于石，不在于石好看，也不在于石的价值，而在于石与人生命相关处。石之佳者，多有古人题咏，从而具有文化沉积，石由天然之物变成了丰富情感负载的对象。

在中国看来，石之"可人"，就在于与人的生命的密切关联。

第一，中国人爱石，以奇石来抚慰生命。所谓天怜爱山欲成癖，特设奇供慰寂寥。"石令人古。"文震亨的这句话是中国人赏石理论的

［明］陈洪绶　南生鲁四乐图之一

重要论断。中国人说“海枯石烂”，意思是不可能出现的事，石代表一种不灭的事实。中国人形容朋友交谊深厚叫“石交”，石是一种坚韧的物。平泉主人李德裕诗云：“此石依古松，苍苍几千载。”石从宇宙洪荒中传来，代表的是莽莽的过去。一拳顽石，经千百万年的风霜磨砺，纹痕历历；经千百万年的河水冲激，玲珑嵌空。天地变化，造化抚弄，创造出千奇百状的石，所谓“秀孕片石迷宇宙”。中国人玩石，惊造化之鬼斧神工，更重要的是打通一条无垠的时间通道，那隐约的孔穴，如同是观宇宙永恒的眼睛，真是：浪淘犹见天纹在，一石揽尽太古风。

中国人有三生石的说法，清邵梅臣说：“皱漏透露，贞而弥固。缘非三生，谁能一遇。”[1] 三生石，即强调其永恒之特性。相对于这永恒的坚固的石，人的生命是如此的脆弱，如此的短暂。石者，永恒之物也，人者，须臾之旅也。人面对眼前的奇石，如一瞬之于永恒，一片随意飘落的叶之于莽莽山林。由于受到道家和佛教哲学的影响，中国

〔1〕《画耕偶录》卷二《为赵绮园画竹石跋》。

[明]陈洪绶　梅石图

人有浓厚的“无常”的观念。世界中的一切都处于生生灭灭的迁流变化之中，没有一物不被无常吞去，人的生命也处于这样的迁灭流转的顿进中。

古人说，一石清供，“千秋如对”。这话说得非常好。这中国人玩石，是将生命放到永恒中来审视它的价值和意义。白居易《太湖石记》说：“然而自一成不变已来，不知几千万年，或委海隅，或沦湖底，高者仅数仞，重者殆千钧。”“噫！是石也，百千载后，散在天壤之内，转徙隐见，谁复知之？”无声无息无文的石，以不变为变，以不美为美，以不常为常，以其不为物所物，所以能恒然定在。

“坐石上，说因果”，这是中国人一个有趣的说法，它所触及的是一个沉重的话题：人生命的无常，以及在永恒面前的超越。人们面对石，可以“观万物之无常，觉时之倏来而忽逝者也”（李格非语）。人与石，判隔在瞬间与永恒之间，人们将其糅合在一起，并非证明人生命的渺小和柔弱，而是在石的永恒中寻求超越。就像苏轼有诗云：“君看岸边苍石上，古来篙眼如蜂窠。但应此心无所住，造物虽驶如余何？”[1] 当下的人与石千古相对，在迁灭中见不迁之理，在无常中见恒常之道，不可把握的生命在石的永恒力量中得到启发，在精神上挣脱因

〔1〕苏轼《百步洪》二首之第一首，《苏轼集》卷十。

苏州留园“冠云峰”

果的罗网，畅饮生命的惠泉。百仞一拳，千里一瞬，天地一片石，万古一刹那，人不出户庭，心可横绝广大邈远，挣脱现世的执著和羁绊。

正因此，“石令人古”显然不是有些论者所说的“对史前文化的恋旧心理”[1]，“古”不是古代，不是对遥远时代的向往，而是在石中起永恒之思，起超越之想，在千年万年的怪石中丈量人的生命的尺度。宋李格非《洛阳园林记》中所提出的“六兼说”，就有“人力胜者，少苍古”。苍古所指就是天趣，它是与人力相对的。有天趣，就有永恒之思。

中国自北宋以来庭院多有假山，假山旁又喜欢种上芭蕉，大片大片的芭蕉成了假山的背景，后来成为中国庭院装饰的常设。《园冶》所谓“虚窗蕉影玲珑”，说的正是这个意思。在绘画作品中也能看出这一点。如元初钱选的《卢仝烹茶图》，今藏台北故宫博物院，画茶室烹香

〔1〕这样的观点比较流行，如曹林娣教授即持此说。见其《中国古典园林史》。

之后，有大片的湖石假山，玲珑嵌空，极富变化，假山之后有宽大的芭蕉叶，凛凛有风神。明陈洪绶善画假山芭蕉，这几乎成了他绘画的当然面目。他的《蕉林酌酒图》是一幅神秘的作品，画中主人公手执酒杯，坐在山石做成的几案前，高高的宽大的芭蕉林和玲珑剔透的湖石就在他的身后，而那位煮酒的女子，正将菊花倒入鼎器中，她就坐在一片大芭蕉叶上，如同踏着一片云来。

芭蕉在中国，意味着“须臾之物也”。芭蕉弱而不坚，短而不永，空而不实，芭蕉几乎是脆弱、短暂、空幻的别称。芭蕉忽然而生，绿意盎然惹人爱；转眼间，却是衰落纷披成枯景。如此绚烂之物，却是这样的脆弱。所谓“流光容易把人抛，红了樱桃，绿了芭蕉”，说芭蕉，就等于说时光流逝，说生命短暂。中国人是于“芭蕉林里自观身”，通过芭蕉来反观人的生命的短暂。中国人在芭蕉湖石所构成的表现模式中，将短暂和绵长放到一起，将人脆弱的生命和永恒的定在放到一起，从而玩味生命的超越意义，这正应了苏轼所说的：“身如芭蕉，心入莲花。百节疏通，万巧玲珑。”[1]

中国人还喜欢在石上着苔痕，所谓“亦知匠石不相顾，阅历岁华多藓痕”[2]。其实，石上苔痕、石旁芭蕉，意即一也。徘徊于虚实之际，流连于色空之间，莓苔古色空苍然，恍惚幽眇，所谓苔痕梦影。而石是固定的、坚硬的。石上苍苔，不定中的定，定中的不定，如说一个世界的梦幻故事。至若云移莲势出，苔驳锦纹疏，苔痕与石之纹理相互逗弄，便有说不尽的迷离恍惚之韵。莓苔助新青，顽石带苍古。苔痕是当下的鲜活，顽石是往古的幽深。白居易《太湖石》诗说：“烟翠三秋色，波涛万古痕。削成青玉片，截断碧云根。风气通岩穴，苔文护洞门。三峰具体小，应是华山孙。”三秋色是当下的情景，万古痕是无垠的过去。万古的痕迹就在当下中跃现，即此在即永恒，由此表达超越生命的意旨。中国人说，石有禅机，一拳顽石，悠然相对，电击火出，豁然醒悟。

〔1〕《东破题跋》卷一，此据《津逮秘书》本。

〔2〕张伯超题昆山石语，见林有麟《素园石谱》卷一。

扬州大明寺一角

第二，中国人爱石，通过石来品味生命。古人说石“自是秘生者”。这是个很有意味的说法。石看起来是死寂的，不会说话，无生无长，但又潜藏着生命的因素，在不生中有生。所以说是一个“秘生者”。“虚寂在水岑，块然天地间”，寂而不灭，在天地之间展示其昂然的生命。一拳顽石，可以说是宁静中的存在、寂寞中的显现、沉默中的活泼。

石展现了中国哲学所追求的生生之活力。无根的石，在中国人看来是生命之根。中国人有“石为云根”的说法。道教说，云是由石化来。定在的石就是那一片飘渺的白云的根，它从云中飘来。定在的石和不定的云就这样结合了起来。这个浪漫的说法强调的是，石是实中见虚，它是播云耕雨之手，是飞舞的世界的根源。真所谓“虽然在屋里，自有白云知”，把那飞舞的世界引到案头，引到心间。同时，这个浪漫的说法又强调，依一个不变的世界，期待理想的云霓。这就是林有麟所说的：“石有形有神……至其神妙处，大有飞舞变幻之态，令人神游其间，是在玄赏者自得之。”[1]

[1]《素园石谱》卷一。

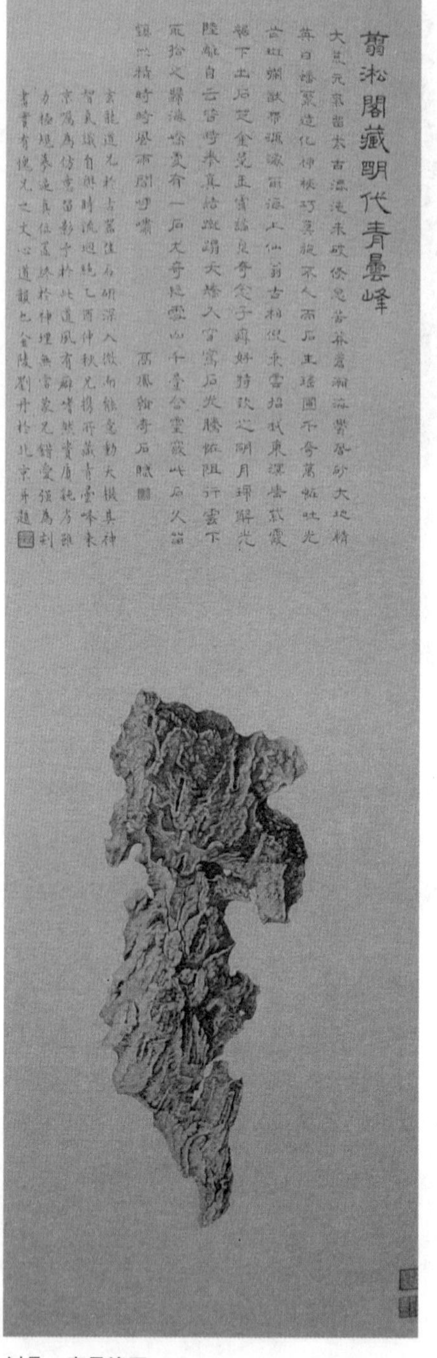

刘丹　青昙峰图

在中国古代，石和云总是联系在一起。前人有诗云："抱琴看鹤去，枕石待云归。"香港剪淞斋收藏明清以来流传的奇石，名青昙峰，收藏家的朋友刘丹曾为此石作画，此画曾在2005年西泠印社观奇石赏名画特展中展出。刘丹的画，正是将此石处理为一片飘动的云，下窄上宽，极有风味。这就受到中国人石为云根的思想影响。李德裕说："块然天地间，自是孤生者。"石虽孤独，也不孤独，它与天地万物生生相联，同气同根。

僵硬的石头在中国人看来，是化有生命之本。石为天地灵气所聚，是"天地至精之气，结而为石"[1]。天地中有清浊二气，石由清气所凝聚，故而清刚独立，历经造化鬼斧神工雕刻，凝聚了无限的生命力。中国人认为，"土精为石"，石是土之精者，是大地孕育出的精华，土为五行之一，居中为上，为生生之本，故石具生生之美。赏石，如沿

〔1〕孔传《云林石谱》序。孔氏为南宋绍兴时人。

着一条苍莽的古道，直达宇宙洪荒，直探生命之源。石是枯的，无生感。正以其无生，故而无死，是一个真正的“不生不死”者。至生者无生，因其“生生之厚”，所以没有一物不被无常吞。一团顽石，冷然掷于世界，无生生之厚。因为无生生之厚，所以长生。正因如此，石虽枯而犹润，在枯燥中见润——充盈的生命展现、无边的生命活力。

四、作为艺术品的“石”

一块石头，进入人玩味的世界，就成了审美对象，就不是纯然的物了。不仅如此，中国人还将石作为艺术品，就是利用石来进行艺术创造，从而表达心灵。这时的石就不是简单的把玩对象，而是一件艺术品了。

赏玩石需要人工加工的因素，古人在这方面积累了丰富的知识，其中透露出的思想值得玩味。可以说，这其中的每一个环节都强调自然天成，不露雕琢痕迹。

如选石，清梁九图《谈石》说：“藏石先贵选石，其石无天然画意者不中选，曰皱曰瘦曰透，昔人已有成言，乃有化工之妙。”一块没有经过人工雕琢的石，是自然的，但不代表这样的自然之石就能入选，人们选择那些能突出自然天工之妙的石，即依照人的眼光所体现出的造化特征，或者说富有人的精神性因素，如对瘦漏透皱的偏好，显然是人的意识所决定的。

中国古代的玩石者，还有一种比较流行的“造石”方法，不是人创造出石头，而是通过人的努力，再加以自然的伟力，创造出一种合乎人们审美习惯和生命追求的石来。南宋赵希鹄《洞天清禄集》之“怪石辨”说：“太湖石出平江，太湖工人取大材，或高一二丈，先雕刻，置急水中舂撞之，久久如天成，或用烟熏，或染之色，亦能黑。”这种方法一直流传到现在。很多奇石就得自于这样的手段，“鬼斧神工”中也包括了人工，不过人工的痕迹不露，做得如天然创化，这是不可质疑的原则。但这一原则在今天则有所背离，其直接结果是破坏了中国赏玩石的基本审美规律，以奇为尚，人工雕琢痕迹尽显，有的甚至是粗糙的、拙劣的，石的深加工，使其更向工艺化方向发展。石原有的古拙苍莽的意味荡然无存。

中国传统的玩石，还注意辅助设施的配置，如为奇石配上一个合适的架子，甚至包括辅助的绿色景观，将其置于最能体现石的特点的地方，为石创造一个好的氛围。梁九图说："选石得宜，次讲位置，位置无法，无以美观。鬼斧神工俱成滞相，此事只堪为知者言耳。"他认为，赏石贵在位置，没有好的位置，甚至会灭没了天地之美，愧于造物之精华。所谓"位置"，就是石的布局。他认为，石的位置得当，还需要小景的配置："石上种莳之法，竹与木俱宜，极小然后重峦叠嶂，始露大观，唯必择其小而枝柯苍劲者栽之，令见者有穷谷深山之想，一苔一草俱费匠心。"

在这方面，古人还有"石无位置"的观点，《小窗幽记》说："山居有四法：树无行次，石无位置，屋无宏肆，心无机事。"石无位置，不是不讲究位置，而是要有自然天成之趣，不能流于机心，不能有人工的痕迹，人精心设定的位置，就像没有经过加工一样。即如东坡题

扬州个园的驳岸

其壶中九华石所云：“试问安排华屋处，何如零落乱云中。”零落散漫中，可见自然之妙；刻意安排处，反伤真趣。

石作为艺术品，更重要的体现在园林的“叠石”上。中国园林创造被称为“叠山理水”的艺术，就是在庭院中创造山林的气象。山石的安排成了园林创造最主要的方面之一，巨大体量的山石景观也成了园林中主要的组成部分。好的园林就是一幅山水画，假山在这幅画中占有至关重要的位置。关于假山之妙，我将在下一章专门论之。

从选石、“造石”到位置的斟酌，都是对石的再创造，一块精心雕琢的玩赏石已经不是纯然的外物，而成了一种艺术品。这些艺术的再创造，都必须遵循“虽叨人力，全由天工”的准则，必须合自然之秩序。这是中国赏石文化最根本的思想。

第九章 假山是真的山

《西厢记》中，张生趁莺莺烧香时，在湖石假山畔作诗道：“月色溶溶夜，花阴寂寂春。如何临皓魄，不见月中人？”月色笼罩下的假山，令人春心荡漾。《牡丹亭》中杜丽娘和柳梦梅梦中相会，就在“转过这芍药栏前，紧靠着湖山石边”，到后来，杜丽娘相思而亡，也埋在这假山之下。对于中国人来说，假山是个诗意的天地，是创造梦幻的地方。园林假山，寄寓着创造者的性灵，带去了无数赏园者的清魂。不仅有拳地勺天高远意，也还有嘤嘤啼啼不了情。

据一园之形胜，莫若山，无山则不为园。叠山理水，其中叠山又占有重要位置。水系易成，山势难立。山势立，则一园风景之大概已具。假山是人们运用石料“叠”的、“掇”的，做出一片风景，也演绎着创造者的一片灵心。真正的叠石者，不是简单的“石工”，而是独抒性灵的艺术家，杂乱之石叠起胜景，配之以明花疏树，延之以陂陀平冈，引之以涧瀑清泉，幕之以藤情蕉影，再辅之以蓝天白云、月上柳梢，其凛凛风神，爰煞人也。故应知，不到园林，哪知春色如许；园无假山，怎疗烟霞痼疾！

故这里接续前文《顽石》之意，再论假山，假山是以石为手段的创造，但又不同于一般的奇石欣赏。

[南宋]无款　女孝经图

一、真假之间

假山是中国人的伟大创造，其中包含着中国人深长的哲思。中国艺术“似与不似”的精神魅力，通过真真假假的假山展露了出来。本书第一章曾讨论“幻”的问题，本章是这一话题的延伸。

“假山”之名，唐人始称之。垒山造景，为建筑之要事，在中国起源较早。汉代就有明确的垒石山的记载，但“假山”之名至唐代始见使用。韩愈《和裴仆射相公假山十一韵》诗中有“当轩乍骈罗，随势忽开坼。有洞若神剜，有岩类天划”的句子，其中已有对假山的清晰描述。权德舆《奉和太府韦卿阁老左藏库中假山之作》诗云：“春山仙掌百花开，九棘腰金有上才。忽向庭中摹峻极，如从洞里见昭回。小松已负干霄状，片石皆疑缩地来。都内今朝似方外，仍传丽曲寄云台。”诗中记载当时的假山有山峰峻极、山洞萦回，又有古松花卉点缀，已是颇有意思的园景了。司空图有《酒泉子》词描绘假山之妙境：“买得杏花，十载归来花始坼。假山西畔药阑东，满枝红。”薛涛《题从生假山》诗有云：“宅相多能好自持，爱山攒石倚庭陲。”[1]都涉

[1]《全唐诗补编·全唐诗续拾》卷二十五。

[唐]孙位　高逸图

及园林假山。

中国画论中有“卧游”的说法，山水画是满足人们心灵需要而获得特别发展的。假山也是如此，它也是人们的卧游之具。假山者，垒石而成，傍土得生，非造化所形成，乃人工之所为。假山是山的替代。唐人姚合《寄王度居士》诗论假山有云：“无竹栽芦看，思山叠石为。”将山林之景缩于庭院之中，以尽卧游之趣。山林之想，包含着中国人的人生态度和审美旨趣，山水画、假山、盆景等都是这种愿望的表现形式。假山也是作为真山的替代形式而发展起来的。自汉代以来，假山还为了满足人们的超越玄想需要而创造，所谓“叠石像蓬莱、方丈、瀛洲三山”〔1〕，所谓“石自蓬山得，泉经太液来”〔2〕，这样的思想一直伴随中国园林假山的发展，它与道教的思想影响有关。从这个意义上说，它也是山的替代形式，只不过是想象中的仙山。

虽然是山的替代形式，但假山毕竟不是真山，它是“假”的山，“假”的山如果只是模仿真山的样式，做一个缩小版，这样的创造会了无意味。如果固守模仿真山的模式，那么假山将如何表达艺术家的

〔1〕《唐语林》卷七《补遗》三。

〔2〕司空曙《题玉真观公主山池院》，《全唐诗》卷二百九十二。

心灵，如何体现艺术家的匠心？如果假山真正是“假的山”，那它就不可能流传至今，成为人们普遍喜欢的艺术形式。再者，如果假山只是一种替代品，它也不合中国艺术理论的基本观念。因为中国艺术自中唐以来就反对形式的模拟，效法自然，但不是模仿自然。“不似之似似之”作为中国艺术的要则，也适应于假山艺术。

或许可以这样说，假山作为一种艺术形式，其与真山的相对以及二者之间的微妙关系，使得“不似之似似之”的思想在这里得以充分表现。这里更多体现的是“似”的智慧，而不是“仿”的技巧。若套用《红楼梦》中一联诗，可以叫做“假做真来真亦假，无为有处有亦无”。无就是有，假就是真，亦真亦假，非真非假，似有若无，似实还虚。假山之妙，就在虚虚实实、真真假假之间。

[五代]卫贤　高士图

明代造园艺术家计成以“山色有无中”（王维）的诗句来概括假山的特色，颇为精到。我以为，若以这句诗作为假山艺术的总纲，也不为过。假山之妙，就在山色有无之中，在似有若无、似象非象之中。我们说假山创造的重要特点是给人留下想象空间，这个想象空间不光是使人起真山的联想，如果是由假山想到真山、由小山想到大山，这样的联想又有什么意味？假山之妙，不在“山”中，而在“有无中”，在虚与实、似与不似、真与幻等所构成的微妙关系之中。这个微妙的关系，乃是寄托诗意之根本、产生境界之源泉。计成说：“有真为假，做假成真；稍动天机，全叨人力”，假山中寄寓着艺术家独特的体验和创造，这是决定假山价值的根本因素。

假山在空灵的境界中显示出它独具的魅力。计成说：“掇石须知占天。”这是一个非常浪漫的说法。“天”是空间，做假山，就是在虚灵中划出一道风景，在空无中显露一段真实，如同人手舞彩带，在空空如也的舞台上跳出一段曼妙的舞。李渔批评有些叠石家是“目无天地，胸无文章”，叠石家在天地间垒出一个意义世界。董其昌曾说书法是“下笔即有凹凸之形”，下笔即打破虚空，流出一段生命的悠长，在虚空中延续潺湲的生命。掇石一片，也是在虚空中书写性灵的妙文章。计成说假山之作，是“借以粉壁为纸，以石为绘也”，这个奇妙的比喻说明，假山的能手，是在虚空的世界作画，倩影婆娑，流光闪烁，灵气飘忽，使人蹈虚逐无，因实

[南宋]无款　秋庭婴戏图

入空，作一段生命的飞跃。看苏州留园冠云峰正是如此，这个扎根大地的奇石，原来有云的奇想，所谓云鹤有奇翼，八表须臾还，它给人强烈的飞的感觉，在空灵的世界中划出的影像令人陶醉。洪亮吉曾有诗赞张南垣、戈裕良两位叠石大师："三百年来两轶群，山灵都复畏施斤，张南垣与戈东郭，移尽天空片片云。"[1] 计成说："伟石迎人，别有一壶天地。秀篁弄影，疑来隔水笙簧。"这是多么浪漫的奇思，假山就是要有这样的霞想云思，它不是模仿真山之形貌，而是移来天空片片云。

中国的假山为什么没有发展成抽象的艺术？有研究说，亨利·摩尔的雕塑很像中国的假山，但在我看来，却有根本的差异。摩尔的雕塑没有关于山的语汇的限制，而中国的假山必须有山的基础，它是对山的形式的隐括，就像一个放出的风筝，飞得再高，还是有一根线抓在手中，山就是那只看不见的手。正因此，中国的假山不是一种抽象的艺术。计成《园冶》的自序说：

> 环润皆佳山水，润之好事者，取石巧者置竹木间为假山；予偶观之，为发一笑。或问曰："何笑？"予曰："世所闻有真斯有假，胡不假真山形，而假迎勾芒者之拳磊乎？"或曰："君能之乎？"遂偶为成"壁"，睹观者皆称"俨然佳山也"。

随便扔几块石头于林间，那不叫"假山"，那是虚假的山，没有山的意味、山的精神。假山绝不是胡乱堆积起来的石头。假山作为一门独立的艺术，要叠石，依照画理、根据创造者的心灵来垒石。假山的垒石中，必须要"假真山形"——借真山的形貌，不能脱离山来做假山。不能像是"迎勾芒者之拳磊"——古人以春神为勾芒，春天祭祀时要用石头，这样的石头胡乱堆积，全无义理，这不是艺术。假山的妙处在于"俨然佳山也"，似山又非山。完全没有山形，则不是假山；只是模仿山的形貌，也不是"佳山"——好的假山，就是要于似与不似处见之。

[1]《同里戈裕良世居东郭……三首之三》，《洪北江诗文集》卷七。

假山是否没有真山“真”？深通园林假山之妙的袁枚说：

> 常州杨青望《南涧晚归》云：“岳寺风声起暮钟，残阳归去兴尤浓。停车欲认登临处，忘却西南第几峰。”陈郁庭《造假山》云：“历尽嶙峋兴愈浓，归来犹自忆芙蓉。阶前叠石呼僮问，认是曾游第几峰。”两首相似，俱有羚羊挂角之意。[1]

“羚羊挂角”，妙处无迹可求。似山非山，正像诗中所写，叠石所为，似曾相见，又未曾见。游山林归来，又见假山，假山没有真山大，假山没有所游的山“真”，这样的假山还有什么意味？明人谢肇淛曾对此质疑道：“假山之戏，当在江北无山之所，装点一二，以当卧游。若在南方，出门皆真山真水，随意所择……又何叠石累土之工所敢望乎？”又说：“然北人目未见山，而不知作，南人舍真山而伪为之，其蔽甚矣。”[2] 他将假山称为“伪”——是不真的。这样的观点难称允当。北人做假山并非因为北方无山，北方之山多矣。他没有看到假山的独立艺术价值，将假山仅仅当做真山的替代品。如果假山不是为了让人体会山的高耸远大，而是表现人心灵的体验，山居庭院中有这样的假山在，更能唤起人们对生命的把玩，流连于真山与假山之间，玩味于实有与空灵之境，于羚羊挂角处寻生命的真义，这样的假山存在不是可有可无，而是给幽居带来无穷的意味。

假山胜过真山，如果说这样的话，恐怕很多人不会同意。其实这正是中国传统艺术的观点。董其昌说：“以径之奇怪论，画不如山水。以笔墨之精妙论，则山水绝不如画。”山水画高于真山水在于笔墨的精妙，笔墨不是纯然的形式，而是表现心灵的语言，艺术家用心灵照亮了山水，假笔墨而表达出来。纯然的山水是外在的对象，是与人的心灵无关的存在物。而山水画是一段心灵的轻歌，是人的生命光辉照耀的世界，当然要高于一般的存在物。假山之妙也是如此，它虽然是对真山的隐括，但却是艺术家的创造，是艺术家心灵浸染的结果，僵

〔1〕《随园诗话》卷十四。
〔2〕《五杂俎》上，卷三，地部一。

硬的石被艺术家的生命之光照亮了。一片假山，呈现的不仅是对大千世界的概括形式，更是人的心灵的创造、生命的体验，假山是“韵人纵目、云客宅心”的体现，“无情有恨何人见，月晓风清欲堕时”（皮日休），好的假山给人带来的是难以用语言描述的美感。

上海豫园玉玲珑

正是在这个意义上说，艺术中的假山才是“真山”——显现生命真实意义的山，因为它比外在实存的山更能体现山的意义，更能彰显出生命的魅力，更集中地体现出自然造化的内在精神。明代艺术理论家王世贞《弇山园记》说：

> 石壁，壁色苍黑，最古，似英，又似灵壁……客谓余：“世之目真山巧者，曰似假。目假者之浑成者，曰似真。此壁不知作何目也。”

这个发问非常有价值。人们看黄山、桂林的山，鬼斧神工，说这山好像是假的一样；看那巧夺天工的假山，又说这好像是真山一样。这两个问题其实是一个问题，只是从不同的角度发问。这个问题就是：有一种存在于山形式之外的山的概念，这样的“山”，我们称之为“真山”。这个“真山”，就是山的“精神”。山何以有“精神”？这就像中国哲学所说的“四时行焉，百物兴焉”、“逝者如斯夫”、“天行健”、“地势坤”等等一样，它是人所赋予的造化的精神，是人生命透升上去的生命活力世界，是这个生生宇宙的内在动力源泉。

董其昌说：

> 昔人乃有以画为假山水，而以山水为真画，何颠倒见也！

杭州芝园点峰

其实，在中国人看来，假山就是真山，假山逶迤，清溪缠绕，比外在具体存在的山水更能体现山水的特征。所以，我们如果只将外在山水当做物质的对象，其实这样的对象是不真的。而体现山水精神的假山则是真的。假山与其他中国艺术形式一样，就是要表现这样的精神，“山”只是它借用的符号。故此我认为，中国的假山艺术，是对“山”的真实意义的发掘，也是对世界真实意义的发掘。虽是假山，却将山的灵魂出落出来，艺术家以几块石头来雕刻心灵，通过心灵的浸染，将石头变成了活物。此正是真山所不可比也，所以说虽假却真。

计成提出“掇石莫知山假”的观点，是与此相关的一条重要的假山创造原则。假山不是真山，但不意味它是“伪”的。假山艺术就是为了创造一片真实的意义世界，虽非真山而更“真”。在假山创造中，要超越实存的世界，自然而然，虽垒假山，而不知是垒假山，假山即真山，人垒即天成，没有天人之别，尽是造化所裁，掇石不知山假，垒成未必不真。若垒假山，心中总有个真山之像，总有个需要模仿的对象，这样，假山创造就会为形所滞，难有玲珑活络之态。

中国人的假山观念中，还有个“幻”的问题，它反映了中国人的人生态度。这和佛教有关。唐人好假山，每见于寺院中。“假山”之名初立，可能也与佛教有关。唐诗中有大量相关的记载。郑谷《七祖院小山》云：“小巧功成雨藓斑，轩车日日扣松关。峨嵋咫尺无人去，却向僧窗看假山。”在僧窗中看假山，了觉世相的幻意。假山不是真山，却有幻意。从佛教的观点看，假山提供了一个简捷的途径，使人们了解世界是幻相的特点。

中国人有将假山当“为止小儿啼”的说法。唐人齐己《假山》诗说：“……信手成重叠，随心作蔽亏。根盘惊院窄，顶耸讶檐卑。……引看僧来数，牵吟客散迟。九华浑仿佛，五老颇参差。蛛网藤萝挂，春霖瀑布垂。加添双石笋，映带小莲池。旧说雷居士，曾闻远大师。红霞中结社，白壁上题诗。顾此诚徒尔，劳心是妄为。经营惭培塿，赏玩愧童儿。会入千峰去，闲踪任属谁。”宋朱松《铅山僧斋假山》诗云：“擘开华嵒三峰秀，叠就层峰数石寒。等是世间儿戏事，道人莫作两般看。”[1] 在僧堂言佛事，所引的是佛语。他们说假山是“世间儿戏”、“赏玩愧童儿”，所言为佛教中“止小儿啼”的故事。假山就是止小儿啼的黄叶，黄叶实非真金，只是权便之说。它不是让人知假山之真，而是在强化假山之幻，在幻中融入青萝，渺无踪迹，取一种无住的态度。

假山欣赏中蕴涵中国人独特的智慧。佛教将方便法门称为假门。故人所造之山称为假山。佛教认为，一切世相，都是因缘和合而生，都无实性，都是假名，如镜花水月，飘渺无痕。一切法相，都是假有，其性为空。假山之名，是假它而得名，本无名，名之者，借而已。故虽名而不名，总之者，幻而已。从人的不执著而言，假山虽得真山之相，但也为虚幻，是不真的，所以人的执著是无意义的，留恋于此景，则为法执，沉溺于内心，则为我执。假山者，开方便之门也，是一个幻相。世之谓真山者，也是假名，也是幻相。僧人好建假山，就是于幻处说幻，强调人们不能执著。

明代湖州吴山端禅师有《题假山石》诗云：“无用无知顽石头，天生奇巧世人求。算来世上无闲物，假使无情不自由。”[2] 明僧真可《过石钟寺》诗云：“长江水不浅，湖口山不深。云石多奇巧，疑生丹青

[1] 朱松《韦斋诗钞》，见《宋诗钞》本。
[2]《湖州吴山端禅师语录》卷下，《卍续藏经》第73册。

广东东莞可园英石假山

心。予偕二三子，取次望春林。何异画图上，欢笑发空音。假山与真山，象始可相寻。”〔1〕二位僧人看假山，都有无住无相之意。何谓真山，何谓假山，真山假山，都是幻相，了了无痕，方是解脱法门。正所谓“欲悟色空为佛事，故栽芳树在僧家。细看便是华严偈，方便风开智慧花”（白居易《僧院花》）。假山是幻，为何置入僧院，这正是即幻即真的思路。

苏轼曾为佛印禅师作《怪石供》，佛印禅师将其通篇用石刻出。苏轼又作《后怪石供》，戏谓：“苏子既以怪石供佛印，佛印以其言刻诸石。苏子闻而笑曰：‘是安所从来哉？予以饼易诸小儿者也。以可食易无用，予既足笑矣，彼又从而刻之。今以饼供佛印，佛印必不刻也，石与饼何异？’参寥子曰：‘然。供者，幻也。受者，亦幻也。刻其言者，亦幻也。夫幻何适而不可。’”前人有“齐安小儿，江头数饼”的说法，都强调虚幻之意。假山之谓，正类于此。明末扬州文人郑元勋筑园，董其昌题其名为“影园”，郑元勋说：“然则玄宰先生题以‘影’者，安知非以梦幻示予？”〔2〕

假山，就是说一个“幻的真实”的故事。我甚至怀疑，如果没有这种独特的幻的哲学，中国是不是会发展出这样历久而不衰的假山艺术，都很难说。

〔1〕《紫柏老人集》卷二十五，《卍续藏经》第73册。

〔2〕郑元勋《影园自记》，引自陈植编《中国历代名园记选注》，224页，安徽科技出版社，1983年。

二、假山的“南北风”

董其昌等的南北宗说对中国画的看法并非都很客观，但他以南北宗来划分中国画的传统，的确抓住了一些关键问题。他说：“禅家有南北二宗，唐时始分，画之南北宗亦唐时分也。但其人非南北耳。北宗则李思训父子着色山水，流传而为宋之赵幹、赵伯驹、赵伯骕以至马夏辈。南宗则王摹诘始用渲淡，一变勾斫之法，其传为张璪、荆、关、郭忠恕、董、巨、米家父子，以至元之四大家，亦如六祖之后有马驹、云门，临济儿孙之盛，而北宗微矣。”在他看来，南宗画重妙悟，重神似，风格上柔美内敛，体现出独立纵肆的文人意识；北宗绘画重形似，重功力，风格上刚硬外露，体现出重视工巧的艺术特点。南宗画有“化工”之妙，北宗画有“画工”之嫌；南宗画是“利家”之为，是性灵的创造，北宗画是“行家”之为，有匠气，落于形式藩篱。

中国叠石艺术深受画法影响，叠山理水的园林，就是立体的画。《园冶》说：“刹宇隐环窗，仿佛片图小李；岩峦堆劈石，参差半壁大痴。”以小李（唐青绿山水画家李昭道）、大痴（元黄公望）指代中国的山水画传统。中国的叠石名家多为画家，如张南垣、计成都是山水画家，像石涛还是举世闻名的大画家。所谓“张南垣以画法垒石，见者疑为神工”[1]，类似的情况非常普遍。

董其昌等的绘画南北分宗情况，在叠石艺术中也有存在。若粗言之，中国叠石艺术在历史发展中，存在着两种不同的审美风尚，套用董其昌等的说法，也存在着南北分野的状况。一重形似，追求对真山的模仿，追求大体量的创造；一重神似，强调“会心处不必在远”，重视天趣，而不是模仿。元代之前中国叠石艺术大率以重视奇石、模仿真山为主流，元明以来，叠石风气丕变，又以境界创造为根本，山不求大，石不求奇，土与石兼融，随意点缀，但得活意。

这里选取南宋造园名家俞子清和晚明叠石高手张南阳为例，对这两种不同的风格略加剖析。

[1] 袁枚《随园诗话》卷十一。

俞澄，字子清，号且轩，吴兴（今浙江湖州）人，光宗朝（1190～1194）曾官大理少卿，善画，多作竹石，颇受文同影响，至元犹存世。俞琰《林屋山人漫藁》题其山水图云：“子清翁山水自是一等家数，既经子昂品题，则夜光之璧，不复为荆山石矣。”他是当时著名的叠石高手。周密《吴兴园林记》说子清“晚年有园池之乐”，自为俞氏园，“假山之奇，甲于天下”。周密在《癸辛杂识》前集中又说：“然余平生所见秀拔有趣者，皆莫如俞子清侍郎家为奇绝。盖子清胸中自有邱壑，又善画，故能出心匠之巧。峰之大小凡百余，高者至二三丈，皆不事饾饤，而犀株玉树，森列旁午，俨如群玉之圃，奇奇怪怪，不可名状。大率如昌黎《南山》诗中，特未知视牛奇章为何如耳？乃于众峰之间，萦以曲涧，甃以五色小石，旁引清流，激石高下，使之有声，淙淙然下注大石潭。上荫巨竹、寿藤，苍寒茂密，不见天日。旁植名药、奇草、薜荔、女萝、菟丝，花红叶碧。潭旁横石作杠，下为石渠，潭水溢自此出焉。潭中多文龟、斑鱼，夜月下照，光景零乱，如穷山绝谷间也。”子清叠石，讲究出人意表，怪怪奇奇；更讲究气势，群峰连绵，高至数丈，虽说不是真山，真山之形势于此出焉；又好名石，珍奇的太湖石是他的首选。他的作品，反映了五代北宋以来全景式山水画的特点，重外形，重气势。

而晚明张南垣的叠石风格与此迥然不同。张涟（1587～约 1671），字南垣，松江华亭人，是中国历史上最负盛名的造园家。南垣的密友、其时文坛巨宿吴梅村作《张南垣传》，记载了南垣的一段话，这段话是针对当时的造园家追求大制作的奢靡之风而发的：

南垣过而笑曰：“是岂知为山者耶？今夫群峰造天，深岩蔽日，此夫造物神灵之所为，非人力所得而致也。况其地辄跨数百里，而吾以盈丈之址，五尺之沟，尤而效之，何异市人抟土以欺儿童哉！惟夫平冈小坂，陵阜陂陀，版筑之功可计日以就，然后错之以石，棋置其间，缭以短垣，翳以密篆，若似乎奇峰绝嶂，累累乎墙外，而人或见之也。其石脉之所奔注，伏而起，突而怒，为狮蹲，为兽攫，口鼻含呀，牙错距跃，决林莽，犯轩楹而不去，若似乎处大山之麓，截溪断谷，私此数石者为吾有也。方塘石洫，易以曲岸回沙；邃闼雕楹，改为青扉白屋；树取其不凋者，松杉桧栝，杂植成林；石取其易致者，太湖尧峰，随意布置，有林泉之美，无登顿之劳，不亦可乎！”

上海豫园假山

南垣叠石重“脉”，董其昌对南垣叠石的评价是：“江南诸山，土中戴石，黄一峰、吴仲圭常言之，此知夫画脉者也。”而黄宗羲《张南垣传》也说：“其石脉之所奔注，伏而起，突而怒，犬牙错互……”所谓“画脉”、“石脉”，强调的是山石的内在节奏。南垣由山林的外在形势描摹深入到内在的气脉韵律之中，这是南垣之一变。后来沈复在《浮生六记》中赞扬州瘦西湖园林时说：“虽全是人工，而奇思幻想，点缀天际……其妙处在合十余家园亭合而为一，联络至山，气氛俱贯。”说的也是“气脉”。中国人认为，天下万物，都由气化而生，天底下的一切，乃至一木一石，无不有生气贯乎其间。宇宙在气化氤氲中生机勃勃、彼摄互荡。张南垣的叠石变法，抓住了中国哲学这一精神。他提倡“土中戴石”的叠石方法，反对烦琐的叠床架屋式的叠山技巧。康熙《嘉兴县志》卷七云：“旧以高架叠缀为工，不喜见土，涟一变旧模，穿深覆冈，因形布置，土石相间，颇得真趣。”南垣认为聚危石、架洞壑、带以飞梁、矗以高峰、假山雪洞等等方式，都只是模仿山之形，而不得宇宙之真气，没有表现出内在的气脉。他在具体的叠石方法上，重神而不重形，所以他的制作更趋简约。有人赠其诗云：“终年累石如愚叟，倏忽移山是化人”[1]，他效法自然，是“化”而行之，而不是“画”而仿之，是“化工”，而不是“画工”。

张南垣的另一变法，是对境界创造的强调。“以意垒石为假山”[2]，以“意”为主宰是张南垣园林的重要特色，他将写意假山的尝试更加系统化。叠石艺术是为心的，形只是表心的语言。叠石者要做一个“有窍之人”，以心灵指挥如意，天花自落。[3] 造园者不仅要有“巧”，更要有“窍”。“巧”是技术的，是形式的工巧；而“窍”是灵心出窍，是心灵的门大开。造园者，要做“有窍之人”。叠石的根本目的，是为了安顿这个“窍”，所谓“会心处不必在远”。吴梅村描绘南垣造园时的情景说：“常高坐一室，与客谈笑，呼役夫曰：某树下某石可置某处。目不转视，手不再指，若金在冶，不假斧凿。”随意点染间，都可以见出他的灵心独运。吴传还说：“人有学其术者，以为曲折变化，此君生平之所长，尽其心力以求仿佛，初见或似，久观辄非”，所失者正因缺这个“窍”。

张南垣与俞子清的叠石方式有根本的区别。从总体风格上说，子清叠石以险峻奇特为特色，南垣叠石则以冲和淡雅为趣尚。从具体表现上说，子清叠石重视形式的模仿，力求在有限的空间中，模仿真山之态度；而南垣的叠石取神而不取形，不模仿真山，而力求展示山林气象的内在气脉。从功能上看，子清之作重写实，追求不出户庭而观山水之象的效果；南垣之作重境界，闲闲小景，寂寂园色，聊慰心

---

〔1〕据阮葵生《茶余客话》卷八引。

〔2〕阮葵生《茶余客话》卷八。

〔3〕有一个关于“太无窍”的传说流传广远。钱泳《履园丛话》记载：“吴梅村祭酒既仕，本朝有张南垣者，以善叠假山，游于公卿间，人颇礼遇之。一日到娄东，太原王氏设宴招祭酒，张亦在坐。因演剧，祭酒点《烂柯山》，盖此一出中有张石匠，欲以相戏耳！梨园人以张故，每唱至张石匠辄讳张为李，祭酒笑曰：‘此伶甚有窍。’后演至张必果寄书，有云：‘姓朱的，有甚亏负你。’南垣拍案大呼曰：‘此伶太无窍矣。’祭酒为之逃席。”计成在《园冶》序言中也幽他一默：“古公输巧，陆云精艺，其人岂执斧斤者哉？若匠惟雕镂是巧，排架是精，一架一柱，定不可移，俗以‘无窍之人’呼之。”计成这个说法可能就与张南垣有关。

灵。在构图上，子清叠石有数丈之高，峰峦连绵，如画中高远之作；南垣假山土中带石，平岗小坡，逶迤跌宕，如画之平远山水。清人赵翼说："古来构园林者，多垒石为嵌空险峭之势。自崇祯时有张南垣，创意为假山，以营邱、北苑、大痴、黄鹤画法为之，峰壑湍濑，曲折平远，巧夺化工。南垣死，其子然号陶庵者继之，今京师瀛台、玉泉、畅春苑皆其所布置也。杨惠之变画而为塑，此更变为平远山水，尤奇矣。"[1] 他对南垣一门叠石的平远风格的把握至为允当。

子清和南垣的叠石方式代表着中国叠石艺术史上两种不同的传统。元代之前，中国园林叠石艺术以子清的风格为主流。园林叠石艺术唐时已盛，北宋时蔚为风尚，其大盛则在徽宗一朝。徽宗好石，沉迷于假山之中，其艮岳乃旷世之作，一如秦始皇集天下兵器于咸阳，而他是集天下美石于艮岳，几乎天下好的太湖石、灵璧石都被其搜罗殆尽。艮岳之作，大峰特秀，园中有一名为"神运昭功"的太湖石，高有四十六尺，真可谓高比云天，甚至叠石至于九十尺，人称"艮岳排空"。园中山峦起伏，绵延十余里。其中叠石名作，不计其数。真所谓"凡天下之美，古今之胜在焉"。张淏《艮岳记》引祖秀《华阳宫记》曰："政和初，天子命作寿山艮岳于禁城之东陬，诏阉人董其役。舟以载石，舆以辇土，驱散军万人，筑冈阜，高十余仞。增以太湖灵璧之石，雄拔峭峙，功夺天造。石皆激怒抵触，若踶若啮，牙角口鼻，首尾爪距，千态万状，殚奇尽怪。"[2] 艮岳之作，极尽天下"巨丽"之美，是"不有宏丽，岂见君威"观念的体现。其运石之劳顿，堆山之冗赘，实是劳命伤财，费力多而无功。它将中国早期叠石重气势工巧的传统推到了极至。这一传统影响了南宋以来的叠石艺术，虽然也从境界创造、表达心灵方面去考虑，尤其在一些私家园林中，随意萧散的叠石之作间有佳构，但从总体趋势上并未脱重形势、重奇丽的风尚。从周密的《吴兴园林记》中就可看出当时流行奢丽的风习。周密记载其时南方园林之习："盖吴兴北连洞庭，多产花石，而卞山所出，类亦

〔1〕《檐曝杂记》卷五。

〔2〕《艮岳记》，据《古今说海》本。

奇秀，故四方之为山者，皆于此中取之。浙右假山最大者，莫如卫清叔吴中之园，一山连亘二十亩，位置四十余亭，其大可知矣。”虽然是文人私家园林，也多为大制作。元人承两宋之传统，虽略有所变，但其叠石艺术仍重气势。今苏州狮子林即为元人之旧制，后人虽有修改，但基本面貌未变，这是典型的山峦重叠之作，给人以身在万山之中的感觉。其中洞穴就有 21 个，是张南垣批评的“钻蚁洞”式的创作。其中假山之作虽有佳构，但从整体上看却显得壅塞，灵气不够。这样的作品在清代以后也间有其作，今见故宫后花园的堆山，攒积了大量珍奇的石头，堆积起来，虽有山形，缺少诗意，是故宫中的败笔。

明代中期以来，园艺界出现了对传统叠石风气反思的潮流。谢肇淛论园，极力反对这种高峰大园式的创造，痛斥这种逐于声利、排比巨石阵的叠石方法。他说：“唐裴晋公湖园，宏邃胜概，甲于天下。司马温公独乐园卑小，不过十数椽，然当其功成名遂，快然自适。则晋

瘦西湖的花木

公未始有余，而温公未始不足也。”[1] 园不在大，而在惬于心；石不在奇，而在会于意。叠石之妙，不在逞奇斗艳，而在内心之适意。明末莫是龙说：“予最不喜叠石为山，纵令迂迴奇峻，极人工之巧，终失天然。不若疏林秀石间置盘石缀土阜一仞，登眺徜徉，故自佳耳。”（《笔麈》）清袁枚也说：“以培塿拟假山，人人知其不伦。”（《随园诗话》）也就是说，明清时人们对流于形式的假山之作已非常反感。沈复甚至对狮子林提出尖锐的批评：“城中最著名之狮子林，虽曰云林手笔，且石质玲珑，中多古木，然以大势观之，竟同乱堆煤渣，积以苔藓，穿以蚁灾，全无山林气势。”（《浮生六记》）

宁波天一阁南园

张南垣作为中国叠石艺术的划时代人物，正是在这种反思的潮流中出现的艺术大师，他颠覆了原有的高峰大岭式的创造方式，将元以来就出现的写意园林推向了高潮。张南垣的道路，是一种简易的道路、诗意的道路，所谓“方塘石洫，易以曲岸回沙；邃闼雕楹，改为青扉白屋；树取其不凋者，石取其易致者，无地无材，随取随足”[2]。这曲沙回岸，青扉白屋，浅淡优雅，诗情绰绰，自有风致。它代表了一种新的艺术潮流。与南垣大致同时代的计成、李渔、文震亨等都是这一新的叠石潮流的推宕者。计成比南垣大 5 岁，但从事园林之业比南垣为后。郑元勋说，计成作园，“从心不从法”，不是他

〔1〕《五杂俎》上，卷三，地部一。
〔2〕吴梅村《张南垣传》，《吴梅村集》卷五十二《文集》三十。

没有法，《园冶》一篇都是在讲法，但他不为法度所拘，要在法随心转，不是心为法执。[1] 计成讲叠石之法，就是心灵融汇之法。他说自己叠石，是“依皴合掇”，堆石如画山，叠山如作画，将画意、诗意和境界联系在一起。计成与南垣一样，都提倡以土戴石之法，他说：“妙在得乎一人，雅从兼于半土。”“开土堆山，沿池驳岸。”文震亨说：“石令人古，水令人远。园林水石，最不可无。要须回环峭拔，安插得宜。一峰则太华千寻，一勺则江湖万里。又须修竹、老木、怪藤、丑树，交覆角立，苍崖碧涧，奔泉汛流，如入深崖绝壑之中，乃为名区胜地。”[2] 而李渔虽不是造园家，却深通造园之理。他认为，观园可见主人之趣尚、境界之高低，“有费累万金钱，而使山不成山、石不成石者，亦是造物鬼神作祟，为之摹神写像，以肖其为人也。一花一石，位置得宜，主人神情已见乎此矣，奚俟察言观貌，而后识别其人哉”。一花一石，位置得宜，即有高致；重峦叠岭，未从心造，必无动人之处，徒然辜负了一片石情。他说：“山之小者易工，大者难好。予遨游一生，遍览名园，从未见有盈亩累丈之山，能无补缀穿凿之痕，遥望与真山无异者。”

张南垣的叠石之变就是在这样的风气中产生的。其实张南垣等提倡的叠石之法，就是明末以来南宗画提倡者的基本观点。他们的叠石主张沾染上浓厚的绘画南北宗说的意味。就南垣而言，他早年学画，黄宗羲的传记说他：“学画于云间之某，尽得其笔法。”而《清史稿》说他“少学画，谒董其昌，通其法”。黄所说的“某”就是董其昌。吴梅村《张南垣传》说：“华亭董宗伯玄宰、陈徵君仲醇亟称之曰：‘江南诸山，土中戴石，黄一峰、吴仲圭常言之，此知夫画脉者也。’”这里所说的陈徵君仲醇，乃是松江另一位文豪陈继儒，他是董其昌的密友，也是绘画南北宗的提出者之一。陈继儒与南垣引为好友，陈继儒《张南垣移居秀州赋此招之》云：“指下生云烟，胸中具丘壑。”他与南垣有交谊。

〔1〕郑元勋（1598～1644），有影园，乃扬州著名园林。此为他在明崇祯辛亥年为计成《园冶》所作的序言中语。

〔2〕《长物志》卷三《水石》。

张南垣与董其昌为首的这个文人集团的密切关系，使其以土戴石的造园方法打上了深深的南宗画理论的烙印。他的造园主张几乎是董、陈等人绘画南北宗说的园林版。董氏等崇南贬北的思想对他有很深的影响。他习画之倪、黄、王等都属于所谓南宗画的正传。而其土石相依之法，一如中国绘画中的平远山水，也受到董其昌理论的影响。董其昌在南北宗理论中，很推崇北宋宗室画家赵大年，而张南垣的叠石与赵大年的绘画风格极为相似。董其昌说：

> 赵大年令穰，平远绝似右丞，秀润天成，真宋之士大夫画。此一派又传为倪云林，虽工致不敌，而荒率苍古胜矣。今作平远及扇头小景，一以此二人为宗，使人玩之不穷，味外有味可也。
>
> 赵大年平远，写湖天渺茫之景，极不俗，然不耐多皴，虽云学维，而维画正有细皴处者，乃于重山叠嶂有之，赵未能尽其法也。

北宋画家赵大年善画平远小景。张邦基评赵大年的《归田图》说：“竹篱茅舍，烟林蔽云，遥岭野水，咫尺千里，葭芜鸥鹭，宛若江乡。”[1]赵大年的画多为闲闲小景，呈山林清远之态，《宣和画谱》说他多画“京城外坡坂汀渚之景”、“画陂湖林樾烟云凫雁之趣，荒远闲暇”，景虽小而富远趣。王维、董源、赵大年、倪云林代表一种清幽淡远的绘画传统，成为董其昌提倡南宗画的代表。而张南垣的叠石艺术也重平远之境，随意点缀，宜石则石，宜土则土，不务险峻，但求会心，平冈小阪，陵阜陂陀，一一得其风致，妙在自然俯仰之势。《图绘宝鉴续纂》卷二说：“张南垣，嘉兴人，布置园亭能分宋元家数，半亩之地经其点窜，犹居深谷，海内为首推焉。”所谓“分宋元家数”，就是对传统的认识，不取北宋以来的全景式构图，而取元代书斋式山水的特征，重其境界。

[1] 张邦基《墨庄漫录》卷三。

三、“散漫”的秩序

扬州片石山房一角

园林假山效法自然，追求巧夺天工之妙，要得“天然委曲之妙”（李渔语），此说由来已久。《魏书》载张伦造景阳山：“园林山池，诸王莫及，伦造景阳山，有若自然。”唐代假山艺术也重造化之工。许浑《奉和卢大夫新立假山》说：“岩谷留心赏，为山极自然。孤峰空迸笋，攒萼旋开莲。黛色朱楼下，云形绣户前。砌尘凝积霭，檐溜挂飞泉。树暗壶中月，花香洞里天。何如谢康乐，海峤独题篇。”徽宗造艮岳，也强调巧夺天工。张淏《艮岳记》：“筑冈阜高十余仞，总以太湖、灵壁之石，雄拔峭峙，巧夺天造。”明代成化间西域人锁懋坚一首咏叹假山的《沉醉东风》曲流传广远：“风过处，香生院宇。雨收时，翠湿琴书。移来小朵峰，幻出天然趣。倚阑干，尽日披图。谩说蓬莱本是虚，只此是、神仙洞府。”[1]

效法自然、巧夺天工，是中国传统园艺界尽人皆知的思想。但在具体理解方面，又有相当大的差异。有的人强调模仿真山，将自然的真景缩小化；有的人侧重于“天理”秩序，力求在叠石艺术中表现伦理的追求；有的人受到道教思想的影响，对海外仙山感兴趣，欲在庭院中建立一个想象中的灵屿瑶岛；有的人强调的是造化的“精神”，力求表现自然的生生不息的内在活力。在这其中，我倒对一种独特的效法自然观感兴趣，这就是建立一种“散漫的秩序”的理论。

〔1〕杨慎《词品》卷六云：“锁懋坚，西域人，扈宋南渡，遂为杭人。代有诗名，懋坚尤善吟写。成化间，游茗城，朱文理座间，索赋其家假山，懋坚赋沉醉东风一阕云……为一时所称。”

计成说，掇山之关键，在“散漫理之，可得佳境”。此句最须深体，可为园林假山不易之法。就像他说制作冰裂地时要“意随人活”，“没有拘格”，意在建立一种自然的秩序，没有人工雕琢，自然延伸，虽然“散漫”，但却体现出生生之条理，是一种无秩序的秩序。

计成又说：“片山块石，似有野致。”“野”与雕饰相对，即没有文饰，没有人工痕迹。《庄子》将“野”和“文”相对而言，“文”（装饰）是“人”，“野”是“天”，是自然而然的。所以由人返天，就是由“文”返“野”。野是一种天放的境界。园林追求山林气象，这个“野致”正是山林气象。计成说，掇山妙在“不可齐，亦不可花架式，或高或低，随致乱掇，不排比为妙”。这就是“野”，散漫为之。而“排比”之道，却是人工痕迹毕露，难称高致。“野”还象征着一种不为法度拘束的心态，如白居易诗所云：“言我本野夫，误为世网牵。”（《香炉峰下新置草堂即事咏怀题于石上》）“野”是对网的挣脱。

计成这些零散的表述，涉及中国园林假山中的一个重要思想，就

扬州个园一角

是对人工秩序的规避。效法自然，就是效法自由天放的境界。一切假山叠石之道，都是人工所为；但虽由人作，宛自天开，人工所为必须不露痕迹，使其如同自然一样，自然是最高的范本、最高的准则，效法自然的创造才能产生美。如果要将园林叠石作为一种艺术，就必须力避人工的痕迹，不能像石匠垒石。就像李斗《扬州画舫录》所说的，那样做“直是石工而已”[1]。张南垣、计成等倡导叠石的“不作”之道，以“随意点缀”为根本，这个“随意”，就是不刻意为之，循顺自然的节奏，所谓“因其固然”，寻求一种微妙的表达。因此，“散漫理之”，不是漫无目的、毫无准的，而是在人工与本然之间寻求最好的平衡，力求表现自然的节奏，不经意中显露出创造者的智慧，随意中见出不随意，在无秩序的“乱”中见出谨然的秩序。

这里所隐含的还是中国哲学对人的理性的质疑，对以人的知识去诠释世界的不信任。正像庄子所说的，一切以人的知识解释天地的努力都是无用的，是对天地的曲解，道法自然，遵循自然之道，才是最根本的原则。

我们看到，在叠石的“散漫理之”的自然秩序中，有明显的回避道德理性的因素。中国哲学有一种传统，就是在确立天地为最高准则的基础上，将人的道德的“当然”从天地那里寻求“必然”的解释，因为“天经地义”才意味着终极真理。最典型的莫过于《易传》上所说的：“天尊地卑，乾坤定矣。卑高以陈，贵贱位矣。”由此来为君尊臣卑、男尊女卑找说辞。天地的秩序不是一种自然延伸的系统，而被解释成生生而有“条理”，所谓条理者，就是天定的道德秩序。以载道为自律的艺术也明显受到这一思想影响。在绘画中，北宋郭熙《林泉高致》讨论山水画的构图，明显谨守儒家的这一道德原则，他说：“小者大者，以其一境主之于此，故曰主峰，如君臣上下矣”；“以其一山表之于此，故曰宗老，如君子小人也”。清沈宗骞在《芥舟学画编》中，认为画山水，要分清君臣主宾之位：“故作画有偏局正局之分焉。

[1]《扬州画舫录》云：“若近今仇好石垒怡性堂宣石山，淮安董道士垒九狮山，亦藉藉人口。至若西山王天於、张国泰诸人，直是石工而已。”

正局者，主山如人主端座朝堂，余山如三公九卿，鹄立拱向。其下幅树石屋宇，则如百官承流宣化，皆要整齐严肃之中，不失联属意思。又如端人正士，庄敬日强，令人望之俨然而生敬者，此局为最难。”山水画的世界俨然成了一本道德教科书。

叠石艺术也深受此一思想影响，最典型的例子就是宋徽宗的艮岳，君臣秩序在这里得到出神入化的表现。所谓立主宾、分远近、众山拱伏、主山始尊等假山原理被充分运用到艮岳的创造中。张淏《艮岳记》说：“工已落成，上名之曰华阳宫。然华阳大抵众山环列于其中，得平芜数十顷，以治园圃，以辟宫门，于西入径，广于驰道，左右大石皆林立，仅百余株，以神运昭功，敷庆万寿峰，而名之‘独神运峰’，广百围，高六仞，锡爵盘固侯居道之中，束石为亭，以庇之，高五十尺，御制记文亲书，建三丈碑，附于石之东南陬。其余石，或若群臣入侍帷幄，正容凛若不可犯，或战栗若敬天威，或奋然而趋，又若伛偻趋进，其怪状余态，娱人者多矣。”在后来的皇家建筑中，如颐和园、圆明园、承德避暑山庄、故宫的花园等中，无不贯彻了此一思想。

而晚明以来以张南垣为代表的叠石潮流，崇尚野逸的道路、庄禅思想，他们并不是完全忽视叠石中的主次之分，但在“散漫理之”的思路中，明显消解了陈腐的君臣观念，那种强制性的道德秩序。叠石艺术更多地服务于主人或设计者的性灵表达，在“随致乱掇”的形式创造中，以“天地条理”名目出现的道德秩序被置于脑后。今在江南私家园林如环碧山庄、艺圃等，每多见萧散的构置，有浓厚的文人意味，却很少见到那种念念君臣之间的媚态。

其次，我们看到明代以来叠石艺术对人工秩序的规避，还体现在破知识秩序方面。钱咏《履园丛话》卷十二记载：

> 近时有戈裕良者，常州人，其堆法尤胜于诸家，如仪征之朴园，如皋之文园，江宁之五松园，虎丘之一榭园，又孙古云家书厅前山子一座，皆其手笔。尝论狮子林石洞皆界以条石，不算名手，余诘之曰：“不用条石，易于倾颓奈何？”戈曰：“只将大小石钩带联络，如造环桥法，可以千年不坏。要如真

宁波月湖假山

山洞壑一般，然后方称能事。”余始服其言。至造亭台池馆，一切位置装修，亦其所长。

戈裕良是继张南垣之后又一位叠石名家。他反对做石洞用条石，强调用大小不同的石块垒叠。作为一位叠石名家，戈裕良生平所造之园很多，其事迹流传也不少，而钱泳独记下这件“小事”。其实，这件“小事”中包含着中国叠石艺术不小的道理。用条石垒出洞穴，不是不利于行，而是有悖于自然天工的原则，条石是人工凿成的直线型，用这样的石头叠出的洞壑，就少了自然的趣味，露出人工的痕迹。戈裕良以此一点谓名园狮子林“不算名手”，不是责之甚苛，而是因为此事攸关叠石艺术的大原则。

在中国叠石史上，谢肇淛所举的“整齐近俗”的构造，计成所说的“排比”之

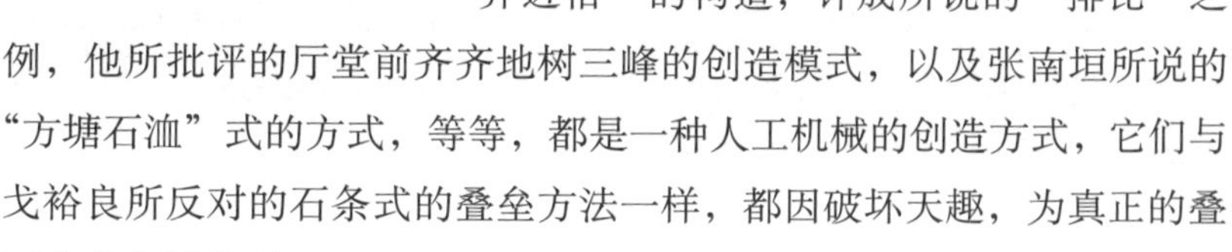

例，他所批评的厅堂前齐齐地树三峰的创造模式，以及张南垣所说的“方塘石洫”式的方式，等等，都是一种人工机械的创造方式，它们与戈裕良所反对的石条式的叠垒方法一样，都因破坏天趣，为真正的叠石艺术家所排斥。

中国造园家每强调，园林创造是“曲”的艺术，钱泳甚至说，园林其实是被“曲”出来的，其主要意思并不在于将园林中涉及的一切都弄弯曲，而强调的就是自然天工的思想。在中国造园者看来，曲与直相比，直代表人工，代表既定的秩序，代表一种可以感觉到的人的理性，而曲则代表自然的、随意的、不可控制的创造。它所反映的正是中国艺术理论的重要原则“不作”。没有秩序就是它的秩序，就像向上攀爬的藤蔓，自由地延伸。计成说这是“意随人活”。他进一步

阐释道：

> 深意画图，余情丘壑；未山先麓，自然地势之嶙嶒；构土成冈，不在石形之巧拙；宜台宜榭，邀月招云；成径成蹊，寻花问柳。临池驳以石块，粗夯用之有方；结岭挑之土堆，高低观之多致；欲知堆土之奥妙，还拟理石之精微。

由张南垣开辟的所谓“以土戴石”的传统，其实就是随意点活的创造方式，循自然之势，而截溪断谷，坡石相关，随意点缀，自在天工，像一片叶脉自然地自由地延伸着。

其实，中国园林对自然天工的提倡，往往就在这微妙之处。北京

扬州个园剪影

大学的未名湖，虽然不大，但很有名气。在这个湖边散步的人，前几年突然发现变小了，并不是湖变小了，而是湖边的路变了。原来是鹅卵石的小路，小路蜿蜒曲折，春天来了，石头中间滋生出不少杂草，一路绵延到周边的杂树林中，显得“野”味十足。后来拓宽了这条路，并修起了宽宽的柏油路，汽车从湖边呼啸而去，宁静的湖没有了，碧波荡漾的湖面也因而变小。

这方面微妙的例子，还有中国园林独有的驳岸。我们看小小的退思园，那里的驳岸处理极是考究，忽而大石当水，忽而犬牙交错，高低不平，参差错落，水荡石岸，鱼戏微荇，令人流连忘返。而现在有不少园林的水岸，用条石堆砌，以水泥糊成，齐齐整整，光光滑滑，乍看起来，倒不像园池，而像是水利工地，这正是南垣所说的“方塘石洫”。

第十章
盆景的生意

盆景艺术是一个微型世界，但它却是中国艺术的代表形式之一，中国人以盆景来美化生活，盆景是中国人艺术化人生态度的活的形式。这门艺术先后传到朝鲜半岛和日本等地，并在日本得到突出发展，进而传到欧美诸国，今天它已经成为全世界人民喜爱的艺术形式。盆景中所体现的审美趣尚反映了东方美学观念的一些根本性问题。

作为独立艺术的盆景发展至今已有千年的历史，中国盆景不是有艺无学的简单技艺，其中集纳了丰富的理论。研究这些理论，对丰富中国美学的研究领域也很重要。从总体上看，追求“天趣”是中国盆景艺术的根本创造原则。本文讨论几个与盆景“天趣”相关的理论问题：第一，盆景艺术的形成与“观生意”的哲学密切相关；第二，盆景艺术的以小见大，小不是对大的概括，盆景不是微缩景观；第三，古拙是中国盆景的基本美学风格，它所反映的不是病态的审美趣味，而是活泼泼的生命精神；第四，盆景的捆缚扭曲虽然有伤物性，但其总体旨趣则是为了巧夺天工，遵循的是崇尚自然而不是割裂自然的思想；第五，中国盆景艺术的魅力来自于境界的创造，而不是简单的形式美感。

宋徽宗　听琴图

一、盆景艺术的形成与“观生意”的哲学密切相关

“生意”是中国盆景的灵魂。庭院里，案头间，一盆小景为清供，稍近之，清心洁虑，细玩之，荡气回肠。勃勃的生机迎面扑来，人们在不经意中领略天地的“活”意，感到造化原来如此奇妙，一片假山，一段枯木，几枝虬曲的干，一抹似有若无的青苔，再加几片柔嫩娇媚的细叶，就能产生如此的活力，有令人玩味不尽的机趣。

明代盆景理论家吕初泰说：“盆景清芬，庭中雅趣……萦烟笑日，烂若朱霞。吸露酣风，飘如红雨。四序含芬，荐馥一时，尽态极妍。最宜老干婆娑，疏花掩映，绿苔错缀，怪石玲珑。更苍萝碧草，袅娜蒙茸，竹栏疏篱，窈窕委宛。闲时浇灌，兴到品题。生韵生情，襟怀不恶。”[1] 明文震亨是一位对盆景很有研究的艺术家，他说：“吴人洗根浇水竹剪修净，谓朝取叶间垂露，可以润眼，意极珍之。余谓此宜以石子铺一小庭，遍种其上，雨过青翠，自然生香。”[2] 几根绿竹，数枚石子，经过艺术家的神手，就赋予了它生香活态。清康熙时园艺学者陈淏子的《花镜》是盆景艺术的重要著作，其中有言：“若听发干抽条，未免有碍生趣，宜修者修之，宜去者去之，庶得条达畅茂有致。”[3] 所谓“条达畅茂”，就是儒学所说的生生之条理。

一盆清供，取来一片山林气象，招来几缕天地清芬。小小的盆盎中，有了自然的“生香活态”，有了天地的“生韵生情”，有了生生而有条理的机趣，既尽天“情”，又显天“理”。中国哲学家所说的翳然清远，自有林下一种风流，这样的境界，就在眼前小小的盆景中实现了。盆景艺术家创造的不光是眼前所看的物，一个与人无关的瞻玩对象，而是创造出一片与人的生命相关的世界。盆景就是人“生命的雕刻”，艺术家创造一片活的宇宙，是为了展现玲珑活络的心灵。

在中国盆景艺术史上，生意凛凛，是盆景艺术家的不二追求。如清邹一桂的《古干梅花图》，表达了梅活一线的妙处。全枝呈枯形，枯中微见数点，活脱的精神油然生焉。就像陈洪绶《梅石图》画中所展现的，怪石之中，几点白色的梅蕊，别具风味。

在盆景鉴赏中，人们也对“生意”投以青眼。北宋李曾伯有《水龙吟》词，写盆景之妙：“几番南极星边，樽前常借南枝寿。今年好处，冰清汉节，与梅为友。老桧苍榕，婆娑环拱，影横香瘦。把草庭生意，蛮烟尽洗，都付与、风霜手。”家中有小景数盆，有古梅、老桧、苍榕，或古拙苍莽，或疏影横斜，都有勃勃的生机。词人说盆景艺人有一双“风霜手”，能将天地间万般景致罗列眼前，将造化的“生意”勾画出来。北宋张耒作有《石菖蒲赋》，其序言说：“岁十月，冰雪大寒，吾庭之植物无不悴者，爰有瓦缶，贮水斗许，间以小石，有草郁然，俯窥其

---

〔1〕见其所作《盆景》一文，此文收在明王象晋的《二如亭群芳谱》，是书刻于明万历年间。

〔2〕《长物志》卷二《盆玩》。

〔3〕《花镜》卷二，中华书局，1956年。

根，与石相结络，其生意畅遂，颜色茂好，若夏雨解箨之竹，春田时泽之苗，问其名曰：是为石菖蒲也。”他从盆池的石菖蒲中体会到生意畅然的美。宋人戴昺有《移古梅植于贮清之侧，已有生意，喜而赋之》诗：“剥尽皮毛真实在，几年孤立小溪浔。人来人去谁青眼，花落花开自苦心。不是野夫同臭味，难教君子出山林。巡檐日日窥生意，一朵先春直万金。”[1] 他也在这盆古梅中，窥出了造化的“生意”。

中国哲学是一种以生命为中心的哲学，追求生生不已的精神，是中国传统艺术的根本原则，书法、绘画、建筑、音乐等无不如此，如绘画讲“六法”，以“气韵生动”为第一要则，所根据的就是生生哲学的思想。盆景也受到这种哲学思想的影响。

盆景作为一种独立的艺术种类形成于宋代。盆景的诸种形式到了两宋时期已经具备，盆池、盆花（如盆梅）、盆山（即山水盆景）等植物盆景和山石盆景都已进入成熟期。苏轼《端午遍游诸寺》诗说：“盆山不见日，草木自苍然。”这里就点出当时有了以山石配景的植物盆景。宋王十朋《岩松记》说：“友人以岩松至梅溪者，异质丛生，根衔拳石，茂焉非枯，森焉非乔，柏叶松身，气象耸焉。藏参天覆地之意于盈握间，亦草木之英奇者，余颇爱之，植以瓦盆，置之小屋。”[2] 朋友送来一块苍古的松根，王十朋就想到做一件盆景，说明当时盆景观念已比较普及。孟元老《东京梦华录》记载北宋都城汴梁在七夕时，人们“以小木板上傅土，旋种粟令生苗，置小茅屋、花木，作田舍家小人物，皆村落之态，谓之谷板”，这里的“谷板”指的就是盆景，它是盆景的一个变种，只不过以板代盆而已。吴自牧《梦粱录》所提到的“窠儿”、《武林旧事》所说的“盆窠”、《云林石谱》涉及的“木窠”等，都是盆景的别称，说明当时盆景艺术已经深入到民间。

宋时的绘画作品中就有盆景出现。如宋徽宗的《听琴图》，其中就以盆景作为装饰，盆景被放到画面最显赫的地方。一盆小小的盆景突兀地出现，可能说明当时盆景的地位比较高。元代李士行的《偃松

〔1〕《依歌集钞》之《书房》，见《宋诗钞》。
〔2〕此文收在《梅溪集》，《四库全书荟要》本。

图》，盆中一棵古松，依傍着怪石而生，古松嶙峋奇崛，造型颇有意境，已经是成熟的盆景了。

宋代经历了儒学的复兴，融会道禅哲学的理学和心学先后产生，而盆景艺术发展成人们广泛喜爱的艺术形式，与这一哲学思潮密切相关。

[宋]佚名　十八学士图之三

宋代哲学家多强调“观天地生物气象”对于心性修养的重要性，所谓“鸢飞鱼跃皆天趣，静里观之一畅然”，他们要通过明心见性，去体会天地“活泼泼”的生命精神，从而与天地浑然同体。宋代哲学家普遍重视盆池、盆栽和盆景艺术，因为他们把这当做“观天地气象”的手段。周敦颐“窗前草不除”，要借此“观天地生物气象”。邵雍平生好盆池，有诗说：“尧夫非是爱吟诗，客问尧夫何所为。睡思动时亲瓮牖，幽情发处旁盆池。”盆池成了他在“安乐窝”中“安乐”的抚慰工具。他的《安乐吟》诗道：“收天下春，归之肝肺。盆池资吟，瓮牖荐睡。”[1]又有《盆池》诗云：“三五小圆荷，盆容水不多。虽非大薮泽，亦有小风波。粗起江湖趣，殊无鸳鸯过。幽人兴难遏，时绕醉吟哦。”[2]他在盆池的“风波”中吟咏，领略天地生生的趣味，得到心灵的安顿。强调“万物之生意最可观”的程颢，将“观生意”落实到平时的行为之中，他的弟子张九成记载道：“明道先生书窗前有茂草覆砌，或劝之芟。明道曰：‘不可，常欲观见造物生意。’又置盆池蓄小鱼数尾，时时观之，或问其故，曰：‘欲观万物自得意。’”[3]庭草之茂，可见生机勃勃；游鱼之乐，更见心灵的自得。

〔1〕《击壤集》卷十四。
〔2〕《击壤集》卷三。
〔3〕张九成《横浦文集》附《横浦日新》，《四库全书》本。

南宋朱熹酷爱盆景，尝做一山水盆景，置于熏炉前，山水在烟云中飘渺。他有诗道："清窗出寸碧，倒影媚中川。云气一吞吐，湖江心渺然。"（《汲清泉奇石……因作四小诗》）宋代哲学家将盆景作为观天地生生气象的工具，对中国盆景的发展起到了重要的推动作用。元代以后的很长时间里，理学是一种官方哲学，它对盆景生意的关注，成为盆景艺术发展的重要思想支撑。

中国古代还有通过盆景"寻春"的说法。秦观有《咏盆梅》诗说："花发原盆妙入神，静观意思一团真。素花的的盘中玉，皓质盈盈月里人。窗户有香薰醉梦，庭阶无地著闲尘。客来笑谓无多景，那悟满腔都是春。"他由盆梅悟出了"满腔都是春"，这个"春"，就是造化的生意。这思想也来自宋代哲学，它是"观生意"的另一种表达。《周易》有元亨利贞四德，解易家以春夏秋冬释之。朱子解释说："元者，天地生物之端倪也。元者生意，在亨则生意之长，在利则生意之遂，在贞则生意之成。""春"就是"生"，就是天地的原创精神。邵雍诗云："拍拍满怀都是春。"[1] 春就是一脉绵延的生生之流。

中国盆景作为独立艺术的确立，就是在重视"生意"的哲学氛围中产生的。盆景的制作，以突出"活泼泼"的生命精神为根本。盆景作为案头壁间之作，与人朝夕相伴，如同苏轼一首关于石菖蒲的诗中所说："我持此石归，袖中有东海。垂慈老人眼，俯仰了大块。置之盆盎中，日与山海对。"[2] 他从寺院中取回被人们称为"弹子窝"的石子，想到与石菖蒲相合而成一案头之作，写诗赠僧友，谈自己的体会。他在盆景世界中，日与山河大地相对，了观世界变化，与大化相俯仰。盆景不是外在山水景物的替代品，而是将世界的"绿意"引到案头，置入心间，使人窥通造化的生机。明胡佩《盆石》诗说得好："窗前置石盆，盆中叠山石。广袤不数围，挈瓶小涓滴。那知造化工，大小无所择。元气一周流，无处不融液。居然盆石内，草木亦蕃殖。绿叶间

〔1〕《河南程氏遗书》卷二上，二先生语二。

〔2〕《文登蓬莱阁下石壁千丈为海浪所战时有碎裂淘洒岁久皆圆熟可爱土人谓此弹子涡也取数百枚以养石菖蒲且作诗遗垂慈堂老人》，《苏轼集》卷十八。

黄花，生意兴勃勃。不见春园中，繁株娇的蝶。倏已秋风至，憔悴无颜色。花草虽细微，亦或感衷臆。颇類幽人贞，贫贱不移易。又如晚遇士，抱璞无人识。不用伤白头，对作楚囚泣。”[1] 小小的盆景让他体会到无往不复的变化之理。

[元]李士行　偃松图

二、盆景的以小观大问题

郑孝胥有《花市》诗云：“秋后闲行不厌频，爱过花市逐闲人。买来小树连盆活，缩得孤峰入座新。坐想须弥藏芥子，何如沧海着吟身。把茅盖顶他年办，真与松篁作主宾。”陈从周将其改为“栽来小树连盆活，缩得群峰入座青”，以此来形容盆景艺术小的特点，真将盆景的神韵传达了出来。

盆景是一个微型世界，正如王十朋所说的，它是“藏参天覆地之意于盈握间”，相对于外在世界来说，盆景是以小为其特征的。元人称盆景为“些子景”，就是小景的意思。当时的僧人韫上人善为盆景，诗人丁鹤年有《些子景为平江韫上人赋》赠之：“尺树盆前曲槛前，老禅清兴拟林泉。飞吞渤澥波盈掬，势压崆峒石一拳。仿佛烟霞生隙地，分明日月在壶天。旁人莫讶胸襟隘，毫发才来立大千。”这首诗突出了盆景小的特点，所谓烟霞隙地、日月壶天、崆峒一拳、大海一掬（澥，即海）等等，都强调小。中国盆景在小中见大，正所谓“一拳石亦有曲处，一勺水亦有深处”（恽南田语）。

但“小”只是构成中国盆景的形式因素，并不是它追求的目的，中国盆景艺术家根本的不是要创造一个小景，那种认为盆景越小越好的观点，是违背中国盆景艺术传统的。这里存在一些理解上的误区，

〔1〕见《明诗纪事》所引《陇南集》诗。

六道木盆景

有两个问题需要辨析。

第一，盆景的概括性问题。一般认为，中国盆景是一门“具体而微”的艺术，具有高度的概括性。[1] 盆景的以小见大，是在咫尺中见出广袤的山林。这种凝练和概括的观点，表面看来，大体不差，但细究，又见其不然。这种观点所依循的是特殊和一般、部分和整体的思路，如一盆古梅小景，只是山林的隐喻形式，是体现山林气象的个别，或者说是表现更广大世界的一个组成部分，它自身并不具有完满的意义——因为使人们想到更多，所以它才有意义。这样的思路是西方典型概括的思路，并不符合中国的艺术传统。

中国艺术观念有一种当下圆满的思想，一花一世界，一叶一如来。每一个生命都是一个“圆”，它是圆满的，无所缺憾的，而不是一个残缺体；它是一个“全”，味味俱足，自身就是一个完整的意义世界。中国哲学尤其是道禅哲学，让人放下人类中心主义的观点，不以“人”的知识去衡量物，而任万物自在兴现。

中国盆景艺术的当下自足的思想，正是这一观念的反映。白居易诗云：“拳石苔苍翠，尺波烟杳渺。但问有意无，勿论池大小。”[2] 关键是“意”，有“意”即足矣，并不在盆池的大小。清陈文瑛《盆梅》诗云：“移种向幽林，香凝碧缶深。赖君邀月影，使我涤尘襟。小贮雪霜节，

〔1〕这种观点很流行，如陈植《中国造园史》谈到盆景时说：“不论是树木盆景还是山水盆景，务必‘小中见大’，达到‘缩龙成寸’或‘缩地千里’的要求。当然，要达到这些要求，首先要能‘大中见小’，然而加以概括和再现。”（见该书313页，中国建筑工业出版社，2006年）

〔2〕《过骆山人野居小池》，《全唐诗》卷四百三十一。

远关天地心。一枝春已足，窗外觉寒禽。”[1] 一枝盆梅春意“已足”，所谓“只有一片梧叶，不知多少秋声”，一片小小的风景，就是一个大世界，一个自在圆足的乾坤。这是中国人的哲学智慧，也是盆景艺术赖以形成的重要思想基础。黄庭坚好盆景，他有《云溪石》诗说：“造物成形妙画工，地形咫尺远连空。蛟鼍出没三万顷，云雨纵横十二峰。清坐使人无俗气，闲来当暑起清风。诸山落木萧萧夜，醉梦江湖一叶中。”江湖中的一叶，就是一个完满的事实。北宋张邦基曾引《关尹子》“以盆为沼，以石为岛，鱼环游之，不知其几千万里不穷也”的话[2]，来说明盆景的以小见大的思想，一个盆石，就是一个大世界。为什么一盆小景也可“自足”，关键在于“意足”。宋楼钥有诗云：“山高最难图，意足不在大。尺楮眇千里，长江浸横翠。……近山才四寸，万象纳须弥。欲识无穷意，耸翠更天外。”[3] 哪里在乎大小，小小的盆景置之几案，照样可以给人带来美妙的体验，使人泛江海之思、起山林之想。

［清］邹一桂　梅石盆景图

赵子昂《和张大经赋盆荷》词说得非常好：

江湖渺何许，归兴浩无边。忽闻数声水调，令我意悠然。莫笑盆池咫尺，移得风烟万顷，来傍小窗前。稀疏淡红翠，特地向人妍。　　华峰头，花十丈，藕如船。那知此中佳趣，别

〔1〕《晚晴簃诗汇》卷一百八十八。

〔2〕张邦基《墨庄漫录》卷三。

〔3〕《题范宽〈秋山小景〉》，《攻媿集》卷二。

是小壶天。倒挽碧筒酾酒，醉卧绿云深处，云影自田田。梦中呼一叶，散发看书眠。[1]

咫尺盆池移来风烟万顷，何曾移来？其实正在人的心灵体验中。盆景艺术创造的是一个充满圆融的世界，在这个“小壶天”中，我自“悠然”，“兴”自无限。

中国盆景中有“芥子纳须弥”的说法。上引郑孝胥的盆池诗中就有“坐想须弥藏芥子”的诗句。钱谦益在一首关于盆景的诗中写道：“直木风来自古忧，不材何意纵寻矛。群蜉枉撼盆池树，积羽空沉芥子舟。”[2] 此说本出佛门，“芥子”形容其小，“须弥”即佛教中所说的妙高山，是想象中的天国，形容其远和大。这远而大的妙高山，被囊括在一颗芥子之中。在佛教中，芥子当然不是须弥山的概括，不是将无限体量的须弥山凝练在这个“小”中，其要点是这个“小”本身就具有自足的意义，即芥子即须弥。

盆景的“自足”意义还反映出：不论大与小，关键是要看对生命的安顿，不是说让人叹为观止，而是使人到此心安，说到底是心灵的慰藉。陆游《盆池》诗这样写道：“门外江涛涌雪堆，埋盆作沼亦何哉？儿曹不解渠翁意，新脱风波险处来。”[3] 门外大江相临，有江涛涌雪，何必做一个小小的盆池？诗人说，你哪里知道我的心，我正是从世界的惊涛骇浪中来，尘世滚滚，到处风烟，我唯在这一席几案之间，面对小小的盆池，将我惊恐的心安顿。这就是“自足”。李渔说：“幽斋磊石，原非得已，不能置石岩下和木石居，故以一拳代山，一勺代水，所谓无聊之极思也。”人生活在尘世中，有各种各样的束缚，盆景家的山林之想，是要挣脱现世的束缚，胸中有超越的冲动，李渔所谓“原非得已”，借盆景来表达。“无聊之极思”，指心中有一种无可奈何的寂寞，并不是生活的不舒心、不畅快，而指心灵的超越梦想无法得到伸展，所以要垒出自己的“山林”，虽不下堂席，而坐拥世界，一拳

〔1〕此词见《全元词》，唐圭璋编，不分卷。
〔2〕钱谦益《牧斋集·有学集》卷十三。
〔3〕陆游《剑南诗钞》，见《宋诗钞》本。

代山，一勺代水，使得群山绵延，绿水迢递，都在目前。

由此看来，盆景艺术中所说的以小见大，不是由较小的空间推展到更广阔的空间，由眼前的物想到不在眼前的物，那是简单的联想，而在于心性境界的扩大。古人所谓“峰峦窈窕，一拳便是名山；花竹扶疏，半亩如同金谷”，所谓泉石膏肓，当下即足。陆游《盆池》诗云：“三尺清池窗外开，茨菰叶底戏鱼回。雨声转入浙江去，云影还从震泽来。”小小的盆池竟要卷风雨，幕云烟，游鱼自乐，也带来了心灵的颐然，叶底波声荡起的是心灵的涟漪。魏源诗云：“自笑盆池里，濠鱼任往还。”[1]这就像东坡“君看古井水，万象自往还”诗一样，从容往来的，岂止是盆池里的游鱼。中国哲学最重视这一点，所谓“万物皆备于我”，说的就是心性扩大的问题，用中国哲学的话说，叫做“求放心”，中国的盆景就是“求放心”的媒介。

第二是微缩景观的问题。18到19世纪，西方人在初接触中国和日本的盆景时，常常称其为微缩景观，他们将盆景理解成这样一种艺术：将山石和树木缩小到一个可以容纳的盆子里，控制它的成长，甚至尽量选择一些矮化的植物，从而创造一种山林面貌的微型化景观。这种观点在今天的中国也比较流行。人们常常注意到盆景的“缩”的特点，盆景艺术界常说“缩地千里”、“缩龙成寸”、“缩得群峰入座青”，把大自然的美浓缩到一个小小的盆子里去，从而咫尺千里，以小见大。今天我们对城市中的微缩景观倒不陌生，像深圳的世界公园和北京民族园等，都是将真实景观按比例缩小，从而使人在很短的时间里领略丰富的景色。

我们说的盆景，是一种艺术形式，是艺术家的独特创造，并不是在盆子里放上一些植物就是盆景，那是“盆栽”，还不能称为艺术作品。艺术是心灵的创造，是艺术家独特体悟的产物。一些通过矮化方式培养出的植物，放到盆子里，如人们熟悉的金橘，与真正的盆景艺术毫无关系。如我们不能说在盆子里插一枝梅花，活了，就是盆景了，这充其量只能称为简单的“盆梅”。《清稗类钞·农商类》曾记载：“光

〔1〕《魏源集·古微堂诗集》卷八。

绪时，山东潍县某生自欧洲考察农业而归，乃发明一种植物法，使各种花果树木，皆可令其生机缩小。芭蕉桃李各树，最长者三寸余，即能生花结子。尤奇者，有如弹丸大之西瓜，如橄榄大之佛手，且可以酒杯种莲花，小盆栽垂柳。”这样的盆栽是不能称为艺术的。刘銮《五石瓠》说：“今人以盆盎间树石为玩，长者屈而短之，大者削而约之，或肤寸而结果实，或咫尺而蓄虫鱼，概称盆景。”这一段话被盆景界广泛征引，其实这里所说的盆景，有很多也并不能称为艺术作品。

雀梅盆景　苏伦制

盆景不是微缩景观，它表现的是感觉中的世界，是一种夹带着人的感情和对世界理解的艺术形式。从形式上也可看出，它不是山水的一个截面，不是一段山水，而是一个活的世界，它自身就是一个整体。好的盆景如一首诗、一幅画。中国的盆景是写意的艺术，正像杜牧《盆池》诗所说：“凿破苍苔地，偷他一片天。白云生镜里，明月落阶前”，小小的盆池，就是一个宇宙，是记载艺术家独特体验的天地。明人夏言《减字木兰花》（咏盆池荷花）云：“圆荷的历，一朵高花围众碧。承露团团，绝胜仙人掌上盘。孤妍绰约，未数千葩并万萼。幽意谁知，小小盆池也自宜。”[1] 人们在小小的盆景中，感觉到的是心灵的怡然，这和所谓微缩景观了不相类。

如盆景艺术家苏伦的一件雀梅小制作，对盆子、盆架和盆之中景三个方面都有非常细致的考虑，白色的盆子下有空设的朴实的木架，绿茵茵的雀梅在白色的盆体中非常显豁，它在左侧向下绵延，直达于高架之底端，势向左行，右方极空，突出树枝向下倾泻之势，茸茸的

〔1〕见《赐闲堂词》，《全明词》收录。

细叶在下倾的枯枝间形成连绵的绿流。这绿流优雅而缠绵，恍惚间，似能听到叶间轻轻流淌的声音，就像一曲美妙的乐曲从枝叶间传出。虽是个小景，却传达了艺术家缠绵悱恻的心曲。这不是微缩景观，它就是浑全的小宇宙。[1]

［明］陈继儒　红梅绿竹图

三、盆景的古拙和苔痕问题

19世纪下半叶，法国商贸团中一位叫莱纳德（M.Renard）的学者在广州见到中国的盆景，他对这种从未见过的盆栽植物很惊异，将其称为“可怜的植物”。在他的眼中，这些盆景只有几英寸高，一副病殃殃的样子，很可怜，树皮被剥去，枝干被盘得扭来扭去，没有生气的树上只有几片黄黄的叶子——要命的是，中国人竟然认为没有树叶的树反而更美，它们的形象与美的原则完全相反，他真不明白中国人怎么会喜欢这样的东西。[2]初见盆景的西方人有这样的观点倒不奇怪，但直至今天，在中国，仍然有一些学者认为，中国美学是一种病态的美学，像中国山水画的枯山瘦水、园林的假山等，都是一种病态的不健康的形式。有的学者将中国盆景的审美标准概括为枯、老、

〔1〕见《中外盆景名家作品鉴赏》，119号，中国农业出版社，2002年。

〔2〕M.Renard, Chinese Method of Dwarfing Trees.Gardeners' Chronicle, Vol.6, 1846. 这则资料引自李树华先生所著《中国盆景文化史》，169页，中国林业出版社，2005年。

曲、病，认为它奉行的是一种追求丑的病态的美学观。[1]

这样的观点是很难成立的。中国盆景艺术所追求的不是病态，而是生机勃勃的活意，其中包含中国人深沉的生命感受。这里我们从盆景的尚古拙、爱青苔两个角度来看这个问题。

听听清人沈朝初对江南风物之美的吟咏，他的《忆江南》写道："苏州好，小树种山塘。半寸青松虬干古，一拳文石藓苔苍。盆里画潇湘。"一拳文石藓苔苍的古松盆景，就是绝妙的人间图画，哪里有半点可怜兮兮的病容？清康熙时词人龚翔麟《小重山》咏盆景词道："三尺宣州白狭盆。吴人偏不把、种兰荪。钗松拳石叠成村。茶烟里，浑似冷云昏。丘壑望中存。依然溪曲折、护柴门。秋霖长为洗苔痕，丹青叟，见也定消魂。"[2] 盆盎里没有葱翠的植物，却栽上嶙峋虬曲的古松，古松握着拳石，石隙间布满了苔痕，这是中国人心目中绝美的图画，是令人"销魂"的艺术，中国人爱这样苔痕历历的古拙盆景已深入骨髓，怎是病态可以概括！

中国盆景自宋代发展至今，历经变化，但有一个根本的追求不变，这就是对古拙的追求。

在元代李士行的古松图中，就可以看出一段奇崛的古松，根部依傍着形态古异、满布孔穴的怪石，由此显露出苍茫古拙的意味。

中国盆景尚古拙的传统是在两宋之际就已确立的。两宋时流行的古松、古梅、石菖蒲等，无不崇尚古拙。明人屠隆说："盆景以几案可置者为佳，最古雅者，如天目之松，高可盈尺，本大如臂，针毛短簇……令人六月忘暑。"[3] 他认为古松有一种古淡幽雅的美。配盆等也要追求古雅，好的盆树"更须古雅之盆、奇峭之石为佐"。明文震亨说："古梅苍藓，鳞皴苔须垂满，含花吐叶，历久不败者矣，亦古。"[4] 松要古淡，梅也要奇古，古梅苍藓，大有拙意。清人金农有诗咏古梅

---

〔1〕如《中西古典园林比较》，71～73页，天津大学出版社，2003年。

〔2〕龚翔麟，字天石，康熙时著名词人，此词见其《红藕庄词》，收在《全清词》中。

〔3〕屠隆《考槃馀事》之《盆玩笺》。

〔4〕《长物志》卷二。

道："老梅愈老愈精神，水店山楼若有人。清到十分寒满把，始知明月是前身。"这位晚年极爱画古梅的画家最爱梅花古拙苍莽的韵味。

唐代以来，文人有养石菖蒲的风习。石菖蒲是菖蒲和石相依偎的艺术，一盆案间的石菖蒲，微波淡淡，绿意盈盈，真是清泉碧缶，古趣盎然。苏轼说："石菖蒲并石取之，濯去泥土，渍以清水，置盆中，可数十年不枯。虽不甚茂，而节叶坚瘦，根须连络，苍然于几案间，久而益可喜也。"[1] 张耒描写他案头的石菖蒲说："爰有瓦缶，置水斗许，间以小石，有草郁然，俯窥其根，与石相结络没，其生意畅遂，颜色茂好。"[2] 人们爱石菖蒲，爱它在古趣中透出的生机。

中国盆景艺术在发展中形成很多流派，如扬派、苏派、岭南派、徽派、闽派等，流派纷呈，但有一个共同点，都表现出对古拙风格的挚爱。如苏州的树桩盆景很有特色，树干多枯拙，小枝必虬曲，枝叶参差，颇见嶙峋之态。苏派利用榔榆所做的盆景，也多体现出拙态。扬派的盆景多选怪石老木，追求枯润之美。徽派的古梅颇著名，追求古傲苍劲的风韵。福建盛产榕树，所以闽派盆景也多在榕树上做文章，气根丛错，干根一体，树干摇曳多姿，风格古淡。

中国盆景追求古拙之趣，不是病态，它是要通过古拙表现世界的真实。宋人戴昺盆梅诗中有"剥尽皮毛真实在"的诗句，剥凿梅枝，剥去的是一个表面上华丽喧嚣的表相，它不是世界的本相。盆景艺术是要刊落浮华，直击本相，由幻及真。不是盆景艺术家独爱老根，在盆景艺术的形成期，艺术家就深知，要从本根上反映世界的秘密，在几乎死寂的形式中说新生，说一个生生世界的真实相。竹冷秋窗净，石瘦盆池清，盘曲古梅影，悠然扣我心。好的盆景给人心灵的宁定，一缕案头的清芬，可以斥退外在的滚滚风烟。其实我们在现代盆景艺术家周瘦鹃的盆景中，就能感受到这种凛凛清气。

南宋萧东之《古梅》诗云："百千年藓着枯树，一两点春供老枝。"正像本文前面所举的那位法国学者所说的，中国盆景常常是几片嫩绿鹅

[1]《苏轼集》卷十八。
[2]《石菖蒲赋》并序。

榆树盆景　章征武制

黄的叶，与苍老虬曲的古枝形成强烈的对比。枝愈枯愈好，叶愈嫩愈佳。几片叶是当下的鲜嫩，枯朽枝是百千年的老枝，古淡和秀润就这样结合到一起，将当下的鲜活糅进了历史的幽深中，从而寄寓人们独特的历史感、宇宙感和人生感，体现了中国人对生命的认识。

中国哲学有一阳来复的观念，《易传》上说：“复，其见天地之心乎！”天地是个生生不息的宇宙，生命是不可绝灭的，由春到冬，又由冬到春，无往不复，循环不已，这就是“天地之心”——宇宙生命的核心精神。《周易》有复卦，五阴一阳，一阳爻居五阴爻之下，有一阳来复之象，象征萧瑟冬后又一春，一缕阳气，就是生命的种子。所以，儒家特别推崇复卦的这种精神。程颐说：“生意闯然，具此全美。”所谓“闯”，就是枯杨生华，于沉寂中的跃起，体现强烈的生命力，洵为宇宙中至美之物。中国艺术于枯拙中追求新生的观念，正受到这种哲学思想的影响。

中国人欣赏古拙，并非是欣赏反常的美。在中国美学看来，体现出生生之意的美才是真正的美。就盆景来说，我们可以想象，紫色的钧窑瓷盆里有湖石几许，一枝古梅盘旋，展现其婉转而流丽的身姿，虬曲的枝头，但见得几朵粉白色的梅花浅斟慢酌，散发出淡淡的幽香，这香气如同一团轻雾在叶间徘徊，又像是在你的心中轻轻地打开一帧画卷。难道这样的景致和气象就只能以“丑”来概括？什么是美，美难道就必须如牡丹一样艳绰、芍药一样芊眠？

其次是关于苔痕的问题。青苔是中国盆景的重要元素，古代盆景艺术家说：盆景无青苔，如人未穿衣。盆景制作要选根、置盆，培土，栽种之后又要铺苔、置石、缀草等。青苔是盆景中不可缺少的。甚至有人说，没有苔痕，何以称盆景？

“百千年藓着枯树”是中国盆景的典型面貌，石罅里，土坡旁，或有或无地着了些许苔痕，正所谓“一拳文石藓苔苍”。而老梅古松，苔痕历历，石缝盆缘，莓痕隐约，使人感到一剪霜风，漫天清意。辛弃疾有《念奴娇》词云：“是谁调护，岁寒枝、都把苍苔封了。茅舍疏篱江上路，清夜月高山小。”[1] 细雨蒙润，晨露轻沾，湿湿的苔痕在光影中滑动，闪烁着迷离恍惚的光，此非凡常美感所及。前人形容盆景的境界时说：“白石为几席，月露明苍苔”，真有钩魂摄魄的美。

扬州瘦西湖小景

中国盆景理论也对苔痕给予特别的注意。陈淏子《花镜》说：“须邑极细棕丝缚吊，岁久性定，自饶古致意矣。凡盆花拳石上，最宜苔藓，若一时不可得，以角泥、马粪和匀，涂湿润及枝桠间，不久即生，俨若古木华林。”[2] 明末清初艺术家巢鸣盛《老圃良言》说：“仍将大枝截去，以蜜涂之，虫巢其上，自饶古意。复以马粪和泥，掩其润处，或用鱼腥水浇之，便生苔藓，尤助野趣。”[3] 明人吕泰

[1] 见《稼轩长短句》卷二，此词为题古梅之作。
[2] 此书1688年刊刻，见其中的卷二《种盆取景法》。
[3]《老圃良言》一卷，道光十一年（1831）刻本。

初也说："老干婆娑，疏花掩映，绿苔错缀，怪石玲珑。"[1] 如此，才能算得上真正的盆景艺术。

盆景中的苔痕，是美得叫人心碎的点缀。苍苔对于盆景来说，至少有两点值得注意：一是境界的静穆幽深，一是时间的超越。就前者而言，青苔历历是人迹罕至的结果。王维对青苔有特别的注意，他的"空山不见人，但闻人语响。返景入深林，复照青苔上"诗，写青苔在微光下闪烁着梦幻般的影，突出静穆的气氛；而"轻阴阁小雨，深院昼慵开。遥看苍苔色，欲上人衣来"，写得更神秘，真是苔痕梦影，一个细雨中的上午，诗人在阒寂的小院里，望着深幽的院落，忽然感到青苔的绿意向他袭来，简直要将他席卷而去。其实，中国盆景艺术家就想创造这种深幽寂寥的境界。

就后者之言，一段枯木、一拳顽石，着些许苔痕，如同从上古而来的青铜器上布满了斑斑锈迹，使人油然而生一种时间的感叹。盆景界有"苔封"的说法，所谓"盆池清浅薄苔封，弱竹丛丛个影重"[2]，"苔封"一如"尘封"一样，点缀在枯枝和顽石间，如同护持一段遥远的过去，古趣盎然。斑斑苔痕在小小的盆景中蔓延，似乎从人的心里爬过，给人一种似幻非真的感觉，这真是梦一般的苔痕。

《扬州画舫录》卷二记载当时扬州人养盆景，喜欢以青苔铺垫，"其下养苔如针，点以小石，谓之花树点景。"将苔痕盆景称为"花树点景"，这说法真好，就如同中国园林喜欢斑斑点点的白皮松一样，其实就是重在给人似幻非真的感觉。古人有"看落花，补苍苔"的说法，苔痕上阶绿、浸闲房、缘古树，星星点点，似有若无，又有落花飘至，正是落花流水春去也，苔痕历历昭无垠。昔年移柳，依依汉南；今看摇落，凄怆江潭。树犹如此，人何以堪。感物兴怀，不能已已。盆景的苔痕有艺术家悠远的寄托。李渔说："苔者，至贱易生之物，然亦有时作难：遇阶砌新筑，冀其速生者，彼必故意迟之，以示难得。予有《养苔》诗云：'汲水培苔浅却池，邻翁尽日笑人痴。未成斑藓浑难

〔1〕《盆景》一文，收入［明］王象晋《二如亭群芳谱》。
〔2〕《袁宏道集》卷十六《瓶花斋集》之四。

待，绕砌频呼绿拗儿。’然一生之后，又令人无可奈何矣。”[1] 悉心养苔，但苔痕起，却勾起了自己无可奈何的感受。对于中国艺术来说，苔痕哪里是一种绿色的附地而生的植物，它意味着生命的叹息。叹时间之绵长、人生之短暂；叹生命之无常，命运之难以把捉。宋吴文英有《花犯》词，写除夕夜友人送来盆梅之事，上半阕有云：“翦横枝，清溪分影，翛然镜空晓。小窗春到。怜夜冷孀娥，相伴孤照。古苔泪锁霜千点，苍华人共老。料浅雪、黄昏驿路，飞香遗冻草。”[2] 看到苔痕历历的古梅，他说是“古苔泪锁霜千点”，就中抒发的是岁月流逝、生年不永的叹息。

值得注意的是，这种满布苔痕的盆景在中国、日本、朝鲜半岛流行，其实有佛教的色空思想因素在，这也是东亚文化的共同基因之一。盆景的流行显然受到刊落表相、直透本真的哲学思想影响。我们看到的世界是不真实的，艳丽葱翠原非长物，即使是铺天盖地的芭蕉，顷刻间也会消失得无影无踪。大美不言，真水无香，无一物者无尽藏。中国人要到水落石出处求真实，到生命的最低点发现意义。如花美眷，也会随似水流年去，而这带着苔痕梦影的幻境，使人的性灵得到超脱。

老树和苔痕，不是病态，记载的是中国人生命的叹息。

四、捆缚的盆景是否有违自然的原则

植物盆景制作，不能任其生长，必须要塑形。盆景艺术家使出种种手段，对植物进行改造。一个好的植物盆景制成，少不了要经过截断、捆缚以及不断的修剪等过程。前人有诗云：“体蟠一族皆心匠，肤裂千梢尚手痕。”[3] 体蟠，指捆扎树枝。肤裂，指凿削树皮留下的裂痕。千梢尚手痕，指树的小枝经过捆扎修整后留下的人工痕迹。一件植物盆景做成，植物真是备受折磨。

〔1〕《闲情偶寄 · 种植部》。

〔2〕《梦窗词》，见《彊村丛书》集评本。

〔3〕何应龙《橘潭诗稿》中有《和花翁盆梅》。

印度榕盆景　周木采制

这种制作方式不仅受到一些西方学者的诟病，在中国古代，也有不少人对此提出异议。龚自珍的《病梅馆记》就是其中最为著名的文字：

> 江宁之龙蟠，苏州之邓尉，杭州之西溪，皆产梅。或曰："梅以曲为美，直则无姿；以欹为美，正则无景；以疏为美，密则无态。"……有以文人画士孤癖之隐明告鬻梅者，斫其正，养其旁条，删其密，夭其稚枝，锄其直，遏其生气，以求重价：而江浙之梅皆病。文人画士之祸之烈至此哉！予购三百盆，皆病者，无一完者。既泣之三日，乃誓疗之：纵之顺之，毁其盆，悉埋于地，解其棕缚；以五年为期，必复之全之……

龚自珍是借盆景的捆缚来写当时万马齐喑的思想状况，渴望思想的解放和个性的自由。类似的说法还有不少。李渔也说："予性最癖，不喜盆内之花，笼中之鸟，缸内之鱼，及案上有座之石，以其局促不舒，令人作囚鸾絷凤之想。"[1] 清康熙时的著名诗人徐倬（字方虎）有词云："盆盎原无霄汉姿，可怜稚子正当时。连昌岁久森如束，那及灵和杨柳枝。"[2] 王安石写笼鸟诗中有"始知锁在金笼里，不及林中自在啼"句，表达的意思与其颇相类。其实，这样的观点在今天仍然引起人们的共鸣。

就思想史而言，龚自珍等的论述是有价值的。但我认为，这类说法并不属于讨论盆景艺术的范围。我们不能将龚自珍等的比况之说，

[1]《闲情偶寄·居室部》。
[2] 据徐方虎《水香词》，《全清词》收录。

当做对盆景艺术的批判。因为他们并不是专就盆景艺术而论，也不符合中国盆景发展的实际。龚自珍说，一市盆梅皆有病，那么不病者恐怕就只能是“天梅”——未经人工“盘剥”过的梅，难道我们要提倡一种不能修整的园艺观？至于说造成“病梅”之“祸”在于文人画士的怪癖，如果说这是怪癖的话，恐怕是整个中国艺术的怪癖，即如以曲为美而言，就有深厚的文化哲学因缘。今天甚至有论者将盆景和裹小脚相提并论，认为是应该抛弃的国粹，附和一些对中国文化怀有偏见的西方学者的观点，这样的看法是没有说服力的。

中国文化有泛爱万物、顺应自然的思想，盆景的制作过程与这种思想有冲突。不少论者谈到了这一点。道光时诗人郑献甫有诗道：“种树厌盆花，驯禽厌笼鸟。玩赏必咫尺，所见亦何小。”[1] 诗人从爱惜自然生命的角度，反对盆花笼鸟之类的束缚。

这方面的观点是有它的合理之处的，盆景制作过程的确有伤害自然原性的倾向，它引起人们的惋惜和爱怜之心也是自然的。但是，不能说让自然原样不动就是爱自然。以道法自然为根本原则的中国艺术，强调顺应自然，以自然为最高原则，并不代表保持外在世界的原样。即使像周敦颐那样的强调顺天理的哲学家，他建筑新居，也要让人们除去道边草树，只不过嘱咐不要伤害其他不必要的树木。如果原样不动，人类将住在一个荒原上。这样的爱护自然，其实是一种伪自然主义。

中国艺术强调“虽由人作，宛自天开”，也适应于盆景。周瘦鹃说：盆景制作六分自然，四分人工，其实人工的结果也要做出自然之势，即人工即自然。中国盆景是艺术家的创造，它是人所“做”出来的，但在“做”的过程中，始终坚持的原则其实就是遵循自然，淡去“人工”的痕迹。盆景制作不是为了伤害自然，而是以自然为最高原则，体现自然的生意和活力。

值得注意的是，真正的中国盆景艺术不是要对鲜活的树木进行凌迟，而是要在濒于绝灭的枯枝烂木中，培养生的因素，展现生命永远

〔1〕见其《补学轩诗集》，《晚晴簃诗汇》卷一百三十八收录。

榕树盆景　吴松恩制

不可消失的精神。盆景艺术家制作盆景一般会寻找一些老树根，有的甚至是数百年的老根，有的是等着入灶就火的废料，通过艺术家的精心培植，细心呵护，最后枯杨生华，显示出生命来。盆景艺术家是要在枯老的树木中寻找活意，而不是将鲜活的树木折磨成枯朽。明屠隆谈到枸杞盆景时说：“当求老本虬曲，其大如拳，根若龙蛇，至于蟠结柯干苍老，束缚尽解，不露作手，多有态若天生然。”[1]老树枯根，经过艺术的神手，让它显示出生机，而且“不露作手”，不留下一丝人工痕迹，如天然所生，所谓“既雕且琢，复归于朴”。明屠隆说：“如闽中石梅，乃天生奇质，从石本发枝，且自露其根，樛曲古拙，偃仰有态。含花吐叶，历世不败。苍藓鳞皴，封满花身。苔须垂或长数寸，风扬绿丝，飘飘可玩。烟横月瘦，恍然梦醒罗浮。”[2]康熙时的赵俞有诗说：“当其剪截时，瘢痍不为害。棕毛加束缚，时亦施钳钛。积久若生成，脱换蛇蝉蜕，要亦待天机，始与化工会。”[3]满布“瘢痍”的病木，在艺术家的手中脱胎换骨，获得了勃勃的生机。

中国优秀的盆景制作讲究气势，绝无病态，更没有猥琐和畏怯，有的是雄视阔步、英气勃勃，即使是一些老干枯枝，经过艺术家的创造，也能神采飞扬，清雅可观。如不少以古松、苍柏、古梅、榆树、榕树等为主体的盆景，极力表现嶙峋傲岸之态。有的盆景飞枝下探，如神龙入海。岭南派陆学明的大飘枝，就有飞旋之势。有的故意创造出迎风之态，突出其八风不倒的气势。这类“风木”盆景很多。有的

〔1〕《考槃馀事》之《盆花笺》。

〔2〕同上。

〔3〕此诗名《盆树》，见光绪年间修《嘉定县志》卷八。

榕树盆景，利用其气根旺盛的特点，极力强化其根系深扎之势，有咬定青山的意味。有的盆景取被雷所劈的老根（俗称雷木）为材料，虽经磨难，仍然苍翠如滴，极富历史沧桑感。

由此可见，中国盆景是真正的枯木逢春，不是将鲜活的树木弄成病木，而是要使一段病木恢复其生命的活力，将没有魅力的枯木变成有韵味的艺术形式。

五、境界是中国盆景的审美理想

综合上文论述可知，中国盆景追求生意，艺术家往往在微型的世界中，安排苍松古梅，配置奇石青苔等，在古拙中体现盎然的生意。但接下来的问题是，难道表现活泼的生意就是盆景艺术的最终追求，或者说是它的最高审美理想？山林葱郁，花木扶疏，清泉滑落，云气缱绻，大自然有无所不在的生机活力，何苦要经营这区区小盆，等待几片叶儿光临、数朵羞涩的花儿开放！由此看来，作为独立艺术形式的中国盆景当另有追求。

盆景是人的创造，是人灵性浸染的结果。不是在盆中栽上几株花木就叫盆景，那只能叫盆花。如文震亨所说：“若盆中栽植，列几案

水梅盆景

间，殊为无谓，此与蟠桃双果相类。”盆景是人的独特创造，它是一个小宇宙，一个活的生命世界，一个与我生命相关的世界。假山、树木、苔痕等等，这些都是实在之物，艺术家的万般变化则是虚功，实者虚之，方有妙造。截枝、剪叶、捆扎、配景等，这些都是技术性手段，这些技术练到最娴熟，也不能成为一个盆景艺术家。在这种种手段之后，有一只看不见的手在紧握着，这就是艺术家的灵心，富有诗情画意的灵心，富有生命关怀、宇宙情愫的灵心。这样的灵心妙想，才能穿透具体的物，操弄有形的法，穿过寂寞的时空，超越纷扰的世事，翻为艺术的华章。这样创造的盆景艺术才能感人，不是它的形式感人，而是在形式背后有一种力量，一种充满人的温情的力量，一种深邃的历史感、宇宙感和人生感。这就是中国盆景艺术所说的“以意为主”、“意在笔先”、“心统木石”。

万法如如，皆为心造，盆景亦当如是。盆景艺术是“意”生之物，是艺术家所创造的一片心灵的世界。一件好的盆景，就是一片心灵的境界。盆景的最高审美理想就是境界的创造。境界的要义，就是创造一个与自我生命相关的世界。仅仅具有一些形式美感，不能称为真正的盆景艺术，一切好的盆景创造，都带有艺术家个人的独特体验、独特的生命感受。

中国艺术发展到中唐以后，不仅强调与“人”有关，更强调与“我”有关，形式美感固然重要，但生命意义的传达才是根本。创造一个与自我生命相关的世界，这个世界，就是盆景的艺术世界。中国盆景在发展过程中一直没有偏离重视境界的道路，这一传统一直延续到当代。当代盆景艺术家徐晓白先生创作的《归樵图》，虽然是个老主题，但其表现却有独特的意味。徐先生有诗写此盆景：“小桥流水斜，深处有人家。远径归樵晚，无心闲落花。”我们看岭南派大师素仁的作品，他是个僧人，他的盆景效法倪云林画意，萧散历落，着意简淡，多是一树清高，在平淡中有清气流出。他的很多作品也很有意境。

中国人将盆景当做“卧游”之具。盆景置于几案间、庭院里，观花观叶，四季皆宜，不下堂筵，而知溪山清远，徘徊户庭，可得自然意趣。古人有所谓“得趣不在多，盆池拳石间，烟霞具足；会心不在远，蓬窗竹屋下，风月自赊”的说法，我们不能仅仅将此看做是爱好自然山水的趣味，盆景绝不是外在山水花木的替代物，“卧游”是心灵的安顿，而不光是外在自然美的欣赏。[1]

如当代厦门盆景艺术家刘友坚的一件琉球朴作品《雪松画意》[2]，如皑皑白雪覆盖深山，粗壮虬结的根体，如群山绵延，中间有稍小的枝条平卧，如雪卧中原，而上面则是密密的小枝，呈层林尽染之状。作品无雪而有雪，意态纵肆，非常耐看。作者所呈现的不是自然的美态，而是生命的玄想，这是一件很有意境的作品。

中国盆景以古木苔痕来表达生意，通过盆景的“活趣”和“生趣”，表达心灵中微妙的生命感觉。中国哲学有“观我生，观其生”的说法[3]。苏轼诗云：“起行西园中，草木含幽香；榴花开一枝，桑枣沃以光。……杖黎观物化，亦以观我生。”[4] 宋代哲学家罗大经说：“明道不除窗前草，欲观其意思与自家一般。又养小鱼，欲观其自得意，皆是于活处看，故曰：‘观我生，观其生。’”[5] 通过观照生生世界，从而开阔心胸、体验宇宙。其实，中国盆景致力于表现的“生意”，正是“与自家意思一般”，“观天地生物气象”的主要目的，在于敷陈自我内在的生命感受。

沈复《浮生六记》卷二谈到盆景的制作时说：“至剪裁盆树，先取根露鸡爪者，左右剪成三节，然后起枝。一枝一节，七枝到顶，或九枝到顶。枝忌对节如肩臂，节忌臃肿如鹤膝；须盘旋出枝，不可光留左右，以避赤胸露背之病；又不可前后直出．有名双起三起者，一

---

〔1〕“卧游”本是绘画中的一个术语，由南朝宋宗炳提出，所谓“老病俱至，名山恐难遍游，唯当澄怀观道，卧以游之”，作山水画张之于壁，以尽山林之想。后人以“澄怀卧游宗少文”名之，北宋山水画家王诜（晋卿）说：“要学宗炳澄怀卧游耳。”元倪瓒说：“一畦把菊位供具，满壁江山作卧游。”

〔2〕《中外盆景名家作品鉴赏》，35号，中国农业出版社，2002年。

〔3〕此本《周易》观卦，此卦九五爻辞说：“观我生，君子无咎。”上九爻辞说：“观其生，君子无咎。”

〔4〕《苏轼诗集》卷十三。

〔5〕《鹤林玉露》卷三《活处观理》条。

根而起两三树也。如根无爪形，便成插树，故不取。然一树剪成，至少得三四十年。余生平仅见吾乡万翁名彩章者，一生剪成数树。又在扬州商家见有虞山游客携送黄杨翠柏各一盆，惜乎明珠暗投，余未见其可也。若留枝盘如宝塔，扎枝曲如蚯蚓者，便成匠气矣。”这里叙述了很多技法，但又提醒人们不要溺于匠气，一落匠气，技胜于道，有形无情，盆景便缺少了灵魂。他说他生平所见没有灵魂的盆景太多了。这里谈到很多具体的操作方式和避忌，为什么要选根露鸡爪，为什么剪枝忌对节、忌臃肿，为什么不能流于插树之弊，沈复都没有明说，其实这些形式因素都包含表达性灵的原因。它们说明，盆景要以“意”统帅“技”。当代盆景发展过程中，出现了大量的“小和尚念经，有口无心”式的作品，作品的形式也不是了无可观，但就是缺乏感动人的东西，多为老调重弹之作，醉心于复制，没有新意，缺少个人体会，缺少真实的生命感受，很多好的材料却“明珠暗投”。这与一些创作者对中国盆景艺术的真实内涵缺少实质把握有关。

徐晓白先生有诗说：“要知盆景妙，画意与诗情。神似超形似，无声胜有声。”这是对中国盆景艺术特点出神入化的概括。在中国艺术种类中，盆景是一种与绘画最接近的艺术。没有中国绘画的传统，几乎不可能出现盆景艺术，盆景是中国画的延伸形式，它是立体的画。在中国，画被称为“无声诗”，山水画不是空有外在山水的面目，而要有诗情；所谓诗情，就是有超越于形式的精神因素荡漾其间。郑板桥曾为一座园林题“小李将军粉本”，盆景就是“小李将军粉本”。更确切地说，盆景与中国画的亲缘关系主要体现在山水画上。中国盆景的发展，自始至终都贯穿了水墨山水的精神。在世界上，只有中国人发明了水墨山水画，而今天为世界人们所喜爱的盆景产生于中国，水墨

琉球朴盆景　刘友坚制

假山盆景

山水画具有肇创之功。[1]

中国盆景重视“画意”，就是重视盆景的境界创造。文震亨说：“最古者以天目松为第一，高不过二尺，短不过尺许，其本如臂，其针若簇，结为马远之倚斜诘曲、郭熙之露顶正拳、刘松年之偃亚层叠、盛子昭之拖拽轩翥等状，栽以佳器槎牙可观，又有古梅苍藓、鳞皴苔须垂满含花吐叶历久不败者矣亦古。”[2] 张涟《东郊土石物盆景石诗》说：“太山石韫土，埋没孰知好。谱自云林传，名并昆山噪。”[3] 他说有些石头非常适宜做盆景，可以做出倪云林画中的意味。清程庭鹭在《练水画征录》中谈到徽派盆景时说：“以画意裁剪小树，供盆盎之用玩。”明末顾起元《客座赘语》卷一说他的盆景所选之树木，“务取其

〔1〕盆景的发展也受到花鸟画的影响，但是我认为最主要的是受到山水画影响。因为即使是盆松、古梅等花卉盆景，往往也多以山石为配景，组成一种独特的山石花卉的关系。

〔2〕《长物志》卷二《盆玩》。这里所说的马远、刘松年、郭熙是宋代山水画家，盛子昭（盛懋）是元代山水画家。

〔3〕宣统刊《杭州府志》卷八十四。

根干老而枝叶有画意者”。陈淏子《花镜》有关于苏州盆景发展动向的记载，“近日吴下出一种仿云林山树画意”的作品，他认为这样的作品可为“雅人清供也”。清陆延灿《南树随笔》说：“邑人朱三松，模仿名人图绘，择花树修剪，高不盈尺，而奇秀苍古，具虬龙百尺之势，培养数十年方成。或有渝百年者，栽邑佳盎，伴邑白石，列之几案间，或北苑、或河阳、或大痴，或云林，俨然置身长林深壑间。”[1] 寓大画家之画意入盆景之中，使朱三松创造了名垂历史的好作品。

“画意”也为当代盆景艺术所重。周瘦鹃曾说，他的盆栽有很多是依照古人的名画来做，他做成的盆景有唐寅的《蕉石图》、沈石田的《鹤听琴图》、夏仲昭的《竹趣图》和《半窗晴翠图》、清王烟容的《新蒲寿石图》等，真所谓小小盆景入画图。

结　语

盆景的发展受到中国艺术尤其是绘画的影响，同时又是特殊的哲学观念影响下的产物，它的以生意为基础的特点，以境界为最高理想的追求，以体现造化秩序为根本的创造原则，从一个侧面展现了中国艺术的独特魅力。

〔1〕这里的北苑指五代画家董源，河阳指北宋画家郭熙，大痴指元代画家黄公望，云林指元代画家倪瓒。

第十一章
篆刻的天趣问题

齐白石谈到篆刻时，曾经说："天趣胜人。"昔人论印，也有天趣和人趣之分[1]。天趣者，自然而然，如有天纵，合天地造化精神。人趣者，乃人工技巧的趣味，穷形尽相，刻镂形似。明清印学强调，人趣不及天趣，篆刻艺术以天趣为最高追求。篆刻的天地是天花烂漫的世界，而不是穷技斗巧的场所。明人朱简说："天趣流动，超然上乘。"[2] 清人袁三俊在解释天趣时说："天趣在丰神跌宕，姿致鲜举，有不期然而然之妙。远山眉，梅花妆，俱是天成，岂俗脂凡粉所能点染？"[3] 论印者多以天趣为高格。如清汪启淑《续印人传》说王睿章"刀法朴茂纯厚，虽不能及何雪渔、苏啸民，然古气磅礴，自具天趣"。黄牧甫说赵之谦得天趣之妙："近见赵㧑叔手制石，天趣自流而不入于板滞。"[4]

---

〔1〕杨士修《印母》："其有天胜，有人胜，俱不能草草便到。"据《印海一勺》本。

〔2〕朱简《印经》，据《篆学琐著》本。《篆学琐著》，又名《篆学丛书》，清顾湘辑，道光二十三年刻本。

〔3〕《印法十三略》，据《篆学琐著》本。

〔4〕"阳湖许镛"印款，见《黟山人黄牧父先生印存》。

篆刻是人工雕镂的产物，是人“做”出来的，但明清篆刻艺术一如园林、瓷器等一样，就是要尽量淡去“做”的痕迹，“做”得就像没有“做”过一样，“做”得就像自然天成的一样。

石上运刀，或冲或切，刀从石过，必然留下痕迹。但是，正如朱简所说：“大匠不斫，道无端范。”[1]“大匠不斫”的意思，并非说最会雕凿的人是什么也不雕凿，或者雕凿后什么痕迹也没有留下，而是说要淡尽人工的痕迹，使石上留下的痕迹，就像天造地设一样，体现出造化的内在秩序和肌理。雕刻者没有“刻意”，隐去人的秩序，彰显天的秩序，以天趣代替人趣，让天工开物。

印学理论中天工开物的思想，与中国古代艺术哲学的尚天趣思想是相合的，但又有其自身的贡献。虽然篆刻曾被人说成是“雕虫末技”，是方寸天地中的创造，篆刻作为独立的艺术发展时间很短（自文彭开始，真正的发展前后不过三百多年），但就在这微小的天地中，在较短的时间内，却丰富了中国艺术哲学的尚天趣思想。明徐上达说：“尝闻篆刻小技，壮夫不为，而孰知阿堵中固自具神理之妙。”[2]我同意黄惇先生以《易传》“其称名也小，其取类也大”来概括篆刻价值的观点[3]。在中国艺术理论史上，还没有哪门艺术像篆刻这样，将中国艺术哲学崇尚天趣这一核心问题讨论得如此集中、如此深入。三百多年的中国篆刻艺术就是围绕如何尚天趣去人工而展开的，它是中国印学的中心问题。印学的尚天趣思想，也是中国美学后期发展最为闪光的部分之一。

一、汉印精神

篆刻在明代作为独立的艺术种类出现之后，就以秦汉印法为效法对象。在明清印人看来，秦汉尤其是汉印代表着篆刻艺术的最高理想，

---

〔1〕《印经》，据《篆学琐著》本。

〔2〕《印法参同》自序，明万历甲寅刻本。

〔3〕《中国古代印论史》，302页，上海书画出版社，1994年。

临摹汉印几乎成为每个篆刻艺术家踏入此道的必然道路。明清以来的篆刻大家几乎都是出入秦汉的艺术家，从明代的文（彭）、何（震），到清时的程（邃）、邓（石如），从浙派、徽派的消长，到晚清以来新的篆刻发展趋向，都可以看出对秦汉印风膜拜的风尚。朱简甚至说："自三桥而下，无不人人斯籀，字字秦汉。"不从秦汉印出，被视为外道野狐，难登大雅。

清陈炼《印说》云："印必遵秦汉。"[1] 对于明清篆刻艺术家来说，篆刻之有秦汉，就如同诗有盛唐、书有魏晋。[2] 明沈野说："秦汉印章传至于今，不啻钟、王法帖。"[3] 清巴慰祖说："印章之祖秦汉，如寻山之有昆仑，问水之有星宿海也。"[4] 秦汉印是至高无上的。在明清很多印人看来，秦汉创造了灿烂的印章艺术，东晋之后日渐微弱，以至唐、宋、元三代几无印章，真正的印章艺术几乎中断千余年，直至明代文、何出，方驾秦汉，绍续前修，恢复了这一传统。

明清印学为何以汉印为最高范本，难道是出于一种复古的愿望？当今就有研究者持这样的观点。但研摩此风形成的历史可发现，虽然不排除有些人有好古的趣味，但从总体上说并非是出于贵远贱近的偏见，他们的所谓尚"古趣"、崇"古拙"、重"古风"云云，都不是"复古"二字可以解释的。万历以后，秦汉印谱的大量刊出，所谓"印章之荒，自此破矣"，一时间，那个遥远时代的印风席卷印坛，但清醒的艺术家落脚点并不在恢复秦汉传统，而在秦汉印法中的"一点些微精神"。

明清印人说起秦汉，不吝用最夸张的言辞来形容其艺术魅力，甚至有人以"蔑以加矣"来描述它的美感。明沈野说："法帖犹借工人临石，非真手迹。至若印章，悉从古人手出，刀法、章法、字法灿然俱

---

〔1〕《印说》一卷据《秋水园印谱》本。

〔2〕清吴先声说："印之宗汉也，如诗中宗唐，字之宗晋。"（《敦好堂论印》，据《篆学琐著》本）

〔3〕沈野《印谈》，据西泠西社刊《印学丛书》本，参清南通州陈嵩秀手抄本以校。

〔4〕据钱塘丁氏藏《四香堂摹印二卷》卷首，巴慰祖于乾隆甲午自序。

在，真足袭藏者也。余每把玩，恍然使人有千载上之意。”（《印谈》）把玩汉印，似乎感到前人留下的体温，这使他神驰意迷，不能已已。

但这些被目为“蔑以加矣”的汉印，并非来自传统意义的艺术创造过程。首先，从创作目的看，它是实用的，印是显示某人身份和发布某种命令的凭信物；其次，从创作者看，除了极个别的可知的雕刻者之外，秦汉印章绝大多数出自无名印人之手，他们一般都不具有较高的文化水准，又没有独立创造的前提，是真正的工匠；第三，从创作过程看，这类印章主要为铜铸，所谓“图书印章古人皆以铜铸”是一不争的事实（只有一种被称为“急就”的军中印，才是临时凿就的），带有强烈的工艺特点。综此三者可以看出，秦汉印章并不具有独立的艺术地位，创作者并不是艺术活动，它只具有潜在的艺术价值。

而明清印坛却有完全不同的景象，刻章的工匠变成了艺术家，实用的目的退居其次，表达心灵成为印章的主要目的，刀起石落的瞬间创造成为制印的典型过程。他们以汉印为不二之选，并不是将虔诚遥寄给那一群无名作者，也不是羡慕那种手凿冶炼式的工艺过程。一个明显的事实是：他们不是要恢复汉印的“传统”，而是要发现汉印中的“精神”，为印坛的变革注入新的活力。正如明周应愿（公谨）所说：“仍旧非真仍旧也，譬如水行不能舍舟而车，陆行不能舍车而舟也。然而操之乘之非舟车也，我操舟，我乘车也。”[1] 明清印人要借汉印这一叶扁舟作生命的远足。

他们从汉印中发现了怎样的精神？我以为“天趣”是其关键。

北宋李格非在《洛阳园林记》中说：“人力胜者，少苍古。”这话也适用于明清以来印章的追求。汉印的精神，是一个洋溢着天趣的传统，汉印的根本精神，就是不尚人工尚天趣。追求“苍古”之趣，是为了淡去人力的痕迹。虽然它们为工匠所凿，但在时间的流淌中，雕凿的痕迹渐渐淡去，惟留下平淡幽深的空间形象。“古质而今妍”，时代发展了，并不代表艺术就必然向前推进，随着文明的推进，人类的“装饰”愈加繁缛，而朴素纯真的传统被蚕食，以满腹机心去创造，以

〔1〕杨士修《〈印说〉删》，据《篆学指南》，《图书集成》本。

忸怩作态来炫人，往往丢失了开启艺术奥府的钥匙。向往汉印，在很大程度上在于人们想寻回丢失的朴素精神。汉印的精神，还代表着一种活力的恢复，在明清印人看来，那种平淡天然的雕刻、那些锈迹斑斑的形式中，蕴涵着幽深远阔的生命。丁敬说："秦印奇古，汉印亦雅，后人不能作，由其神流韵闲，亦不可捉摸也。"[1] 摹拟这样的形式，就是要从中表达幽深的生命体验。

明清印人心目中的"汉印"，是一个由它的原始创造者、历史老人和明清艺术家共同创造的艺术世界。他们回到"汉印"，不是要回到秦汉的历史过程，而是要回到一种理想的精神范式中。丁敬所说的"古印留遗，莫精于汉"[2]，所"精"正在其精神中。这种精神范式，有丰富的内涵，主要有以下四个方面。

（一）浑穆

吴昌硕曾自刻"缶翁"一印，有印款云："两字神味浑穆，颇得汉碑额遗意。"他所说的"浑穆"二字，也是明清印人理解的汉印的基本特点。他曾感叹道："汉印之最精者神隽味永，浑穆之趣有不可思议者，非工力深邃，未易摹拟也。"[3] 奚冈说："汉印无不朴媚，气浑神和，今人实不能学也。""以淳朴处追其茂古，方称合作。"文彭开明清文人印风先河，就是抓住了汉印浑穆的精髓。清孙光祖说："文博士得汉人、元人神髓，典雅古朴，去华丽而务静穆，去峭厉而务浑融，去谨严而务闲逸，俗目愈远，古道愈深，有明百家，无出其右。"[4] 一方面是静穆、浑融、萧散闲逸的古风，一方面是形式上的华丽、风格上的剑拔弩张以及规规于秩序的俗韵，文彭选择了前者，所以能超越俗韵，开拓印坛的新风。

所谓浑穆，即浑然天全。浑者，全也，无分别之谓。穆者，深也，寂然幽静之境。中国艺术论强调，不全不美也，不静不深也。浑穆一格得浑然整全、幽深静寂的美感，是一片天和的境界。沈野说："不著

---

〔1〕《砚林印款》，据黄宾虹、邓实《美术丛书》三集第一辑。

〔2〕丁敬"寿古"印印款，见《西泠八家印选》。

〔3〕"吴俊之印"印款，见《缶庐印存》。

〔4〕《古今印制》，据《篆学琐著》本。

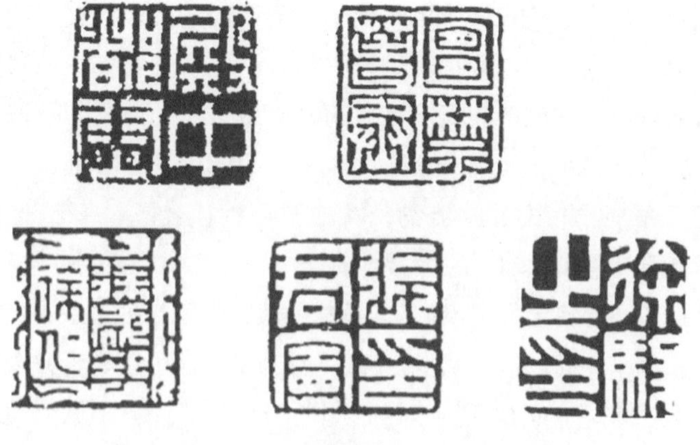

汉印五方

声色，寂然渊然，不可涯涘，此印章之有禅理者也。”正看到印章至深至静的理想境界。

浑穆天全的思想，是中国哲学的重要观念之一。老子说：“大制不割。”最大的体制是不分割的。可以分别的世界是具体的、零散的、有形的，而道的世界是无分别的、不可分割的，它是个大全世界。《庄子》内七篇的最后一篇是《应帝王》，《应帝王》中最后一段说了一个关于“凿”的故事，“南海之帝为儵，北海之帝为忽，中央之帝为浑沌，儵与忽时相遇于浑沌之地，浑沌待之甚善。儵与忽谋报浑沌之德，曰：人皆有七窍以视听食息，此独无有，尝试凿之。日凿一窍，七日而浑沌死。”这个故事在庄子思想体系中具有钩玄提要的意思。庄子哲学就是说由“人”回到“天”，“人”的境界是知识的、分别的，也是不真实的；“天”的境界是自然的、浑全的，是真实的。明清印学的浑穆天全思想，就是从方寸天地这个独特的角度，来诠释中国哲学这一核心精神的。

儵、忽二人为浑沌日“凿”一穴，其实印章一道就是“凿”的功夫，伶俐的印人在浑然无迹的石头上，“凿”出一片痕迹，也如儵、忽一样打破浑沌，显示出凹凸之形。一“凿”就是分别，就是对原有平衡的打破，天全破而人工显。

但为艺术，不能不“凿”，无法守住原初的浑然不分的整体，浑穆的思想，就是强调艺术家在“凿”中，能够不破坏天全，“凿”得就像没有“凿”过一样，“凿”得没有一丝人工的痕迹。所以，明清印学将不露痕迹、不露圭角作为衡量篆刻成功的关键，在刀法上要“藏锋敛锷”，这也被视为汉印的特点之一[1]。浑全不能有“亏”，一“亏”，就失落本真，天全不存。浑（完）和破是一对矛盾，不是不破，而是强调在破中不能影响印章的神完气浑。

朱简曾将“刀笔浑融，无迹可寻”列为神品。明杨士修将“结构无痕，如长空白云”称为“化格”。清秦爨公又将“梓匠斫轮，莫可端倪，所渭无斧斫痕乃为贵，柔而不柔，劲而不劲，苍然钉骨，浑融古朴”视为“圣不可知”的最高境界。爨公的弟子冯泌颇领尔师真传，他说：“古印在有意无意，今印则着迹太甚。度今日尽返古初亦所不必，既有意求好，存朴茂于时华之中，运圆劲于方板之外，何不可？”[2]对痕迹尽露表现出极大的警惕。入清以来，徽浙两家都强调不露，浙派还将书法中的“屋漏痕”融进印中，追求隐而不露的妙韵。

明清印论在谈到篆刻发展的周折时，多将其弊端定格在“露”上。何震的刀法，颇为刻露，每为人所讥。明祝世禄曾为其开解：“主臣虽从迹入，性自神解。”[3]但很多印家却对主臣颇有微词。清韩雨公说：“何长卿一生伎俩，不过刻画而已，遂名噪一时。”丁敬有一枚“傲骨热肠”的印章，其印款云：“钝丁仿汉人印法，运刀如雪渔，仍不落明人窠臼，识者知予用心之苦也。”这里说到运刀虽取雪渔之法，但又无明人窠臼，指的就是雪渔的刻露之弊。程邃几乎成为皖浙两家之共主，在印坛有极高的地位，但有人也认为其痕迹过露，是其失处[4]。浙派中人，每以刻画之弊来批评徽派，如清陈豫钟评巴慰祖、董洵、胡唐、王振声时说：“乍见绝似汉人手笔，良久觉无生趣，不免刻意，所谓笃

[1] 如清吴奇说：“藏锋敛锷，其不可及之处，全在精神，此汉印之妙也。”《书胡曰从印存后》，见胡正言《印存玄览》。

[2]《东里子论印》，据西泠印社《印学丛书》本。

[3]《梁千秋印隽序》，引见《历代印学论文选》下册，447～448页，西泠印社，1996年。

[4] 清初冯泌说：“程穆倩名冠南国，以余所见不过数十印，不足概其生平。以所见论之，白文清瘦可爱，刀法沉郁顿挫，无懈可击，然未脱去摹古迹象也。”《东里子论印》，《历代印学论文选》，171页。

古泥规矩者是也。”[1] 雕镌者有“刻意”，这被视为为印之大忌。而徽派也尝以“露”来责备浙派，浙派后进赵次闲每因痕迹露而遭徽派诟病。黄牧甫说：“汉印锋芒毕露，惟见《簠斋印集》中‘别郡司马’一印，所以开浙派也。”[2]

（二）朴拙

玩味秦汉印章，摹其印法，要在得其朴拙之意。甘旸：“古朴典雅，莫外乎汉矣。”[3] 冯泌说：“古印朴，今印华。”[4] 明清印人认为，朴拙是秦汉印章的根本特点之一，也是他们要撷取的思想精髓。

雕刻者，未雕也，故而朴拙一道最不可失。朴，是原初的状态，它与璞为同源字，都是未加雕刻的意思。《庄子·应帝王》说：“雕琢复朴。”《山木》说：“既雕既琢，复归于朴。”这是一条影响中国艺术发展的重要思想。或许可以这样说，中国的篆刻，正是在雕刻中，践履“既雕既琢，复归于朴”的道家哲学精神。

明清印坛取法汉印“未雕”的精神，革千余年印章发展之流弊。在他们眼中，汉印虽然为匠工之作，却具有“匠而不匠”的特点。而明清印人虽不是工匠，反倒增加了“匠气”，成了“不匠之匠”（如有人就以“不匠而匠”来批评何雪渔）。明清印坛中出现的对缪篆印风的批评，对合大小篆创作方式的争论等等，都与印坛重视汉印朴拙的精神有关。浙派后学流于柔糜，正缺少了这朴拙之气。魏锡曾评陈豫钟说：“秋堂师砚叟，自谓得工整。娓娓复纤纤，未许康庄骋。小印极精能，芥子须弥境。”过于“工整”、“纤纤”，就失去了汉印真意。

朴拙是一种崇高的人生智慧。杜甫诗云：“用拙存吾道，幽居近物情。杖藜从白首，心迹喜双清。”但在文明的发展中，人类越来越缺失这样的精神，朴拙精神的丢失是人类文明发展所付出的巨大代价。人类太迷恋于机心、知识和技术，篆刻艺术每每为这样的心态所左右。

〔1〕陈豫钟“莲庄”印款，见《西泠八家印谱》，西泠印社印谱丛编，2000年。

〔2〕“德彝长年”印款，见《黟山人黄牧父先生印谱》。

〔3〕《印章集说》，见甘氏《集古印正》。

〔4〕《东里子论印》，《历代印学论文选》，171页。

清吴先声说："古人作印，不求工致，自然成文，疏密巧拙，大段都可观览。今人自作聪明，私意搭配，补缀增减，屈曲盘旋，尽失汉人真朴之意也。"[1] 明清印坛以汉印为尚，与其说是效法汉印，倒不如说是为了寻找人类丢失的真朴之心。像冯泌所说的："存朴茂于时华之中。"浮华雕缛的时代需要朴拙的清风，遵从汉印朴拙之风，是为了疗治时弊。当然汉印本身的确给人们提供了返回古拙的契机，如清印家高积厚说："汉印体裁，平方正直，朴质浑茂。"[2]

《庄子·天地》讲了这样一个故事："黄帝游乎赤水之北，登乎昆仑之丘而南望，还归，遗其玄珠。使知索之而不得，使离朱索之而不得，使喫诟索之而不得也。乃使象罔，象罔得之。黄帝曰："异哉！象罔乃可以得之乎？"黄帝丢了玄珠（道），派"知"（同"智"，指知识）去寻找，没有找到，因为人类正是太倚重知识而丢失了这一玄珠；派离朱去也没有寻到，离朱传说为黄帝时人，目力超人，能在百步之外看清针尖，但美好深邃的东西是不可以通过感官而达到的，它需要心灵的体验；派喫诟去也没有寻到，喫诟指语言，语言即概念，以概念去概括这个世界是撕裂这一个世界；最后派象罔去，象罔终于找到了玄珠。这象罔就是朴拙空灵的心，没有造作，没有忸怩，没有故弄玄虚，没有功利目的，无心于相求，不期然相会。篆刻中的朴拙观，其实就是要超越机巧、知识和秩序，寻回真正的美的意义世界。

朴拙是本色的，不雕饰，也就是不造作。明清印人以"不作"为创作大法，不少印人强调，汉印中凭的是无心而求，偶然得之，而不是"作意"、"刻意"。一做作，就失落本心，机心起而本心失，凭着机心去为艺，必然会捉襟见肘。为印要在"有意无意之间"[3]。

禅宗的"平常心"也是一种朴拙。关于"平常心"，马祖说得好："何谓平常心。无造作，无是非，无取舍，无断常，无凡无圣。经云：非凡夫行，非圣贤行，是菩萨行。"平常心的关键是去除机心，不造作，任慧心自现，如同自然中的水自流，花自开，这样的心念就是

---

〔1〕《敦好堂论印》，据《篆学琐著》本。

〔2〕高积厚《印述》，见《篆学琐著》本。

〔3〕此黄小松语，"秦汉规模赖以不坠"印款，见《西泠八家印谱》。

“菩萨行”。周亮工以禅喻印，认为“以和平参者汪尹子”，所谓“以和平参者”，就是说汪关的印风平淡天然，以平常心为之。沈野说：刻印之道，一如作诗，“眼前光景口头语，便是诗人绝妙词”。他引禅家公案来说印：“昔黄檗禅师与一僧并行，遇断岸处，师不能渡，此僧解笠着水登之，遂行，顾谓师曰：‘师兄不共行耶？’师怒曰：‘这个鸟汉，早知如此，当断汝颈。’倏不见，是用尽神通，不及自然之妙。印章亦尔。”[1] 沈野的意思是，为印之道，重在无念心法，自然而然，当下即成，斤斤求之，反而失之愈远。这个聪明的和尚遭到希运的责骂，就在于他自作聪明。明清印学强调，印章之妙“正在不可思议处”，一“思议”，就会为形迹所限，就会造作。这样的思想深受禅宗影响。

汉印中的朴拙，并非是笨拙，而是自然而然，巧夺天工。明清印坛有人不明这一道理，故意粗糙其线条、残缺其边际，从而“做”出古拙的样子，反而显得有“刻意”。关于这个问题，明清两代印人热烈讨论。沈野《印谈》说得好：“奇不欲怪，委曲不欲忸怩，古拙不欲做作。”冯泌曾举一位叫马西樵的印人，“专于学古人之拙处、陋处，力矫近世纤巧之弊，可谓挺然独立者，然有意为之，未免着痕”。黄寓生说：“寓古印，如拟古诗，形似易，而神理难，以臆为古，与以拙为巧、浅为朴草，破其刀法，而色取于古人，此何优孟衣冠，而寿陵余子之步也。”[2] 古拙而不能矜饰，装饰出的古拙，到底不是古拙，而是真正的以拙欺人了。

（三）斑驳

拿起一枚汉代铜印，那锈迹斑斑的绿，成为明清印人的至爱，它如同石上的苍苔。这迷离恍惚的绿，勾起了明清印人的联想，甚至刺激了他们心中的历史感、宇宙感和人生感。它是一枚从遥远的过去传来的宝物，暗绿色的锈迹本身并不具有美的形式感，但却向人寂寞地显示历史的纵深，历史的风烟带走了多少悲欢离合，惟留下眼前的斑斑陈迹，那斑驳陆离的铜印本身就构成魅力，它似乎代过去向现在诉

---

〔1〕沈野《印谈》。
〔2〕据桂未谷《续三十五举》引，《美术丛书》初集第七辑。

战国印

说，印人通过一枚布满锈迹的印章，是在谛听历史的声音。黄牧甫有一枚“化笔墨为烟云”朱文印，其实明清印人正是化方寸的印迹为历史的烟云。人们在与时间的把玩中，将人微小的生命、短暂的存在放到宇宙洪流之中，斑驳的苔痕似告诉人们，一切都像这苔痕梦影，宇宙的一切都处于永恒的变易之中，连铸造的器物都变成了“烂铜”。人在流转的世界环中，如何寻得生命的意义？一枚布满锈迹的铜印，原来关乎人生命的大问题。

明清印家大都神迷于这斑驳陆离的世界，铜印的锈迹和文字的漫漶剥蚀非但没有使他们感到理解上的困难，相反却刺激了人们的想象力。宁漫漶毋清晰，甚至不必认识汉印上的字，斑驳的形态本身就足以说明它的价值。剥蚀感是构成汉印魅力的根源之一。在明清印人看来，他们宁愿相信，汉印不是人的雕刻，而是“天”的雕刻，是自然这双神秘的手给了印章如梦的苔痕、漫漶的面容和斑驳的字迹。汉印于此被赋予了“鬼斧神工”的意义。古代留下的碑刻有残损，铜印本身是能难被腐蚀的，人们将碑刻的残损和出土铜印的漫漶等等有意地混为一体，创造出印人理解的独特的剥蚀世界，成为他们理解的“金石气”不可分割的组成部分。剥蚀的世界，具有天然的风韵。

明清印人普遍追求这样的剥蚀世界，力求在人的创造中，“做”出天然的味道来。明清印人创造的方法很多。文人印的开山者文彭就是如此[1]，有记载说，他做印后，放在盒子里，让孩子不停地摇动，使其破损，追求天然之趣。前人以“倚侧参差”、“不衫不履”评文氏印[2]，说的就是他为了追求天然风韵所发明的“小伎俩”。还有人刻印完毕，将印章反复地往地下扔，也是为了“做”损。有人选石料，就喜欢有瑕疵的破石，沈野就特好此道，他说：“梅花道人作山水，先以秃笔蘸墨水，淋漓乱洒，然后，随其粗细浓淡处，用笔皴之，及成，多天然之致，人效之鲜能及者。余刻印章，每得鱼冻石，有筋瑕，人所不能刻者，殊以为喜，因用刀随其险易深浅作之，锈涩糜烂，大有古色。”孙光祖谈到明清印学的先驱之一苏宣时说：“印章只有烂铜，碑刻乃有剥蚀，印文剥蚀，历朝未有。明苏啸民欲以其胸中《石鼓》、《季札》诸碑刻之道，形之于铁笔之间，因脱去摹印之成规，力追仓、史之神理，篆宗碑帖，故点画亦作剥蚀痕。”[3] 明清很多印人都曾对秦汉的所谓“烂铜”法表示过兴趣，汪关、程邃、汪肇龙等等都曾对此做过深入的研究。汪关的烂铜并笔法在印坛很有影响。至于印人们乐此不疲的击边之法，追求线条的残损破败，更是花样翻新，不一而足。

清晰光滑与残损剥蚀相对，明清印人普遍对光滑表现出很高的警惕性。丁敬之前浙江流行闽人林鹤田的印法，其刀法平整光滑，学之而妍媚不已。故而有丁敬之变法。清人叶尔宽总结前人之说，提出六忌说：“一曰光，笔意刀法全无，只求整齐，一忌也；二曰滑，毫不经营，率尔操觚，二忌也；三曰板，如剞劂中之宋字，生硬异常，三忌也；四曰匀，横竖如一，不求古致，四忌也；五曰弱，笔画无力，气魄毫无，五忌也；六曰粗，苟且了事，有伤大雅，六忌也。”[4] 光滑、整体、匀称、刻板成了篆刻刀法、章法的忌讳。

---

〔1〕明沈野《印谈》：“文国博刻石章完，必置之椟中，令童子尽日摇之；陈太学以石章掷地数次，待其剥落有古色，然后已。”

〔2〕私淑丁敬的董洵说：“整齐光滑者固宜多学，其瘦而劲者尤宜摹仿，积此二体，再学其倚侧参差，有不衫不履之致，则能事毕矣。”《多野斋印说》，《历代印学论文选》，304页。

〔3〕《古今印制》，据《篆学琐著》本。

〔4〕《摹印传灯》，《美术丛书》初集第六辑。

林皋印三方

在印坛，自然天成，在于它的非规则性，一有规则，就有工人痕迹，追求剥蚀、残缺，是对规则的规避，显露出自然的天趣。文彭由光滑的牙章，变而为石的创造，就有有意回避人工痕迹的因素。小篆圆润流转，有婉转妩媚之趣，但处理不好，也会流于光滑柔腻，唐篆即是如此。金一畤《珍珠船印谱初集自序》说："近时伧父率为细密光长之白文，伪称文实物，好古者多不识也，宝而藏之，三桥有知，能无齿冷。"〔1〕仿文彭而得"细密光长"，一视即不似三桥旧制，人工之作态，与三桥之天趣无凿枘处。

明清印坛力追剥落破损之妙，也带来它的流弊。甘旸在论"破碎印"时说："古之印，未必不欲齐整，而岂故作破碎？但世久风烟剥蚀，以致损缺模糊者有之，若作意破碎，以仿古印，但文法、章法不古，宁不反害乎古耶？"〔2〕这样的质问是有说服力的。黄牧甫也说："汉印剥蚀，年深使然，西子之颦，即其病也，奈何捧心而效之。"〔3〕所以他治印，不重斑驳，而重光洁劲挺，赵之谦说："汉铜印妙处，不在班驳，而在浑厚。"这是具有纠偏作用的。黄牧甫正是受到赵氏这一思想影响。

（四）苍老

汉印具有苍老的品格，这每为明清印人所提起。苍老与柔嫩相对，明清印人崇尚苍老古淡，反对柔媚甜腻的印风。明周应愿（字公谨）的印学理论是明清印学的基石，其思想对文彭、何震的印学新变都产

〔1〕此则资料据孙慰祖、俞丰编《印里印外－明清名家篆刻丛谈》一书所引，8页，上海书店，2001年。此书本为台湾汉采有限公司出版。

〔2〕见甘旸《印章集说》，据甘氏《集古印正》。

〔3〕黄牧甫"季度年长"印款，见《黟山人黄牧父先生印谱》。

生过影响。公谨说："勿今而奇，宁苍而朴。"[1] 所谓"勿今"，并非强调篆刻飘逸超群、不关实际，"今"指的是媚俗的风尚。一切艺术都来自于时代的土壤，时代的因素往往表现在两个方面，一是以其鲜活的存在引发艺术家的创作灵感，二是因其俗尚制约着艺术家的自由空间。如欲望、功利、法则等，都会成为约束性的因素，影响艺术家的艺术创作。艺术界所说的柔媚气、甜腻气、俗气等指的就是这种制约性因素。周公谨的"勿今"、"勿奇"之论，就是要超越现实，不为俗韵所裹挟。丁敬说："古人篆刻思离群，舒卷浑同岭上云"，指的也是这种超然之怀。

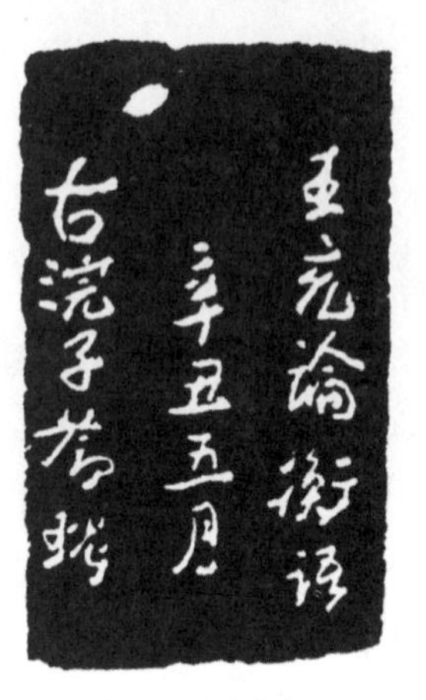

邓石如 "淫读古文日闻异言"印并款

周公谨认为"苍而朴"可以医治俗媚的流弊。苍就是老，古代艺术论统言为苍老，明清印学承周公谨之学绪，以苍老来矫柔媚之弊。刀法迟疑造作，线条纤弱光滑，最易流于俗弊。此时参以汉印苍老之风，定有效用。

明徐上达《印法参同》说："笔法老练，刀法老干，皆老也，不如此，皆谓之嫩。知嫩、知避，自能得老，老也者，固篆刻划一之法也。"以"老"为篆刻的根本大法，贯穿于字法、章法、刀法等之中。沈野论印有"五要"、"四病"之说，五要是苍、拙、圆、劲、脱，四病是嫩、巧、滞、弱，其中推崇苍老反对柔嫩的思想很明显。[2] 甘旸《印指》说："刀法老而有生趣。"也以"老"为篆刻的根本之法。明杨士修论印最重老境，他说印要有"老格"："刀头古拙，深山怪石，古岸苍藤，是名老格。"秦汉的印法妙在老字，他反对娇柔之作，说："娇对苍老而言也。刀笔苍老者，如千年古木，形状萧疏。娇嫩者，落笔纤媚，运刀清浅，素则如西子淡妆，艳则如

〔1〕《印说》，见杨士修删引本，据《篆学指南》本。

〔2〕见沈野《印谈》。

杨妃醉舞。”

人书俱老，是书法艺术的最高境界，也是篆刻艺术的最高境界。苍莽老劲，包含着一种不脱古拙的力感，苍老刚劲、奔放恣肆、天真烂漫，与柔弱纷披的格调完全不同。中国艺术推崇老境，其实与对美的思索有关。如人年老，究竟不如青春貌美，老是与衰落、凋零联系在一起的，从形式美感方面看，它当然无法与青春柔嫩相比。但要说葱翠韶秀就美，而枯槁苍老就丑，这就有些皮相了，也不合中国哲学的内在精神。中国印学重视丑的境界，与其说是追求丑，倒不如说是为了避免形式上的美；并不是明清艺术家喜欢丑，而是对美丑的超越，正像吴昌硕诗所云“虽不求美亦不丑”。

石涛好篆刻，曾与吴山人论印，其中有：“书画图章本一体，精雄老丑贵传神。秦汉相形新出古，近人作意古从新。灵幻只教逼造化，急就草创留天真。”[1] 石涛认为，书画与篆刻，都要传神，而不是求其形似，所以在形式上必须超越世俗的美丑分别，“精雄老丑贵传神”，篆刻尚苍老，是传神的需要。

综上所论，明清印人“发现”的秦汉印尤其是汉印的精神，是一种重自然轻人工、重心悟轻技巧、重天真轻造作的精神，其核心就是“天趣”。明代以来印坛所追求的浑穆、朴拙、斑驳、苍老等境界，都是这一精神的体现。

---

〔1〕此书作今藏上海博物馆，是石涛著名的《书画合璧册》中的一帧，但又有石涛流传书作一件，是赠画家高翔的（黄惇先生《中国印论史》所录即为此件，见该书212页插图），其诗和书作笔势章法与上海所藏基本相同，但内容却有别，上海藏本中有云“吴君，吴君，向来铁笔许何、程”，而赠高翔之作写成：“凤冈，凤冈，向来铁笔许何、程”，并有“凤冈高世兄以印章见赠书谢博笑，清湘遗人大涤子草”。石涛不可能用同样一首诗，用完全相同的笔法、章法赠给不同的人，必有一伪。石涛1707年故世，高翔生于1688年，石涛故世时，高翔尚不及20岁，如果此诗为石涛赠高翔之作，其语气就不合。这件流传书当为伪作，从笔势上看，极有可能是张大千。高翔乃石涛弟子，石涛故世后，高每年为之扫墓，且高精篆刻，作伪者利用了这一点。

[清] 邓石如　印三方

二、文人之印

明清印坛形成的崇尚天趣的风尚，与明以来篆刻的艺术自觉有关。

明末篆刻家朱简说："工人之印以法论，章字毕具，方入能品；文人之印以趣胜，天趣流动，超忽上乘。"重天趣，其实正是为了适应"文人之印"崛起的新趋向。

文人之印与工人之印的提法，显然受到画论的影响。在绘画中，"士人画"（或"士夫画"、"文人画"）并非指文人所作的画，"画工画"（或"工人画"）也不都是画匠所作，主要看其内在精神旨趣。"士人画"要有"士气"（或"士夫气"），即今人所说的"文人意识"，重心灵颖悟，重境界创造。"画工画"走的是技巧主义的道路。"士人画"风尚的兴起，主要在于对刻镂形似画风的规避。朱简对"文人之印"和"工人之印"的区别，与这一美学传统是一脉相承的。"工人之印"有人工味，有工匠气，缺少灵性，缺少体验。明清不少印人认为，六朝至元的很多印章，是"工人之印"。"文人之印"追求天机流动、自然而然、超越形似，规避秩序是文人之印的基本要求。

关于中国印章的发展，印学史上有"铜印时代"和"石印时代"的区分。"铜印时代"主要指明之前的印史，刻印主要出自实用目的，印章的创作者主要是工匠，主要是雕刻后以铜熔铸。秦汉印章具有很高的审美价值，但尚不能称为真正的艺术创造，尚没有达到"艺术的自觉"。

明代万历前后是中国印章由"铜印时代"向"石印时代"发展的时期，转换的关键人物是文徵明的长子文彭。印史上就有"文人之印，自三桥始”的说法。文彭早岁嗜印，但当时他的印主要是牙章，他是先写好印稿，再请刻工刻印，此时的文彭并不能称作篆刻艺术家。传说在一个偶然的机会，文彭得到四筐青田冷灯光冻石，爱不释手，便在石上制印，居然产生预想不到的效果，于是一发而不可收拾。其实，以石入印，唐时已有之，元王冕就以花乳石刻印，但尚不能说发现了石印的独特艺术表现力，只是到了文彭的时代，石印的魅力才为人们真正理解。

由“铜印时代”向“石印时代”的转换，绝不仅是材料的变化，而是艺术观念的变化。卓越的印论家沈野在比较石印和铜章等时说：

> 或曰：“灯光鱼冻固妙矣，而金玉银铜更自可爱，今足下独刻石，馀一切罢去，何耶？”余曰：“金玉之类用力多而难成，石则用力少而易就，难成，则印未成而兴已尽；易就，则印已成而兴无穷，余亦聊寄其兴焉耳，岂真作印工耶！昔王子猷雪中访戴，及门即止；对竹终日啸咏，无有已时。均一子猷，而其兴有难易者，何也？以戴公道路跋涉，而竹则举目便是故耳。”（《印谈》）

沈野认为，石印远不及金玉银铜牙章珍贵，制作的过程也不见得更精细，但在表达人的心灵感动、生命妙悟——“兴”方面绝非其他形式可比。由于新材料的启发，人们对印章的态度发生了变化，印章的实用性功能退居其次，而表达心灵的功能却被强化。沈野就说："或讥余刻印，徒敝精劳神，无益于世。余曰：吾亦偶寄吾兴焉耳。彼嵇生好锻、阮生好蜡屐，亦何益于世耶？要人当解其意表耳。"

只是在"石印时代"，才真正实现了由"印者，信也"到"印者，心也"的转变。在刀与石的变奏中，篆刻艺术才实现了真正的自觉。刀的轻重缓急、疾涩顿挫，石的轻脆易碎，能产生种种奇妙的效果，于是，一种类似于书法"笔意"的"刀意"出现了。赵之谦说："石性脆，力所到处，应手辄落，愈拙愈古。看似平平无奇，而殊不易貌。"[1] 人们将不是名印、斋印之类的印章称为"闲章"，这个"闲"不是闲来打发光景，而是表达悠然清远的生命体验，"闲"打开了心灵的门。邓石如说："江楼寂坐，间事雕虫，收瓦砾于荒烟，易碱砆于尘市。然才惭鸟篆，智乏鸡碑，适如岭上之云，徒自怡悦耳。"[2] 宋米友仁作画以"岭上多白云，不堪持赠君"来强调安顿性灵的功能，邓石如也以印章为怡悦性情之具，虽是雕虫，但所"雕"则为心灵。

丁敬"汪彭寿静甫印"印款有云："静甫以此石求老夫篆刻，留案头者甚久，今日偶为作之，顷刻而成，犹劲风之扫薄暮也。"他的"徐观海印"印款云："余为徐秀才寿石作此两印，有怒猊抉石、渴骥奔泉之趣，顷刻而成，如劲风之送轻云也。"所说的"顷刻而成"，涉及明清文人印风的重要内涵，就是瞬间性问题，所谓"一印到手，意兴具至，下笔立就，神韵皆妙"[3]。这是"石印时代"带来印学思想的重大转变。人们利用石的特性，常常创作出意想不到的结果，这在"铜印时代"是无法想象的。瞬间性、偶然性，是中国艺术理论中的重要思想，明清印人通过新材料来实践这一思想。

文人之印风气的兴起，强化了印学中超越技巧主义的思想。作印不能无技巧，有技巧必然有秩序，为秩序所拘束，就难有真正的艺术创造，只会有人趣，而没有"天趣"。所以明清印人要"扫尽作家习

[1] 赵之谦"何传洙印"印款，见《赵扔叔印谱》。
[2] 邓石如"心闲神旺"印款，见《完白山人印谱》。
[3] 蒋仁"长留天地间"引款，见《七家印跋》，《美术丛书》二集第三辑。

［明］何震　印二方

气”[1]，去除工匠气。他们在秦汉传统中更推崇汉印，就与他们从秩序中逃遁的思想有关。丁敬说：“秦印之法度端严，汉印之朴实浑厚，后人不能拓摹也。”[2] 同时，秦印转角圆，汉印转角方，秦印多流转，汉印多方正。在质朴上，汉印更胜一筹。这是明清印人宪章秦汉、以汉包秦的真正原因所在。

文人之印的崛起，也促进了印坛对所谓“士夫气”的提倡。黄小松说：“汉印有隶意，故气韵生动。”[3]“隶意”是中国艺术史的重要术语，本源于画，由元初钱选提出。“隶气”其实就是“逸气”。黄小松将其引入印学之中，以其为“气韵生动”的根本，是很有见地的。他所刻之印，篆中有隶意，如“得自在禅”白文印。

清初画家龚贤说得好：“画要有士气何？画者，诗之余。”文人画是诗的画，它不是涂抹形象，而是表达诗的境界。这个简单的说法，却道出了文人画的关键。其实，“文人之印”也是如此，它的关键正是这“诗意”——当然，并非刻诗才有诗境。汪士慎作印重境界，金农曾评他的梅花画：“千花万蕊，管领冷香，俨然灞桥风雪中。”其实，他也用这方法作印。在中国历史上，“灞桥风雪中，驴子上”，是诗的隐语。[4]“印者，诗之余”，明清印人以他们的“闲”章传达诗的境界。

---

〔1〕蒋仁语，见其“饮酒湖山”印款，见《西泠八家印谱》。

〔2〕丁敬“金石契”印款，见《西泠八家印选》。

〔3〕“得自在禅”印款，见《西泠八家印谱》。

〔4〕“诗思在灞桥风雪中，驴子上”，这是中国诗学中一个由来已久的有趣话题。灞桥，在西安东。那里曾是唐代西安人送别的地方。

如顾苓（云美）所作的“枫落吴江冷”，格调浑穆高古，诗意盎然。

明清印坛是一个诗意的天地，他们以诗的眼光看秦汉的传统，也用诗的目光来创造。“屋连湖水琴书润，窗近花阴笔砚香”，印人们在悠然清远的境界中陶然于印乡，正是一片石也有深处，它打开了一个通向无限美妙世界的窗口。把剑临风舞，抱琴对月弹，抚石见无边风色，奏刀有大漠风烟。张灏《承清馆印谱自序》说：“每于松涛竹籁之中，浊酒一觞，炉烟一缕，觉骤雨飘风之忽过，悟浮云野马之非真，而是两集者，未尝不在焉。”在印章的构思中，着意创造诗意的境界。李流芳回忆起他作印的情况时说：“余少年游戏此道，偕吾休友人竞相模仿，往往相对，酒阑茶罢，刀笔之声，扎扎不已，或得意叫啸，互相标目，前无古人。”[1] 西泠八家中的奚冈是一位诗人，他有“狂歌痛饮”印，印款有一自作诗：“一夕西风木落凋，送君此去路迢迢。二分无赖红桥月，依旧清光照六朝。”[2] 友人远行，奚冈为其送行，印与诗合，将依依之情和痛快豪迈的格调寄寓其中。丁敬有一枚“问梅消息”印，那是赠给画家李方膺的，印款云：“通州李方膺晴江工画梅，傲岸不羁，罢官寓金陵项氏园……有句云：写梅未必合时宜，莫怪花前落墨迟。触目横斜千万朵，赏心只有两三枝。予爱其诗，为作数印，寄之聊赠一枝春意。”盎然的诗意在这枚“问梅消息”中荡漾，问梅乎，问人乎？

这诗意，就是中国艺术理论中所说的“境”。工人之印追求形的完美，文人之印追求境的创造。在明清印史中，简单的形式美感再也不是印人追求的主要目标。六朝以来的印章审美之道到这时被彻底颠覆。清袁三俊说：“篆刻家诸体皆工，而按之少士人气象，终非能事。”（《篆刻十三略》）士人气象，就是印章中所体现的精神境界。文彭有著名的“琴罢倚松玩鹤”朱文印，行书书五面款，透露出的思想正得此中要义：

余与荆川先生善，先生别业有古松一株，蓄二鹤于内，

[1]《宝印斋印式》李流芳题，《历代印学论文选》，464页。
[2] 秦祖永辑《七家印跋》，见《美术丛书》二集第三辑。

［明］文彭 “琴罢倚松玩鹤”印并款

公余之暇每与余啸傲其间，抚琴玩觞，洵可乐也。余既感先生之意，固检匣中旧石篆其事于上，以赠先生，庶境与石而俱传也。

荆川先生，为明著名艺术家唐顺之。印款中的“境”之一字，最堪把玩。在文彭看来，此印是传“境”的——以印来传境，就像诗与画一样，由此与前此印章的实用功能区别开来。“境”，不是记述他与主人唐顺之相聚的故事，而创造了一个有意思的世界，一个留下自我生命体验的宇宙。读此印款，玩味它的刀法笔意，似使人走入他们相与优游的世界，琴声悠扬，在松柏间回荡，宾主啸傲其间，抚琴玩觞自乐……这枚历经历史风烟的印章，边际已脱落，但并不影响人们对印中依稀迷离、悠然盘旋的空间感觉的把握。小小的一块石头，文彭却于此创造了一个与自我生命相关的世界。它不是名的证信物，而是

"心"的证信物。

人们津津乐道的邓石如的"断岸千尺，江流有声"朱文印，其实也是一个关乎境界的典型。其款云：

> 一顽石耳。癸卯菊月，客京口，寓楼无事，秋多淑怀，乃命童子置火具，安斯石于洪炉。顷之，取出，幻如赤壁之图。恍若见苏髯先生泛于苍茫烟水之间。噫，化工之巧也如斯夫。兰泉居士，吾友也。节赤壁赋八字篆于石，赠之，邓琰又记。

此印在章法、刀法上都有高妙的表现，一片苍莽烟水笼罩在线条的流转中。邓石如不是重复苏轼那个夜晚月光下的体验，而是表达在围炉中所体验到的"淑怀"。

境界，是篆刻的最高审美理想。明清印人从早期的文彭、何震、苏宣三家，到后来的程邃、丁敬、扬州四凤和邓石如等，这些名著印史的大家，无一不是将境界的创造作为制印的头等功课，制一枚心会之印，就创造一个生命体验的"境"。艺术家的生命情调和宇宙情怀如盐溶水地渗入这一世界。如丁敬的朱文"苔花老屋"，表现的是他的"乡关之恋"，印款云：

> 余江上草堂曰带江堂，堂之东有园不数亩，花木掩映，老屋三间，倚修竹，依苍苔，颇有幽古之致，余名曰苔花老屋。古梅曲砌间置身，正觉不俗。

这可不是简单的斋号印，其中记录了他对生命托居地的细腻情愫，这种体验在碎刀细切的节奏中，似乎都可以隐然感受到。艺术家刻出了诗的情怀。黄小松说他在刻"湘管斋"时，眼前浮现的是"潇湘夜雨"的情景，从而捉刀摹之，也是强调境的创造。

要制文人之印，需要有文人之心，文人之心乃是窥破天地之心，于一勺水中窥见浩瀚大海的心。此般高格，岂是斤斤于形似者所可比拟！在明清印人看来，必须以人心合天心，让天工开物，挥倚天长剑，跳率意的生命舞。

三、天的秩序

在本书的开篇时，我曾谈到蒋仁一方“真水无香”印，印款的全文如下：

> 甲辰谷日同三竹、秋鹤、思兰雨集浸云燕天堂，觥筹达曙，遂至洪醉，次晚归雪中，为翁柳湖书扇，十二日雪霁，老农云：“自辛巳二十余年来，无此快雪也。”十四日立春，玉龙夭矫，危楼傲兀，重酤一杯，为浸云篆真水无香印，迅疾而成，忆余十五年前，在隐拙斋，与粤西董植堂、吾乡徐秋竹、桑际陶、沈庄士作销寒会，见金石彝鼎及诸家篆刻不少，继交黄小松，窥松石先生枕秘，叹砚林丁居士之印犹浣花诗、昌黎笔、拔萃出群，不可思议，当其得意，超秦汉而上之，李、文、何未足比拟。此仿居士数帆台之作，乃直沽查氏物，而晚芝丈藏本也。浸云嗜居士印，具神解定，结契酸咸之外，然不足为外人道，为魏公藏拙，尤所望焉。

主人在雪后黄昏的酒意中，发现了独特的境界。印款中记载着他深沉的哲思：最高的美是不能以形式的美丑来分别的。我们感官所接触的世界，只是世界的表相，如果为这世界的表相所沾滞，则无法得到世界的真实意。真水无香，就是拉开世界的表相之皮，切入到世界的真实意中。

“真水无香”，这枚印章记载了对“天的秩序”的发明。“天趣”，并非对“人趣”的否弃，明清印人高扬秦汉印章的天工秩序，并非放弃人的秩序的传达。宛自天开，并不是等待天的赠与，必须着力于人的创造。人不是匍匐在天地之下的奴仆，而是独立自由的创造主体。

为什么明清印人“羞于”将人“做”的痕迹显现出来？人“做”何以如此不堪？就因为人“做”的痕迹夹杂着许多与真实的意义世界相背离的因素，人所创造的艺术秩序中，包含着很多“伪秩序”——与世界的秩序相冲突。在明清印人看来，天的秩序，其实是真实的生命秩序，而不是外表的存在。因为，表相的秩序是人的感官可以触及的，是技术可以模拟的，可以称为“技术理性”，构成这一理性的根本是人的知识。人以自己的知识去解释世界，往往容易造成对世界秩序的误诠。我们自认为把握世界的意义，其实与真实世界离得更远。中国艺术中的巧夺天工说，其实是为了发现世界的意义，发现世界本有的秩序，这是被人的知识烟幕长期遮挡的秩序。

丁敬与汪士慎交谊极厚，士慎双目失明之后，丁敬有诗安慰其云：“肉眼已无天眼在，好看万象又更新。”乾隆时期著名的书法家何绍基曾看到八大山人和石涛书画合册，题云：“画师何处堪著我，万物是薪心是火。有薪无薪火性存，隐显少多无不可。苦瓜雪个两和尚，目视天下其犹裸。偶然动笔钩物情，肖生各与还胎卵。心狂不问古河山，指喻时拈小花果……”[1] 他说八大和石涛“目视天下其犹裸”——揭开世界的表相，看到世界裸露的真实。

艺术家要具有这双“天眼”或“法眼”，在喧闹的世界看出无香的妙意，在欲望洪流中看到清澈个性的珍贵，在混乱的秩序中辨析出生命的指向。明清印人对人工秩序的思考，其实是为了彰显生命本身的意义。印章是雕刻，雕刻者最易走上技术化的道路，割裂世界的本然意义。所以明清印人提出“不计工拙”的思想[2]，他们以天地的本然秩序代替人工的秩序，不是对人的秩序的放弃，而是在合于天地的创造中，更好地表达人的感觉世界。天是人心中之天，不是高高在上的神灵，不是外在存在物，天的秩序，就是人的秩序——或者说是人所发现的真实的秩序。

丁敬曾说篆刻：“以古为干，以法为根，以心为造，以理为程。”[3] 程，序也。这里的理指天之理，即天的秩序。睁着一双天眼，好看万象又更新。用清澈的心灵去洗涤世界，世界在我的灵光照耀下

---

〔1〕陆心源《穰梨馆过眼录》卷三十，《中国书画全书》本。

〔2〕如丁敬“徐堂印信”款云：“抱疾拥炉，运刀草草，用付良友之勤请，工拙不遑计也。”黄惇《中国古代印论史》有专门讨论，参该书244～249页，上海书画出版社，1994年。

〔3〕此见黄易补刻“求是斋”丁敬款，《西泠印谱》，浙江古籍出版社，159页。

恢复其光明。

中国印学是追求活力的，何震说“章法要整齐，更要活泼”，他的印如闲云舒卷，运转自如。朱简《印经》：“行行有活法，字字有生动。”秦爨公赞甘旸章法“刀法老而有生趣”。周公谨《印说》论印之四品，多重飞动之韵，他说：“法由我出，不由法出，信手拈来，头头是道，如飞天仙人偶游下界者，逸品也。体备诸法，错综变化，莫可端倪，如生龙活虎捉摸不定者，神品也。非法不行，奇正迭运，斐然成文，如万花春谷灿烂夺目者，妙品也。”而只知道刻镂形似之作，没有飞动之趣，只能算能品。

明清印人制印必求浑穆苍古、斑驳陆离，有秦汉之风，他们的立意不在笨、枯、朽，在毫无生机的地方，也不是对鲜活生命的厌倦。他们是要在古拙苍莽等的创造中，脱略现实的规矩，彰显生生的秩序。他们眼中的汉印不是古板的，而是“活泼的汉印”。如黄牧甫所说的：“汉器凿款，劲挺中有一种秀润之笔。”[1]

他们要通过苍莽古拙的空间形式，表达对活泼生命的追求。邓石如为罗聘刻有“乱插繁枝向晴昊”，有印款云：“两峰子画梅，琼瑶璀璨。古浣子摹篆，刚健婀娜。”[2] 枯朽的线条中，有如花的烂漫。明清印法中有这样的口诀：刻阳文须流利，令如春花舞风；刻白文须沉凝，令如寒山积雪；刻印落手处要大胆，令如壮士舞剑，收拾处要小心，令如美女拈针，等等。这些都是强调活泼感。

更重要的是，他们摹拟秦汉，出入钟鼎，也不是为了复演那曾经有过的事实，而是表达自己当下的生命体验。王维堂《摹印秘论》：“汉人急就章多刀法苍古，非刀刻也，多凿为之，今人摹拟为大印，然苍古中稍加风韵，若太古则死，太媚则俗。”他们追求的活泼飞动之势，不是形式美感，而是一个与自我生命相关的活的世界。他们眼中的汉印虽浑穆苍莽，但无处不燕舞飞花。奚冈说：“印至宋元，日趋妍巧，风斯下矣。汉印无不朴媚，气浑神和，今人实不能学也。”[3] 汉印

---

〔1〕黄牧甫印款语，见《黟山人黄牧父先生印谱》。

〔2〕此见《完白山人印谱》，民国西泠印社拓印本。

〔3〕奚冈“铁香邱学敏印”印款，见《西泠八家印谱》，西泠印社，2000年。

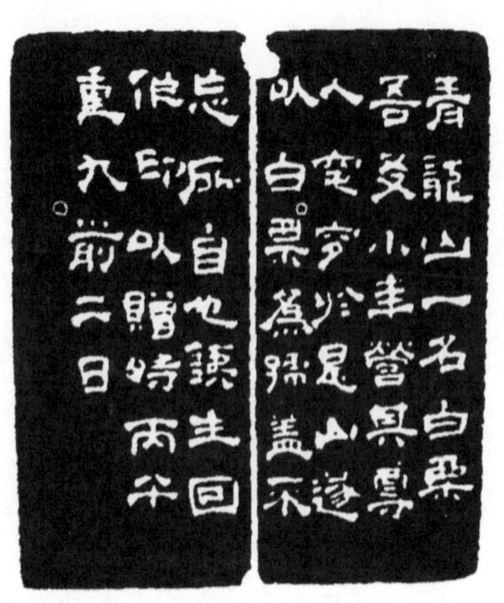

[清]奚冈 “白栗山樵”印并款

不仅有“朴”，还有“媚”，学“朴”而丢掉了“媚”，则落下尘矣。

正因此，明清印人特别注意将“苍古”和“韶秀”结合在一起。苍必以润合之，故曰“苍润”，古必与秀相结合，故曰“古秀”。孙光祖《古今印制》：“归文休典雅简洁，苍劲秀古。”冯承辉《印学管见》：“笔下不难风秀，难于古朴中仍带秀气。”

程邃是徽派篆刻中坚，他擅画山水，喜用焦墨干笔，浑沦秀逸，自成一家。书法也卓越有风致，笔墨凝重，有金石气，往往能于清简中见沉厚。其篆刻与其书画一脉所演，苍莽浑厚，为世所珍。他的印，有苍老的面目，浑脱而有质感；强调笔意，不同于何震的细碎感；也不同于前人的涩辣，他的生辣中别有一种妩媚在。他的朋友王泽弘（昊庐）曾评论说：“张璪有生枯笔，润含春泽，干烈秋风，惟穆倩得之。”干烈秋风是苍古，润含春泽是灵秀。无苍古则难见浑厚之气，无灵秀又缺乏亲近活泼之致。时人认为，穆倩之苍古易学，而灵秀处则不易学。魏锡曾说他“穆倩朱胜于白，仿秦诸制，苍润渊秀”。故穆倩之印虽然干枯，其中却有细腻、典雅和温存。浙派有些印人如赵次闲并没有看到这一点。

或许可以这样说，明清以来中国印学以汉印为最高典范，追求汉印浑穆苍古的韵味，其意并不在浑穆苍古本身，而在通过浑穆苍古，脱略尘俗，荡去遮蔽，从而恢复生生活力。袁三俊《篆法十三略》其中有一略为苍，其云：“苍兼古秀而言，譬如百尺乔松，必古茂青葱，郁然秀拔。断非荒榛断梗，满目苍凉之谓。故篆刻不拘精细模糊、隐见剥蚀，俱尚古秀，不可作荒凉秽态。”至寂中有至动，至枯中有至生，印人们不是对荒凉秽态感兴趣，而是在几于死寂的形式中，荡去尘埃，让活泼的生命自在呈现。《印人传》的撰者周亮工论画时曾说：“须极苍古之中，寓以秀好。”这是很有眼光的。

秦印三方

第十二章
明清印学的南北宗问题

晚明时期，董其昌等提出绘画南北宗说，这一学说影响了后来三百多年中国画的发展。南北宗绘画学说出现不久就被引入印坛，丰富了发展中的中国文人印学思想。印学南北宗围绕浙派和徽派两家的消长而展开，其中涉及当时印学理论中的两大问题，一是露和藏，一是巧和拙。两个问题都有一个中心，就是“天工”还是“人趣”。故本文延续前文的论述，通过一个专门问题的讨论，来看天工开物思想如何影响这个精微的艺术领域，从而为中国美学后期发展的大势提供一些具体的证明。

一、朱简的印章南北宗说

明代印坛五家（文彭、何震、汪关、苏宣和朱简）中的朱简是一位在篆刻实践和理论上都有卓越贡献的印人[1]，在批评空气颇为苛刻的印坛，朱简却获得人们普遍的赞誉。1636年，印人王守谦说：“修

〔1〕朱简，生卒年不详，大致活动于16世纪下半叶到17世纪初年。字修能，号畸臣，又号闻，安徽休宁人。

能自为篆刻，直傲倪古今。”[1] 稍后，周亮工在《印人传》中写道：“自何主臣兴，印章一道遂归黄山，继主臣起者不乏其人，予独醉心于朱修能。”秦爨公是一位严厉的印学批评家，他也不吝用极至的语言来赞扬朱简：“修能以赵凡夫草篆为宗，别立门户，自成一家，一种豪迈过人之气，不可磨灭，奇而不离乎正，印章之一变也。”乾隆时的董小池甚至认为他是“明第一作手”，其地位凌驾于文、何之上。

朱简处于明末印学发展的重要时期，作为一位印人，朱简与其时重要的印家如赵宧光、李流芳等交往甚密，曾因为编撰《印品》（刻于1611年）遍览前修和当世名家印刻。在中国印学发展史上，他是一位开风气的人物，文彭开文人印之新途，至朱简，文人印的基本理论才算真正形成。朱简第一次区分“文人之印”和“工人之印”，第一次系统论述了决定文人印关键的刀法笔意问题，第一次引入绘画的南北宗理论，为文人印的发展提供了重要的理论支撑。

朱简在《印经》首提南北宗之说。他说：“囫囵囫囵，大道其蒙，南北归宗，趣异轨同。同谓之玄，夫岂不然。”此为“缵绪”之引语，所谓“缵绪”即钩沉流派，寻其渊源。

> 德靖之间，吴郡文博士寿承时足崛起，树帜坫坛，而许高阳、王玉唯诸君相与先后周旋，遂尔名倾天下，何长卿北面师之，日就月将，而枝梧构撰，亦自名噪一时。嗣苏尔宣出，力欲抗衡，而声誉少损，乃僻在海隅，聊且夜郎自大。或谓寿承创意，长卿造文，尔宣文法两驰，然皆鼻盾手也。由兹名流竞起，各植樊围，玄黄交战，而雌黄甲乙，未可遽为定论。

这里追溯印学的正脉，以文彭为印祖，继而为何震。然而朱简对何震这位同乡很不认同，于是印学史上的“文何”传统，被他说成是文家派，并推出“寿承创意，长卿造文”的时说：在篆刻艺术自觉的大潮中，文彭主要从精神气质上、何震主要从形式上分别丰富了这一艺术的内涵。这一判断基本符合事实。他说何、苏都是“鼻盾手”，即仿

[1]《序范孟嘉韵斋印品》，《历代印学论文选》，511页。

照的能手，个性的表达、内在的创造略逊三桥一畴。又说何震的篆刻是“枝梧构撰”，即虽以三桥为师，出入秦汉，但终究是拟迹过多，至于刻露，内在的表达为外在的形式工巧所掩。一句话，他觉得何震的篆刻内蕴不够，“文人气”不够。他在《印品》自序中说：“代兴者为吾乡何长卿，其应手处，卓有先民典型，而亦不无屈法。”朱简还从明清印学发展中分出三桥、雪渔、泗水三派，并旁及支流，虽脉络绵延，但都归于文彭一脉。

他说“南北归宗，趣异轨同”，“趣异”是说流派纷呈，“轨同”是说都出于三桥一系，而三桥源出于秦汉。“南北归宗”的“南北”，不是指地域上的归属，而是从绘画南北宗引入的特定词汇，指风格上的旨趣。虽从秦汉流出，发脉于三桥，但南派以性灵表达为旨归，北派以形式工巧为能事。这就是所谓“南北归宗”。在朱简的印学史观中，他以为文、何虽然都从秦汉出，但却“同轨”而“异趣”，其趋向不同，一重心法，一重形法，一为南，一为北，形成不同的方向。这就像禅宗中的神秀和惠能，二人都源出大乘空宗，但却顿渐异轨，旨趣不同。

朱简和明末文坛硕宿陈继儒相善，“尝从陈眉公先生游”，这对他的印学思想有深刻影响。清杭州印人沈仲（心房）有诗云：“淹博良工识苦心，断碑泐鼓费搜寻，遥遥身处周秦后，散易居然蕉雪林。”注云：“朱修能有《蕉雪林印品》，陈仲醇序之云：‘周秦以后一部散《易》也。’”[1] 陈的评语见其《印品》序，在这篇序言中，陈继儒还说道：“修能精识又过之，信为六书董狐，文、何而不足道也。”[2] 眉公所说的“六书董狐”、“一部散《易》”，皆非平常之语，对朱简印学的推崇到了无以复加的地步。眉公回味他与朱简交往故事，余情依依：“余初构蕉白石，修能适至，中夜起疏土发泉，洗剔山骨，微闻林际清响噇答，则修能拾橡叶为诗，尽绘山中之美，余亦倚而和之，不减王维、裴迪秦辋间也。”[3] 将二人的情谊和诗歌唱答比作唐代王维、裴迪

〔1〕《论印绝句》，《美术丛书》二集第九辑。

〔2〕《印品序》，《历代印学论文选》，452 页。

〔3〕同上。

的辋川之会，其情谊深笃如此。

现在讨论绘画的南北宗问题，常常以为是董其昌独创的。从流传的资料看，这一问题的提出涉及三个人：莫是龙（1537～1587）、陈继儒（1558～1639）和董其昌（1555～1636），三人同为华亭人，都是著名的书画家、文学家，在绘画南北宗问题上都发表过重要意见。陈继儒说：“山水画自唐始变古法，盖有两宗，李思训、王维是也。李之传为宋赵伯驹、伯 以及李唐、郭熙、马远、夏圭，皆李派。王之传为荆浩、关仝、董源、李成、范宽，以及大小米、元四大家，皆王派。”[1] 陈继儒是董其昌的密友，他的论述和董其昌南北分宗的观点基本一致。朱简作为与陈继儒长期优游的好友，华亭诸杰所推举的绘画南北宗说他显然是熟悉的。他的所谓“南北归宗，趣异轨同”，打上了明显的绘画南北宗理论的烙印，董、陈等关于南北传派的描述与朱简关于印学发展的观点惊人的相似。他所建立的“文人之印”的理论系统，其理论背景就是绘画南北宗说。

绘画南北宗分别的根本在于是否有“士气”，苏轼就以有无“士气”来区分“画工画”和“士人画”。这样的思想被董其昌、陈继儒等接受下来，成为绘画南北宗思想的基石。

朱简说：“工人之印以法论，章字毕具，方入能品；文人之印以趣胜，天趣流动，超忽上乘。若既无法，又无逸趣，奚其文，奚其文？工人无法，又不足言矣。”朱简在中国印学史上第一次提出“工人之印”和“文人之印”的区别，理论渊源就来自绘画南北宗学说。所谓“工人”与绘画南北宗中的“画工”同义。朱简认为，文人之印并不是不讲技巧和法度，而是在法度之外，更讲究“趣”，讲究天机流动，追求人的心性自然流淌。

绘画南北宗中对技巧和心悟之间的关系有深入的讨论。清李修易说：“北宗一举手即有法律，稍觉疏忽，不免遗讥。故重南宗者，非轻北宗也，正畏其难耳。”[2] 而在朱简的印学中，也将“屈法”之作归于

〔1〕《宝颜堂秘笈·眉公杂著》。

〔2〕《小蓬莱阁画鉴》，《中国书画全书》本。

［明］朱简　印二方

北宗之习。服膺南宗的画家尖刻地讽刺重视工巧的人为满身“匠气”、“俗气”、“火气”、“甜腻气”，或将其称为“作家”。清代的沈宗骞总结南北宗绘画时说：“士夫与作家相去不可以道里计。”〔1〕所谓“作家”之“作”乃造作之作，是有为，是机巧。而南宗提倡的创作方式是“不作”，“不作”就是任由自然，由智慧去创造，而不是由机巧去创作。朱简的观点同样如此，他所谓“工人之印”，就是缺少“天趣”，以人工为尚，唯法度是取，以技巧代替心灵的呈现，有一种“作气”。

由“工人”复归于“文人”，其根本在“人”，或者说“文人意识”的根本就是“人”的意识，一种在体制之外、职业之外、秩序之外的独立自由的“人”，艺术就是表现这样的“人”的精神；艺术不是为技巧，而是为心灵，所以这样的“人”在绘画南北宗中被称为“利家”，他们不是“画工”，而是“化工”。刻印者，最易为印所“刻”，追求法度，最易为法度所拘，最后印也有，古人也有，就是没有“我”。文人意识就是要张扬“我”的意识。

在这样的理论背景下，我们看朱简论述何震印派，其实是将其归入北宗的。在朱简看来，他的“不无法屈”，就是为法度所束缚；他的“枝梧结撰”，就是以摹拟代替创造；他的“太涉拟议”，就是太锋芒毕露，与文人印的重视含蓄蕴藉的表达不同；所谓“长卿造文”，就是太注意形式，而不注意心灵的传达。这样的艺术家，在绘画南北宗的理论中，只能成为“作家”、“行家”、“画工”，只能归入北宗者流。在印学中也如此，朱简只能将何震归入北宗的门户，只不过语言委婉一些罢了。

〔1〕《芥舟学画编》，《中国画论类编》本。

朱简印学南北宗论的另一个关键点是对笔意的强调。明代印学理论重印品，以四品论印颇为风行，这本来是绘画理论中的学说，在绘画南北宗论中也有涉及，明代印学理论借用这一观念，侧重点又有不同。在朱简之前，周应愿主要从法度的角度说品，他说："法由我出，不由法出，信手拈来，头头是道，如飞天仙人偶游下界者，逸品也。体备诸法，错综变化，莫可端倪，如生龙活虎捉摸不定者，神品也。非法不行，奇正迭运，斐然成文，如万花春谷灿烂夺目者，妙品也。去短集长，力追古法，自足专家，如范金琢玉各成良器者，能品也。"[1]

而朱简谈四品，明显不同，他说：

> 印先字，字先章，章则具意，字则具笔。刀法者，所以传书法也。刀笔浑融，无迹可寻，神品也；有笔无刀，妙品也；有刀无笔，能品也；刀笔之外而构成别趣，逸品也；有刀锋而似锯牙痈股者，外道也；无刀锋而似铁线墨猪者，庸工也。

所谓"印先字，字先章，章则具意，字则具笔"，篆刻的关键是表现笔意，笔意是人心灵的载体，是"我"的体现。和书画中笔意不同的是，它不是通过书写，而是通过刀法表现出来。所以，篆刻要发展成为一种体现"士气"的艺术，关键是笔法和刀法的平衡。朱简的刀法笔意说很有特点。他说："吾所谓刀法者，如笔之有起有伏、有转折、有缓急，各完笔意，不得孟浪，非雕镂刻画、以钝为古、以碎为奇之刀也。"其刀法笔意理论，就像书论中的笔意说一样，就是要展尽线条内部的魅力，造成线条内部的张力，形式本身有一种"势"，使静态的世界成为一个回荡的空间。书论中曾虚构了一个蔡邕得神授"疾涩"二字的故事，刘熙载还归纳出"古人论书法，不外疾涩二字"的说法，就是为了表现线条内部的节奏和韵律。

朱简治印的妙处，如用一个字形容，其实就在"涩"处。他虽用切刀，但却是涩的切刀。在笔法上，他吸取了友人赵宧光

[1] 周应愿《印说》，见赵宧光《印学指南》。

(1559～1625）的草篆之法；在刀法上，他创立了一种碎刀法。草篆的书写在笔法上自由流畅、俯仰自如，可以说是“疾”；而刀徐徐入石，控制着刀慢行，这是“涩”。草篆的体势和涩刀的笔势形成一疾一涩的关系，左右映带，俯仰生趣。就线条内部的张力看，短刀碎切，线条之间似连而非连，似起而实伏，形成特有的顿挫感，收放兼有，舒卷自如，由此形成刀法的特殊美感。

朱简在理论上发现篆刻线条独特的美感，并且在实践上予以亲证，创造了一种独特的篆刻艺术表达方式，从而负载着“文人之印”的意境追求。这对后来文人印的发展是至关重要的，可以说改变了中国印学发展的道路。如丁敬和浙派的刀法笔意追求，就是由朱简而传出。朱简的南北宗印学思想也成为后来印学思想的财富，尤其在浙派的发展中有重要意义。

二、浙派的印学南北宗分派观

魏锡曾《论印二十四首》中言及程邃时有云：“蔑古陋相斯，探索仓沮文。文何变色起，北宗张一军。云雷郁天半，彝鼎光氤氲。”对程邃的成就和开创之功给予极高的评价，并有注云：“程邃穆倩。‘文、何南宗，穆倩北宗’，黄小松印款中语。”

稼孙认为程邃一人举起“北宗”的大旗，所引印章南北宗语来自浙派前期代表人物之一黄易（1744～1802，号小松）。小松“方维翰”印款云：

> 画家有南北宗，印章亦然。文何，南宗也，穆倩，北宗也。文何之法，易见姿态，故学者多。穆倩融会六书，用意深妙，而学者寥寥。曲高和寡，信哉。逸青二兄力追古法，酷肖程作，今时所仅见也。余学何主臣而未得其皮毛，岂堪供诸大匠，俾以就正云尔。小松并记。

关于黄小松这段印章南北宗的话，当代印学理论研究大家黄惇先生说：“在黄易看来，程穆倩地处扬州，而文、何所处江南之北，故有南北宗之分。”[1] 黄先生进而认为，后来的所谓皖宗，“因是活动于杭州之北地，被称为北宗，浙宗则称为南宗”[2]。黄先生以为因地域差别因而有南北宗之的说法，并无特别含义。另一位印学界著名学者刘江先生说：“程邃晚年居扬州，故曰‘北宗’。……的确从印史的发展看，他和大小篆钟鼎铭文字入印，又兼用涩刀，朴辣凝重，富有笔意，颇与书画上的北宗近似。于文何之外，别树一帜也。”[3] 他虽提到了与绘画南北宗可能的关联，但还是认为小松判穆倩为北宗主要因地域的关系。两位先生都认为小松的“北宗”只是北方的意思，对程邃并无贬义。而今人翟屯建先生还认为小松以程邃为北宗的说明，是褒扬之语，他说：“黄易这句话，对程邃的印艺推崇到了极点。”[4]

但我以为，黄小松对程邃北宗的评价并非是褒扬，其中隐含着对徽派印人的批评；小松的“北宗”之说与程邃生于北地并无关联；以地域分南北，主要是魏锡曾转述小松语的误解，并非是浙派印人的原意。

其一，仅仅从稼孙“文、何南宗，穆倩北宗，黄小松印款中语”确实看不出“北宗”与绘画南北宗之间的关系。但联系小松印款的全文就可看出，小松明明是说：“画家有南北宗，印章亦然。文何，南宗也，穆倩，北宗也。”他所说的印章南北宗，是比况绘画南北宗的，根本不是指地域的差别。在绘画南北宗中，董其昌分南北二宗，以南宗为文人之画，以北宗为画工之画，并说：“但其人非南北也。”并非指地域上的区别。即就地域上来说也有矛盾，文彭是苏州人，而何震与程邃一样都是徽州人，与文彭相比，都生于“北地”，所以地域说不能成立。

其二，小松说文、何是南宗，包含着浙派是南宗正传的意思。在小松的时代，丁敬在浙江印人中有极高的地位，人们多将其与文、何相比。安徽印人程瑶田曾提出文、何、丁印坛“三君子”的说法，他说：“故文氏何氏谓之文何，敬身氏谓之敬身，此三君子者，其所以

〔1〕《中国古代印论史》，289 页，上海书画出版社，1994 年。
〔2〕同上书，260 页。
〔3〕刘江《中国印章艺术史》下册，359 页，西泠印社，2005 年。
〔4〕《徽派篆刻》，140 页，安徽人民出版社，2005 年。

名时，亦自有其真耳。”[1] 其实在浙派内部也有类似“三君子”的说法，蒋仁在“真水无香”的印款中对丁敬极为推崇：“继交黄小松，窥松石先生枕秘，叹砚林丁居士之印犹浣花诗、昌黎笔，拔萃出群，不可思议，当其得意，超秦汉而上之李、文、何未足比拟。”认为丁敬的印章如同诗坛中的杜甫、文坛中的韩愈，已到了登峰造极的地方，简直不能赞一词。西泠前四子之一的奚冈也有类似评价，他在“频罗庵主”印款中说：“印刻一道，近代惟称丁丈钝丁先生独绝，其古劲茂美处，虽文、何不能及也。”[2] 陈秋堂也说：“吾杭善篆刻者，国初有丁良卯、顾筑公、周梦坡诸人，匀满工致，师法文何，至砚林丁丈，无美不备。”[3] 三人均以丁敬有直追秦汉、名掩文何之功。而丁敬本人也常以文、何传人自况。丁敬“洗句亭”印款引曹茎九诗云：“望切陇与蜀，名高文与何。”他有答诗道：“捉刃工追寿，摛毫相则何。”[4] 在浙派印人看来，丁敬作为浙派印学的开山之人，继承文、何的传统，当然也如文、何一样，是南宗的正传。黄小松“文何南宗，穆倩北宗”，其中就暗含着以浙派为南宗、为正宗的思想。在中国印学史上，一直有将文彭视为南宗鼻祖的说法，如邓散木说，文彭“力肩复古之任，始变宋元旧习，金石刻画，流布海内，靡靡漫漫，畅开风气，犹佛家之六祖慧能之建立南宗”[5]。浙派所继承的正是这一传统。

其三，绘画南北宗是中国绘画史的专门问题，具有比较明晰的内涵。董其昌等提倡南北宗，明显有扬南抑北的倾向。中国禅宗史上在唐代神会之后，以南宗为正传，以北宗为不合大乘佛学要旨，并认为禅宗在发展中，南宗延传有序，而北宗则在神秀后不久便告沉寂，北宗是短命的宗派，就与其奉行的理论有关。明代绘画南北宗的提倡者，引来禅宗思想，以南禅的学说比拟画史上的正脉，认为王维所开创的南宗传统一直到明代的文、沈之时还兴旺发达，而北宗在南宋之后渐

[1] 程瑶田《古巢印学序》，见《古巢印学》，乾隆刻本。
[2]《七家印跋》，《美术丛书》二集第三辑。
[3]“濲水外史”印款，见《七家印跋》，《美术丛书》二集第三辑。
[4] 见《七家印跋》，《美术丛书》二集第三辑。
[5]《篆刻学》上篇，51 页，人民美术出版社，1979 年。

［清］蒋仁　印五方

渐少有继者。董其昌说：“南宗则王摩诘始用渲淡，一变勾斫之法，其传为张璪、荆、关、郭忠恕、董、巨、米家父子，以至元之四大家，亦如六祖之后有马驹、云门，临济儿孙之盛，而北宗微矣。”[1] 在这样的背景下我们看小松印款的语气，其抑扬之意就比较清楚了。小松说：“文何之法，易见姿态，故学者多。穆倩融合六书，用意深妙，而学者寥寥。曲高和寡，信哉。”显然，在小松眼中，程邃之法乃是“北宗微矣”之体现。

黄小松这则印款在浙派前期诸家中颇有代表性。以丁敬为首的浙江印人，追求“文人之印”，并以体现文人意识的南宗自比。丁敬一生好禅理，不仅晚年修佛，与禅门过从甚密，并曾精研禅理，一生赠禅僧印章甚多。他与浸染佛门数十年的金农情同手足，丁敬说他与金农“与余有水乳契也”，常与金农谈禅论道。其印章也深受禅宗影响，南宗禅的思想是其艺术的思想基础。这对浙派其他印人都有影响。浙派印人强烈的禅宗倾向，如黄小松一枚“得自在禅”印章所说的，禅修成为他们的印章之道，强化了他们的文人之印的思想。

陈曼生“琴书诗画巢”印款云：“余每过禾郡，辄造其庐（按，其友人云楼）而访焉。有时探讨诗学之源流正变，又唐宋以来书家之派别、画苑南北宗之分合，娓娓不倦，时有心得之语，未尝不移晷忘食，

〔1〕《画禅室随笔》卷二。

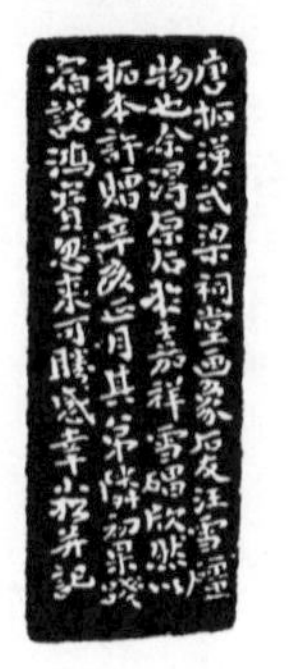

［清］黄小松 “汉画室”印并款

［清］黄小松 “南湖草堂珍赏书画印”并款

恨相见晚，而聚首难也。夫古来擅书画之能事者，其人皆享大年，膺后福，如石田衡山诸公，比比皆是，盖胸次高超，烟云供养。其恬淡之致，足以忘岁月而延龄。”[1] 曼生显然受到董其昌绘画南北宗学说的影响。董氏曾云：“画之道，所谓宇宙在乎手者，眼前无非生机，故其人往往多寿，至如刻画细谨，为造物役者，乃能损寿，盖无生机也。黄子久、沈石田、文征仲皆大耋，仇英短命，赵吴兴止六十余，仇与赵虽品格不同，皆习者之流，非以画为寄，以画为乐者也。”[2] 曼生还在“书画禅”的印款中写道：“书画虽小技，神而明之，可以养身，可以悟道，与禅机相通，宋以来如赵如文如董，皆不愧正法眼藏，余性耽书画，虽无能与古人为徒，而用力积久，颇有会于禅理，知昔贤不我欺也。”

浙派前贤以南宗禅的理论为其印学思想的基础，同时也以南宗印自况。1782 年，与浙派渊源密切的董洵在《多野斋印说》中说：“杭

〔1〕《七家印跋》（不分卷），《美术丛书》二集第三辑。

〔2〕《画禅室随笔》卷二。

州丁布衣钝丁汇秦汉宋元之法，参以雪渔、修能用刀，自成一家，其一种士气，人不能及。”这里所说的“士气”，不仅是丁敬印学的关键，也是整个浙派所奉行的核心。

绘画南北宗中以有无“士气”来分高下、判品第，丁敬等将“士气”作为其印学思想的核心。浙派的出现在中国篆刻史上具有重要的意义，中国篆刻由“工人之印”到“文人之印”的转变，虽然文、何有首创之功，但“文人之印”风气的真正形成乃在浙派。作为浙派的首领，丁敬厥功至伟。浙派追踪南宗画的审美趣尚，有独特的理论贡献。浙派前驱的努力，其实就在创造一种有“士气”的印风。

浙派的“士气”内容很丰富，可以概括为四个方面：第一，妙悟。篆刻艺术的关键是心灵的妙悟，而不是技巧的满足。董其昌就曾提倡“一超直入如来地”的创作方式，反对“积劫方成菩萨”的重功力的创作方式。其二，优雅。陈继儒曾说“文则南，硬则北”，“李派粗硬”，清人沈灏也说北宗“横扫躁硬”。在形式上，北宗山水主要用斧劈皴，线条刚硬，南宗则用柔和的披麻皴。浙宗在发展中始终将优雅、细腻、柔和、内敛、平淡、幽深作为其根本原则，与那种刚硬猛利的风格不同。浙派篆刻优秀者明显有一种“有节制的美感”。其三，逸气。浙宗追求山林气象，反对富丽的庙堂气。丁敬、金农、奚冈等都力求在印章中表现出高逸的情趣，丁敬更将“冷香逸趣”作为毕生追求的目标。其四，心的艺术，而不是形的艺术。浙宗追求印外之味，妙在“牝牡骊黄之外”，篆刻是心灵的寄托，表达的是自我细腻的生命体验，有强烈的关注生命、抚慰生命的倾向。正如明人归昌世（1574～1645）所说：“作印不徒学古人面目，而在探其源，源则作者性灵也，性灵出，则法亦生，神亦偕矣。”

由于浙派重视“士气”，他们对篆刻艺术又有新的认识。丁敬有诗云：“《说文》篆刻自分驰，嵬琐纷纶炫所知。解得汉人成印处，当知吾语了非私。”[1]《说文》讲文字，文字是一种符号，而篆刻是一种

〔1〕丁敬《论印绝句十二首》，见清吴骞编《论印绝句》，《美术丛书》二集第九辑。

艺术，篆刻虽然需要以文字形式来表达，但文字本身只是一个媒介，不能以多识古文奇字去代替篆刻艺术的构思，所以说是“两分驰”。这里隐含着非常重要的印学思想。而这一条，正是由“工人之印”上升为“文人之印”的关键。明清印史上有不少人喜欢玩弄文字、以古怪奇特的文字符号来炫人耳目，在浙派看来，那并不是真正意义上的篆刻艺术。

篆刻艺术分为篆和刻两道工序，其中篆固然重要，它涉及字法、章法等，但仅靠此一方面是不能成为真正的艺术的，从艺术表现的角度看，“刻”比“篆”更为重要，刀如笔，石如纸，刀起笔落，瞬间而成，刀石相击所产生的不可逆料的结果，正是篆刻艺术成功的关键。正是在这一点上，丁敬深受“文人之印”理论开创者朱简的影响，魏锡曾论印诗中说修能“朱文启钝丁，行刀细如掐”，并说：“善学修能者，惟丁钝丁。”朱简的碎刀短切和赵凡夫的草篆入印，这两点给了丁敬以重要启发。西泠诸家其实正是沿着这种追求笔意的道路前行的。

浙派在形成伊始，与徽州印学传统并无冲突，甚至可以说，他们是从徽州印人走出的。丁敬远承何震，近师程邃，自立门户。被小松称为“北宗”的程邃，其实正是对浙派影响最大的印家。丁敬“傲骨热肠”印款云：“钝丁仿汉人印法，运刀如雪渔，仍不落明人窠臼，识者知予用心之苦也。”他对徽派印人何震、汪关、程邃等的细心研磨在其存世印章中历历可辨。丁敬的弟子张燕昌有临何震“云中白鹤”印，印款说自己由此得到极大的快乐。黄易有“葆淳”印，印款云：“以穆倩篆意，用雪渔刀法，略有汉人气味。”赵之琛有“高颂稿山”印，其印款云：“次闲为稿山仿穆倩老人。”又有“兰石”一印，其印款云：“以穆倩篆意，用钝丁刀法成此。”浙派并没有显示出排斥徽州印人的倾向。

浙派可以说导源于徽宗，为何浙派在发展过程中，又出现了渐渐与徽派分离的情况，甚至在浙派后学印出现了抵触徽派的倾向？《西泠八家印选》罗榘的序言甚至说：“空前绝后，四十年来，无有继之者，吾杭印人以子行始，以叔盖终，非程穆倩、邓石如、吴让之辈所可并论也。”对徽派是一副不屑的口气，极度鄙视之，由此也可看出二派后来对立的情况。造成徽浙两派冲突的根本原因，我以为主要是浙派奉行的艺术观与徽派有所不同造成的。

文人印学理论的基本体系至徽人朱简得以建立，但文人印却成熟于浙派。我们从对浙派影响最大、艺术成就也最高的程邃来看，浙派对他的批评并非是有意挑剔，将其视为北宗，在浙派来说是非常自然的事。程邃粗莽古拙的格调、幽深远逸的风格令康熙以来的印人着迷。徽人程芝云说："歙四子之印皆宗秦汉，汪与巴用高曾之规矩者也。若吾家之垢道人，固尸秦汉，而上稽秦汉以前金石文字为之祖，而近收宋元以降赵吾文何为之族，故炉橐百家，变动不可端倪。"[1] 但程邃尚在世时，就存在着很大的争议。姜宸英说："于今日余最爱近时程山人穆倩所作，而时辈竞哗之，以为诡怪不经，穆倩已矣。百世后当必有识子之者。"[2]

程邃得力于秦朱文印，因秦而上，远取战国钟鼎古籀奇文入印，合大小篆为一体，大量地使用讹体入印等，震惊了印坛。周亮工说他"合大小篆为一，有推倒一世之勇"，这是"势所不得不然也"，肯定了他的创新性。但程邃嗜古的癖好，大量地以古文奇字治印，也的确给他的印风打上了奇诡的色彩。

这样的方式，笔墨的意味淡了，表达人性情的功能也弱化了。过分的装饰性，难掩其人工痕迹。盘旋如画符的线条，亦难免落入奇诡一路。不仅是程邃，在他之前，何震为了彰显他的万般之能，以鸟虫篆、缪篆等入印，如一方"张成斐印"，以鸟虫篆结体，云龙飞舞人难识。这与浙派提倡的"士气"有明显冲突，正像明沈野所说的："冯虎、王象之类以形作字，恶甚。"图形化的印刻，强化了印章的装饰性。过去人们常常以为指责何、程主要是他们偶有"不审六书"之毛病，这只是表面现象，根本是他们令人眼花缭乱的篆体，与文人印的宗旨不合。程邃印带有的浓厚装饰性，与文人印风是格格不入的。

其次，浙派印人提倡高风绝尘的文人雅趣，力求使印章表达人们

〔1〕古蝎篆尼印述跋，见韩天衡编《历代印学论文选》下，西泠印社，1996年。

〔2〕《湛园题跋》，《美术丛书》四集第二辑。

[清]程遂　印四方

高逸的情怀，力避印章的“俗韵”。这正是南北宗绘画强调的思想，有一等之心胸，方有一等之绘画。所以，浙派印人非常重视士夫气的历练。罗聘画丁敬像，袁枚有题诗云：“古极龙泓像，描来影欲飞，看碑伸鹤颈，拄杖坐苔矶。世外隐君子，人间大布衣。似寻科斗字，仓颉庙中归。”丁敬不为权贵治印的故事在他的弟子中流传。浙派传人中对徽州印人中的“俗气”不能容忍。在这方面，何震是引起争议颇多的人。陈澧甚至说：“何雪渔、梁千秋之为白文，往往恶劣，浪得名耳。”[1] 将何震从“文何”中逐出。杭州的沈仲（心房）有绝句云：“鸾翥蛟蟠见古人，流头胪韵格挹天真。野狐禅踵雪渔派，全失秦朱汉白神。”[2] 直斥何震为野狐禅。浙江海宁的陈仲鱼有诗说：“文家作述一时豪，何震谁将比汉高。傲语斯黄堪绝倒，俗人安用漫操刀。”自注说何震非常狂妄，见有人刻印，便露鄙夷之色，说：“尔辈持刀将用以削人脚指甲耶？”[3] 浙派不少人直斥何震为“俗人”。何震见重当时，气焰熏天，出入官府，高官多得其印。何震弟子梁千秋在这方面也颇为人诟病，周亮工说：“千秋得名后，留心声妓，于治印一道多草草应之，或请其弟子代刀，故多草草之作。”[4] 他的印章中常常有一些格调

[1]《摹印述》，《美术丛书》初集第一辑。
[2]《论印绝句》，《美术丛书》二集第九辑。
[3]《论印绝句》，《美术丛书》二集第九辑。
[4]《印人传·书梁千秋谱前》，江苏广陵古籍刻印社，1998 年。

不高的内容。这与追求高风绝尘的浙派是完全不相融的。浙派印人常常觉得何震等读书少，而浙派则将“益之以书卷”作为重要的功课，这与董其昌读万卷书、行万里路的思想是一致的。

第三，何震、程邃等刚硬的印风也与浙派的文人印观念相冲突。在绘画南北宗理论中，柔与硬成了南北宗在风格上的重要区别。南宗画的提倡者认为，南宗是平和的，北宗是冲突的；南宗是含蓄的，北宗是外露的；南宗是淡逸的，北宗是富丽的；南宗是浑厚的，北宗是薄削的。浙派印人觉得徽派有北派的刚硬刻画之象，何震的猛利自不待言，由雪渔派而出的苏宣也格调豪放，属于大开大合之流。而雪渔弟子梁千秋也不合文人印淡逸平和之旨。陈豫钟评巴慰祖、董洵、胡唐、王振声时说：“乍见绝似汉人手笔，良久觉无生趣，不免刻意，所谓笃古泥规矩者是也。”这里的巴、胡两位是所谓“歙四家”中人，巴慰祖还被视为徽派发展中仅次于程邃的印人。秋堂用语极重，语气中带有对徽宗的鄙视，在他看来硬中带露的形式，与浙派的文人印观念完全不合。而正如奚冈所说，浙派治印祖述汉风，要“笔往而圆，神存而方”，节制而内敛，化古拙于秀润之中，从而产生独特的美感。他们觉得徽印在很多方面做不到这一点。

董其昌等崇南抑北的南北宗说对清代艺术影响深远，远远超出于绘画界，并影响到几乎所有文学艺术领域。如清张祥和说：“尝与钱梅溪（按，指钱泳）论书，画派分南北宗，书家亦分南北，如颜柳一派，类推于吾家文敏（按，指张照），是为北宗。褚虞一派，类推至于香光，是为南宗。”[1] 而文学界也如此，厉鹗说：“尝以词譬之画，画家以南宗胜北宗，稼轩、后村诸人，词之北宗也；清真、白石诸人，词之南宗也。”[2] 浙派的南北宗印学发展观，就是一种以自己为南宗发展正脉的观念，由三桥而直达秦汉，以“士气”为治印要旨，从而渐渐形成对不合文人印风现象的排斥，发展到曼生、次闲、叔盖诸人，与徽派的冲突感更加明显。有趣的是，他们以文人印观念批评徽宗，但最终又落入到

〔1〕《关陇舆中偶忆编》，清道光刻本。
〔2〕《樊榭山房文集》卷四。

它所批评的工巧和刻露的窠臼中。

三、印学南北宗论中的巧拙说

吴让之（1799～1870）是清代徽派发展中的重要人物，印学邓石如；其印稿成，赵之谦为之跋云：

> 摹印家两宗，曰徽，曰浙，浙宗自家次闲后流为习尚，虽极丑恶，犹得众好。徽宗无新奇可喜状，学似易而实难，巴胡既殇，薪火不灭，赖有扬州吴让之。让之所摹印，十年前曾见一二，为大叹服，今年秋，魏稼孙自泰州来，始为让之订稿。让之复刻两印令稼孙寄余，乃得遍观前后所作。让之于印，宗邓氏而于汉人，年力久，手指皆实，谨守师法，不敢逾越，于印为能品。其论浙宗，亟称次闲，次闲学曼生而失材力，让之以曼生为不如，自知不如龙泓、秋庵，故变法自遁，让之薄龙泓、秋庵。蒋山堂印在诸家外自辟蹊径，神至处龙泓且不如，让之不信山堂，人以为偏，非也。浙宗巧入者也，徽宗拙入者也。今让之所制，一竖一画，必求展势，是无拙之入而愿巧之出也。浙宗见巧莫如次闲，曼生巧七而拙三，龙泓忘拙忘巧，秋庵巧拙均，山堂则九拙而一巧，让之称次闲，由此让之论余印，以近汉官印者为然。而它皆非，且指以为学邓氏是矣。而未尽然。非让之之不能知也，其言有故。不能令让之易，不必解也。[1]

赵之谦（1829～1884），浙江绍兴人，初学浙派，后对浙派后进印风颇为不满，并转而学邓，优游于皖、浙二宗之间，自成一家法，成为19世纪印坛的一面旗帜。正所谓知之深而痛之切，在对浙派的批评中，赵之谦的观点每每能击中要害，其影响也最大。赵之谦由吴让之

〔1〕赵之谦《书扬州吴让之印稿》，见韩天衡编《历代印学论文选》下，西泠印社，1996年。

［明］胡正言　印二方

［明］梁袠　印二方

印而评论徽浙二家法，提出“浙宗巧入者也，徽宗拙入者也”的观点，这一观点曾引起印学界的激烈争论，直至 20 世纪还余波未了。

作为吴让之、赵之谦的好友，印学批评家魏锡曾说：

> 既而扐叔为文弁首，论皖、浙印，条理辨晰，见者谓排让之，非也。皖印为北宗，浙为南宗。余尝以钝丁谱示让之，让之不喜，间及次闲，不加菲薄，后语扐叔，因有此论。盖让之生江南，未遍观丁、黄作，执曼生、次闲谱为浙派，又以次闲年长先得名，诚相轻，且间一仿之，欲示兼长。其不喜钝丁，习也，不病次闲，时也。扐叔之论，所谓言岂一端，亦非排让之也。文国博真谱不可见，间存于书画者，实浑含南、北两宗，其后名家，皆皖产，中惟修能朱（简）碎刀，为钝丁滥觞。钝丁之作，熔铸秦、汉、元、明，古今一人，然无意自别于皖。黄、蒋、奚、陈曼生继起，皆意多于法，始有浙宗之目，流及次闲，偭越规矩，直自郐尔。而习次闲者，未见丁谱，目谓浙宗，且以皖为诟病，无怪皖人知有陈、赵，不知其

他。余常谓浙宗后起而先亡者此也。[1]

这里由赵之谦的评论，引发稼孙对徽浙两家印的深入讨论，他的徽宗为北宗、浙宗为南宗说，其实是袭用了浙派的观点。稼孙以南北宗的发展为明清印学史勾画了一个粗略的线条。文彭创为文人之印时，并无南北之分，文彭是“实浑含南、北两宗”，其后在印学发展中方渐渐南北分野，各立门户。稼孙与浙派眼光中的南北宗观点明显有异，他并非崇南抑北，而是认为二家各有其长短。稼孙的真正观点是不偏一派，合二家之优长，回到文彭开拓文人印时“浑含南北”的状况中。

魏锡曾对赵之谦的推崇，也正源于此。赵出入南北二宗，合二家法，而自为之，一新耳目。稼孙说：“今日由浙入皖，几合两宗为一，而仍树浙帜者，固推撝叔，惜其好奇，学力不副天资，又不欲以印传，若至人书俱老，岂直过让之哉？”稼孙对赵之谦的期望，就是能回到浑含二宗的境界中。在稼孙看来，南北两宗，各有所得，也各有所失，浙派重于“意”者忽于“文”（形式），徽派重于“文”者又忽于“意”，惟有浑含南北，“意”与“文”并重，方能振兴印坛。

黄士陵在“五十以学”印款中也说：“邓完白为包慎伯镌石甚多，有‘包氏慎伯’四字朱文，圆浑似汉铸，挺直似宋人切玉，锋芒毕露近丁黄，魏稼孙谓赵撝叔合南北宗而自树一帜者，其来有自。”在黄士陵看来，邓石如就不是严格意义上的徽宗了，在他那里已经显露出浑含南北的倾向。

董其昌等提出绘画南北宗说，崇南抑北，以南宗为绘画发展正脉，以北宗为野道邪禅。在清代画坛，这样的观点占统治地位，一提到北宗，其贬抑之意不言自明。印学中的浙派传人多依此而与徽宗划清界限，对徽宗不合文人印、重视技巧的做法颇为不屑。但在印坛，情况就要复杂得多。这主要因为浙派在发展过程中所暴露出的种种弊端，改变了人们对南宗的看法。

赵之谦以巧拙来分别徽浙二家法，他不像浙派自身崇南抑北，也

[1] 魏锡曾《吴让之印谱》跋，《美术丛书》三集第二辑。

不似魏锡曾兼容南北，而是崇北抑南。他说徽浙二家一拙一巧，抑扬之势很明显。赵之谦所论有两个基点，一是对浙派尤其是浙派的后学颇有不满之气，二是对拙道的坚守。他说丁敬是忘了巧拙，达到最高境界；蒋山堂拙多而巧少，稍逊一筹，而陈秋堂巧拙各半，又其次也；陈曼生巧多拙少，赵次闲则只是拈弄机巧，故而为最下。

赵氏几乎以巧拙为标准，为浙派分高下、标品的，其机械僵硬之处至为明显，反映了赵之谦好拙而斥巧的审美观念。在此基础上，他对徽浙二宗发表了自己的看法，在他看来，徽宗自程邃而来，巴、胡、邓诸人都能以拙为法，这也正是徽宗优于浙宗的关键所在；而吴让之学徽反而为浙宗的巧所迷惑，“一竖一画，必求展势，是无拙之入而愿巧之出也”，这也是让之虽为徽宗传人、却未能绍续家法的遗憾之处。一篇序跋，由巧拙入手，纵论南北二宗之家法，体现出赵之谦快人快语、立场鲜明的特点。

赵之谦对印坛南北二宗的评价自有其独到之处，他所依凭的标准，正是中国艺术哲学中尚拙的审美旨趣。拙就是“离方遁圆”，巧就是在方圆规矩之内。拙不是笨拙，而是最高的巧，是一种天巧。而巧则是人工的、技巧的、工匠的、外在的、形式的，虽巧而实笨拙。这样的巧，失去了天工开物的妙处，失去了天趣。在赵之谦看来，知巧拙之高下，但又不要斤斤于巧拙的分别，一有分别，为去巧而追拙，未见其拙，反受其愚。所以，丁敬的忘巧拙则是根本之道。曾熙在《吴让之印谱跋》中，对赵氏“徽宗从拙入，浙宗从巧入”颇为赞赏，但他认为印之道不在于取巧还是取拙，而在于善用巧拙，他说：“拙由天性，巧从机发，六朝人不及两汉之拙，故其巧亦不及，从拙处得巧，毋从巧用巧也。书画皆然，又岂仅刻印为然哉？”

黄惇先生在谈到上引黄小松印款语时说：“重要的是此中透露了‘北拙南巧’的审美观念。这也正是后来赵之谦所说‘浙宗巧入者也，徽宗拙入者也’的由来。”[1] 我以为，这样的判断与事实不合。黄小松

〔1〕《关于明清徽籍印人流派问题》，见《方寸天地》论文集，上海书画出版社，2008年。

并非以为浙派乃是“以巧入”的。在印学理论普遍崇拙斥巧的空气中，黄小松何以将自家贬为下流？而黄小松、蒋仁、奚冈等都是以朴拙见长的，丁敬更是于拙中见秀，开一代印学新风，小松何以会以“巧”自评之？他的观点与赵之谦、魏锡曾是有很大区别的。

浙派在中国文人印的发展中有巨大贡献，丁敬、黄易、蒋仁、奚冈等将文人意识引入这个本是雕刻的领地，取得了很大成就。他们不是以南宗自居，而是以南宗禅的思想基础、南宗画的境界为其印学的最高理想，的确找到了一条很好的道路。这刺激了浙派诸人的诗意的创造、境界的提升以及心性的表达，为我们留下了十分珍贵的艺术遗产。

正像南宗禅法一样，虽然慧能以后子孙绵绵，但真正得其妙法者少之又少。很多南宗禅的服膺者，未受其利，反受其弊，其末流流于野道、外道，甚至走火入魔，在印坛，浙派标举南宗，虽有妙造，但在发展过程中，却出现了事与愿违的现象。

“文则南，躁则北”，浙派本南宗之要义，承文彭之遗韵，强调典雅、细腻、内敛的表现风格，融古穆于秀润之中，对何震的“猛利”、程邃的粗莽多有微词，并不了解“猛利”也是南禅的当家本色，南禅是强调“截断众流”的，如香象渡河。浙派纯用切刀，在碎刀短切中，见坚挺之势，通过线条内部顿挫的节奏来表达意义。但在其发展中，流弊日渐显露，如陈曼生也用丁敬的短刀法，在断中有连，但线条本身立不起来，出现了“有肉而无骨”的毛病。陈克恕（1741～1809）是浙人而服膺邓石如，他所指出的浙派毛病并非出于攻击：“近时诸家刻印多用平头刀，向身边横切去，谓之浙派。笔力软弱，去古甚远。”[1] 所谓平头刀向身边切，指的就是碎刀短切。嘉庆间桐西漫士说：“近时模印者辄效法陈曼生司马，余以为不然，司马篆法未尝不精，实是丁龙泓一派，偶一为之可也。若以为可法者，其在天都诸君乎！盖天都人俱从程穆倩入手，而上追秦汉，无有元明恶习。”[2] 他觉得陈曼生的印不能多摹，而要多体会程邃，就因为曼生的确在骨力上稍欠火候。丁敬曾一变

〔1〕《篆刻针度》卷五《刀法》，上海图书馆印行，1918 年，金石花馆藏版。
〔2〕《听雨闲谈》，瓜蒂庵藏明清掌故丛刊，上海古籍出版社，1983 年。

［清］吴让之　印四方

清初以来的柔靡之风，他说："近来作印，工细如林鹤田，秀媚如顾少臣，皆不免明人习气，余不为也。"（"江山风月"丁款）奚冈在"铁香邱学敏印"印款中说："印至宋元，日趋妍巧，风斯下矣，汉印无不朴媚，气浑神和，今人实不能学也。近代丁龙泓、汪巢林、高西堂稍振古法，一洗妍巧之习。"但最终在浙派后人那里却又生此病。

浙派诸人一直以"拙"为其追求目标，他们认为徽派才是重技巧的。但是，浙派在发展中却出现了为追拙而得巧、为避免刻画而最终流于刻画的尴尬局面。黄士陵虽为徽派后进，但门派观念并不浓厚，他对浙派诸家多有继承。他用平和的语气谈浙派的弊端，往往颇中肯綮。他在印款中说："汉印唯峻峭一路易入，过之则为浙派。"[1] 在他的心目中，浙派有流于刻露的毛病。他又说："汉印锋芒毕露，惟见《篁斋印集》中'别郡司马'一印，所以开浙派也。"[2] 陈澧说："浙派今时盛行，其方折峻利，削似天发神谶及魏碑，近人变本加厉，或近粗犷，或又纤仄颇乖大雅。"[3] 锋芒毕露，流于刻画之病，印人们无不知此道理，但要真正避免往往是很难的。当浙派激言厉色指斥徽派的刻画之弊时，殊不知自己也难逃此弊。赵之谦自视甚高，曾摹一方"寿如金石佳且好兮"汉印，印款云："沈均初所赠石，刻汉镜铭寄次行温州，此蒙游戏

〔1〕"正常长寿"印款，《黄士陵印谱》，上海书店，1993年。
〔2〕"德彝长年"印款，同上。
〔3〕《摹印述》，《美术丛书》初集第一辑。

[清]赵之琛　印三方

三昧，然自具面目，非丁、黄以下所能，不善学之，便堕恶趣。”后来黄士陵也摹刻此印，他在细细的揣摩中，也发现了赵之谦的刻画之病。他说：“寿如金石佳且好兮，汉长宜子孙镜文也。赵撝叔仿以为印，高古秀劲，超出群伦，已非学步者所拟议，陵往为欧阳务耘仿之，今始得睹是镜，视㧑叔刻，犹不免落入印章蹊径，而锐劲亦不如。”

正是在浙派后进如赵次闲、钱叔盖等渐露刻画之弊时，人们对浙派标举的南宗印、文人印有了新的看法。今人邓散木说。“或曰歙阴柔而浙阳刚……蒋陈以下，已多剑拔弩张之势，至如陈曼生之有肉无骨，钱叔盖之牵合附会，赵次闲之筚路蓝缕，皆后世之学浙派者，锯牙燕尾一派所自出，躯壳已非，遑论神意。”[1] 黄宾虹也认为丁敬还差强人意，对一些浙派印人流于刻画之虞颇有微词。

有一次，魏稼孙远行，赵之谦为之饯行，并刻“巨鹿魏氏”一印，印款录自作长诗，谈到对印章一道的看法，极有内涵，诗云：

> 古印有笔又有墨，今人但有刀与石。此意非我无能传，此理舍君谁可言。君知说法刻不可，我亦刻时心手左。未见字画先讥弹，责人岂料为己难。老辈风流忽衰歇，雕虫不为小技绝。浙皖二宗可数人，丁黄邓蒋巴胡陈（曼生）；扬州尚存吴熙载，穷客南中年老大……

这里虽然没有提到浙宗，但指斥浙派的意思很明显。他认为，浙派后进丢掉了“笔墨”二字，是此派颓丧之根本原因。浙派本来擎起文人印的旗帜，文人印在形式上的落脚就是笔情墨趣，这是篆刻气韵生动

〔1〕《篆刻学》上篇，56页，人民美术出版社，1979年。

的根本。而浙派后进多不解笔墨之妙意，在刀石形式上用功，所以渐失印学正道。即如陈秋堂而言，他论印有一重要观点，就是求险绝。他说："书法以险绝为上乘，制印亦然。"[1] 他所说的"书法以险绝为上乘"的观点就有误，孙过庭《书谱》说："至如初学分布，但求平正；既知平正，务追险绝；既能险绝，复归平正。初谓未及，中则过之，后乃通会。通会之际，人书俱老。"孙氏所谓险绝，就是求变化；但绝不是以险绝为书法的最高境界，书法的最高境界是复归于平正。对于这样的思想，陈秋堂就没有能参透。绩溪胡澍说："有明而还，递相祖述，途径益辟，门户聿分。遒劲宕逸者为浙派，浑圆茂美者为徽派，而波流既靡，浮媚险怪之弊丛生焉。"[2] 这样的险怪之追求，又如何能得笔墨之妙意、文人印之大旨呢？

〔1〕"赵辑宁印"、"素门"双面印印款。
〔2〕《赵㧑叔印谱序》，《赵㧑叔印谱》初集、二集，见民国间西泠印社钤印本。

第十三章
瓷器的天青云破

《周易》有涣卦，此卦下坎上巽，坎为水，巽为风，风水相交，大象解释说是“风行水上，涣”。涣卦，讲的是“散”的道理，汉语中的“涣散”就来自此卦。清风徐来，吹皱一湖春水，水纹波光，散出层层涟漪，此般景致，令人心醉。中国美学根据涣卦，总结出一条审美创造的原则，就是“风行水上，自然成文”的思想。这可以说是中国美学的一条定律。这条定律包括三个要点：一是强调师法自然是一切艺术的最高原则。二是认为自然的创造具有至高的美。北宋苏洵提出著名的“风行水上，涣，此天下之至文也”的观点[1]，这里的“至文”，就是最高的美的意思。三是强调自然创造之美在于无为而成，不为机心所拘，不为法度所限，如水上行风，涣然而合，涟漪为散，散而有文，一切都在无意中。

从这三个要点来看，“风行水上”乃为“天下之至文”，讨论的不是自然美的问题，并非强调自然物具有最高的美，而是突出循乎自然的创造方式，人遵循自然的法则，也可以创造出合乎自然的美的形式。作为中国艺术的典范形式之一的瓷器，也贯穿了这一思想。宋瓷，就

〔1〕《仲兄字文甫说》，见苏洵《嘉祐集》卷十五。

如同绘画中的宋元、书法中的晋唐一样，树立了中国瓷器创造的典范，后代瓷器创造的很多基本思想在两宋时期已经基本建立，元代以来瓷器发展的数百年里程，其实是在延续这一传统。宋瓷创造的根本原则就是崇尚自然，它受到道禅自然天成的哲学和理学天理流行的学说的影响。

“雨过天青云破处，者般颜色做将来”[1]，据说是五代后周柴世宗的这联诗，很好地概括了这一思想。瓷器是人工的创造，是人“做”出来的——将“颜色做将来”，将“形式做将来”，但“做”却不能露出“做”的痕迹，人工痕迹一露，技术的工匠的意味就显示出来了；必须“做”得像没有“做”过一样，“做”得就像天地本来具有的一样，像那“雨过天青云破处”，像那“山岚轻起日落时”。瓷器的创造要克服知识、技术等束缚的弊端，以天工开物的精神，建立一种新的创造秩序。

本文从开片、窑变、色彩三个方面讨论瓷器的创造遵循自然法则的问题。

一、开片：自然延伸的纹理

瓷器中有一个传说。宋徽宗时，一天，位于河南禹州的钧窑场内，有一窑正住火停烧。窑工们拉开窑门，炉火通红。忽然，天上雷雨大作，倾泻到窑内，只见窑内一阵阵水气冒出，“哔哔哱哱”的断裂声不断，窑工们的心也随之凉了。雨停后，人们失望地看到，瓷器釉面上全都是细密的裂纹。窑工们不由得叹息起来。这事传到宋徽宗那里，他要了几件破器，竟然大赞天下无双。据说这就是冰裂纹的由来。

传说当然不可信，但其中却寄寓着中国艺术的一些重要思想：人工难为，天工赐巧。冰裂纹作为自然的创造具有无尚的美感，非人工技巧所能为。

〔1〕据说这是后周柴世宗之诗句，后代多有袭用之，或以为此为中国瓷器的创造纲领。

熟悉中国瓷器的人都知道，很多瓷器布满了不规则的裂纹，瓷学术语叫“开片”，又称为冰裂纹[1]。开片本来是瓷器制作中的缺陷，唐代瓷器中就有开片，今藏于北京故宫博物院的唐代吴越时的一把壶，其上就有裂纹。但五代之前并没有追求开片的风气。瓷器追求开片是从北宋开始，一种缺陷竟然变成一种时尚。这一风气一直流传至今。开片是中国瓷器的重要特征之一。

开片是瓷器釉面的一种自然开裂现象，是由瓷器内部应力作用造成的，当釉面的伸缩程度超出它的弹性区间极限时，就会出现釉层断裂和位移现象，产生裂痕。瓷坯和釉的膨胀系数不同，瓷器烧焙后，在冷却的过程中，釉层的收缩率比坯料大，内部应力不平衡，这也是导致瓷面裂痕的原因。

两宋时期，南北诸名窑中多有追求开片的风习。其中哥窑可以说是一个典范。哥窑产品根据大片和小片的不同，号以冰裂纹、蟹爪纹、牛毛纹、流水纹、百圾碎和鱼子纹，冰裂纹尤为难制，被视为瓷中珍品。哥窑瓷出产于浙江龙泉，宋时有兄弟二人，姓章，弟兄二人各有其窑，所造瓷器都有很高水平，风格也不同。后人将哥哥做的瓷称为哥窑，弟弟做的瓷称为弟窑（或龙泉窑、章窑）。弟兄二人的瓷器都追求裂纹。哥窑开片十分讲究，追求多而密的裂纹。弟窑则更强调连续的纹理，没有断纹。上海博物馆藏有两件哥窑瓷，开片很美，都是宋代作品，一件是葵口碗，一件是轮花碗，碗口自然如花，开片细密，纵横有致。藏于台北故宫的哥窑米色三足炉，也是一件著名的作品，系南宋时作品，釉质不透明，纹理纵横，古朴天然，如同一件远古时期的法器。

除哥窑之外，像汝窑、钧窑、官窑等宋瓷的极品，都程度不同地存在着开片的现象。前人以“青如天、面如玉、蝉翼纹、晨星稀”四

[1] 从严格意义上说，这两个概念意思并不完全等同，开片概指瓷器上的纹理，而冰裂纹从广义上说也具有这一意思，但从狭义上说，它又特指像冰裂痕迹的纹理。就像冰面上，突然遇到外力作用，裂出道道白色的裂纹，没有规则，有长有短，或连或断，这是冰裂纹的特征，它的纹理多沿直线延伸，而瓷器中有不少开片并不循直线延伸。

句形容汝窑的特点，“蝉翼纹”指的就是开片。蝉翼纹，是说汝窑在釉面下有细小的开片，这些开片若隐若现，时断时续，参差交错，没有规则地延伸。汝窑的开片很丰富，还有一些被称为蟹爪纹、鱼子纹的纹理。汝窑中的“晨星稀”，指的是特殊的气泡。汝器釉汁水很厚，釉中有少量气泡，寥若晨星，缀落在青幽的釉面中，与若隐若现的断纹形成奇妙的景致，使得汝瓷在深幽宁静中有变化、有跃动。上海博物馆藏有一件北宋汝窑青瓷盘，色泽厚重，正体现汝窑汁水厚、色如脂的特点，淡青色中隐隐约约有纹理显现，的确有史书上所说的“蝉翼纹”的特点，纹理不规则，如蝉翼，似叶脉。在中国历史上很少有人对开片的美予以质疑。当然其中也有一些特别者。如明曹昭《格古要论》说汝器：“有蟹爪纹者真，无纹者尤好。”这反映了明代一些人的观点。正如李辉柄先生所说：“宋代官汝窑陶艺家追求的主流是开片的自然天趣。”[1]

两宋官窑提倡开片，加重了迷恋开片的风气。北宋时北方旧窑就重视开片，以冰裂纹为上，以梅花片次之，细碎的纹理又次之。南宋两大官窑郊坛下和修内司继承了这传统。台北故宫博物院藏有一件郊坛下的天青叶式水洗，造型独特，天青单色，内敛而清澄，十分精致。器的内外满布纹理，纹理脉络绵延，自然而然，给纯净莹亮的瓷器带来变化。可以想象，如果没有这些开片，它的观赏性将会大大受损。

民国时期著名瓷器学者赵汝珍在《瓷器述要》中说：“开片，有自然与人为两种。自然开片系历年久而渐渐内裂成为片纹者；人为者，系配合药料烧成之者，肇始于宋之哥窑，其后递仿之。开片仿哥之粗糙者，谓之冰纹；开大片而瓷色发红者，谓之格瓷。器小而开大片，或器大而开小片者，皆足贵也。晚清以来，则不贵哥窑之开片，而贵郎窑之开片。大抵开片瓷器，概以扪之无痕者乃为可贵也。”[2]

赵汝珍所说的两种开片形式，一是自然形成的，一是人工制作的，这是个粗略的划分。其实，若细研之，自宋元以来的瓷器发展史上，

---

〔1〕《宋代官窑瓷器》，63页，中央编译出版社，2008年。

〔2〕《赵汝珍讲古玩》第三章，东方出版社，2008年。

好的开片应该都是自然形成的。在这其中又可分为两类，一类如瓷器烧制中出乎意料的裂痕、历史流传中渐渐出现的裂痕，这类与人工无关。另一类则是经由人工特殊处理，而引至自然的裂纹出现——不是人造出裂纹，而是人利用自然之势创造出自然的纹理来，这正是中国瓷器开片中至为关键的问题。因为中国瓷器的开片大都是“做”出的，蝉翼绵延、冰痕历历等等，都是人所“做将来”。因此，它是一种主动的美学选择，而不是偶然的自然赐予。有意“做”出裂纹和没料到出现了裂纹是完全不同的问题。

哥窑是人工制作纹理的典范。它的人工制作，不是画出，一切人所画出的纹理，都摆脱不了装饰性，缺少自然形成的非规则、无秩序的特点。哥窑人工制作的纹理，一类为填充型，在烧成的釉裂纹中填充煤烟或硫酸铜等着色剂，前者呈现黑色的纹理，后者却有棕绿色的纹理。一类为覆盖型，在焙烧后的底釉上覆盖一层颜色釉，再次焙烧，冷却后，呈现出被瓷器界称为金线的小裂纹。可惜的是它的工艺已经失传。元代以来的仿哥窑之作，收藏界称为“旧仿”的，也是人工制作的。如台北故宫藏有一件元代哥窑鱼耳炉，在米色釉上，有细粹的开片，实是哥窑上品。裂纹就像一片树叶上的纹理，渐渐伸展，脉络相连。仿作也达到了很高的水平。

明清两代的仿制瓷中的开片，有仿哥瓷的，有仿汝、钧等窑的，也能制作出如鱼子纹、蟹爪纹、百圾碎、金丝铁线等纹理。清代康熙年间郎红的开片就很有特点，表面有大片裂纹，还有细细的小裂纹，隐而不露，颜色深红，如凝牛血，在深红的釉面中，依稀见绵延的裂纹，极有韵味，这样的开片也是制作出来的。它分为先制和后制两种。

清代仿造前代开片至雍正、乾隆朝达到高潮。乾隆极好开片，他在一件仿哥窑鱼耳炉下的题识中说：“伊谁换又薰，香讶至今闻。治自崇鱼耳，色犹缬鳝纹。本来无火气，却似有云氲。辨见入还毕，鼻根何处分。乾隆丙申年暮春。”所谓“色犹缬鳝纹”，指的就是开片。鳝血纹为开片上品。明高濂《遵生八笺》说：“官窑品格，大率与哥窑相同，色取粉者为上，淡白次之，油灰，色之下也。纹取冰裂鳝血为上，梅花片墨纹次之，细碎纹，纹之下也。”乾隆曾见一件仿宋官窑贯耳穿带瓶，以为是真品，并题有一诗：“李唐越器信称无，赵宋官窑珍以孤。色自粉青泯火气，纹犹鳝血裂冰肤，摩挲真是朴之朴，咏叹仍非觚不觚。合赠向人合长吉，簪花得句负奚奴。乾隆壬寅新正御题。”其中对开片的古朴天真的意味极为推崇。

南宋灰青葵口碗

明清以来追求开片之风还超出陶瓷领域，影响到家具陈设、紫沙制作等方面。明清两代的宜兴紫沙壶制作时有开片佳品，仿哥窑的纹理，有千般变化，清代宫廷旧藏一件宜均天蓝釉鸠首壶，深紫色沙泥，外罩天蓝釉，是一件紫沙挂釉之作，釉面有裂纹，疏疏朗朗，颇有美感，为明代紫沙名作。

明代家具已经开始追求冰裂纹的图案，今见明式家具中多有仿造瓷器开片的现象。在家庭陈设方面，也有模仿瓷器纹理的现象。艺术评论家李渔酷爱开片，他在谈到“屏轴”制作时说，屏轴之作“莫妙于冰裂碎纹”，“法于未书未画之先，画冰裂碎纹于全幅纸上，照纹裂开，各自成幅，征诗索画既毕，然后合而成之”。[1] 在室内装饰方面，他提出“幽斋化为窑器”的观点，即将瓷器制作的手法用于室内装饰。具体方法有：“先以酱色纸一层，糊壁作底，后用豆绿云母笺，随手裂作零星小块，或方或扁，或短或长，或三角或四五角，但勿使圆，随手贴于酱色纸上，每缝一条，必露出酱色纸一线，务令大小错杂，斜正参差，则贴成之后，满房皆冰裂碎纹，有如哥窑美器。”[2] 他认为门窗的制作也可以用哥窑之法。他说：“至入寒俭之家，睹彼以柴为扉，以瓮作牖，大有黄虞三代之风，而又怪其纯用自然，不加区画。如瓮可为牖也，取瓮之碎裂者联之，使大小相错，则同一瓮也，而有哥窑

〔1〕《闲情偶寄·器玩部》“屏轴”一节。

〔2〕《闲情偶寄·居室部》。

南宋天青叶式水洗

冰裂之纹矣。”[1]

瓷器开片成为中国审美生活中的娇宠，至今仍然具有生命力，甚至刺激现代艺术设计创作的智慧。其中所体现的中国审美观念中的一些重要倾向值得注意。

以宋瓷为代表的中国瓷器是细腻的、宁静的、温致的、清纯的，但如果一味强调细腻温雅等，则又可能流于格局狭小、风格单一，柔婉有余而野味不够；瓷器是一种手工工艺，为工匠创作，如何脱掉“匠气”至关重要；而且一般来说，瓷器表面的釉面光滑流丽，很容易流于甜俗；瓷器是烧制之作，最易流于燥气、火气。一句话，瓷器创造极易显露人工痕迹，缺少天然的趣味。在中国美学的观念中，如果一个工艺制作品仅仅停留在工匠制作的范围内，是难登大雅之堂的，用今天的话说，就是缺少艺术性。追求开片，追求天工之妙，其实是将瓷器提升至艺术范畴的重要手段之一。

开片的这种天工之妙，主要体现在两个方面，一是在形式上对人工秩序的规避，一是在内涵上对人生命的关怀。

第一，形式上对人工秩序的规避。

两宋以来，中国瓷器艺人和赏评者优游含玩于开片之中，说到底，就是对人工秩序的规避。瓷器的开片妙在观之无向、扪之无痕，自然延伸，渺无踪迹，或如惊鸿暗度，去留杳然，或如落花水流，不知所之。开片的纹理与人造纹理的根本不同是，无秩序就是它的秩序，其间暗含着对人工秩序的回避。

瓷器上的开片是不可预料的，就像天所赐予，而人工画出的裂纹，似乎有一种潜在的手牵引着你，使你不知不觉中依照习以为常的法度去创造。瓷器中推崇自然的开片，就是拉开这只手，让创造者恢复生命的

〔1〕《闲情偶寄·器玩部》。

自由。就线条来说，线条从外在形式上看，有两个重要取向，一是几何型，一是图案型。而冰裂纹与几何线条不同，几何线条是机械的，横来直去，如果瓷器都画成这样的线条，就有浓厚的机械味，这样会损伤自然的美。今有艺术家认为，古代瓷器的开片有立体感，甚至做出有立体感的开片，我以为这将道理弄颠倒了，开片不是为了追求立体感，恰恰是为了规避几何感，因为几何感意味着人工浓重的痕迹。看看西方古典园林的几何构置和中国古典园林的自然脉络，对此就可一目了然了。而图案型则易流于外在形迹，所以中国瓷器的纹理中，以自然冰裂为上，以图案纹为下，就反映了这一取向。其目的也在弱化人工雕琢的痕迹。

第二，内涵上对人生命的关怀。

使纹理成为“人”之“文”，这也是开片意义的落实。人们为什么追求开片，并非仅仅因为开片的裂纹具有形式美，重要的是其中包含着对生命意义的追求。“文”（“文”是“纹”的古字）中间应该有“人”，有对“人”的关怀。像宋徽宗《燕山亭》词上片所云：“裁剪冰绡，打叠数重，冷淡燕脂匀注。新样靓妆，艳溢香融，羞杀蕊珠宫女。易得凋零，更多少、无情风雨。愁苦。闲院落凄凉，几番春暮。”[1] 这是一首写瓷器的词，其中的“裁剪冰绡，打叠数重”即指瓷器的冰裂纹，主要是对形式感的描绘。但当追求开片变成一种风气，由自发而变成一种自觉的追求时，其生命意义追求的特性就愈加明显了。

元代哥窑青瓷单把杯

瓷器为实用之具，又是供人观赏的，必须要在形式感上不断丰富。但瓷器还有一种表达性灵的功能，在宋代文人意识兴起之后，这样的

[1] 词为《全宋词》所录，注云：“见《烬馀录》乙编，《阳春白雪》卷二此首误题僧仲殊作。”

南宋龙泉窑青瓷束口碗

倾向越发明显。它的形式感，包括色彩、款式、线条、釉面的装饰图案等方面，都隐含着人的情性表达的内容。冰冷的瓷器贮积着人的性灵追求，没有这一点，仅仅作为一个制作精良的工艺品，是无法产生如此魅力的。

瓷器开片在宁静中显露天机流动的韵味。鱼子纹、百圾碎、蟹爪纹、冰裂纹，这些不同形式的纹理，或明或暗地隐藏在瓷器的釉面里，打破了瓷器表面的单一平衡，使其显露出内在的机锋来，如同平静的水面荡起涟漪。虽然在质地上并不一定改变了瓷器光滑如镜的表面，但却在视觉上克服了光滑可能带来的弊端。浅浅的线条在琉璃世界中幽幽地延伸，有的像一片树叶的脉络上下其行，有的像月光的细影在大地上迷离闪烁，有的又像云霞飞荡的流光逸影，为这宁静的世界增添了机趣。线条与釉面所构成的关系，形成了特别的美感。线条的似有若无、若隐若现，最是妙处，若线条过重过显，都有悖艺理。被称为“百圾破”的哥窑纹理，原是断文，似有若无，其为鉴赏者所推举，原因正在此处。

瓷器的开片又在斑驳中体现天真古淡的意趣。宋代哥、官、汝、钧以及后代如郎瓷等大量的重视开片的瓷器，并非为了表现一种残缺的美，而是独得一种“斑驳的美感”——这是体现中国艺术独特趣味的形式。就像锈迹斑斑的青铜器物，中国盆景制作中那不可或缺的苔痕，或者像篆刻艺术剥蚀的金石味，斑驳陆离中，寄托着人们独特的情愫。瓷器的开片也体现了这一趣味，在自然古淡中出天真之趣。淡淡的裂痕，如同经过历史老人巨手的抚摩，在空间艺术中注入了时间性因素，为宁静的瓷器带来了历史的幽深感。

前已提及，明代画家陈洪绶有《蕉林酌酒图》，画中的主人公手执酒杯，坐在山石几案前，他的身后是宽大的芭蕉林和玲珑剔透的湖石，面前有两位煮酒的女子，正将菊花倒入鼎器中。奇崛的博古架上放着一个花瓶，花瓶和鼎器一样，都是斑驳陆离，锈迹斑斑。而在石桌旁，有一花瓶，上面布满了裂纹，那是开片的瓷器。陈洪绶通过这种特别的结构，在往古与当下的回环中，突出永恒感。陈洪绶的另一幅作品《闲话宫事图》，图中也有一个花瓶，花瓶里放着梅花和红叶。花瓶也作冰裂纹，这开片增加了高古幽深的格调。

宋代汝窑青釉盘

对于开片的这种美感，前人多有所论。明徐渭有《画插瓶梅送人》诗说："苦无竹叶倾三斝，聊取梅花插一稍。冰碎古瓶何太酷，顿教人弃汝州窑。"自注："瓶作冰裂纹。"[1] 他说"冰碎古瓶何太酷"，意思是冰裂纹有一种幽冷的美感，上插梅花，更能见出冰清玉洁的意味。清张潮说："冰裂纹极雅，然宜细不宜肥。若以之作窗栏，殊不耐观也。冰裂纹须分大小，先作大冰裂，再于每大块之中作小冰裂，方佳。"他对家具陈设中的冰裂纹非常醉心。其友人江含徵评曰："此便是哥窑纹也。"[2] 冰裂纹的影响超出于瓷器。明袁宏道《瓶史》论花瓶之作，特别强调铜器要有锈迹，瓷器要有裂纹。他说："瓶花之法梅折枝不可太繁，择其有韵古怪苍藓鲜皴者，宜古铜瓶贮之；甚寒时，则铜亦绽裂，须用汤入盐少许，将花折处火燎之，然后插瓶中，仍用纸塞瓶口。"[3] 又说："尝

[1]《徐渭集》卷三十七《徐文长逸稿之八》。
[2] 张潮《幽梦影》卷下。
[3]《瓶史》卷上，《宝颜堂秘笈》六集。

见江南人家所藏旧觚，青翠入骨，砂斑垤起，可谓花之金屋。其次官、哥、象、定等窑，细媚滋润，皆花神之精舍也。”[1] 凡此皆可见出中国艺术家的独特用心。

二、窑变：不可逆料的奇迹

汉语中有“窑变”一词，指的是没有预料到的突然变化。这个词汇在宋代时就有使用，在元曲中已经用得很普遍了，多指情变。如：“崔夫人嫌杀张生，冯员外买断苏卿。他山障他短命，您窑变您薄情。听，休想有前程。”“书生俊俏却无钱，茶客村虔倒有缘。孔方兄教得俺心窑变，胡芦提过遣，如今是走上茶船。”“小苏卿窑变了心肠，改抹了姻缘，倒换排场。”“情意牵，使嫌钱，论风流几曾识窑变。”

“窑变”本是陶瓷艺术的术语，瓷器烧制完成后，开窑所见成品在色彩和形式上出现了没有意料到的结果，故称之为窑变。瓷胎和釉面在烧制过程中总会出现折损，这是正常的，也不值得惊奇，但这不是人们所说的窑变。窑变主要指设计者完全没有想到的、超出了设计者预料的结果，具有很高的艺术欣赏价值，尤其体现在色彩和釉面形式的变化上。

前人以“入窑一色，出窑万彩”来形容窑变的魅力。万千图画，皆成天然妙景，令人惊诧莫名，或如长虹饮涧，或如落霞浮浦，或如孤树寒鸦，或如冰河绵延。前人有诗形容窑变的釉色为“晕如雨后霁霞飞”，“雨过天晴红琢玉”，又有所谓“绿如春水初生日，红似朝霞欲上时”等等，正所谓神笔难追色外色，窑变奇景天外天。窑变之妙，主要在形态的变化上，人所绘制的物体形态，很难克服形态和色彩融合的僵硬化，难免会露出人工的痕迹。但在窑变中，有种种奇妙的形态映现。前人有“窑变无双”的说法，就是说窑变的器物是唯一的、不可重复的。

在中国陶瓷史上，窑变的历史可以追溯到西周时期，那时浙江地

[1]《瓶史》卷下。

区烧造的原始瓷青釉器上就已出现乳光斑，但认识到它的艺术价值，并通过人的努力去追求这一天工之妙，则是在宋代。宋哥、官、定、钧诸窑器中，都发现了窑变的情况。明谷应泰《博物要览》卷五谈到官、哥二窑时说，“二窑烧出器皿，有时窑变……于本色釉外变色，或黄或紫红，肖形可爱”。南宋周辉《清波杂志》卷五说到“定器”时，也谈到窑变现象：“景德镇所造，常有窑变云，不依造式，忽为变成，或现鱼形，或浮果影。”而钧窑的窑变更是中国陶瓷窑变的范例。

元代哥窑鱼耳炉

窑变神奇莫测，在历史上曾经被当做一种灵异现象，中国历史上大凡出现不可解释的现象，总有人会朝这方面联想。[1] 有的人认为它是

〔1〕据南宋周辉《清波杂志》卷五记载：“饶州景德镇，陶器所自出，于大观间窑变，色红如朱砂，谓荧惑躔度临照而然。物反常为妖，窑户亟碎之……”而明谢肇淛《五杂俎》卷十二《物部》也说：“景德镇所造，常有窑变云，不依造式，忽为变成，或现鱼形，或浮果影。传闻初开窑时，必用童男女各一人，活取其血祭之，故精气所结，凝为怪耳。近来禁不用人祭，故无复窑变。一云：恐禁中得知，不时宣索，人多碎之。”将窑变的器物当做怪物，打碎了，而不敢献给朝廷。关于童男童女的异说仅见其记载，恐未必有其事。这方面的说法很多，明曹昭《格古要论》谈到吉州窑时说：“相传宋文丞相过此，窑变为玉，遂不烧。”清唐秉钧《文房肆考图说》卷三《古窑器考》说：“明诏景德征烧屏风，变其二为床、船。”明何孟春《馀冬序录》卷四：“水土所合，人力之巧，不复能与，是之谓窑变。盖数十窑中，千万品，而一遇焉。然监窑官见，则必毁之。窑变宝珍奇，而不敢以进御，以非可岁供物也。故供上磁器，惟取其端正合制，莹无疵瑕，色泽如一者耳。有时幻化作诸象，满窑瓷器忽然失。”窑变成了一种灾难。明宋应星《天工开物》也记载：“正德中，内使监造御器。时宣红失传不成，身家俱丧。一人跃入自焚。托梦他人造出，竞传窑变，好异者遂妄传烧出鹿、象诸异物也。”凡此不一而足。

徽州冰裂纹窗

妖术，很害怕，就急着将它打碎。有的人认为的确是好东西，但是为皇上所烧制，哪里敢将这些不合规范的东西献上，无奈只好将它打碎。中国历史上有不少人将窑变瓷器当做灵光之物，认为是天授神力。明清时，北京西郊慈仁寺有一窑变观音像，那是京中著名的法器。据说明神宗时，李太后信仰佛教，当时有人献上景德镇窑的一件窑变观音像，说这件法器从窑中初出，气象庄严，绿衣披体，晏坐支颐，两膝低昂，左偃右植，手轮梵字，人们惊呼这是观音现世。太后就将它赐给了慈仁寺，后来成了这座京西寺院的法宝，人们以一睹此像为快事，甚至出现了“窑变争看古佛妆”的现象。[1]

今天我们知道，窑变是一种自然现象，瓷器在烧制过程中，由于含有多种呈色元素，或者由于组成不均匀，或者是不同性质的釉施于同一器面上，在高温烧制的过程中，经过一系列复杂的化学变化和物理变化，最终在出窑后形成了意想不到的釉色效果和造型形态。

当代有的研究认为，古人不了解窑变的科学原理，将窑变视为一种灵异现象。这话说得并不准确。古人的确不了解其中包含的氧化还原等复杂的化学和物理变化过程，但将其视为一种灵异现象的人还是少数。早在宋代，瓷器的制作者就知道，这是“火性幻化”的结果，是釉在高温烧制过程中所出现的自然变化现象，只是这种变化往往通

〔1〕宋荦《筠廊偶笔》：“慈仁寺窑变观音，以庄严妙丽胜。”乾隆还作有《窑变观音像记》，说：“报国寺中瓷观音一座，宝冠绿帔，妙相庄严，相传得之窑变，不假人工。详孙国敉燕都游览志。夫埏泥屑石，止于因物付形。自非大具神通，何由宝饰珠装，顷刻幻成相好？是知灵呈抟埴，体肖本来，千万亿菩萨化身随处涌现，有不可思议功德。瞻礼之余，并识灵迹，俾人天观者知佛海旃檀原自转轮无碍耳。”（《日下旧闻考》卷五十九）

过人工难以达到罢了。但人们可以创造一些条件，引发所谓窑变现象的产生。

正像《景德镇陶录》所说的：“窑变之器有二：一为天工，一为人巧。其为天工者，火性幻化，天然而成……其由人巧者则工，故以泑作幻色，物态直名之窑变。”[1] 这里谈到窑变器物的两种形式，一是天工，一为人为。其实宋代以来大量的窑变瓷，多为人工所制。从宋代的钧、定诸窑到元代景德镇瓷，再到康熙时的绿郎窑、雍正和乾隆年间的窑变花釉，窑变多为人造。人们利用火性幻化的变化，寻找窑变奇妙的变化规律，由不可控制，到创造某种条件促使这样的窑变。宋代的定窑、哥窑等都有此类现象的出现，其中最为突出的当推钧窑。

宋代钧窑天蓝釉瓷盘

前人形容钧瓷之妙有两句话，叫做“闲观窑变神韵色，静听钧瓷开片声”。静听钧瓷开片声指的是开片之妙，闲观窑变神韵色指的是窑变之奇，二者都在追求自然天成之妙。人们对钧窑的推崇，在一定程度上，就是对其自然天成之妙的赞颂。

钧窑灿若晚霞的铜红窑变釉，是这座名窑的佳品。它以铜的氧化物为着色剂，在一千三百多度高温下，烧出了被称为钧红的特别的红色。钧瓷利用窑变，模拟天地色彩的变化，在清幽光洁的青色釉面上，

〔1〕嘉庆二十年（1815）异经堂刻本。《景德镇陶录》为清景德镇人兰浦原著，六卷，后弟子郑廷桂增卷首《图说》和卷尾《陶录余论》，共为八卷。

染出红色或紫红，这些颜色有丰富的层次，前人以“夕阳紫翠忽成岚”来形容它的美感，就像葱翠的山林到了黄昏格外静谧深幽，一缕晚霞将其余光抹在这一片世界中，微红暗度，紫光蒸腾，山岚轻起，红、绿、紫等等色彩构成奇妙的世界。这就是钧红的妙处。钧红最得紫色之妙处，轻盈而厚重，宁静而幽深。近人刘子芬在《竹园陶说》中说：“钧窑器一枚，价值万金……宋时紫色如熟透之葡萄，浓丽无比，紫定、紫钧，其器皆纯色。”[1]

钧窑有一种被称为蚯蚓走泥纹的形式非常著名，这也是鉴定钧瓷的重要特征之一。民国年间许之衡在《饮流斋说瓷》中说：“钧窑之釉，扪之甚平，而内现粗纹，垂垂而直下者，谓之泪痕；屈曲蟠折者，谓之蚯蚓走泥印，是钧窑之特点也。”[2]泪痕斑斑，暗藏平釉之下，若隐若现，平整中有沟壑，斑驳如梦幻。一条条从上而下延伸的逶迤的釉痕，就像蚯蚓在泥土中游动，蜿蜒起伏，极富动感，打破釉面的僵滞。钧窑瓷胎在上釉前先素烧一过，然后涂上很厚的釉，釉层在干燥时或烧成初期发生干裂，在高温中粘度较低的釉又流入空隙中，从而造成这样的特别效果。

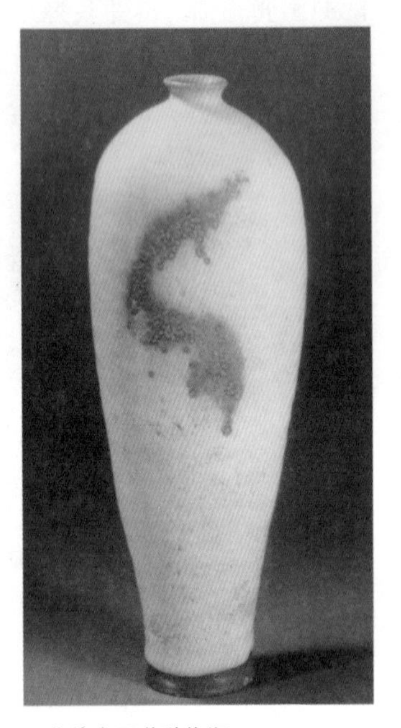
元代钧窑天蓝釉梅瓶

钧瓷的很多窑变（如蚯蚓走泥纹）是“做”出来的。钧瓷的“做”就是巧夺天工。钧红、晕晖、蚯蚓走泥、泪痕等，都是在人工的基础上，利用窑变而创造出来的。清末陈浏（号寂园叟）有《咏陶诗·均盆歌》诗写道：“柴窑不可见，存者惟禹均，均也汝也皆宋器，蚯蚓走泥

〔1〕民国十四年（1925）刻本。
〔2〕见许之衡《饮流斋说瓷》卷上。见叶喆民《饮流斋说瓷译注》本，紫禁城出版社，2005年。

迹已陈，欹斜屈曲若隐现，以此辨其赝与真。宋后莫能仿制者，造化巧妙何其神。”[1] 他认为，钧窑妙在巧夺天工。

清雍正窑变弦纹撇口瓶

以钧窑为典型的中国古代陶瓷追求窑变之妙，其实是对自然天工美学的服膺。许之衡《饮流斋说瓷》说：“试以瓷比之诗家，宋代之汝、均、哥、定，则谢宣城、陶彭泽也。淡而弥久，渊渊作金石声，殆去《三百篇》犹未远也。”他将钧窑等宋瓷比为诗坛之谢灵运和陶渊明，是自然天成的代表，而嘉、道之后的瓷器犹如诗坛之晚唐和宋诗，虽有妙作，但流于模仿刻画，稍失自然之韵，这一比喻是切当的。台北故宫藏有一钧窑粉青窑变粉红红碗，口缘较薄，胎体向下逐渐增厚，在粉青釉地上出现因窑变作用形成的铜红斑块，圈足无钧釉，涂饰浅储色薄汁，是钧窑器中的佳品，具有很高的价值。

窑变是自然天成的结果，是真正的天工开物。古人早就认识到这一点，清代梁同书《古窑器考》中记载：“至若出器，时有窑变，非人力所可致。”[2] 清佚名陶瓷学之作《南窑笔记》说：“盖因窑火精华凝结，偶然独钟天然奇色，光怪可爱。”[3] 明何孟春《馀冬序录》说窑变“是造化之责，吾不得而知也”[4]。前人所说的“举天下之巧无以改其精，举世间之密无以察其机”，就是强调其不可逆料的天然美感。

窑变是无心凑泊的结果，本无心以相求，不期然相会。这正是中国艺术追求的自然天成的妙境。艺术的高致产生于无心无念之中，但

〔1〕钧窑，又称为均窑。

〔2〕《古窑器考》一卷，《美术丛书》四集第四十辑，神州国光社，1936 年。

〔3〕此作大致作于乾隆年间。见《美术丛书》四集第四十辑，神州国光社，1936 年。

〔4〕《馀冬序录摘抄》内外篇，上海：商务印书馆，1937 年。

无心无念不是胡乱而为，而是强调去除机心，一任自然。

本文开篇时说到《周易》涣卦，涣卦讲散的道理，水上行风，散而为文。散和聚是相对的，散中有聚，形散而神不散，外散而内不散，表面上不经意，却有大的创造。这一卦六四爻辞说："涣其群，元吉。涣有丘，匪夷所思。"大水冲去，冲散了众人；水的冲击，居然聚集成山丘，真是难以想象。这说的就是散中有聚的道理。这里的"匪夷所思"，在中国美学中极受重视，真正的创造不是"思"而致，而是"遇"而得，艺术的超越在自然的兴会——"机遇"中，不在人心的揣度中。

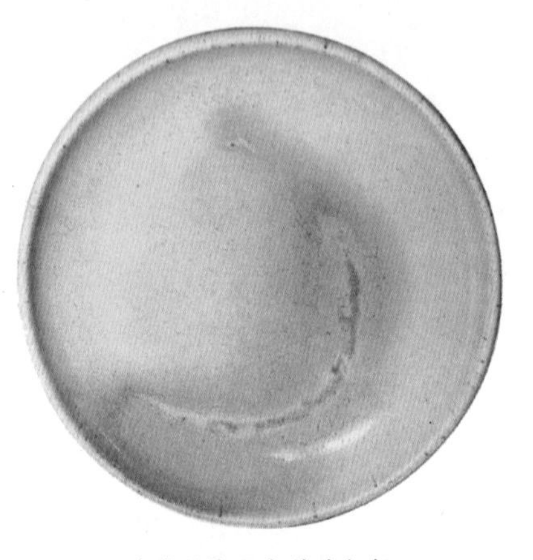
宋代钧窑月白釉鸡心盘

其实，窑变的美，就是"匪夷所思"的美，是不可逆料的。可以逆料的，是人工的，是有心为之，有心为之即有秩序，为秩序所束缚，就没有自由之心。中国陶瓷学推崇窑变的创造，就是去除人工，追求天然；去除机心，追求无意；去除表面的秩序，追求自由的创造。陶瓷学一如中国其他艺术一样，坚持在无理处求理，无序中求序。强调自然天成的窑变之妙，在一定程度上可以说是"躲避秩序"，将一种难以企及、不可逆料、不可重复的偶然性创造作为追求的目标，其实是对那些刻意追求风气的摒弃。

三、色晕：瓷器上的水晕墨章

中国瓷器历来对色彩极为讲究，瓷器创作的历史丰富了中国对色彩的把握。说到色彩，自然青花以其纯净清澈为人所垂爱，而五彩、粉彩等也是瓷器的色彩中的主要形式。其实中国瓷器色彩上的创造远不止于此。据传唐代时瓷器就非常重视色彩，一种被称为"秘色瓷"

的色彩引起人们浓厚兴趣，陆龟蒙《越器》诗中所说的“九秋风露越窑开，夺得千峰翠色来”，描绘的色彩令人神往。宋代钧、汝、定、官、哥诸窑在色彩表现方面无不各具高妙之处，它们所创造的色彩世界成为后人竞相模仿的对象。

中国瓷器色彩创造之大法，就是仿造自然。“雨过天青云破处，者般颜色做将来”，瓷器就是要“做”出如天地一样的颜色，颜色的表现要体现造化之妙。宋代汝窑将柴世宗这句诗境真正“做”了出来。汝窑以玛瑙为釉，烧出来的釉色呈天青色，清而不翠，蓝而不艳，灰而不暗，有清纯高雅、含蓄内敛之妙境。在天青的釉面上，往往还有若隐若现的气泡，如同夜晚天上的星辰。有人说汝窑是“天的艺术”，就是在色彩上追求天工自然之妙。明清两代，天青色为陶瓷界所宝爱，明代甚至以青色为主色。清代乾隆年间的一件天青釉葫芦瓶，那种清纯莹澈的美，令人难忘。

这里还以钧窑为例，来讨论瓷器在色彩上追求自然之妙的问题。钧窑真正当得起“钧窑者，瓷之君者也”的美称，至少在色彩的创造上如此。

前人形容钧窑之妙如“千峰翠色浮几案，雨过云破无纤尘”，下面的这件作品就是如此。这是一件藏于日本松冈美术馆的钧窑霁青釉红斑瓶，大致是金代的作品。它的基本色是被称为霁青的颜色，这是明代宣德以后瓷器中极力模仿的。它就像雨后初晴的天空，湛蓝中透出纯粹的青，又像是幽深而澄碧的湖水，映现出特别的湖蓝，晶莹透亮，深不可测。这件瓷器在蓝青釉的外面又略施红斑，红斑釉汁浓厚，边际与蓝青混为一体，显露出晕散的效果，如同“月夜望星空，晖晕自然成”。红斑红中带紫，由上自然垂下，由于汁水厚，下垂的力不均衡，所以形成特别的层次，似滴而非滴，形成内在的弹性。这就是俗称为鼻涕痕的那种。它就像一位高明的画师随意涂抹而成。

这件作品粗粗一看，倒也没有什么特别，但它却令人难忘，其不同凡响处正在不规则的釉色上。钧窑以色胜，不仅彩色釉有别于前此的单一着色，色彩极为丰富，很难模仿，而且突破颜色的规则性表达，力求借天工之手，表现出自然色彩的质感来。前文所说的泪痕、蚯蚓走泥纹，以及这里所说的鼻涕痕、色晕等，都注意到自然的特色。

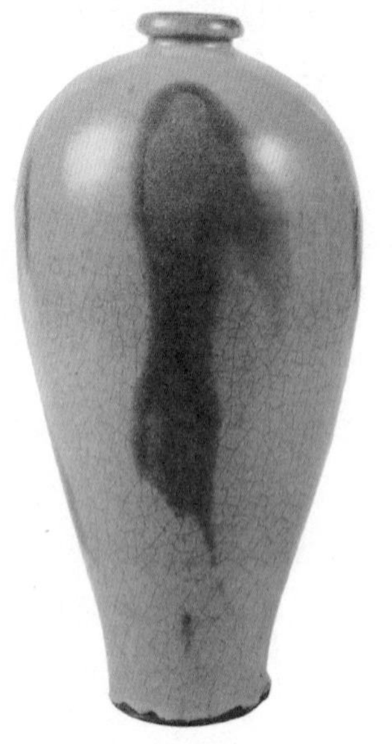

宋至元代霁青釉红斑瓶

钧窑色彩流动无规则，色釉交接处不整齐，色彩块面无常形，色彩之间的过度带不清晰，色彩的层次有渐进的变化，尤其如这件瓷器的红斑边缘很模糊，形成逐渐晕散的现象。如同寂园叟诗中所说："蚓泥变幻哪能揣，泪痕流下方津津，蚓走泪流不一态，一燥一润各有因。泪痕奇绝傲泥蚓，要以莹泽胜枯皴。"（《咏陶诗 · 均盆歌》）泯灭人工痕迹，尽显自然之趣。

钧窑色彩之妙还体现在一个"润"字上，由润而形成晕散的效果，这就是钧窑色彩表现的色晕现象。这使人联想到中唐以来山水画的变化。董其昌说："南宗则王摩诘始用渲淡，一变钩斫之法。"王维以及王墨、张璪等创造了水墨之法，以水墨取代色彩的表达，五代以来一跃而成为中国画的主流。水墨的妙处则在其"渲淡"之法，就是五代荆浩所说的"水晕墨章"，浓淡不同的墨色着于渗透性很好的纸张（如后代的宣纸），墨色渐渐晕散，形成丰富的层次，由此形成"文采自然"的效果，其微妙之处甚至超过了青绿着色画。而线的"钩斫"，容易产生痕迹，水墨画的妙处是将笔的轮廓淹没在墨的渲染之中，以增加其内蕴。由着色为画转为以水墨为主，体现了中国绘画以自然天工为最高法则的精神。

两宋是水墨画发展的成熟期，钧窑的创造显然受到这一文化传统的影响。钧窑的色晕法，其实就是水墨画的"水晕墨章"，它可以说是瓷胎上的水墨画——这与明清时在釉色上饰以水墨画不同。厚厚的釉汁就是它的水墨，而瓷胎就是它的纸张。先着以霁青或月白等釉色，再在光莹透亮的釉面上随意涂抹上厚厚的红斑，任其流动，斑痕点点，釉迹斑斑，红釉渐渐晕染，就像击石湖面，涟漪渐渐散开去，由密到疏，由可见到不可见，最终融于平静的湖面。

钧窑的色晕现象很多。《陶雅》说：“雍正仿钧，以淡色东青为质地，和以紫釉，散如杂星，亦颇夹灰墨小点，而青紫交晕，天然浑合，甚难觅也。”[1] 如一件雍正年间景德镇官窑仿钧窑新紫匜式尊，今藏于北京故宫博物院，正是《陶雅》所说的那种。釉体色彩给人留下难忘的印象，它以淡青为底，与神秘的浅紫细斑晕合为一体，上部的颜色浓厚，至下部渐渐淡去，几乎没有任何人工的痕迹，一切都如同自然天成，如一个成熟的晶莹透亮的石榴，上面还蒙着微露。

钧窑色彩的表现力受到后代的推崇，仿作者很多。明清以来瓷器色彩表现上的不少新样式，往往可以看出钧窑的影子。如清康熙年间的豇豆红，就是利用色晕的现象来创造的。豇豆红釉含有粉质，非常细腻允净，浅红色的釉层下，有星星点点的绿色苔点，苔点晕散，红中泛绿，有美人醉酒之态，所以称为“美人醉”——美人的脸上泛着红晕。豇豆红釉是一种高温颜色釉，为康熙年间官窑名品，不太容易烧制，烧出的成品主要是小器。

宋代钧窑靛青釉紫斑碗

正是在顺应自然的原则指导下，中国瓷器不是竞红斗绿，而强调平淡天然的表达。即使如后来的粉彩、五彩之类，也没有背离自然至上的原则，色彩的晕然力避人工的痕迹。《陶雅》说：“五采能力最大，纵横变化，层出而未有穷也。而所谓一道釉者，凡系高尚之品，又各各不相侔。并如一花之有一世界，莫之能名言者也，岂非不可思议之尤者乎？细入毫芒，苦心分别，久之又久，虽暗中摸索而亦能辨之。斯可以穷天地之精微，泄造化之秘钥矣。粉定与建窑，均以肉红色为

[1]《陶雅》卷下十八，题江浦寂园叟作，光绪刻本。

贵，而闪黄者次之。闪黄者谓之牙色。宋瓷中，雨过天青一种，蒽褙靓丽中，有蚯蚓走泥纹，迥非康雍朝所能摹仿，去柴周近也。”（卷上之一）正点出其自然天工之妙。

景德镇官窑仿钧新紫匜式尊

第十四章 中国画的荒寒境界

明李日华说：王安石“有诗云：‘欲寄荒寒无善画，赖传悲壮有能琴。’以悲壮求琴，殊未浣筝笛耳，而以荒寒索画，不可谓非善鉴也”。在李日华看来，王安石以“荒寒”评画，大得画之要旨。在这里，他实际上是把“荒寒”作为中国画的基本特点。若征之以中国画创作，此并非妄说。打开中国画的天地，在烟云飘渺、山林逶迤之后，总有一种幽幽的寒意在。在中国古代，荒寒不仅被视为中国画的基本特点之一，还被当做中国画的重要境界，它也是文人画审美趣味的体现。日本绘画推崇凄冷的美感，为绘画界所熟知，如十六七世纪时雪舟、雪村的山水画就有强烈的冷寒韵味。而中国绘画推崇寒冷之境，今之论者鲜有道及。其实这种情况在中国更普遍，更带根本性。其中反映的深长用思值得揣摩。中国画家将热烈的、喧闹的、繁华的气氛从画面中请出，代之以冷逸、清寒、荒率，体现了道法自然的深邃哲学思想，是中国艺术家从人工秩序逃遁，归于大化思想的体现。

一、荒寒画境之体现

从题材上说，中国画家喜画雪景。明文徵明说：“古之高人逸士，

[北宋]巨然　雪图

往往喜弄笔作山水以自娱，然多写雪景。”乐卿题李成《江山雪眺》图云：“古人最喜画雪。”而且，中国画家又爱画寒林，秋日的疏木，冬日的枯槎，春日的老芽初发，都被笼上了一层寒意。荒寒为中国画所重，和水墨山水的出现有关，被称为南宗画祖的王维就是大量以寒入画的画家。《清河书画舫》卷三说：“右丞喜画雪景。”仅见《宣和画谱》卷十著录的王维雪景图就有26幅。王维可以说是中国画史上第一个将雪景作为主要表现对象的画家。今从其所传画迹《雪溪图》尚可见出“雪意茫茫寒欲逼”[1]的特征。王维酷爱画雪，是因为要追求雪后的寒的意味；大量创造荒天寒地，使王维的画显示出“云峰石迹，迥出天机，笔意纵横，参乎造化”的境界特点。王维的创作对中国画荒寒地位的确立具有重要意义。他是水墨山水的实际创始人，其山水画带有的荒寒特征对后来的画家具有重要影响力。他还被视为南宗画的始祖，是文人意识的重要体现者，他所推崇的寒意，成为文人绘画的重要境界特征，影响了中国画的发展。

荒寒境界为画坛所重，与水墨山水的流布有关。在唐代，除王维之外，水墨山水的几位创始人都力图以水墨表现寂寥荒寒的境界。明

〔1〕张丑《清河书画舫》卷二，《题〈江干雪意图〉》。

傅山说得好："何奉富贵容，得入冷寒笔？""富贵容"指重彩，"冷寒笔"指即水墨。与青绿易于显露浓艳富丽的感觉相比，水墨氤氲本身就意味着气氛阴冷。正因此，它才能"独得玄门"（荆浩语）。在唐代地位甚至超过王维的张璪，就善为水墨，曾经创作《寒林图》等，朱景玄《唐朝名画录》云其"山水之状，则高低秀丽，咫尺重深，石尖欲落，泉喷如吼，其近也若逼人而寒，其远也若极天之尽"[1]。而创为泼墨之体的王洽，他的画也使人有"云霞卷舒，烟雨惨淡"的感觉。另一位水墨创始人项容，曾作《寒松漱石图》，也表现出对荒寒境界的重视。

五代之时，随着水墨山水的流行，荒寒趣味越来越为画家所重视。北方的荆、关和南方的董、巨激其波而扬其流，立意创造荒寒画境，以寄托自己幽远飘逸的用思。《宣和画谱》卷十说关仝"善作秋山、寒林，与其林居野渡、幽人逸士、渔市山泽，使其见者悠然如在灞桥风雪中、三峡闻猿时，不复有市朝抗尘走俗之状"。关仝的画是以"冷"之面目出"逸"之用思。从《宣和画谱》著录的关仝94幅作品来看，标明秋景的就近一半，且关仝画秋山，尤其重视寒林、硬石、枯槎。《图画见闻志》说他"石体坚凝"，沈括《图画歌》说"枯木关仝极难比"。今从其流传画迹《关山行旅图》亦可见出寒而硬的特点。生于南方温润之乡的董源，也对寒天雪地情有独钟，《宣和画谱》卷十一著录其画，就有《雪浦待渡图》、《密雪渔归图》、《雪陂钟馗图》、《寒江窠石图》等。董源的画重平远幽深之境，而秋

[北宋] 郭熙　寒林图

〔1〕据《宣和画谱》卷十，《画史丛书》本。

的高远和冬的严凝最宜出此境，这也就使得他在少雪之乡而多画雪，于温润之地而多出冷寒了。实际上，到了五代的荆关董巨，荒寒已经融于山水家的观念中，成了他们自觉的审美追求了。在题材上，李成追求荒寒境界，确立了荒寒在中国画中的正宗位置，画史上多有谈到这一点。但他画中的寒境不像关仝那样阴冷可怖，他是把荒寒和平远融为一体，出之于惜墨如金的淡笔，使荒寒伴着萧疏、宁静、空灵、悠远，这样就更接近于文人欣赏趣味，所以颇为时人推举。他的寒林之作最富特色，北宋江少虞《皇朝事实类苑》卷五十一载："成画平远寒林，前所未有，气韵潇洒，烟林清旷。"同时他也因对画雪作了创造性的发挥而享誉画坛。邓椿《画继》云："山水家画雪景多俗，尝见营丘所作雪图，峰峦林屋皆以淡墨为之，而水天空处，全用粉填，亦一奇也。"《宣和画谱》卷十一载宋时御府藏有李成多幅寒林雪景，惜其流传画迹甚少。

宋代山水画家真正得李成荒寒骨气的，最称范宽、郭熙二人，以致在北宋时形成了以李、范、郭为主的喜画雪景寒林、推崇荒寒画风的潜在绘画流派。郭若虚以李、范之作为一文一武，而二家皆以寒称。范宽的雪景允称高格，清恽格说："雪图自摩诘以后，惟称营丘、华原、河阳、道宁。"而四家之中，尤以范宽为甚。今从其《群峰雪霁图》、《雪山萧寺图》、《雪景寒林图》中，仍可见出雪意中那混莽而又荒寒的韵味。清宋荦《论画绝句》云："华原雪景特雄奇，笔底全将造化窥"，当不为诬说。而郭熙也工山水寒林，于营丘寒林之外，别构一种灵奇。他笔下的树作鹰爪，石如鬼面，皴似乱云暗渡，荒寒之外，又多了一份萧森。宋时画坛重荒寒境界的创造已蔚为时尚。《宣和画谱》卷十一评许道宁工"寒林平远之图"。《画继》卷三谓苏轼："又作寒林，尝以书告王定国曰：予近画得寒林，已入神品。"《图画见闻志》卷三谓燕肃"尤善画山水寒林"；谓宋迪和宋道"悉善画山水寒林，情致娴雅"；谓黄赟、侯封、符道隐"工画山水寒林"。而南宋院画家如马远、夏圭、马麟诸人，个个是画寒林雪景的行家里手。喜画寒林雪景，成了中国画创作的一种倾向，其风气传至元季四家、清之四王和四画僧等，形成了中国画独有的荒寒境界。

中国画的荒寒境界不仅体现在这些独特题材的创造中，在一般题材的作品中，也有重荒寒的倾向。王伯敏在谈到元四家的创作风格时说：“他们的作品，尽管都有真山真水为依据，但是，不论写春景、秋景，或夏景、冬景，写崇山峻岭或浅汀平坡，总是给人以冷落、清淡或荒寒之感，追求一种‘无人间烟火’的境界。”[1] 中国山水画在宁静的氛围中，总有一种幽冷的气息，有一种淡淡的忧愁在。画面大多取深深的崖谷、黝黑的山林、萧瑟的旷野、微茫的天空、兀立的孤雁，而且墨分五色、以玄色代替天下无穷之色的表现方式，更加重了这种气氛，绚烂的世界被凝固成如冰的墨色，雍容富丽的色彩被汰尽，剩下的就是高寒之水墨笔法所表现出的高寒趣味。正如清李修易所云：作画“唯一冷字”为难，而中国画家恰恰于这冷处讨生活。清张庚评徐溶画时说：“萧疏闲冷，直逼元人。”[2] 以一个“冷”字评元画，当为得乎三昧之语，元四家恰可以一个“冷”字当之。元四家重冷又各有面目，倪云林以萧疏简淡称胜，清画僧担当云：“大半秋冬识我心，清霜几点是寒林，荆关代降无踪影，幸有倪存空谷音。”云林的山水之作皆有冷寒之相，萧疏古木，淡云微拖，一派凄寒阴冷。清布颜图说得好：“高士倪瓒师法关仝，绵绵一派，虽无层峦叠嶂，茂树丛林，而冰痕雪影，一片空灵，剩山残水，全无烟火，足成一代逸品。”（《画学心法问答》）以“冰痕雪影”评云林，真可谓的评。而黄公望、王蒙、吴镇之作却是另外面目，黄以苍莽，王以细密，吴以阴沉湿漉的气氛，共筑冷的世界。清龚贤《柴丈画说》说：“冷非薄也，冷而薄谓之寡，有千丘万壑而仍冷者，静故也。”黄、吴、王之画正是在千丘万壑、崇山峻岭中求冷。如王蒙的《夏日山居图》，墨笔写夏山之景，丝毫没有那种浓郁葱茏之感，相反却使人感到阴沉冷寂，气氛苍莽，浑厚华滋，无骄躁之态，有隐逸之思。

中国画的荒寒韵味，不仅体现在山水画中，在其他画科也有体现。如在竹画创作中，以竹显寒痕冷意素为画界所重。如文同的竹画被郭

[1]《中国绘画史》，401 页，上海人民出版社，1982 年。

[2]《国朝画征续录》卷下，《画史丛书》本。

传[唐]王维　雪溪图

若虚称为“富潇洒之姿，逼檀栾之秀，疑风可动，无笋而成”，显出飒飒之冷意。而吴镇的竹画，为表现文人韵味，也以冷寒高洁为尚。其自题竹画云：“亭亭月下阴，挺挺霜中节，寂寂空山深，不改四时叶。”中国梅画创作又以墨梅、雪梅为尚，也有寒冷清迥之致。如逃禅老人扬补之的墨梅，清气冷韵，令人绝倒，黄庭坚以“嫩寒清晓，行孤村篱落间”许之。

中国画对于荒寒的推重，可以分为三个层次：一是将荒寒作为一种审美趣尚，喜欢作寒景，出寒意，造成了中国画选材上的定向性。二是将荒寒作为绘画的一种境界，自唐宋以来的中国画家热衷于创造这种境界，不仅在雪景寒林中寻其荒寒寂寥之趣，也影响到其他绘画题材。使得幽冷成了中国画的典型气氛。就像上文所引王安石所说的“欲寄荒寒无画意”，将荒寒作为中国画的代名词。三是将荒寒作为中国画的崇高境界，绘画境界有多种，而荒寒则是体现文人画趣味的最高境界。在这里，荒寒之画境已经从“情意化的山水”转为“宇宙化的山水”。王昱《东庄论画》云：“又一种位置高简，气味荒寒，运笔浑化，此画中最高品也。”李修易《小蓬莱阁画鉴》云：“凡画之沈雄萧散，皆可临摹，唯一冷字，则不可临摹。”他以冷为画之最微妙最玄深之处。

从这三个层次可以看出，荒寒感在中国画中不是个别人的爱好，而是普遍的美学追求；不是一些画家荒怪乖僻的趣味，而是构成中国画的基本特点之一；不是一般的创作倾向，而是在一定程度上代表着中国画审美追求的境界特征。它伴着水墨画的产生而出现，又被扩大到青绿着色的画作中，而且从山水画越出，渐渐影响到花竹翎毛诸种画科，它是绘画中文人意识崛起后的产物。鉴于荒寒感在中国画中的独特位置，它理应成为探讨中国画民族特点的不可忽视的因素。

二、荒寒画境之特点

中国画家推崇荒寒，是因为他们在此找到了自己的生命家园，中国画的荒寒中包孕着生命的温热。我们在王维雪景的凄冷中感受到吟味生命的热烈，在李成的冰痕雪影中听到一片生机鼓吹的喧闹，在郭熙寒山枯木的可怖氛围中体味出那一份生命的亲情和柔意。一叶扁舟是要带着自己渡向生命的彼岸，舒卷的白云寄托着画家自由潇洒的性灵，枯松兀立见出人们的耿介，寒鸦飞来是要于寒天中寻找生命的灵囿。

中国画家借生命之“冬山”，表现不同的意绪，这也使得荒寒境界显现出不同的特点，或孤介，或静寂，或冷寒，或野逸，或枯淡，这里谈四点。

（一）孤之寒

寒冷是与孤独相联系的，以寒冷表现画家孤独的心态，在中国画中很常见。凄清寒冷为孤独心态的表现提供了一种氛围。从心理学的角度看，凄寒本身就是孤独者典型的情绪体验，画中的凄寒就是为了表现这种体验。在山水画中，这种孤寒境界随处可见。如范宽的《雪山萧寺图》，是作者早年之作，充斥画面的是皑皑雪山，老树尽秃，雾气严凝，沿蜿蜒雪径，至山峰处有数间屋宇，当为画题所云之萧寺。从空间上说，雪山深深无尽，无尽之处有萧寺，表现了远离尘世，不为俗系的情怀；从气氛上说，幽深的萧寺是在荒寒的境界中形成的，整个画面阴冷沉重的气氛，强烈地反衬了孤迥特立的情怀。董其昌说得好：“范宽山水浑厚，有河朔气象，瑞雪满山，动有千里之远；寒林孤秀，挺然自立，物态严凝，俨然三冬在目。”云林也以孤寒见称，他的画“冷”中有“孤”，读其画，如同见一位清癯的老人拈须自立，耿耿嶙峋之志跃然于画面。虞堪曾题云林《惠麓图》云：“天末远峰生掩冉，石间流涧落寒清，因君写出三株树，忽起孤云野鹤情。”今从其流传画迹来看，中年时所作之《渔庄秋霁图》，其后之《江岸望山图》、《溪山图》、《虞山林壑图》、《紫芝山房图》，以及晚年之《幽涧寒松图》，均是如此。如《幽涧寒松图》，是作者晚年得意之笔，画面正中干笔勾出三四株萧疏之树，当风而立，木叶几脱尽，旁侧只是一湾瘦水，背面乃淡淡山影，极苍古老辣。整个画面所要突出的就是几株枯树，境界苍凉凄清，沉着痛快，正具一种孤寒的韵味。

花竹翎毛中也颇多这种孤寒姿态，如宋迪《雪树寒禽图》，枯树参差，覆以白雪，衬以竹叶，枝杈细劲虬结，上栖一寒鸟，意态幽闲，似静静地承受这冷寒孤独。宋僧法常将佛情禅意也带入自己的花鸟之作中，如其所作《枯树八哥图》，也是孤鸟寒枝以立的典型面貌。明吕纪也善写寒禽，如其所作《雪景翎毛图》、《雪岸双鸿图》，画的均是寒天雪地中，寒禽缩颈而立，冷然欲逼人。而八大山人的禽鸟画更生动地表现这孤寒境界，如作于其晚年的《浴禽图》，笔法枯健，画枯石当立，石根处有一斜枝横上，盘虬而上，枯枝上立一鸟展翅，自剔其羽，独立寒天，而从容自度。

在中国画中，我们总是能看到这样的画面：寒鸦，野鹤，一叶孤行舟，倚岸独钓人，两三株参差树，一两位萧寺人，还有那孤峰孑立、闲云盘桓、独芳自妍、都是一样的冷寒本色，寂寞清魂。画家们喜欢在画跋中细研其中的韵味，拈出其安顿生命的意旨。如说寒鸦者，庄澹庵题凌又惠画云："性癖羞为设色工，聊将枯木写寒空。洒然落落成三径，不断青青聚一丛。人意萧条看欲雪，道心寂历悟生风。低回留得无边在，又见归鸦夕照中。"[1] 画家们也钟爱那野鹤孤雁，李日华《题画》诗云："闲云开处雁行单，老木西风落叶寒。"[2] 而寒江孤舟、寒江独钓是画家们特别喜欢的画题，赵孟頫曾得到南宋名画家胡澹庵于谪居中所画的《潇湘夜雨图》，题云："一片潇湘落笔端，骚人千古带愁看。不堪秋入枫林港，雨阔烟深独钓寒。"[3] 画家们把寒天迥地中的孤峰、孤树、孤馆作为心灵之象征。李日华云："江深枫叶冷，云薄晚山孤。"[4] 不是去感受孤峰晚照的余辉，而是以一峰兀立表现茕独和凄清。

在中国艺术中，孤独有两种主要形态：一是现实孤独，孤独感是由现实的原因所引起的，或是不被人理解，所谓"有恨无人省"，因而

---

〔1〕《读画录》卷四。

〔2〕《竹嬾画媵》，见《美术丛书》二集第二辑。

〔3〕韦居安：《梅硐诗话》卷上。

〔4〕《为项于蕃画》，据《竹嬾画媵》。

感到落落寡合，孤居独处，静静地体味为世人抛弃所带来的痛苦；或是感到世态污浊，主动选择一条脱离世俗、遁向精神避难所的道路。二是宇宙孤独，与现实孤独不同的是，它不是从具体的生活体验中获得，而是思考人类在浩浩宇宙中的地位，从而油然而生一种“宇宙般的孤独”。如庄子所说的，通过体验达到“见独”的境界，从而“独与天地精神相往来”。绘画作为一种“宇宙语言”，将这二者结合到一起，画家将自己的孤独放到凄冷荒寒的境界中，因为这正是体验孤独心境的最佳氛围，画家们选择了一些独特的意象，将自己的生存感受和宇宙体验融为一体。如上举倪云林的《幽涧寒松图》，幽涧可以象征地位低下，寒松萧瑟可以象征身世淹蹇。云林自题此画云：“秋暑多病暍，征夫怨行路”，作此送友以表“招隐之意”。但是仅仅停留于此，还不足以体味此画的孤寒之意。在那萧瑟的古树中，我们分明可以看到画家天真荒率、纵横高标的情怀，看到于极荒寒处与宇宙并立、与苍天同流的心宇。一幅萧疏树，可以出于尘格，荡以远思，令人产生“与元化游”的感觉。

中国画之孤寒境界，有三个环节，一是逃向孤寒，视孤寒为自己心灵的港湾，画家精心构筑一个个孤寒画境，就是为了盛下那一缕现实的潸然清泪。如赵孟頫所说的“雨阔烟深独钓寒”，在寒中独钓，又钓出寒来，钓出了自己的心之寒。倪云林《题赵文敏画梅二幅》：“幽姿不入少年场，无语只凄凉，一个清虚身世，十分冷淡心肠，江头月底，新谱旧恨，孤梦清香，任是春风不管也，曾先识东皇。”而戴熙题画诗云：“落落长松瘦干蟠，风欺雪压半摧残，而今蜷曲知无用，留与清山伴岁寒。”正是：如孤松，逃于空山雪涧，自伴岁寒；似寒梅，置于江头月底，独圆孤梦。

第二个环节，乃孤寒之压抑。秋风萧瑟，毕竟不比春风骀荡；寒冬凛冽，毕竟不如莺飞草长；群居之处，毕竟胜过孤舟苦渡、古寺清凉。中国画极力渲染这种境界，范宽的严凝阴晦、郭熙的森然可怖、云林的萧疏简淡、渐江的凄然江山，等等，都给人冷漠压抑的感觉。

由此中国画孤寒境界的第三个环节，又上升为享受孤独，吟味孤独。中国画虽多孤独气氛，但极少有画家在孤独中哀叹并希望挣脱这孤

［南宋］无款　古木寒禽图

独，相反他们却留连于斯，不是要借孤寒表示性灵的痛苦，而是极力强调自己的适意，强调性灵的自由挥洒。因为孤寒境界又可以说是一种“净界”，是自己生命的“乐园”。恽格有一幅作于1677年的《槐隐图》册页，画枯木竹石小景，一片孤寒天地，他自题云：“幽澹荒寒之境，非尘区所有，吾将从髯翁游此间，堪相乐也。”孤寒之境成了他的娱情之所。倪辅题吴镇《秋江独钓图》云：“空山灌木参天长，野水溪桥一径开，独把钓竿箕踞坐，白云飞去复飞来。”在寒天迥地中，画家性如高天之云随意卷舒，“钓”出了一片自由的寒来。因此画家常常是有意追求那份孤寒。文徵明也说：“漠漠空江水见沙，寒泉日落树交加，幽人索莫诗难就，停棹闲看绕树鸦。”由于孤寒境界具有独特的表现内容，故它有独特的美感，因而也值得画家们去吟味。

（二）清之寒

荒寒境界是一片清静的世界，寒者，清也，冷也，寒意味着冰清玉洁，包含着清的特点。如谢樗仙自题画所云：“雪满青山掩画船，中流泛泛水如莲，无端棹入冰壶去，一片清寒万里天。”清寒乃是中国画寒境的一个重要特点。

画家喜欢画雪，是因为雪具有和画家心灵密相关涉的内含，雪景是一种象征物。文徵明说："古之高人逸士，往往喜弄笔作山水以自娱，然多写雪景，盖欲假此以寄其岁寒明洁之意耳。"恽南田云："雪霁后写得天寒木落，石齿出轮，以赠赏音，聊志我辈浩落坚洁耳。"画家作雪景，并非是为了强调冰天雪地的寒冷，而是借此寄托自己的性灵，在白雪连绵中，荡涤污垢，超然自远。明王穉登赞赵大年《江干雪霁图》有"皎然高映"之趣，明徐有贞评高克明《雪意图》有"人在冰壶玉鉴中"之感，就是就超越情怀而言的。清寒之雪景还表现了画家的远思。《绘事发微》云："凡画雪景，以寂寞黯淡为主，有玄冥充塞气象。"雪为白，白为无，白雪提供了一片空无的世界。在这一世界中，画家致玄冥，通鸿蒙，浩然与宇宙同体。恽南田在《题石谷雪图》中云："雪图自摩诘以后，惟称营丘、华原、河阳、道宁，然古劲有余而荒寒不逮。"在他看来，所谓"荒寒不逮"者，就是没有能表现出如王维《雪溪图》、《辋川图》等所表现出的天浑地莽、玄冥充塞的气象。画家作雪景的妙意，就是以清寒之心去涵括天地、气通万象，如《二十四诗品》所说的"空潭泻春，古镜照神"，吴宽《书画鉴影》所说的"冰壶莹澈，水镜渊渟"。

在其他绘画题材中也体现出这种清寒的特点。苏大年题方方壶《碧水丹山图》云："溪亭风致似蓬瀛，古木寒泉也自清。"山水寒林花鸟都有清寒可求。在中国绘画史上，清寒之境享有很高的位置。王维的画被荆浩称为"笔墨宛丽，气韵高清"，黄庭坚赞其有潇洒出尘之姿，这里就注意到清寒的特点。倪云林的画，论者也以一个"清"字评之。张绅在题云林《墨竹》时说："窗前疏雨过，石上晚云生，不是云林叟，无人有此清。"潇潇寒泉漠漠云，淡淡远山参差树，正是清寒之表征。云林自题《晚梢图》也说："雨后空亭秋月明，一枝窗影墨纵横，沈君雅有临池兴，潇洒濡毫托意清。"吴镇的墨竹承文同之余绪，也甚获清寒之誉，汪砢玉题其《水石竹枝图》云："夜色入高秋，寒影逝湘水，日午晚风凉，清风为谁起？"

清寒之画境具有独特的美感，因而引得许多画家去追求。《二十四诗品》有"清奇"一品："娟娟群松，下有漪流。晴雪满汀，隔溪渔舟。可人如玉，步屧寻幽。载瞻载止，空碧悠悠，神出古异，淡不可收。如月之曙，如气之秋。”作者先写景之清奇，雪后初霁，青松挺立于一片玻璃世界中，雪下细流潺潺，清气袭人；再写人之清奇，如玉之“可人”，悠然前行；接着写天地之清奇，云浮空碧，其清虚杳然而莫知其极；最后说清奇之神，如清晨之月，秋日之气，幽寒历历，清气缕缕，真是乾坤唯一清气可贵。绘画中的清寒之境与此颇相当。王冕题曹云西画云“翠岚生嫩寒”，岚气飘渺，远峰掩冉，寒玉滑落，虽有山红涧碧，都付与清清寒气，薄薄雾纱，这正可以说是“嫩寒”。中国古代画论中颇多玩味嫩寒之语，周亮工《读画录》卷三录明胡长白题画诗数首，如“一水带寒月，孤村幕夕烟”，“残月半窗白，寒星彻夜疏”。正所谓冷风过林，自协音徽；凉月晖席，都成秋痕。嫩寒之意，历历可见。

（三）野之寒

荒寒之寒，本来就有荒率、野逸的意思。在中国画中，寒也和野有关。寒中出野，野中出寒，野寒相融，成一绝妙的绘画境界。

中国画重荒寒，热衷于创造一种山高水远、地老天荒、飘渺无着、尘埃不到的境界，真可谓没有一点人间烟火味，如竟陵派强调诗歌要有一种“荒寒独处、稀闻渺见”的美，其意绪“譬如狼烟之上虚空袅袅一线耳。风摇之，时聚时散，时断时续，而风定烟接之时，足以此乱星月而吹四远”（谭元春《诗归序》）。绘画中虽不像竟陵派那样过于强调幽情单绪和孤警奇特，也以表现宇宙苍莽、古淡天真为尚。虽然画中对象是山水林泉、花木禽鸟，但却要表现高远的意境、冷幽的情致。方士庶有诗云：“野田野人野人境，热客不来山自秋”[1]，正是此意。

中国画中多有这种野逸荒寒的境界，王蒙曾与倪云林合作一阔幅山水，王蒙于上题词云：“苍崖积空翠，怡我旷古心，飞泉落深谷，泠泠弦玉琴，尘消群翳豁，松雪洒闲襟，清谣天籁发，如聆正始音。”文徵明曾作《古木幽居图》，画人幽居于空山古木之中，自题云：“古木隐隐山径回，雨深门巷长苍苔，不嫌寂寞无车马，时有幽人问字来。”正所谓山寒有古意，路曲出冷幽，苍深野寒之趣盎然其间。

〔1〕《天慵庵随笔》下，《丛书集成初编》本。

从表现的襟抱看，野寒之境提倡沉着痛快放旷豪逸的气势。李日华《题画》诗云："野亭容傲士，山翠落幽襟。"颇可概括这一特点。疏野之人，襟抱超然，天然放浪，无所羁束，一任真心自然流淌。中国画提倡"解衣盘礴"、旁若无人的气势也属于此。从表达方式上说，为造野逸荒寒之境，中国画又常将寒与古、苍、老等联系起来，力求表现出大自然的混莽、苍率、古淡、天真来。中国山水画中常常是古木、老泉、幽亭、苍苔、古潭，树萧瑟，石冷峻，山山水水布满了岁月的年轮，似乎成了悠然渺远的人，文徵明自题《古木老泉》云："北风入空山，古木翠蛟舞，何处鸣天球，老泉洒飞雨。"正道出了这一特点。

（四）静之寒

中国画中所创造的冷寒境界也是一片宁静的天地。清戴熙《赐砚斋题画偶录》中说："宵分人静，风起云涌，长林萧萧，如作人语。聆之者，唯一丸凉月而已。荒寒幽杳之中，大有生趣在。"一丸凉月是一个绝妙的象征，凉月播下的清晖砌成一幽冷宁静之世界，幽夜之逸光照人心扉，使人通体透凉，物欲尽涤，在宁静中融汇于大千世界中。这一丸凉月似乎在中国画中永远照耀，烟林寒树，古木老泉，雪夜归舟，深山萧寺，秋霁岚起，龙潭暮云，空翠风烟，幽人山居，幽亭枯槎，渔庄清夏，这些习见的画题都在幽冷中透出宁静，这里没有鼓荡和聒噪，没有激烈的冲突，即使像范宽《溪山行旅》中的飞瀑，也在阴晦空寂的氛围中，失去了如雷的喧嚣。寒江静横，雪空绵延，淡岚轻起，孤舟闲泛，枯树兀自萧森，将人们带入那太古般永恒的宁静中。

中国画家酷爱静寒之境，是因为静反映了一种独特的心境。画之静是画家静观默照的结果，也是画家高旷怀抱的一种写照，画家以静寒来表现与尘世的距离，如陆治自题画云："松下寒泉落翠阴，坐来长日澹玄心。"中国画的静寒之境，不是追求空虚和死寂，而是要在静寒氛围中展现生命的跃迁。以静观动，动静相宜，可以说是中国艺术的通则；在荒寒画境中这种表现又带有自身的特点，中国艺术家以静寒之境来表现生趣，像戴熙所说的"一丸凉月"，则"大有生趣在"，恽南田所说的，在"荒荒寂寂"中，感受到一片生机鼓吹，即属于此。明沈周自题山水云：“行尽崎岖路万盘，满山空翠湿衣寒。松风涧水天然调，抱得琴来不用弹。”文嘉自题《仿倪元镇山水》：“高天爽气澄，落日横烟冷，寂寞草云亭，孤云乱小影。”在静寂冷寒的天地中，空亭孑立，似是令人窒息的死寂，然而，有孤云舒卷，轻烟飘渺，使青山浮荡，孤亭影乱，这正是一个无比喧闹的世界，彻骨的冷寒，逼人的死寂，在这动静转换中全然荡去。

静与空是相联系的，静作用于听觉，空作用于视觉，听觉的静能推荡视觉的空，而视觉的空也会加重静的气氛。在中国画中，空绝非别无一物，往往与静相融合，形成宁静空茫的境界。因此静之寒，在一定程度上，就是空之寒。中国画一般不介入复杂的人世概念，不表达俗世的欲望，人的社会活动场景从绘画中渐渐隐去，尤其在文人画创作中，尽量保持“山水的纯粹性”，即以山水面貌的原样呈现，不去割裂自然的原有联系，画家选材、组织物象、安排山水泉石等，都重在体现大自然的原有生命联系。奚冈说：“闲将散笔写倪迂，树色岚光

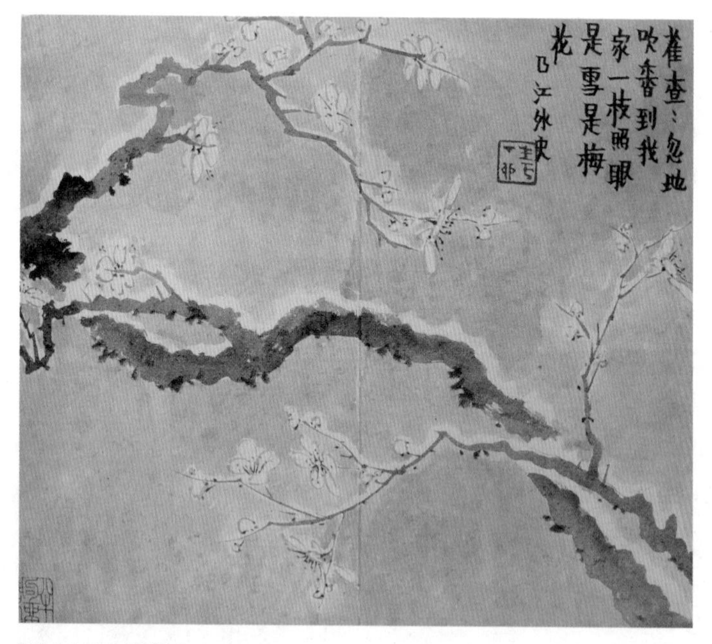

［清］金农　雪梅图

[元]曹知白　寒林图

淡欲无，心随孤蓬随去住，一窗寒雨梦江湖。”[1] 物自起而人自闲，人自闲则物之生意更浓。郑板桥诗云：“流水澹然去，孤舟随意还”，正是此境。

三、荒寒画境产生之根源

从时代来说，荒寒画境蔚为时尚产生于唐五代，至宋元而达高潮；从绘画形式上看，荒寒画境为世所重，主要是伴着水墨画的产生而出现的；从思想上看，荒寒画境又是文人画出现以后所出现的独特美学追求。荒寒画境受到推重，受到道禅哲学的影响，而禅宗尤其是南宗禅在其中起了关键作用。

禅宗认为，人性本明，然而业障攀缘，常生妄念，使人染污重重，失却本真。如大珠慧海禅师所云：“嗜欲深重者机浅，是非交争者未通，触境生心者少定，寂寞忘机者智沉，傲物高心者我壮，执空执

〔1〕《冬花庵题画绝句》，《美术丛书》三集第五辑。

有者皆愚。”要去除染污，禅宗认为必归心悟，因为三界唯心，万法唯识，一念心清静，处处莲花开，在悟中体露真常，迥脱根尘，但离妄缘，本自圆成，从而有无双泯，心境两忘。禅宗常将这境界称为“心月孤圆”。盘山空寂禅师云：“夫心月孤圆，光吞万象。”临济宗始祖义玄曾描绘过这种境界，《五灯会元》卷十一载：“孤蟾独耀江山静，长啸一声天地宽。”《临济录》载：“孤轮独照江山静，自笑一声天地惊。”语虽不同，义有相通，即在顿悟中除去一切攀缘，进入虚明境界中，主体迥然独立，犹如一轮冷月，照彻无边法界。“心月孤圆”这一意象告诉我们，禅宗所达到的最高境界，孤立、无染、虚空，同时又是冷寒的，冷寒为孤立虚空的禅境提供一种氛围。

寒冷本是一种感觉，感觉和心理相通，生理能引起心理的变化，禅宗和中国画都是利用寒冷和人心理的密切关系来高扬寒境的。现代心理学也证明了生理上的寒冷能促进心理沉静、冷寂和内收等。而禅宗抓住了这种关系，将寒境作为禅境的典型表征。首先，寒冷与热烈相对，寒冷乃佛性显现之所，而热烈为欲望的温床，热烈出烦躁，烦躁心必不静，心不静必生妄念，妄念起而众欲滋。其次，寒冷有一种内敛的感觉，禅门体验在一定程度上是一种逐步接近孤独的寒境的过程。寒意味着脱俗、高迥。《五灯会元》卷四载罗汉宗彻禅师事，有僧问：“性地多昏，如何了悟？”宗彻说：“烦云风卷，太虚廓清。”又问：“如何得明去？”宗彻说：“一轮皎洁，万里腾光。”“烦云风卷，太虚廓清”意即在悟中荡尽污垢；“一轮皎洁，万里腾光”即上言所谓冷月照虚明的境界。复次，寒又能使人产生空、寂、无的感觉。郭熙：“冬山阴霾连绵，人寂寂。”这也是禅宗最强调的。为了表现这空无寂寥的境界，禅宗也多于寒上做文章，舒卷飘渺的是寒云，宁静渊涵的是寒潭，幽深寂寞的是寒山，朦胧如梦的是寒月，莽莽苍苍的是寒天，没有黑云压城的沉闷，没有波涛汹涌的长河，禅之境是片云点太清，寒潭映孤月，孤鹤入白云。

禅的世界是一个由深山、古寺、太虚、片云、野鹤、幽林、古潭、苍苔所组成的世界，正是寒山栖真性，冷云藏孤情，幽冷的深山古寺，实际上是禅中人追求幽冷孤独情怀的一种外化形式。时有白云来闭户，更有风月四山流，在幽冷中使心随寒云舒卷；寒山古寺闻钟鼓，灵境六月也天寒，在寒中净化和深化自己的灵魂。于是禅中人躲进深山，专寻寒境。永明延寿禅师描绘禅门之境云：“步步寒华结，言言彻底清”，所言正是此意。

[清]王时敏　仿李成溪山雪霁图

寒冷本身就具有美感：太虚片云的不粘不滞，枯木寒风的萧疏简淡，白云孤鹤的高渺幽远，苍苔寒潭的古朴荒率，都是典型的禅境，又都充满一定的美感。禅中人真可谓个个是啼听大自然奥秘的诗人、挥扬山光水色的画手。他们在妙悟中，归入空虚寂寥的禅境。

“山僧们”吟味荒寒的禅境，也着意于创造荒寒的艺术境界。盛唐时期的诗僧寒山，正像他的法名一样，是一位耽于寒吟于寒的诗人，他笔下的荒山古寺，总有一种荒寒阒寂的韵味：“山中何太冷，自古非今年，沓嶂恒凝雪，幽林每吐烟”；“一片寒林万事休，更无杂念挂心头”；“下窥千尺崖，上有云磅礴。寒风冷飕飕，身似孤飞鹤”。这些都是他吟出的冷逸的调子。晚唐诗僧皎然如同寒山一样，也重视荒寒之境，如其《西溪独泛》诗云：“真性怜高鹤，无名羡野山。径寒丛竹秀，人静片云闲。”

这冷禅之境对绘画产生明显的影响。许多画家或身为禅门中人，直接体验冷寂孤寒境界的禅意、诗意和画意；或与禅门交往甚密。画家们将荒寒禅境化为画境，寄托高蹈的志趣，中国画中的荒寒境界在一定程度上说就是禅境。

唐末山水人物画家贯休，本是寒山寺和尚，对冷寒境界又情有独钟。他有诗写道：“身心闲少梦，杉竹冷多声。”（《闲居作》）“清吟得冷句，远念失佳期，寂寞谁相问，迢迢天一涯。”（《蓟北寒月作》）对“冷句”的偏好，也使他的画散发出浓厚的冷味，正所谓寒山寒寺栖寒人，寒诗寒画见寒心。明张丑《清河书画舫》卷五上言其所作大阿罗汉像“树石幽奇”，冷然欲逼人。唐末五代的荆浩，隐居太行山之洪谷，于禅理尤有会心。据《五代名画补遗》载，当时邺都青莲寺大愚和尚向他求画，并附有一诗云：“六幅故牢建，知君恣笔踪，不求千涧水，止要两株松。树下留盘石，天边纵远峰。近岩幽湿处，惟藉墨烟浓。”大愚意在请荆浩画出荒寒古淡味。而荆浩对此心领神会，作一大幅山水，并附诗一首：“恣意纵横扫，峰峦次第成。笔尖寒树瘦，墨淡野云轻。岩石喷泉窄，山根到水平。禅房花一展，兼称空苦情。”峰峦迢递，气氛阴沉，寒树瘦，野云轻，这一荒寒境界，不但足慰禅房空苦之情，也体现了画家本人的审美追求。画僧巨然，也力图展示深山古寺的幽岑冷寂气氛，《圣朝名画评》谓其画“古峰峭拔，宛立风骨，又于林石间多用卵石，松柏草竹，交相隐映，旁分水径，远至幽墅，于野逸之景甚备”。其《秋山问道图》最为典型，若以唐齐己的一首诗评之，倒颇为恰当：“天际云根破，寒山列翠回，幽人当立久，白鸟背飞来。”元人山水也多将禅之寒境融入画境，像赵孟頫、黄公望、王蒙、吴镇、倪云林等均曾出入禅门，赵孟頫与元著名禅师梵琦有密切关系；王蒙隐居山中，名其居为“白莲精舍”；吴镇的画被人称为“有山僧道人气”；而倪云林晚年即归于佛禅，他作诗道：“嗟余百岁强半过，欲借玄窗学静禅。”《云林遗事》称其“好僧事，一住必旬日，篝火木床，萧然晏坐”。他的山水有强烈的禅境。不惟云林，整个元四家的画作均有这倾向，以荒寒为代表的禅的境界（空、虚、寂、静、远、幽、淡、枯、古、孤、清等），进入到山水画的境界中。

中国画的荒寒境界与禅宗的荒寒一脉相通，荒寒之画受到了荒寒之禅的直接影响，我们可以通过以下几个方面来看：

第一，禅喻与画题。禅宗强调“不立文字”，同时也反对以物说禅的比喻方法，抚州曹山元证禅师说：“一切物类比况不得。”禅门之

[南宋]无款　青山白云图

秘，唯在默悟，但又不得不说，有时也只好借助于比况。净图唯正禅师善书能诗，人与其谈禅，他不言，少顷曰："徒费言语，吾懒，宁假曲折，但日夜烦万象为敷演耳。言语有间，而此法无尽，所谓造物者无尽藏也。""烦万象为敷演"，即以物喻禅，这也成了禅宗说禅的主要方法，而物取之不尽，"造物者无尽藏"，一物又具多意，很适宜传达禅家微妙玄深的义旨。禅门取象，有对冷寂物象的偏好，所谓寒林幽谷缕出，月夜寒蝉不断。请看以下数例："虚天无影象，足下野云生。"（夹山善会禅师）"黄峰独脱物外秀，年来月往冷飕飕。"（抚州黄山月轮禅师）"朗月当空挂，冰霜不自寒。"（径山洪湮禅师）"古佛镜中明，三日孤月皎。"（道吾悟真禅师）"松因有恨萧疏老，花为无情取次开。"（琅耶智迁禅师）若以此比之画题，倒也别有韵味。

在中国画中，尤其在宋元山水中，也正如禅喻一样，以"幽寂之山谷，合幽寂之人心"（杨维桢语），极为平常，画家们也善于选择那些独特的对象来表现岑寂的境界。在元画中，自然山水普遍作了变调处理，山必求幽深，林必求萧疏，云必求飘渺，荒寺深山无人至，时有白云过林端，成了许多画家追求的境界。明李会嘉说："何处写荒寒，枯槎瘦石边。"（《醉鸥墨君题语》）似乎山总是表现幽寂孤远的符号，林总是孤介独立的象征。用以入画的题材与禅喻的对象有惊人的一致。如自号梅花道人的吴镇山水画，选材不外乎古涧、长松、渔父、飞泉等，他自题《古涧长松图》云：“长松生风吹不歇，古涧幽泉鸣自幽。”又自题《松泉图》云：“长松兮亭亭，流泉兮泠泠，漱白石兮散晴雪，舞天风兮吟秋声。”幽冷的气息，隐逸的意味，使人如入禅境。

第二，“空山无人，水落花开”的自在境界。中国画中的荒寒并未流于死寂，而以此表现生命的热烈。中国画之荒寒境界并非如有的论者所说的，只是表现不食人间烟火的超然物外情怀，借深幽之山水来逃避现实，其实表现的是中国画家对生命的理解。他们之所以热衷于选择冷寒的对象，就是要极力去除那些妨碍自然原样呈现的因素，绚烂有失于天真，雕琢远离于古拙，市井易流于欲望，狂动易滞于表象。在荒寒中，画家摆脱了外在的牵绕，而玩味其内在的趣味。这种强调自然原样呈现的思想来自于禅宗。禅宗强调自我心性的自由，禅门中人大都过着“卧青山，望白云”的生活，于是，独鹤飞舞，云卷云舒，轻舟漫游，就成了他们心性的象征。他们对待大自然也是一样，不以理智去接近它，不以人为的意志去分裂它，而是让其自在兴现。禅宗强调，“青山自青山，白云自白云”，青山白云摆脱了人赋予的一切外在因素，而自在兴现。禅宗有三境之说，第二境为“空山无人，水落花开”，这正是任物兴现的境界，心灵荡涤尘埃，但见得花开花落，云卷云舒，优游自在。有人问黄山月轮禅师，“如何得见本来面目”，月轮说：“不劳悬石镜，天晓自鸣鸡。”正是长空不碍白云飞，寒潭不改冰月影。画家借禅入画，不劳人虑，任物兴现，力求在荒寒氛围中展现一个生机鼓吹的境界。像清画家方士庶所说的“鸟迹点高空，人影落烟树”，实际上就是一种自在兴现的禅境。

第三，“万古长风，一朝风月”的永恒美。中国画荒寒之境所蕴含的永恒追求，受到传统哲学的影响，其中最主要的是受到禅宗影响。禅的精神在一定程度上说，就是刹那见永恒的精神。禅宗强调“大道无形，真理无对，三界不摄，非古非今”，禅宗对佛性的体悟，就是对永恒的悟得，在独立无待的境界中遁入虚空，自归永恒。禅悟之最高境界如天柱崇惠禅师所说为“万古长风，一朝风月”，当下即永恒，一

[明]周臣　踏雪行吟图

刻即千古，满目青山，心中皎月，这些“须臾之物”，在刹那间都幻化为永恒。而绘画中所体现的多是这种“须臾之物”。

中国画对荒寒境界的偏爱，在一定程度上也缘于中国画家对道的追求，山水以形媚道，而荒寒之境最易于呈露道的精神。我们在范宽的《溪山行旅图》中，感受到一团混莽之元气；在渐江的《黄梅松石图》中，感受到气象凛冽的高严境界；在黄公望的《九峰雪霁图》中，感受到地老天荒的萧疏气息。这些都在苍凉中将画作提升到宇宙创化的境界。中国画由荒寒而直入永恒，主要通过时空两个向度：从空间上说，中国画强调远，通过视觉之远达到心灵之远，远处即寒处，在一片远的荒寒中展露宇宙精神；从时间上说，中国画又强调古，这不是复古，而是提倡苍古、率古、高古的境界，如漏雨滴苍苔、古镜照云影、枯木临西风、怪石当中流，这些物象均记载着时间，而它们又都在向无限的时间延展，以至于达到非古非今、亘古如斯的永恒境界，这种境界也正是荒寒境界。

［明］徐渭　驴背吟诗图轴